特种设备安全技术丛书

气体充装安全技术

（第2版）

于长顺　肖　晖　张新建　李　超　等编著

黄河水利出版社
·郑州·

内 容 提 要

本书根据我国现行气瓶相关法规、安全技术规范及标准，围绕气瓶的安全技术，系统介绍了常见气体和气瓶的基础知识，气瓶的设计、制造、充装、检验基本安全要求，以及气瓶充装、运输、储存、使用和检验等环节的安全技术与基本要求。本次再版对全书内容进行了修订，补充增加了混合气体的充装、低温绝热气瓶定期检验和部分气瓶事故案例的内容。

本书是从事气瓶安全监察、设计、制造、充装、使用和检验等工作人员的培训教材和实用工具书，也可供从事气瓶相关工作的专业技术人员参考使用。

图书在版编目(CIP)数据

气体充装安全技术/于长顺等编著.—2 版.—郑州:黄河水利出版社,2019.6

ISBN 978 - 7 - 5509 - 2144 - 3

Ⅰ.①气 … Ⅱ.①于… Ⅲ.①气瓶 - 安全技术 Ⅳ.TH490.8

中国版本图书馆 CIP 数据核字(2018)第 221168 号

组稿编辑:王路平 电话:0371 - 66022212 E-mail:hhslwlp@126.com

出 版 社:黄河水利出版社 网址:www.yrcp.com

地址:河南省郑州市顺河路黄委会综合楼 14 层 邮政编码:450003

发行单位:黄河水利出版社

发行部电话:0371 - 66026940、66020550、66028024、66022620(传真)

E-mail:hhslcbs@126.com

承印单位:河南承创印务有限公司

开本:787 mm × 1 092 mm 1/16

印张:18.75

字数:430 千字

版次:2003 年 11 月第 1 版 印次:2019 年 6 月第 1 次印刷

2019 年 6 月第 2 版

定价:48.00 元

第 2 版前言

气瓶是指可重复充气使用，盛装公称工作压力大于或者等于 0.2 MPa(表压)，且压力与容积的乘积大于或者等于 1.0 MPa · L 的气体、液化气体和标准沸点等于或者低于 60 ℃液体的移动式压力容器。气瓶在工业生产和人民生活中具有十分重要的作用，随着国民经济的发展，气瓶数量快速增加，人们的生产、生活几乎离不开气瓶。据 2017 年统计，我国有 14 265 万只气瓶在流通使用。气瓶充装的介质一般具有易燃、易爆，甚至剧毒、强腐蚀性质，而使用环境又具有移动和重复充装的特点。气瓶使用范围之广、数量之多、流动性之大、所处环境之复杂是其他特种设备所不能比拟的，一旦发生爆炸或泄漏，往往发生火灾和中毒，乃至引起灾难性事故，给国民经济的发展和人民生命财产带来损失，社会影响巨大。

我国已建立了较为完备的气瓶法规、标准体系，近年来，国家先后修订并发布实施了部分气瓶规范、充装和检验技术标准。本次修订根据气瓶行业的最新发展情况并融入了我国法律法规标准的要求，系统介绍了气瓶和介质的基础知识，气瓶的安全监察、充装、使用、检验等环节的基础知识，适合从事气瓶监察、充装、使用管理人员和检验人员参考使用。同时，编者也希望能为从事气瓶相关工作的人员提供一本较为系统、实用的综合性参考书。

本次主要修订内容有：依据 GB/T 16163—2012《瓶装气体分类》修订了第二章；依据 TSG R0006—2014《气瓶安全技术监察规程》修订了第三章、第四章有关内容；依据 GB/T 14194—2017《压缩气体气瓶充装规定》、GB/T 34526—2017《混合气体气瓶充装规定》、GB/T 14193—2009《液化气体气瓶充装规定》、GB/T 13591—2009《溶解乙炔气瓶充装规定》修订完善了第五章有关内容，根据 GB 27550—2011《气瓶充装站安全技术条件》修改了书中充装站的职责、充装站的基本条件等部分内容，并根据 GB/T 34525—2017《气瓶搬运、装卸、储存和使用安全规定》完善了气瓶的储运和安全使用的规定；依据 TSG R0009—2009《车用气瓶安全技术监察规程》、GB 24162—2009《汽车用压缩天然气金属内胆纤维环缠绕气瓶定期检验与评定》、GB/T 34347—2017《低温绝热气瓶定期检验与评定》修订了第六章气瓶检验的相关内容，增加了低温绝热气瓶定期检验的要求；依据原国家质量监督检验检疫总局第 115 号令《特种设备事故报告和调查处理规定》对第七章做了修改，同时对原书中的部分内容进行了补充和完善。本书首次提出了逐瓶检验、批量记录的思路，并推荐了记录格式，以方便使用，以期尽可能地与国家法律法规和规范标准的最新要求相一致。

本书于 2003 年 11 月首次出版，2010 年 11 月进行了全面修订，已先后多次印刷。在河南、江苏、福建、陕西、山西、江西等省采用该书作为气瓶检验人员和气瓶充装人员等特种设备作业人员的培训教材，有效地传播了气体充装和气瓶检验安全技术，对于提高气体充装、检验工作水平，保障气瓶安全发挥了积极作用，得到了气瓶行业专家的一致好评。

由于原主编张兆杰同志英年早逝,根据本次修订编著的需要对本书编著人员做了调整。本次再版主要编著人员及分工为:第一章,于长顺、魏祖峰、于洁聪;第二章,李玉军、王龙、曹录梅;第三章,李超、栗帅、陈娟;第四章,于长顺、肖晖;第五章,肖晖、于长顺;第六章,于长顺、于洁聪 、李腾蛟;第七章,姬辉、宋震、司荣庆、杨俊浩。

本书中多处引用了我国现行的气瓶有关规程和标准等,今后如有修订,均应以最新版本内容为准。

尽管作者花费了较多时间和精力对本书进行修订与补充,但由于水平有限,错误和不妥之处在所难免,诚恳地欢迎广大读者、同行提出宝贵的意见和建议,以便持续改进,使之进一步完善。

作 者

2018年8月

目 录

第一章　气体基础知识

第一节　基本概念

一、分子、原子与元素

(一)分子

构成物质且保持这种物质性质的最小微粒叫分子。观察和试验研究表明,一切物质,包括固体、液体和气体都是由分子组成的。

(二)原子

分子由更小的微粒——原子组成。在一定条件下分子能够分解成原子,但分解后的原子将不保持原物质的性质。有些物质,如惰性气体氦、氖等,它们的分子是由单个原子组成的,叫单原子分子;有些物质,如氢、氧、氯等,它们的分子是由两个原子组成的,叫双原子分子;由两个以上原子组成的分子叫多原子分子,如二氧化碳等都是多原子分子。

(三)元素

在化学中,把性质相同的同一种类原子叫作元素。元素就是同种原子的总称。化学中采用一定的字母符号来表示各种元素,称作元素符号。用元素符号来表示物质分子组成的式子,叫分子式。例如:氩的分子式是 Ar,丙烷的分子式是 C_3H_8 等。

二、压强

(一)气体压强

气体对气瓶或其他容器内壁的压力,是由于运动着的气体分子撞击器壁而产生的。虽然每个气体分子对器壁的撞击是不连续的,而且作用力也很小,但由于气体分子的数量非常大,它们不停地撞击器壁就产生了持续的、数值相当大的压力。

决定气体压强大小的因素有两个:

(1)压强和气体压缩程度有关,也就是说,跟单位体积内的分子数或气体的密度有关。

(2)气体压强和它的温度有关,因温度的升高标志着气体分子运动速度的增加,速度增大,分子撞击器壁的次数也随着增加,所产生的作用力也随之增大。

单位面积上所承受的均匀分布并垂直于这个面积上的作用力称为压强。用下式表示:

$$P = F/A \tag{1-1}$$

式中　P——压强,Pa;

　　F——均匀垂直作用力,N;

A——受压面积,m^2。

均匀垂直作用在物体表面上的力,通常称作压力。在物理学中,“压力”与“压强”是两种不同的物理量。它们的量纲不同,所用的单位也不一样。可是长期以来,在工程技术上及日常生活中,却常把压强称作压力。因此,本书以后提到的压力,实际上是指压强。

(二)压力的法定计量单位

根据GB 3102及国务院颁布的《关于在我国统一实行法定计量单位的命令》,规定压力的计量单位名称为帕[斯卡],单位符号为“Pa”,它的定义是:1 Pa = 1 N/m^2。

在工程上,帕[斯卡](Pa),显得太小而很少使用,故常用千帕(kPa)、兆帕(MPa)作单位。

$$1\ 000\ \text{Pa} = 10^3\ \text{Pa} = 1\ \text{kPa}$$

$$1\ 000\ 000\ \text{Pa} = 10^6\ \text{Pa} = 1\ \text{MPa}(1\ \text{MPa} = 1\ \text{N/mm}^2)$$

(三)常见的几种压力单位及其换算

目前,在我国气体与气瓶行业中,常见的压力单位有:

(1)标准大气压。标准大气压又称物理大气压,单位符号为“atm”。它是地心引力对大气层作用的结果。物理学上把纬度45°的海平面上常年的平均空气压力定为1 atm。它与Pa的关系是:1 atm = 101 325 Pa = 101.325 kPa = 0.101 325 MPa。

(2)工程大气压。工程大气压又称公制大气压,单位符号为“at”。其定义是均匀作用于1 cm^2 面积上的力为1 kgf时的压强值。工程大气压有绝对压力(简称“绝压”)和表压力(简称“表压”)之分。习惯上绝压以符号“kgf/cm^2 · A”表示,略号为“ata”;表压以符号“kgf/cm^2 · G”表示,略号为“$at_{表}$”。

绝压以压力等于零为测量起点,而表压以当地当时的大气压力值为测量起点,实际上是相对压力,简单地说,表压就是用压力表测出的压力。若把当地当时的大气压力近似地取作1 kgf/cm^2 时,绝压ata与表压$at_{表}$ 的关系是:

$$\text{ata} = \text{at}_{表} + 1$$

$$\text{at}_{表} = \text{ata} - 1$$

工程大气压at与Pa的关系是:

$$1\ \text{at} = 9.806\ 65 \times 10^4\ \text{Pa} = 0.098\ 066\ 5\ \text{MPa}$$

(3)巴。“巴”作为压力单位在东欧普遍采用,其符号为“bar”,巴在国际单位制ISO中允许使用,但在我国法定计量单位中不予使用。

$$1\ \text{bar} = 10^5\ \text{Pa} = 100\ \text{kPa} = 0.1\ \text{MPa}$$

(4)英制大气压。英制大气压是工程大气压的一种,单位符号为“lbf/in^2”,惯用符号“psi”或“#/口”,其定义是:均匀作用于1平方英寸面积上的力为1磅时的压强。英制大气压在英、美及英联邦国家普遍采用。它也有绝压(psia)和表压(psig)之分,lbf/in^2 与Pa的关系是:

$$1\ \text{lbf/in}^2 = 6\ 894.76\ \text{Pa} = 0.006\ 894\ 76\ \text{MPa}$$

(5)其他压力计量单位。除上述压力计量单位外,在气瓶行业与日常生活中,压力计量单位还有:

①毫米水柱,单位符号“mmH_2O”

$$1\ mmH_2O = 9.806\ 65\ Pa$$

②毫米汞柱,单位符号“mmHg”

$$1\ mmHg = 133.322\ Pa = 0.133\ 322\ kPa$$

③毫巴,单位符号“mbar”

$$1\ mbar = 100\ Pa$$

有关压力单位换算,见表1-1。

表1-1　强度(应力)及压力(压强)单位换算

牛/毫米² (N/mm^2) 兆帕(MPa)	千克力/毫米² (kgf/mm^2)	千克力/厘米² (kgf/cm^2)	千磅力/英寸² ($1\ 000\ lbf/in^2$)	英吨力/英寸² ($tonf/in^2$)
1	0.101 972	10.197 2	0.145 038	0.064 749
9.806 65	1	100	1.422 33	0.634 971
0.009 806 7	0.01	1	0.014 223	0.006 350
6.894 76	0.703 070	70.307 0	1	0.446 429
15.444 3	1.574 88	157.488	2.24	1
帕(Pa) 牛/米² (N/m^2)	**千克力/厘米² (kgf/cm^2)**	**磅力/英寸² (lbf/in^2)**	**毫米水柱 (mmH_2O)**	**毫巴 (mbar)**
1	0.000 01	0.000 145	0.101 972	0.01
98 066.5	1	14.223 3	10 000	980.665
6 894.76	0.070 307	1	703.70	68.947 6
9.806 65	0.000 102	0.001 422	1	0.098 067
100	0.001 020	0.014 504	10.197 2	1

注:1. 牛/毫米²、帕是法定单位,其余是非法定单位。

2. 1帕=1牛/米²(N/m^2),1兆帕(MPa)=1牛/毫米²。

3. 1千克力/毫米²=9.806 65兆帕≈10兆帕。

4. 1巴(bar)=0.1兆帕。巴在国际单位制中允许使用。

5. 1标准大气压(atm)=101 325帕≈0.1兆帕。

6. 1工程大气压(at)=1千克力/厘米²=0.098 066 5兆帕≈0.1兆帕。

7. “磅力/英寸²”符号也可以写成“psi”,“千磅力/英寸²”符号也可以写成“ksi”。

8. 1毫米汞柱(mmHg)=133.322帕。

三、温度

表示物体冷热程度的物理量称为温度。以热力学观点来看,温度是物体分子平均动能的标志。温度越高,表示分子的平均动能越大;温度越低,表示分子的平均动能越小。

测量温度的仪器叫温度计。常见的有水银温度计、酒精温度计、电阻温度计、热电偶温度计等。测定温度就需要首先制定测量温度高低的温度标准,即通常所说的“温标”。

(一)华氏温标

华氏温标是在标准大气压(101.325 kPa)下,以水银作温度计内的工作介质,并将冰融点定为32度,水的沸点定为212度,两点之间等分成180格,每格即为1华氏度,以符号"℉"表示。

(二)摄氏温标

摄氏温标是我国法定的温度计量单位。摄氏温度计的工作原理、温度计内的工作介质与华氏温度计相同,不同的是摄氏温标把冰融点定为0度,水的沸点定为100度,两点之间等分成100格,每格称为1摄氏度。摄氏温标单位名称为"摄氏度",单位符号为"℃"。

(三)热力学温标

宇宙中温度的下限大约是-273 ℃,这个温度叫绝对零度。在地球上,要使温度降低到接近绝对零度需要极复杂的技术。

英国物理学家威廉·汤姆逊·开尔文创立了把-273 ℃作为零度的温标,叫作热力学温标(或绝对温标)。用热力学温标表示的温度,就是热力学温度(或称绝对温度)。热力学温度是国际单位制中七个基本量之一,用符号"T"表示。它的单位是"开尔文",中文代号是"开",国际代号是"K"。现在国际上公认的热力学温度的零度(绝对零度)是-273.15 ℃。就每一度的大小来说,热力学温度和摄氏温度是相同的。

(四)温度之间的换算关系

若用t[℃]表示摄氏温度,用t[℉]表示华氏温度,用T[K]表示热力学温度,则三者之间的换算关系如下:

$$t[℃] = 5/9 \times [t(℉) - 32] = T(K) - 273.15 \tag{1-2}$$

$$t[℉] = 9/5 \times t(℃) + 32 = 9/5 \times [T(K) - 273.15] + 32 \tag{1-3}$$

$$T(K) = t(℃) + 273.15 = 5/9[t(℉) - 32] + 273.15 \tag{1-4}$$

四、质量与体积

(一)质量

质量是我国法定计量单位的七个基本单位之一。质量是表示物质多少的物理量,质量的符号为"m",单位名称为"千克(公斤)",单位符号为"kg"。

(二)体积

体积量的符号为"V",单位名称为"立方米"或"升",单位符号为"m^3"或"L"。

五、比体积与密度

(一)比体积

比体积是单位质量占有的体积,是确定物质状态的基本参数之一。通常用"ν"表示。常用的单位是"m^3/kg"或"L/g"。计算式为:

$$\nu = V/m \tag{1-5}$$

式中 ν——比体积,m^3/kg或L/g;

V——物质的体积,m^3或L;

m——物质的质量,kg 或 g。

(二)密度

密度是指单位体积的物质具有的质量,通常用符号“ρ”来表示,常用的单位是“kg/m^3”或“g/L”。它是比体积的倒数,计算式为:

$$\rho = m/V \tag{1-6}$$

式中　ρ——物质的密度,kg/m^3 或 g/L;

m——物质的质量,kg 或 g;

V——物质的体积,m^3 或 L。

第二节　物质的状态

一、物质状态的变化

自然界中物质所呈现的聚集状态(或称形态)通常有气态、液态和固态三种。其中任何一种聚集状态只能在一定的条件下(温度、压力等)存在。当条件发生变化时,物质分子间的相互位置就发生相应变化,即表现为状态的变化(见图 1-1)。如水在标准大气压下,当温度低于0 ℃时为固态冰,当温度高于 0 ℃而低于 100 ℃时为液态水,当温度高于 100 ℃时为气态水蒸气。

在三态转变过程中存在着几种不同的物理变化过程。

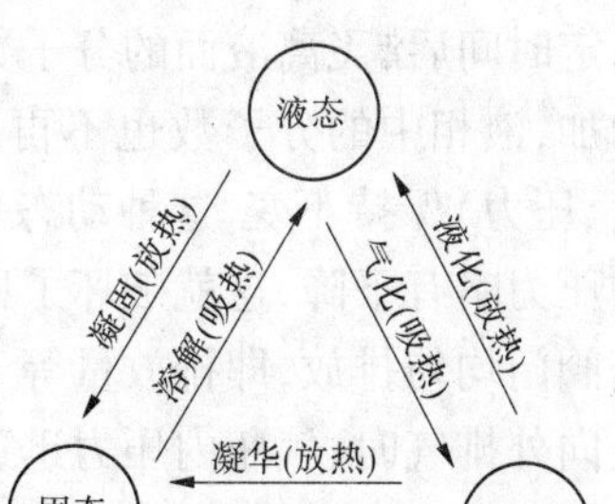

图 1-1　水的三态

(一)气化

物质从液态变成气态的过程叫气化。在其过程中,要吸收大量的热。气化过程中一般有两种方式:一是蒸发,二是沸腾。

蒸发:液体表面的气化现象叫蒸发。

蒸发现象有下列特征:①液体在任意温度下都可以蒸发;②蒸发现象仅发生在液体的表面。

同一种液体的蒸发速度与下列各种因素有关:①液体的表面积越大,蒸发越快;②液体的温度越高,蒸发越快;③液面上的气体排除得越快,蒸发越快;④液面上的气体压力越小,蒸发越快。

沸腾:液体从内部和表面同时气化的现象叫沸腾。液体开始沸腾时的温度叫沸点。

(二)液化

物质从气态变为液态的过程叫液化。

(三)凝固

物质从液态变为固态的过程叫凝固。

(四)升华

物质从固态不经液态直接变为气态的过程叫升华。

(五)熔化

物质从固态变成液态的过程称为熔化。开始熔化时的温度叫熔点。

二、相平衡

物质的形态,在热力学上称为相,液态称为液相,气态称为气相。由液相和气相组成的同一体系,通常由界面分开。在界面两边各相的性质是互不相同的。当一个相的内部达到平衡时,其性质是一致的,如空气虽然是混合物,但由于内部已完全达到均匀,所以是一个相。当水和水蒸气共存时,其组成虽然为水,但因有完全不同的物理性质,所以是两个不同的相。

物质形态的改变称为相变,在相变过程中,物质要通过两相之间的界面,从一个相迁移到另一个相中去,当物质的迁移停止时,就称为相平衡。物质的相平衡状态取决于温度和压力,若有一个条件发生变化,则与其对应的相平衡就遭到破坏,同时发生相变过程,从而建立新的相平衡关系,直至达到新的平衡。当温度低于31 ℃时,盛装在气瓶内的液化二氧化碳(P15 MPa级气瓶充装系数为0.60 kg/L),由于分子不断扩散与碰撞运动,经过一定时间后,飞离液面的分子数与返回液面的分子数恰好相等,也就是气相中分子数不再增加,液相中的分子数也不再减少,这种现象称为气液两相动态平衡。只要条件(如温度、压力)保持不变,这种动态平衡也持续不变。但是,此时若打开瓶阀向外排气,则瓶内的压力略有下降,这就破坏了原来的相平衡状态,从而促使液相快速蒸发以供阀门排出,当阀门均匀排放,即排放量等于或接近蒸发量时,液相便连续稳定地蒸发。当关闭阀门停止向外排气时,气瓶内压力迅速恢复,气液两相重新达到动态平衡状态。

在一个密闭的容器中,气液两相达到动态平衡状态时,称为饱和状态。饱和状态下的液体为饱和液体,其密度为饱和液体密度。在饱和液体界面上的蒸汽称为饱和蒸汽,其密度和压力分别称为饱和蒸汽密度和饱和蒸汽压力。

三、临界状态

图1-2表示气体在不同的温度下进行高温压缩时,其压力和体积的变化情况。

当气体在温度 T_1 时开始压缩,由 E 点到 D 点,气体容积随着压力增加而缩小。由 D 点开始液化直到 B 点全部变成液体;BD 段平行于横坐标轴,表明在液化的全过程中压力保持不变,但容积在缩小。B 点以后的曲线,即 BA 段急剧上升,表明压力虽继续增高,但液体很难压缩,故容积几乎不再缩小。若气体的温度为 T_2($T_2 > T_1$),则从 F 点开始压缩至 C 点,但此后没有相当于 BD 段的直线部分,C 点以后的曲线(CG 段)与 BA 段相似。C 点称为临界点,气体在 C 点的状态称为临界状态,其特点是气液两相差别消失,具有相同的比容和密度。

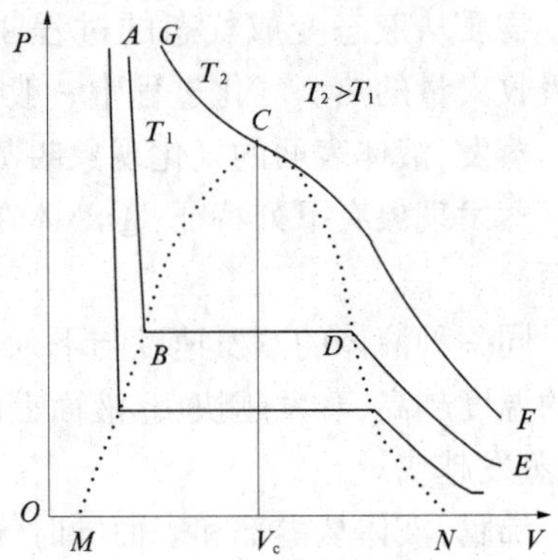

图1-2 气—液相变化过程图

(一)临界温度

试验证明,只有当气体温度降低到某一温度以下时,对其施加压力,才能使之液化。换言之,如果气体高于这一温度时,不论对其施加多大压力,都不能使之液化。这个特定的温度称为该气体的临界温度,通常用"t_c"来表示。不难理解,气体的临界温度越高,就越容易液化,气体的温度比其临界温度越低,液化所需压力越小。

对于已经液化了的气体,一旦温度升至临界温度时,它就必然会由液态迅速转变为气态。不同气体的临界温度是各不相同的。例如,丙烷的临界温度为 92.67 ℃,正丁烷的临界温度为 152 ℃。

(二)临界压力

气体在临界温度下,使其液化所需要的最小压力,称为临界压力。通常用符号"P_c"来表示。

不同气体的临界压力,也是各不相同的。例如,丙烷的临界压力为 4.25 MPa。

(三)临界密度

气体在临界温度和临界压力下的密度,称为临界密度。通常用符号"ρ_c"来表示。因为不同气体的临界温度和临界压力各不相同,所以它们的临界密度也是不相同的。例如,丙烷的临界密度为 220 g/L,丁烷的临界密度为 228 g/L。

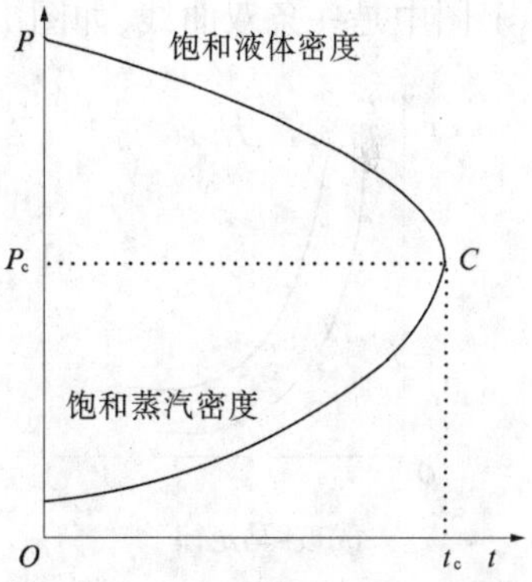

图 1-3 气液两相密度变化图

图 1-3 表示气液两相密度的变化情况。从图 1-3 中可以看出,饱和液体的密度随温度升高而减小,饱和蒸汽的密度随温度升高而增大,两者相交的点即为临界点。在临界温度 t_c 和临界压力 P_c 下,两相的密度相等,其值即为临界密度 ρ_c。

临界温度、临界压力、临界密度(或比体积,比体积是密度的倒数)这几个量统称为临界恒量,不同的气体有不同的临界恒量,常见的几种气体的临界恒量见表 1-2。

表 1-2 常见的几种气体的临界恒量

气 体	t_c(℃)	P_c(MPa)	V_c(cm^3)
氦 He	−267.9	0.23	71.13
氖 Ne	−228.3	2.72	51.30
氢 H_2	239.9	1.3	79.83
氮 N_2	−147.13	3.39	115.56
氧 O_2	−118.82	5.04	97.74
二氧化碳 CO_2	31.1	7.39	128.10
二氧化硫 SO_2	157.5	7.87	169.20

注:V_c 为临界体积,它等于临界比体积乘以相对分子质量。

四、气体的基本定律

(一)玻义耳-马略特定律

英国物理学家、化学家玻义耳(1627~1671)和法国科学院首批院士、物理学家马略特(1602~1684)对气体的体积与压强的关系做了大量的试验与研究,得出:“温度不变时,一定质量的气体的压强跟它的体积成反比。”这就是玻义耳-马略特定律,简称为玻-马定律。其公式为:

$$p_1V_1 = p_2V_2 = p_3V_3 = \cdots = 常量 \tag{1-7}$$

式(1-7)中的常量,决定于气体的温度和气体的摩尔数。玻-马定律对理想气体才能严格成立,它只能近似地反映实际气体的性质。气体的压强越大,温度越低,该定律与实际情况的偏差就越显著。

玻-马定律这个过程,又称等温过程(或称等温变化)。

玻-马定律的微观解释:气体的质量一定,即气体的总分子数不变;若温度为定值,气体的平均动能不变。在这种情况下,气体的体积减小到原来的几分之一,则分子的密度就增大为原来的几倍,因而在单位时间内,气体分子对器壁单位面积的碰撞次数就增加到原来的几倍,即压强增加到几倍。气体的等温变化曲线叫作等温线,玻-马定律的等温线在 $p-V$ 图中是一条双曲线,如图1-4(a)所示。

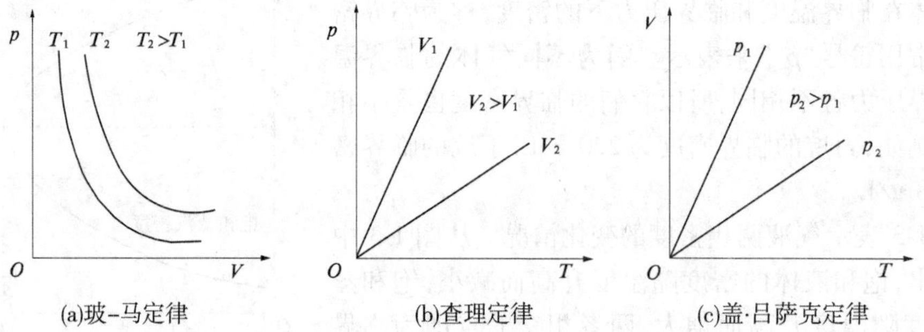

图1-4 气体状态变化曲线

(二)查理定律

法国物理学家查理(1746~1823)对气体的压强与温度的关系做了大量的研究和试验,甚至单独乘坐氢气球上升到3 000 m高空研究和测量气体的膨胀问题,总结出了如下规律:“一定质量的气体,在体积不变的情况下,温度每升高(或降低)1 ℃,增加(或减小)的压强等于它在0 ℃时压强的1/273。”即 $p_1 = p_0(1 + t/273)$。式中,p_1 为一定质量的气体在温度 t 时的压强。p_0 为0 ℃时的压强。如果把 t 换算成热力学温度 T,查理公式的定义即为:“一定质量的气体若体积不变,则其压强与热力学温度成正比。”公式如下:

$$p_1/T_1 = p_2/T_2 = p_3/T_3 = \cdots = 常量 \tag{1-8}$$

一定质量的气体在体积不变的情况下发生的变化,叫作等体积变化,也称等容变化。

查理定律对理想气体才能严格成立,它只能近似反映实际气体的性质。气体压强越大,温度越低,该定律与实际情况的偏差就越显著。公式中的常数决定于气体体积和摩尔数。

查理定律的微观解释:一定质量的气体,体积保持不变,当气体温度升高时,分子的平均动能增大,平均速率也增大,因而气体的压强增大。温度降低时,情况则相反。

气体的等容变化曲线叫作等容线。查理定律状态变化曲线如图1-4(b)所示。

（三）盖·吕萨克定律

法国化学家、物理学家盖·吕萨克（1778～1850）对气体体积与温度关系进行了研究和试验，得出："压强不变时，一定质量的气体的体积跟热力学温度成正比。"公式如下：

$$V_1/T_1 = V_2/T_2 = V_3/T_3 = \cdots = \text{常量} \tag{1-9}$$

这种变化叫作等压变化。公式中的常量决定于气体的压强和摩尔数。

盖·吕萨克定律对理想气体才能严格成立。它只能近似地反映实际气体的性质。气体的压强越大，温度越低，该定律与实际情况的偏差就越明显。

盖·吕萨克定律的微观解释：一定质量的气体，压强保持不变，也就是说，分子对器壁单位面积上的总冲量不变。然而，当气体温度升高时，分子的平均速率增大，分子对器壁单位面积上的冲量要增大，即有使压强增大的倾向。在气体的总分子数保持一定的条件下，要使压强不变，必然是气体单位体积内的分子数相应减少，即气体的体积增大，以使压强有减小的倾向，这样才能保持压强不变。当气体温度下降时，情况恰好相反。

盖·吕萨克定律的状态变化曲线如图1-4（c）所示。

（四）理想气体

严格遵从上述的玻－马定律、查理定律和盖·吕萨克定律的气体，称为理想气体。

从分子运动论的角度看，理想气体的微观模型应具有下列特点：

（1）分子本身的大小和分子之间的距离相比，可以忽略不计。

（2）分子在运动过程中，除碰撞的一瞬间外，分子之间的作用力可以忽略不计，因而理想气体的内能决定于温度，而与它的体积无关。

（3）分子间及分子与器壁间的碰撞都是弹性碰撞。

理想气体是一种理想化的模型，实际并不存在。一般气体在压强不太大、温度不太低的条件下，性质非常接近理想气体。因此，常常把实际气体当作理想气体来处理。这样可以使问题大大简化，误差也很小。

（五）理想气体状态方程

一定质量的理想气体，其压强和体积的乘积与热力学温度的比值是一个常数。公式如下：

$$p_1V_1/T_1 = p_2V_2/T_2 = p_3V_3/T_3 = \cdots = \text{常数} \tag{1-10}$$

上式中的常数决定于气体的摩尔数；各种气体在压强不太大、温度不太低的情况下，近似地遵循理想气体状态方程；在运用理想气体状态方程解题时，应注意统一单位。

（六）克拉珀龙方程

质量为 m 的理想气体，其压强、体积和热力学温度满足下列关系式：

$$pV/T = m/M \times R \tag{1-11}$$

式中　M——气体的摩尔质量，kg/mol；

　　R——理想气体常数，$R = 8.314$ J/(mol·K)。

若气体的摩尔数为"n"，克拉珀龙方程还可写成：

$$pV = nRT \tag{1-12}$$

(七)真实气体状态方程

在气体压力较高和温度较低的条件下,运用理想气体状态方程来计算,显然会有误差。为纠正理想气体与真实气体之间的误差,人们提出了很多对理想气体状态方程的修正式。列出了若干个真实气体状态方程。下列的对比状态方程式是使用比较方便,计算简单又具有一定准确度的一种。公式如下:

$$pV = ZnRT \tag{1-13}$$

式中,Z 为压缩因子,又称压缩系数,是为解决真实气体与理想气体的偏差而引入的一个物理量。它是表征每一种气态物质特性的综合校正因数。

压缩因子 Z 是对比温度(T_r)和对比压力(P_r)的函数,可由图1-5查得。

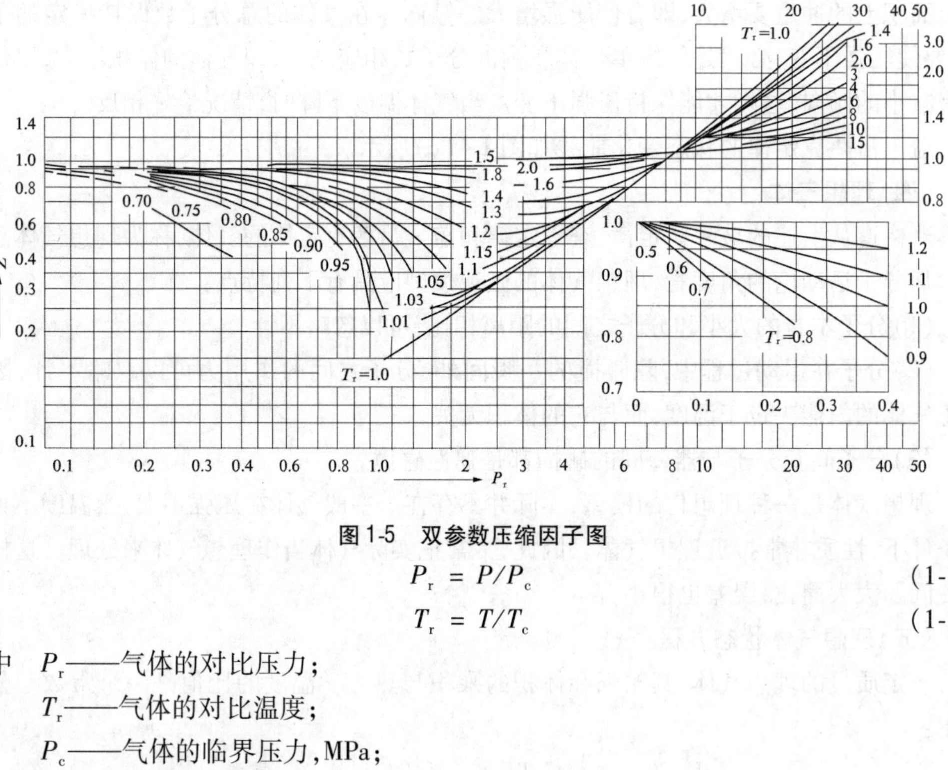

图1-5 双参数压缩因子图

$$P_r = P/P_c \tag{1-14}$$

$$T_r = T/T_c \tag{1-15}$$

式中 P_r——气体的对比压力;

T_r——气体的对比温度;

P_c——气体的临界压力,MPa;

T_c——气体的临界温度,K。

因为

$$V_m = V/n \tag{1-16}$$

式中 V_m——摩尔比容,即1摩尔气体所占体积,m^3/mol;

其他符号意义同前。

所以,可以把式(1-13)调整为:

$$pV_m = ZRT \tag{1-17}$$

又因为 $n = m/M$,所以也可以把式(1-13)调整为:

$$pVM = ZmRT \tag{1-18}$$

习　题

一、名词解释

1. 分子　2. 原子　3. 元素　4. 临界温度　5. 临界压力　6. 理想气体　7. 气化

二、判断题

(　　)1. 压强跟气体压缩程度有关，也就是说跟单位体积内的分子数或气体的密度有关。

(　　)2. 气体压强跟它的温度无关。

(　　)3. 自然界中物质所呈现的聚集状态（或称形态）通常有气态、液态和固态三种。

(　　)4. 温度不变时，一定质量气体的压强跟它的体积成反比。

(　　)5. 一定质量的气体若体积不变，则其压强与热力学温度成反比。

(　　)6. 气体在临界温度下，使其液化所需要的最小压力，称为临界压力。

三、选择题

1. 物质从气体变为液体的过程叫作(　　)。

A. 液化　　B. 气化　　C. 凝固　　D. 蒸发

2. 物质从液态变成气态的过程叫作(　　)。

A. 液化　　B. 气化　　C. 凝固　　D. 蒸发

3. 温度不变时，一定质量的气体的压强跟它的体积成(　　)。

A. 等比　　B. 正比　　C. 反比　　D. 不能比

4. 一定质量气体若体积不变，则其压强与热力学温度成(　　)。

A. 等比　　B. 正比　　C. 反比　　D. 不能比

5. 压强不变时，一定质量的气体的体积与热力学温度成(　　)。

A. 等比　　B. 正比　　C. 反比　　D. 不能比

四、填空题

1. 气体对气瓶或其他容器内壁的压力，是由于运动着的气体分子__________而产生的。

2. 自然界中物质所呈现的聚集状态（或称形态）通常有______、______和______三种。

3. 气体在临界温度下，使其液化所需要的______，称为临界压力。

4. 常用的温标有：______、______、______。

五、问答题

1. 决定气体压强大小的因素有哪些？

2. 阐述我国气体与气瓶行业中，常见的压力单位及单位符号。

3. 什么是物质的三态，其主要区别是什么？

4. 物质在固、液、气三态转变过程中存在几种不同的物理变化过程？

六、计算题

1. 已知一气瓶的公称工作压力是29.4 MPa,试将该值换算成以psi(英制大气压)、bar、mmH_2O、mmHg为单位的值。

2. 请用理想气体状态方程式计算40 L气瓶在15 MPa(表压)下可充装常压氮气多少立方米。

3. 容积为40 L的气瓶中盛装CO_2介质,其摩尔数为17.648,温度为0 ℃,求气瓶内的压力值。

第二章　瓶装气体

第一节　常用术语

压缩气体　临界温度低于等于 -50 ℃的气体。如空气、氧、氮、氢、氖、氦、氪、甲烷、煤气、三氟化硼、四氟甲烷、一氧化碳等。

液化气体　临界温度等于或高于 -50 ℃的气体，是高压液化气体和低压液化气体的统称。

高压液化气体　临界温度高于 -50 ℃，且低于等于 65 ℃的气体。如二氧化碳、乙烷、乙烯等。

低压液化气体　临界温度高于65 ℃的气体。如溴化氢、硫化氢、氨、丙烷、丙烯、液化石油气等。

溶解气体　在压力下溶解于瓶内溶剂中的气体。如溶解于瓶内丙酮或二甲替甲酰胺中的乙炔。

吸附气体　吸附于气瓶内吸附剂中的气体。这是一种以固态形式替代压缩状态或深冷液化状态形式储运的气体，目前只有氢气一种。

瓶装气体　以压缩、液化、低温液化（深冷型）、溶解、吸附等方式瓶装储运的气体。

可燃性气体　凡遇火、受热或与氧化性气体接触能燃烧或爆炸的气体，统称为可燃性气体。

氧化性（助燃性）气体　自身不燃烧，但能帮助和维持燃烧的气体。如氧、空气、氯等。

自燃气体　在低于 100 ℃温度下与空气或氧化性气体接触即能自发燃烧的气体。如甲硅烷等气体。

非可燃性气体　本身不燃烧也不能帮助和维持燃烧的气体。如氮、二氧化碳、氩、氦、氖、氪、氙、氯化磷、氯化硼、氟化硼、四氯化硅、四氟化硅等。

毒性气体　泛指会引起人体正常功能损伤的气体。如氯、光气、溴甲烷、环氧乙烷、硫化氢、一氧化碳等。

惰性（窒息性）气体　在正常温度或压力下与其他物质无反应的气体。

腐蚀性气体　能侵蚀金属或组织，或在有水的情况下能发生侵蚀的气体。如氯化氢、硫化氢、氨等。

特种气体　为满足特定用途的气体。包括单一（元）气体和混合气体。

单一气体　其他组分含量不超过规定限量的气体。

混合气体　含有两种或两种以上有效组分，或虽属非有效组分但其含量超过规定限量的气体。

呼吸气体　借助呼吸器呼吸的气体。如空气、氧。

医用气体　用于治疗、诊断、预防等医疗用气体。

第二节 瓶装气体的分类

一、分类

(一)国内外对瓶装气体的分类

(1)根据GB 16163—2012《瓶装气体分类》,修改了气体分类的临界温度范围;修改了原标准中的FTSC数字编码S项,由原来的7项合并为6项,即为:①低压液化气体;②高压液化气体;③溶解气体;④压缩气体(1);⑤压缩气体(2);⑥低温液化气体(深冷型)。气体的种类由80种增加到108种;将易燃气体改为可燃性气体,又将可燃性气体分为:①可燃性气体甲类:在空气中爆炸下限小于10%的可燃性气体;②可燃性气体乙类:在空气中爆炸下限大于10%的可燃性气体。

(2)国外瓶装气体分类至目前为止,尚未见到国际标准(ISO)正式对瓶装气体的分类,但ISO/DP❶5145介绍为173种。美国压缩气体协会CGA-C7《压缩气体气瓶的警示标签和标记的制备指南》中列举了182种。

(二)瓶装气体分类原则

瓶装气体的分类原则:根据压缩气体在气瓶内的物理状态和临界温度进行分类,按其化学性能、燃烧性、毒性、腐蚀性进行分组;按FTSC❷标示每种气体基本特性,以此作为分类依据,构成系统的综合分类。

FTSC编码由四位数字按顺序组成,直接标示了每种气体的基本特性。

编码依据下面四个基本特性:

(1)燃烧性。根据燃烧的潜在危险性,分为不燃、助燃(氧化性)、可燃(甲类、乙类)、自燃、强氧化性、分解或聚合六个类型(0~5)。

(2)毒性。根据接触毒性的途径和毒性大小,按急性毒性(一次染毒)吸入半数致死量浓度LC50分为无毒、毒、剧毒三个等级(1~3)。

(3)状态。根据瓶内充装气体状态和20 ℃时瓶内压力大小分为七个类型(0~6)。

(4)腐蚀性。根据气体不同的腐蚀性,分为无腐蚀、酸性腐蚀、碱性腐蚀三个类型(0~2)。

分类标准中把瓶装气体分为三大类:压缩气体和低温液化气体(深冷型)、液化气体(含高压液化气体和低压液化气体)和溶解气体。

二、单一气体

(一)压缩气体和低温液化气体(深冷型)

压缩气体又分为以下三组:

---

❶ DP是ISO标准的建议草案。

❷ FTSC编码是按燃烧性、毒性、状态、腐蚀性的英语单词首字母简称而来的。

(1)a 组:不燃无毒和不燃有毒气体。有 10 种,如氦、氮、氩、氪等为不燃无毒气体,氟、二氟化氧为强氧化性剧毒气体。

(2)b 组:可燃无毒和可燃有毒气体。有 5 种,如氢、氘、甲烷、天然气(压缩),为可燃甲类无毒,一氧化碳为可燃乙类有毒气体。

(3)c 组:低温液化气体(深冷型)。有 8 种,如液氩、液氦。

a 组和 b 组气体在正常环境温度($-40\sim60$ ℃,下同)下充装,储运和使用过程中均为气态。

c 组气体在充装时及在绝热焊接气瓶中运输为深冷液化形式,在使用过程中是以液态或常温气态使用。

(二)液化气体

1. 高压液化气体

高压液化气体分以下三组:

(1)a 组:不燃无毒和不燃有毒气体。有 15 种,如二氧化碳、三氟甲烷、六氟乙烷等为不燃无毒气体,氯化氢为不燃有毒气体。

(2)b 组:可燃无毒和可燃有毒气体。有 5 种,如乙烷、乙烯等为可燃甲类无毒气体,磷烷(磷化氢 PH_3)为自燃剧毒气体。

(3)c 组:易分解或聚合的可燃气体。有 4 种,如氟乙烯(C_2H_3F)、乙硼烷(B_2H_6)。

此类气体在正常环境温度下充装。储运和使用过程中随着气体温度、压力的变化,其状态也在气、液两态间变化,当此类气体在温度超过气体的临界温度时为气态。

2. 低压液化气体

低压液化气体分以下三组:

(1)a 组:不燃无毒和不燃有毒气体。有 23 种,如 R-21、R-22、R-12、R-114 等为不燃无毒气体,碳酰二氯(光气,$COCl_2$)、氯、二氧化氮(NO_2)、四氧化二氮(N_2O_4)等为不燃有毒、酸性腐蚀的气体。

(2)b 组:可燃无毒和可燃有毒、碱性腐蚀气体。有 31 种,如丙烷(C_3H_8)、环丙烷(C_3H_6)、正丁烷(C_4H_{10})等为可燃甲类无毒气体,氨(NH_3)、乙胺($C_2H_5NH_2$)、一甲胺(CH_3NH_2)等为可燃有毒(或剧毒)、碱性腐蚀气体。

(3)c 组:易分解或聚合的可燃气体。有 6 种,如环氧乙烷(C_2H_4O)是易分解且有毒气体,氯乙烯(C_2H_3Cl)、三氟氯乙烯(C_2F_3Cl)是易聚合有毒气体。氯乙烯不仅有毒,而且易致癌,接触时应予以注意。

(三)溶解气体

a 组:易分解或聚合的可燃气体。

目前我国的溶解气体只有一种,即溶解乙炔。乙炔的临界温度 t_c 为 36.3 ℃。其三相点压力较低(0.13 MPa),常温下加压极易液化,由于加压的乙炔其热力学性质很不稳定,极容易发生分解和聚合反应,若像压缩气体或液化气体那样装瓶时,稍给能量,如过分振动撞击,就可发生爆炸。因此,必须将乙炔加压溶解于气瓶内的溶剂中。由于乙炔瓶内充填有硅酸钙质的多孔物(孔隙为 90% ~92%),将乙炔溶解于多孔物的溶剂中,使其稳定,从而达到安全充装、储运、使用的目的。

三、混合气与特种气

(一)混合气

混合气包括自然合成和人工制成的混合气(二元或多元混合气)。其中:①含可燃气体组分在2%(容积或质量)以上者为可燃性混合气;②含自然气体组分在0.5%(容积或质量)以上者为自然性混合气;③含剧毒气体组分在0.5%(容积)以上者为剧毒性混合气;④含强腐蚀气体组分时,不管浓度多少,均视为腐蚀性混合气。

混合气体按其瓶内的状态分为气态混合气体和液态混合气体两组。

(1)气态混合气体。其又分为以下两组:①不燃混合气体,包括稀有气体混合气体及空气混合气体;②可燃混合气体,包括城市煤气、水煤气以及气态可燃气体的混合气体。

(2)液态混合气体。其又分为以下两组:①不燃混合气体,包括制冷剂以及环氧乙烷和氟氯烷的混合气体;②可燃混合气体,包括液化石油气(LPG)以及丙烷、丁烷、丙烯、丁烯的混合气体。

混合气体是按照其用途来分类的,如机动车排放废气测量混合气、环保监测混合气、爆炸性气体仪表校正混合气、食品保鲜混合气、烃类混合气、激光混合气、检漏混合气、半导体制备电子混合气、电光源混合气、医疗混合气、水分测量和监控混合气、放射性及稳定性同位素混合气、燃料模拟气、特殊载气混合气、消毒混合气、焊接和工业气体混合气、高压混合气、其他混合气等。

(二)特种气

特种气有时也称为稀有气体。主要包括电子气体和标准气体两大类,它是集成电路制造和大型石油化工装置正常运行必不可少的重要材料。

(1)电子气体。如集成电路制造、IC生产线、硅片的加工等微电子元件的加工,需要品种繁多的高纯、超高纯(组成的最低浓度为10^{-6}级)特种气体,故人们常把这种用于微电子技术的特种气体称作电子气体。

(2)标准气体。标准气体属于标准物质。标准物质是高度均匀的、有良好的稳定性和量值准确的测量物质,它们具有复现、保存和传递量值的基本作用,在物理、化学、生物与工程领域中用于校准测量仪器、评价测量的准确度和实验室的检测能力;确定材料或产品的特性量值,进行量质仲裁。

第三节 瓶装气体的危险特性

一、瓶装气体的特殊性

我国目前108种瓶装气体中,可燃、有毒、有腐蚀性以及可能发生分解、聚合倾向等特性的气体占有很大比例。

构成瓶装气体的危险特性的因素有:

(1)为了便于运输使用,通常是把压缩气体压缩到一定体积。液化气体一般也是经压缩进入气瓶的。如把气态氯加压到0.6~0.8 MPa装入瓶内为液态氯(当然有一定饱和气相空间)，液氯气化后体积增加很大，在标准状态下，1 L液氯可气化成484 L氯气。

若这些体积被压缩到数十分之一甚至数百分之一的压缩气体以及气化后体积能增加数百倍的液化气体是可燃或有毒时，一旦发生气瓶事故，则火灾、爆炸的危害性和中毒受害的可能性将大大增加。这是构成瓶装气体危险特性的因素之一。

(2)我们所指的“瓶装气体”，就是用钢质或别的材质气瓶盛装气体。用工业手段将不同状态的气体充入气瓶内，运送至生产现场使用，因气瓶流动范围大，往往又无固定的使用地点，可能处在烈日下暴晒，也可能在高温下作业，所以又把气瓶称为“移动式压力容器”。若从充装、运输到使用各环节中，无专职的技术管理人员跟踪监督，充装、运输、使用某一环节中出现操作失误或处理不当均可导致恶性事故。因此，移动式的压力容器——气瓶也是构成瓶装气体危险特性的又一重要因素。

二、燃烧性与爆炸性

(一)燃烧、爆炸的基本概念

1. 燃烧、爆炸的共同点

燃烧和爆炸本质上都是可燃物质的氧化反应。

可燃物质、助燃物、火源三个基本条件互相作用，燃烧才能发生。火源是指一定温度和热量的能源，如火焰、电火花、灼热物体等。三个基本条件又称燃烧三要素。

2. 燃烧与爆炸的异同点

(1)燃烧与爆炸的区别在于氧化速度的不同。

(2)决定氧化速度的因素是在点火前可燃物质与助燃剂的混合均匀程度。

(3)同一种物质，在一种条件下可以燃烧，在另一种条件下可以爆炸。

(4)物质与氧起化学反应(氧化)的结果是生成新的物质并产生热量，这种热量叫燃烧热。例如，乙炔的燃烧热值为1 261.5 kJ/mol，丙烷的燃烧热值为2 220 kJ/mol。

(5)可燃物质的燃烧过程。可燃物与氧气先吸热而离解出自由基(热离子)或活性原子，所吸收的那份热量称为活化能，处于高温活化状态的自由基和活性原子猛烈碰撞后结合成新的分子，并将燃烧热释放出来。

3. 燃烧、爆炸的定义

(1)燃烧：当氧化过程迅速进行时，产生的热量使物质和周围空气的温度急剧升高，并且产生光亮和火焰，这种剧烈的氧化现象便是燃烧。

(2)爆炸：当可燃物质与空气(氧气)的混合物在一定条件下瞬间燃烧时，发生火光和高温，燃烧生成的气体受高温作用，温度急剧上升，体积猛烈膨胀，造成压力波冲击器壁，可使容器破裂，产生强大的冲击波，掀飞屋顶，推倒墙壁，破坏建筑，发出轰然巨响，这种现象就是爆炸。

爆炸又分为化学性爆炸和物理性爆炸。由于工作介质产生化学反应而放出强大能量的现象称化学性爆炸；由于盛装容器(气瓶)本身承受不了容器(气瓶)内压力而破裂的物理现象称为物理性爆炸。

化学性爆炸根据瞬间燃烧速度、破坏力的大小一般分为：

①爆燃，即普通的爆炸，其燃烧速度十至数百米每秒。

②爆震(爆轰),其燃烧速度为 1 000 ~ 7 000 m/s。

③在条件特别的情况下,还会出现殉爆,即发生爆炸时,反应所产生能量的一部分转给被压缩的气体层,于是冲击波迅速传播至远离爆震发源地,引发远处爆炸物品发生爆炸的现象。

由爆燃发展到爆震有一个火焰传播速度增长的过程。能否由爆燃发展到爆震,由气体组分、容器形状和点燃能源的形式及强度决定。

当爆炸过程在某个初始爆炸所造成的高温高压和扰动条件里进行时,燃烧速度急剧增加,一旦超过声速,便会出现高度压缩的冲击波,而当燃烧在冲击波中进行时,普通爆炸(爆燃)就发展成威力更猛的爆震。这时,爆炸压力成倍增长,比通常的爆炸压力增长快得多。

(二)可燃性气体

1. 可燃性气体种类

在现行 GB 16163—2012《瓶装压缩气体分类》中,列出的可燃性气体为 54 种,占 108 种瓶装气体的 50%。所谓可燃性气体,包括自燃气体、可燃甲类气体、可燃乙类气体三部分。GB 16163—2012 中列出的 54 种可燃性气体中,自燃气体 3 种(其中 1 种为剧毒)、可燃气体 51 种(其中有毒 14 种,剧毒 5 种)。

自燃气体:在低于 100 ℃温度下与空气或氧化剂接触即能自发燃烧的气体。

可燃甲类气体:在空气中爆炸下限小于 10% 的可燃气体,且爆炸上下限之差小于 20% 的气体。

可燃乙类气体:在空气中爆炸下限大于等于 10% 的可燃气体,或爆炸上下限之差大于 20% 的气体。

2. 可燃液化气体的燃烧爆炸危险性

54 种可燃性气体中,可燃的液化气体占有一定比例,其中又以烃类气体居多。它们的燃烧热值都比较大,以丙烷(C_3H_8)为例,气相丙烷燃烧热值为 2 220 kJ/mol。

液化气体的特点是沸点低,如丙烷的沸点为 −42.1 ℃,极易气化,因而突然泄压时造成的闪蒸(瞬间的迅速气化)是一般气体所没有的特殊现象。一般情况下,闪蒸量为泄漏量的 20% ~ 30%。已蒸发气体自然地向大气扩散。这种闪蒸现象对于可燃的液化气体来说特别危险,因为迅速蒸发使气体来不及扩散而滞留在一定的空间范围内与空气混合形成了爆炸性气体,这就意味着已具备发生爆炸的先决条件。

通常比空气轻的气体在接近地面的大气中垂直扩散大于水平扩散;而比空气重的气体在大气中则容易沉降,因而主要是水平扩散。水平扩散的结果会使气体在下风向沿地面大范围的空间里分散,如果是毒性或可燃性气体,那么后果是不堪设想的。

可燃液化气体的燃烧危险性远比易燃液体大得多。汽油是大家比较熟悉的一种易燃液体,沸点在 50 ℃以上,闪点在 −45 ℃左右,易挥发,爆炸性很强,挥发后有蒸汽与空气混合,遇火即可引爆。而瓶装可燃液化气体的沸点低于常温,已不能测定其闪点,并以此来衡量其危险级别,可见其火灾危险性比汽油大得多。几种液化气体的燃烧性能见表 2-1。

表 2-1　几种液化气体的燃烧性能

名称	风速为 2 m/s 时的火焰传播速度（m/s）	燃烧速度*（mm/min）	火焰表面辐射强度（MJ/(m^2·h)）	无风时距火源 15 m 处的辐射热（MJ/(m^2·h)）
甲烷	2.2	10.4	14.78	0.31
乙烯	3.9	12.9	23.89	0.55
正丁烷	3.9	9.3	18.23	0.41
汽油	2.0	4.8	11.94	0.24

注：* 此燃烧速度是指在 2.65 m^3 的敞口容器中，燃烧物体在单位时间内燃烧时，其液面的下降量。

通过表 2-1 中试验数据的比较，可以设想液化气体一旦酿成火灾将是何等的严重：人受到强烈热辐射时，会被烧伤甚至死亡；有机物受到热辐射时，会形成火灾，而且灭火以后极有可能发生二次爆炸。

3. 最小点燃能量与点火源

据初步统计，1998～1999 年，全国瓶装气体气瓶在生产、充装、运输及使用中发生的爆炸事故，共为 53 起，其中氢氧混合爆炸为 17 起，约占爆炸事故总数的 1/3。为何氢氧混合爆炸如此频繁？主要是混装、错装所致。极少数以水电解工艺制氢与氧的生产单位，因设备状况或操作等原因，又缺乏对氢与氧纯度的监测分析，以致把混合的爆鸣气充装入瓶，造成使用中发生“回火”爆炸。氢氧混合发生爆炸，直接的原因是氢的最小点燃能量（也称点火能级）极低，仅为 0.019 mJ，相当于一枚订书针从 1 m 高处下落的能量。

几种典型的可燃性气体与空气（氧）混合后的最小点燃能量见表 2-2。

表 2-2　几种典型的可燃性气体与空气（氧）混合后的最小点燃能量

序号	名称	最小点燃能量（mJ）	序号	名称	最小点燃能量（mJ）
1	二硫化碳	0.009	6	戊烷	0.24
2	乙炔	0.019	7	丁烷	0.25
3	氢	0.019	8	乙烷	0.25
4	乙醚	0.19	9	丙烷	0.26
5	苯	0.20	10	甲烷	0.28

燃烧是一种同时伴有发光、发热的激烈的氧化反应。燃烧必须同时具备可燃物、助燃物、导致燃烧的能源这三个条件，缺少其中任何一个条件燃烧便不能发生。

空气本身就是一种助燃的氧化剂，这一条件随时随地都存在。可燃物就是可燃性气体本身。如何防止可燃性气体燃烧和爆炸，关键的问题是要控制好点火源和防止气瓶中可燃气体泄漏。点火源的种类见表 2-3。

表2-3　点火源的种类

外界能量的形式	点火源种类
机械能	撞击、摩擦、绝热压缩、冲击波
热能	加热表面、火焰、高温气体辐射热
电能	电火花、电弧、电晕、静电
光能	紫外线、红外线
化学能	触媒*、本身自燃(分解、氧化、聚合)

注:*触媒又称接触媒或接触作用催化剂,是指在化学反应中能够加快反应速度,而本身的组成和质量在反应后保持不变的物质。

4. 爆炸危险度

可燃性气体的爆炸危险性可以用爆炸危险度即爆炸浓度范围与爆炸下限浓度之比来表示,即

$$爆炸危险度=\frac{爆炸上限浓度-爆炸下限浓度}{爆炸下限浓度} \tag{2-1}$$

例如,氢在空气中爆炸下限浓度为4.0%,上限浓度为75.0%,其爆炸危险度$=\frac{75-4}{4}=$17.75。由此说明,当爆炸下限浓度低、爆炸上限浓度高时爆炸危险度就高。这是因为爆炸下限浓度低时可燃性气体稍有泄漏就会形成爆炸条件,爆炸范围宽则出现爆炸条件的机会就多,若爆炸上限浓度高,即使有少量的空气或氧气也能形成爆炸条件。这就要求我们严格控制外部空气渗入可燃性气体的容器内。典型的可燃性气体在空气和纯氧中爆炸危险度的比较见表2-4。

表2-4　典型的可燃性气体在空气和纯氧中爆炸危险度

序号	名称	爆炸极限浓度(%)						纯氧爆炸危险度指数
		空气中			纯氧中			
		下限	上限	危险度	下限	上限	危险度	
1	乙炔	2.5	80.0	31.00	2.5	93.0	36.20	1.17
2	乙醚	1.9	36.0	17.95	2.1	82.0	38.05	2.12
3	氢	4.0	75.0	17.75	4.0	94.0	22.50	1.27
4	乙烯	3.1	32.0	9.32	3.0	80.0	25.67	2.75
5	一氧化碳	12.5	74.0	4.92	15.5	94.0	5.05	1.03
6	丙烷	2.2	9.5	3.32	2.3	55.0	22.91	6.90
7	甲烷	5.3	15.0	1.83	5.1	61.0	10.96	5.99
8	氨	15.5	27.0	0.74	13.5	79.0	4.85	6.55

$$纯氧爆炸危险度指数 = \frac{纯氧中爆炸危险度}{空气中爆炸危险度} \tag{2-2}$$

目前,对于瓶装可燃性气体的火灾危险程度尚无综合性评定方法,一般认为:

(1)可燃性气体与空气混合时爆炸下限越低,则危险程度越高。

(2)可燃性气体与空气混合时的爆炸范围(爆炸上下限辐度)越宽,则危险程度越高。

(3)可燃性气体燃点越低,则危险程度越高。

(4)可燃性气体在空气中的最小引燃能量越小,则危险程度越高。

(5)可燃性气体的密度相对于空气密度越大,则危险程度越高。

如果以上述观点做比较,那么瓶装气体中的压缩气体危险程度最高的是氢气,液化气体中环氧乙烷则是第一位的。

5. 分解和聚合反应

在 GB 16163—2012《瓶装压缩气体分类》中,分解或聚合的气体共 11 种,其中分解气体 4 种,聚合气体 7 种。

气体的分解或聚合,其结果往往是爆炸。气体的分解是由于高温所引起的,没有高温,气体是不会分解的。但也有因局部过热使少量气体分解而波及其余,最后导致气瓶爆炸的。分解反应的速度很快,一旦开始反应,便会放出大量热量而使温度急升,加快分解速度,直到发生强烈爆炸。分解爆炸的产物是黑烟状的细碳颗粒,飘浮在空气中,并有可能发生第二次爆炸,放出巨大热量,其爆炸破坏力往往大于第一次爆炸。

下面介绍乙炔的分解反应。乙炔的分解反应式为:

$$C_2H_2 \longrightarrow 2C + H_2 + Q_1$$

式中 Q_1——定压燃烧放热值,$Q_1 = 10$ MJ/mol。

若分解得十分完全,而且没有热损失,则分解产物的温度可达 3 100 ℃。由于乙炔分解时的放热效应,在一定温度和压力条件下,即使没有氧气等助燃剂参与反应,也会导致爆炸。这种爆炸被称为分解爆炸。

分解爆炸产生的条件如下:

(1)初始压力。经试验得出,常压乙炔在 635 ℃下会发生分解,但不会导致爆炸。因为这种分解反应只限于开始部位,没有传播。若把乙炔压力提高到 0.1 MPa 时点火,就会发生分解爆炸。这个压力叫分解爆炸的初始压力,亦称临界压力。

(2)激发能源。乙炔分解的最小激发能量与初始压力、温度有关,常温下的最小激发能量为:

$$E = 0.11p^{-2.85} \tag{2-3}$$

式中 E——乙炔分解爆炸的最小激发能量,J;

p——乙炔分解爆炸的初始压力,MPa。

从式(2-3)可以看出,如果激发能量很大,引发乙炔分解爆炸的初始压力就会下降。

(3)温度。提高温度会使乙炔分子运动加剧,分子间的碰撞频繁。因此,乙炔的温度超过常温后,分解爆炸的初始压力会明显下降。

聚合是一种放热反应过程。气体聚合时的放热反应会使瓶内压力异常升高,而且反应物的质量越大,反应越猛烈。这种反应会造成极大的危险。对于容易发生聚合或有聚合倾向的气体,必须避免与有机物或无机的过氧化物接触。因为氧或过氧化物都是良好的引聚气体。对于这类气体气瓶,除在气体中加入适当的稳定剂或阻聚剂外,在气瓶的管理方面应做到以下两点:①避免日晒和受热,升温会促使且加速这类气体的聚合过程,如有条件,低温储存会延迟其聚合过程;②气瓶容积不宜太大,最好不超过80 L,因为盛装量越大,一旦发生爆炸,造成危害也就越大。乙炔在常温下的热力学性质很不稳定,会在各种条件下聚合,其反应式为:

$$3C_2H_2 \longrightarrow C_6H_6 + Q_2$$

式中　Q_2——定压燃烧放热值,$Q_2 = 2.6$ MJ/mol。

乙炔聚合时放热,温度越高,聚合速度越快。热量的积聚会进一步使聚合过程加速。当继续放出大量热,使乙炔的温度升高到分解爆炸的温度时,尚未聚合的乙炔就会发生分解爆炸。正是由于乙炔的这种特殊性,才对乙炔的瓶装提出了特殊的要求。

三、毒性与腐蚀性

(一)毒性气体

在《瓶装气体分类》标准中,共列出毒性气体38种,占108种瓶装压缩气体的35.18%。这38种毒性气体中,剧毒的13种,有毒的25种;可燃的并带腐蚀性或有分解聚合反应的气体19种。由此可见这38种毒性气体不仅有毒,同时大部分还可燃或有分解聚合的双重危害。

凡作用于人体产生有毒作用的物质,统称为毒物。在工业生产过程中所产生的毒物,都叫作工业毒物。毒性气体是工业毒物的一种。毒物侵入人体后,与人体组织发生化学或物理化学作用,并在一定条件下,破坏人体的正常生理机能,或引起某些器官和系统发生暂时性或永久性病变的现象叫作中毒。通常所称毒物是指少量进入人体内易引起中毒的物质。当然,物质只有在一定条件下作用于人体才具有毒性。中毒现象的发生不仅与毒物的性质有关,还与毒物侵入人体的途径、数量、接触时间长短及个人身体状态等因素有关。

瓶装气体中有一部分属于毒性气体。盛装毒性气体的气瓶在充装、储运、使用过程中,其主要危害是由于泄漏造成人体的慢性中毒,或由于气瓶发生事故,导致气体的大量外泄所引起的人体急剧中毒。

目前国内还没有瓶装气体的毒性分级标准。GB 5044《职业病接触毒物程度分级》规定分为四级,其最高允许浓度见表2-5。

表2-5　毒性分级

气体毒性级别	最高允许浓度(mg/m^3)
极度危害(Ⅰ级)	<0.1
高度危害(Ⅱ级)	0.1~1.0
中度危害(Ⅲ级)	1.0~10
极轻度危害(Ⅳ级)	≥10

（二）腐蚀性气体

在《瓶装气体分类》标准中，列出的腐蚀性气体共24种，其中酸性腐蚀的18种，碱性腐蚀的6种。24种腐蚀性气体全为有毒或剧毒气体，带有双重危害。

瓶装气体的腐蚀性，主要是指装瓶后的气体在一定的条件下，对气瓶内壁的侵蚀作用，使气瓶的瓶壁减薄或产生裂纹，造成气瓶的强度下降以致发生气瓶的爆炸事故。

为避免气瓶事故的发生，应从气瓶的设计、使用以及检验维护中予以注意。如设计时，应根据不同的腐蚀介质选用不同的耐腐蚀材料；检验时应缩短检验周期，一般气体气瓶每3年检验一次，而腐蚀性气体气瓶则要求每2年检验一次，同时检验时，应对气瓶内部进行干燥处理，检验合格的气瓶还要进行气体在充装、运输、使用中的安全检查。

瓶装气体中仅有少部分具有轻微的腐蚀性，大多数是非腐蚀性的，但由于装瓶的气体不纯，使气体具有了腐蚀性，甚至是很强的腐蚀性，其中最主要的是气体中的水分。如氯化氢，在无水时对钢没有腐蚀性，但当水的含量大于0.3%时，其腐蚀性就大大增加了。

第四节 常用瓶装气体

一、压缩气体

（一）氧气

1. 性质

氧气是一种无色、无味、无臭的气体。分子式为O_2，相对分子质量为31.998。在标准状态下，其密度为1.428 9 kg/m^3，气体相对密度为1.105（以空气为1），如以氧气为1，其相对密度为15.88，熔点为－218.4 ℃，沸点为－182.97 ℃，临界温度为－118.4 ℃，临界压力为5.97 MPa。液体氧（相对密度为1.13）为淡蓝色，透明且易于流动。

氧气的化学性质特别活泼，除贵重金属——金、银、铂以及惰性气体外，所有元素都能与氧发生反应。而且随着氧气纯度的提高，氧化反应越剧烈，在纯氧中的氧化反应异常激烈，同时放出大量热量，从而产生高温。这就使一些在空气中不易燃烧的物质，在纯氧中却很容易发生燃烧。

氧气具有强烈的助燃特性，它是一种强氧化剂。

氧气与可燃气体按一定比例混合，即形成爆鸣性气体。这些爆炸性的混合物，一旦达到其燃点或有引火的条件下，就会发生威力巨大的化学性爆炸。

国内以往的气瓶爆炸事故中，氧与氢混合发生爆炸的实例占有很大的比例。这是因为在一个密闭的容器（气瓶）中氧与氢一旦混合，瞬间即可在整个容器中混合得十分均匀，为燃烧爆炸造成非常有利的条件，加上氢的最小点火能量极小，仅为0.019 mJ。达到爆炸极限的氢氧混合气体很容易发生爆炸。

氧气与一氧化碳、甲烷等可燃气体按一定比例混合，在一定条件下，也会发生爆炸。这样的爆炸事故也时有发生。

常见的几种可燃气体与氧气混合形成爆鸣性气体的参数见表2-6。

表 2-6 常见气体的爆炸浓度范围

可燃气体名称	分子式	常压下的着火温度(℃)	爆炸浓度范围(%)			
			在空气中		在氧气中	
			下限	上限	下限	上限
氢气	H_2	585	4.0	75.0	4.65	93.9
乙炔	C_2H_2	299	2.3	80.7	2.3	93.0
一氧化碳	CO	651	12.5	74.0	15.5	93.9
甲烷	CH_4	537	5.0	15.0	5.4	59.2
乙烷	C_2H_6	515	3.0	12.5	4.1	50.5
丙烷	C_3H_8	406	2.2	9.5	2.3	55.0
乙烯	C_2H_4	450	3.1	32.0	2.9	79.9
丙烯	C_3H_6	927	2.4	10.3	2.1	52.8
城市煤气			3.8	24.8	10.0	73.6
氨(无水)	NH_3	651	16.0	25.0	13.5	79.0

从表 2-6 中可以看出,氧气与可燃气体混合形成的爆鸣性气体的爆炸浓度下限都比较低,而上限则比较高,这样氧气和可燃气体形成爆鸣性气体的可能性很大。例如,极少数气体用户任意改变气瓶用途,违规地在气瓶外表面加以漆色敷涂后,把原装氢气的气瓶改作充装氧气使用,一只充装氧气压力 15 MPa 的瓶子只要原氢气瓶内留有氢气余压 0.7 MPa,即形成了爆鸣性的混合气,当具备一定条件时(如静电火花)即可发生强烈爆炸。

压力高于 2.94 MPa(30 at)的压缩氧气与各类油脂接触,能发生异常激烈的氧化反应,即发生燃烧甚至爆炸。因油脂为不饱和的碳氢化合物,与纯氧接触后即产生氧化热,其反应速度非常快,由于氧化热的集聚,迅速使温度达到油的燃点而引发自燃,此类事故比较普遍。故制氧行业规定,凡与氧气接触的部件禁止任何油脂沾污。氧气瓶及氧化性气瓶的瓶阀与瓶身也不得沾染油脂。

2. 用途

(1)氧气在钢铁工业的主要用途是强化冶炼过程,是钢铁企业不可缺少的原料。氧在国防上的用途很广,用量最大的是火箭,其优点是使推力由气流来控制,或在必要时进行灭火与再点燃。

(2)氧在化肥工业中主要是作重油或煤粉的氧化剂,易于实现加压氧化。

(3)氧在化学工业中的应用主要是强化生产。

(4)氧气在机械工业中应用也十分广泛。

氧气不但是工业生产所必需的气体,也是地球上有生命的机体赖以生存的物质。

3. 制取方法

(1)空气液化分馏法。空气液化分馏法,简称“空分”,或称“深冷制氧法”。

空气是一种多组分气体的混合物,其中各种气体的沸点是不相同的。利用液化空气的各种气体沸点的差异,以分离液体混合物中组分的方法,可以得到氧气。

四种气体的沸点与蒸发热见表 2-7。

表 2-7　四种气体的沸点与蒸发热

名称	沸点(℃)	蒸发热(kJ/m^3)
N_2	-195.80	199.47
O_2	-182.97	213.15
CO_2	-78.50	—
Ar	-185.7	157.4

"空分"制取的氧气纯度可达99.2%~99.7%。

(2)水的电解法。水的电解法用于制取氢与氧,这种工艺方法往往是为制取氢气而获得副产品氧气,用此种方法制取2 m^3 氢气的同时,可获得1 m^3 氧气。反应式为:

$$2H_2O \xrightarrow{\text{电解}} 2H_2\uparrow + O_2\uparrow$$

4. *危害与防护*

氧气虽是人类赖以生存的物质,但当人长时间在高浓度氧环境中吸入纯氧时,会引起"氧酸性中毒",得富氧病。

液氧属于不燃液化气体,但助燃性好,溢漏液氧遇可燃物时,会引起燃烧和爆炸。灭火剂为雾状水和二氧化碳。但当液氧装置的绝热层遇到破坏时,液氧装置会引起爆炸,此时消防人员应撤到安全距离以外。液氧接触皮肤会引起严重冻伤,对细胞组织有严重破坏作用。急救处理方法是:将冻伤面轻轻浸泡在冰水中解冻,不要摩擦其表面,立即请医生诊治。当温度高于沸点时,液氧急剧蒸发,蒸气体积约为液体体积的860倍。如体积受限制,则压力急剧增加。

液氧溢漏的处理方法是关闭火源,切断泄漏并通知消防队。液氧会很快蒸发。进入溢漏场地以后,由于该地区在长时间内处于富氧状态,因此应避免产生火花,以免发生危险。

(二)氮气

1. *性质*

氮也是一种无色、无味、无臭的气体。分子式为 N_2,相对分子质量为28.013。在标准状态下,其密度为1.250 6 kg/m^3,气体相对密度为0.967 4(以空气为1),熔点为-210.5 ℃,沸点为-195.8 ℃,临界温度为-147.05 ℃,临界压力为3.39 MPa。液体氮无色透明且易于流动,相对密度为0.804(以水为1)。

常温下,氮气的化学性质不活泼,在工业上常用氮气作为安全防火防爆的置换或试验用气。但加热时,氮能与锂(Li)、镁(Mg)、钨(W)等元素化合。高温下,氮能与氧和氢化合。氮的氧化物除 N_2O、NO、NO_2、N_2O_3 是强氧化剂外,其余均有剧毒。

2. *用途*

氮气是氮肥工业的主要原料。氮在冶金工业中主要是用作保护气,如轧钢、镀锌、镀铬、热处理、连续铸造等都要用它作保护气。此外,向高炉中喷吹氮气,可以改进铁的质量。用氮气喷轧金属薄板,用氮冻结干燥法制造超细金属粉末,用氮气淬火法处理高级钢,均收到了良好的效果。

氮作为洗涤气和保护气,也广泛用于电子工业、化学工业、石油工业和玻璃工业。特别是石油工业用量极大。

液氮是一种较方便的低温源,可用于食品冷藏等。随着医学技术的发展,低温技术广泛应用于医疗事业。

3. 制取方法

空气液化分馏法。如同用空气液化分馏法制取氧气一样,这也是制取氮气的一种主要方法,其分馏过程不再重述。

由于空气中 N_2 在体积比上占 78%,故以“空分”法制取氮是氮气制取的主要方法。

4. 危害与防护

氮气虽然无毒、无味,但它是一种能使人窒息的气体。人长期处于氮含量高于 82% 的环境中,有发生缺氧窒息的危险。人处于氮含量高于 94% 的环境中,会因严重缺氧而在数分钟内窒息死亡。

人吸入氮气一定时间并发生窒息症状时,应将其移至空气新鲜处。如果已停止呼吸,应进行嘴对嘴的人工呼吸;如果呼吸困难,应及时输氧,并请医生处置。

(三)氢气

1. 性质

氢是一种无色、无味、无臭的气体,分子式为 H_2,相对分子质量为 2.016。在标准状态下的密度为 0.089 87 g/L,仅为空气的 2/29。氢的分子运动速度很快,从而有最大的扩散速度和高的导热性,其导热能力是空气的 7 倍。氢的沸点为 -252.78 ℃,熔点为 -259.24 ℃。液态氢是无色透明的液体,密度为 0.070 g/cm^3(-252 ℃),固体氢是雪状固体,其密度为 0.080 7 g/cm^3(-262 ℃)。氢在各种液体中溶解甚微,0 ℃时 100 mL 的水中仅能溶解 2.15 mL 的氢,20 ℃时 100 mL 水中仅溶解 1.84 mL 的氢。

氢和氯在加热或光的作用下能发生爆炸,生成氯化氢(或氢气在氯气中燃烧),其水溶液即盐酸。

2. 用途

氢的用途十分广泛,因它密度小,人们很早就用它来填充气球,并用于航空、油脂加氢裂化和照明等。

氢是可燃气体,氢氧焰可达到 3 000 ℃高温,可焊接、切割金属,加工石英器件、硬质玻璃、光学玻璃、人造宝石等。

液态氢具有质量轻、发热量高的优点,其单位质量所包含的热能是汽油的 3 倍,而且燃烧时不释放有害气体,是汽车、飞机、火箭的燃料。它原料丰富、干净,没有污染。液态氢被用于低温技术。

在冶金工业和电子工业中,氢主要用作保护气体和还原气体。如金属热处理过程中,防止表面在高温下氧化,合金的高温机械试验,炉内钢材的加热,高熔点的钨丝、钼丝的加工,粉末冶金制取钨、钼、钽、铌等稀有金属,粉末压制品的烧结以及半导体材料硅、锗的提取和外延层的生长、器材烧结等。

氢还被用来冷却大型发电机,以及用于原子能工业。

氢作为能源,被人们普遍关注。氢用作汽车燃料,是最清洁、“零排放”的无污染能源,氢能可解决 21 世纪的汽车工业能源和环保两大难题。

3. 制取方法

(1)水电解制氢。水电解是一种比较简单的制取纯度较高的氢气的一种方法,其纯度可达99.8%以上,同时可获得氧气。

$$2H_2O \xrightarrow{电解} 2H_2\uparrow(阳极)+O_2\uparrow(阴极)$$

(2)变压吸附法(PSA)制氢。这是国内外普遍采用的一种制取氢气的新方法。

4. 危害与防护

氢气是一种可燃性气体,且具有扩散速度快、点火能级低等特点,当与空气或纯氧混合后,在有火源条件下,极容易发生燃烧或爆炸,且爆炸的威力十分巨大。从事氢气的生产、充装、运输、使用的管理与操作,务必予以足够重视。必须做到以下几点:

(1)制氢单位的管理者和操作者,应管好制氢设备,精心操作,特别应对生产出来的气体定时做认真监测与分析,符合质量标准的气体方可压缩充瓶或输出供用户使用。

(2)重视防火防爆。制氢设备厂房,氢气净化、储存、加压、充装等场所的防火防爆设施应符合有关法规要求,在这些场所的建筑物室内最高处应有通风换气设施。

(3)氢气充装单位必须严格执行 GB 14194—2017《压缩气体气瓶充装规定》和 GB 27550—2011《气瓶充装站安全技术条件》等法规及技术标准。氢气瓶充装前对气瓶的检查处理、含纯 N_2 置换、抽真空,充装速度、氢气流速等必须符合规范和技术标准。

(4)气瓶充装、使用、营销各环节的管理及操作人员,应严格遵循 TSG R0006—2014《气瓶安全技术监察规程》。气瓶不得混装、错装,更不得改装,以防止氢气与氧气等强氧化性气体混装发生恶性爆炸事故。

(四)天然气

1. 天然气的组分和来源

天然气是指地下多孔地质构造中发现的自然形成的烃类气体和蒸汽的混合气体,有时也含有一些杂质,主要组分是低分子烷烃。天然气一般可分为四种:①从气田开采的气田气或称纯天然气;②伴随石油一起开采出来的石油气,也称石油伴生气;③含石油轻质馏分的凝析气田气;④从井下煤层抽出的矿井气。

气田气组分以甲烷为主,也含少量的 CO_2、H_2S、N_2 和微量的惰性气体,见表2-8。我国四川、海南等地的天然气属于这一类,其中甲烷含量一般不少于90%,发热值为34 800~36 000 kJ/m^3。天津、大庆等地使用的天然气是伴生气,甲烷含量约为80%,其他烷烃占15%,热值较高,大约为41 900 kJ/m^3。气田气除含有大量甲烷外,还含有2%~5%戊烷及戊烷以上的烃类,热值更高。矿井气的主要可燃成分是甲烷,其含量视抽气方式不同而变化,热值一般较低。抚顺、鹤壁等矿区已使用这种矿井气多年。

表2-8　各种天然气组分

产地	CH_4	C_3H_6	C_3H_8	C_4H_{10}	C_mH_n	H_2	H_2S	CO_2	N_2
四川气田天然气	97.20	0.70	0.20	—	—	0.10	0.10	1.0	0.70
四川油田天然气	76.29	11.0	6.0	4.0	—	—	—	1.36	0.71
大庆天然气	91.05	1.64	2.70	2.23	1.09	—	—	—	—

天然气可以压缩或液化,在 24 MPa 压缩状态下的天然气体积接近标准状态下的1/300。液态天然气的体积为标准状态时体积的1/625,有利于储存和用车辆或船舶远途输送,使不生产天然气的地区能使用天然气。

根据天然气的组成既可将天然气分为干气、湿气、富气和贫气,又可分为酸性天然气和洁气。结合我国情况,参考国外资料,其定义如下:

干气:每1 m^3(压力为0.1 MPa、温度为20 ℃的状态,下同)井口流出物中,C_5 以上重烃液体含量低于13.5 cm^3 的天然气。

湿气:每1 m^3 井口流出物中,C_5 以上重烃液体含量超过13.5 cm^3 的天然气。一般湿气需分离出液态烃产品和水分后才能进一步加工利用。

富气:每1 m^3 井口流出物中,C_3 以上烃类液体含量超过94 cm^3 的天然气。

贫气:每1 m^3 井口流出物中,C_3 以上烃类液体含量低于94 cm^3 的天然气。

酸性天然气:含有显著 H_2S 和 CO_2 等酸性气体,需进行净化处理才能达到管输标准的天然气。

洁气:H_2S 和 CO_2 含量甚微,不需进行净化处理的天然气。

2. 天然气质量要求

1)民用天然气的质量指标

(1)按天然气的高位发热量不同分为 A 组和 B 组;按用途不同将 A、B 两组分为四类,其相应代号分别为Ⅰ、Ⅱ、Ⅲ、Ⅳ。

(2)各组、类天然气质量指标应符合表2-9的规定。

表2-9 天然气质量指标

项目		质量标准				试验方法
		Ⅰ	Ⅱ	Ⅲ	Ⅳ	
高位发热量(MJ/m^3)	A组	>31.4				待批
	B组	14.65~31.4				
总硫(以硫计)含量(mg/m^3)		150	270	460	>480	待批
硫化氢含量(mg/m^3)		6	20	实测	实测	待批
二氧化碳体积含量(%)		3		—		—
水分		无游离水		—		机械分离目测

注:1. 本标准中的气体体积为在101.325 kPa、20 ℃状态下的体积。

2. 无游离水是指天然气经机械设备分不出游离水(在取样点处的温度和压力条件下),气体的相对湿度小于或等于100%。

2)管输天然气气质标准

天然气中的酸性气体和水是造成管线内壁腐蚀、影响管线寿命的主要因素之一,严格控制进入管线的气体质量是延长管线寿命、保证安全供气的重要措施。世界主要产、用气国家的管输天然气气质标准见表2-10。

表 2-10 世界主要产、用气国家的管输天然气气质标准

杂质名称	标准含量					
	德国	荷兰	伊朗	苏联	美国	法国
硫化氢(mg/m^3)	2	5	5.8	未规定①(生活气 20)	2.5~3.8②	1.5
水(mg/m^3)	80	47	64	③	95~100	58
有机硫(mg/m^3)	250	150	无	未规定	240	180
二氧化碳体积含量(%)	—	0.8	<1.0	未规定	2	—

注:①该数据取自苏联《可燃气体运输手册》。

②美国《管线与气体杂志》1973 年发表的美国输气管线安全法规中管输天然气中硫化氢含量不得高于 2.3 mg/m^3。

③苏联气体中含水量依据地区不同而要求各异。

如果天然气中的游离水尚未脱净,由于天然气中含有少量的硫化物,则可能在民用天然气输配管网或车用钢瓶内形成 H_2S 水溶液,对设备造成腐蚀。

天然气中主要有害杂质是 H_2S 和其他含硫化物、CO_2 及 H_2O。H_2S 能腐蚀输送管道且污染环境,对人体有害,有水存在时会与 CO_2 和硫化物发生反应,对金属有腐蚀性。CO_2 含量过高还影响管道的输送能力,并降低天然气的发热量。水在一定温度和压力下,能与烃生成水化物,若温度低于露点温度还会结冰,导致输送过程中管道堵塞。因而,天然气开采后需经过净化才可达到商品天然气的要求。

3)汽车用压缩天然气质量要求

汽车用压缩天然气质量要求见表 2-11。

表 2-11 汽车用压缩天然气质量要求

项目	质量指标	试验方法
高位发热量(MJ/m^3)	≥31.4	GB/T 11062
硫化氢(H_2S)含量(mg/m^3)	<20	GB/T 11060 或 GB/T 11060.2
总硫(以硫计)含量(mg/m^3)	<270	GB/T 11060
二氧化碳(CO_2)含量(%)	<3.0	SY/T 7506
水露点	低于最高操作压力下最低环境温度 5 ℃	SY/T 7507(计算机)

注:1. 为了确保压缩天然气的使用安全,压缩天然气应有特殊气味,必要时加入适量臭剂,保证天然气的浓度在空气中达到爆炸下限的 20% 前能被察觉。

2. 气体体积为在 101.325 kPa、20 ℃状态下的体积。

3. 燃气加臭的意义

液化石油气和天然气是具有一定毒性的爆炸性气体,且在压力下输送和使用。当管道及设备材质和施工方面存在问题或使用不当时,容易造成漏气,存在着火和人身中毒的危险。因此,当发生漏泄时能及时被人们发觉进而消除漏气是很有必要的,要求对没有臭

味的燃气加臭,对于减少事故,是必不可少的措施。

城镇燃气设计规范规定:有毒燃气泄漏到空气中,达到对人体允许的有害浓度之前应能察觉;无毒燃气泄漏到空气中,达到爆炸下限的20%浓度时应能察觉。

4. 天然气的输送

天然气的输送有长距离管道输送和液化天然气(LNG)输送等方式。另外,还可采用移动管束式汽车输送。

1)液化天然气

天然气的主要组成成分——甲烷,在常温下不能用压缩的方法使其液化,只有在低温下(-162 ℃)才能变为液态。天然气液化后储存在绝热材料制造的储罐中,可通过船运或车运方式输送。天然气液化前必须净化,脱除深冷过程中可能固化的物质,如水、二氧化碳、硫化氢及丙烷以上的重烃类,因为它们在深冷条件下会变成固体,覆盖在冷却表面,即使不发生冰堵,也会严重影响效率。净化后的天然气经过制冷成为液态,体积变为气态时的1/625,密度约为0.5 kg/m^3,这使天然气在储罐中的储存量增大。不过现阶段液化成本较高,市场狭小,缺少互相协调的技术规定,随着深冷工艺的发展,天然气液化将会变得经济些。

2)长距离管输

城镇天然气传统的气源供应模式是通过长输管线来实现的。天然气管输有五大环节:(集气)采气—净气—输气—储气—配气(供气)。长输系统由集输管网、气体净化设备、起点站、输气干线、输气支线、中间调压计量站、压气站、燃气分配站、管理维修站、通信与遥控设备、阴极保护站(或其他电保护装置)等组成。

3)移动管束式汽车运输天然气

由于国内天然气长输管线尚未形成基本网络,远不能满足工业、商业及民用对天然气的需要,对于许多城镇或居民小区,或对于某些产量低且不稳定的零星气田或单井,没有必要向城镇敷设一条永久性管线。因而,对于天然气的供应,除长输管线和液化天然气外,也可采用通过专用车辆,即移动管束汽车由公路运输压缩天然气(CNG)。目前CNG公路运输系统技术较成熟,已在天然气汽车母子站系统上广泛应用。

5. 天然气的储存

1)液化天然气的储存

液化天然气是将天然气经过净化处理,除去水、二氧化碳、硫等杂质及重碳氢化合物,然后采用混合冷源制冷等深冷工艺将天然气冷却到-162 ℃,将甲烷气体变成液体,体积缩小到1/625,称为液化天然气,储存在冷库中。其占地面积少,工作压力较低,储气量大,但制冷工艺设备复杂,投资较高。

2)压缩天然气的储存

压缩天然气又称CNG,是指将天然气经过多级压缩,将其压力压缩至较高值,一般是20~30 MPa,CNG储存体积较常压天然气大为减少,储存至高压容器中。其特点是:工作压力高,储气量大,但压缩设备投资较大,目前多用于天然气汽车加气站中。

3)吸附天然气的储存

吸附天然气(英文缩写为ANG),是指在一定的压力情况下,使天然气吸附在吸附剂上，这是一种很有前途的方法。通过大表面积吸附剂能储存大量的天然气，这是因为吸附在吸附剂微孔介质上的甲烷分子间的距离较气相时小得多。其具有工作压力低、储气量大、储气成本低、设备投资较小、工作安全可靠等特点。但目前其工艺技术尚不成熟，正处于研究发展阶段。

（五）惰性气体

惰性气体是指氩（Ar）、氦（He）、氖（Ne）、氪（Kr）、氙（Xe）和氡（Rn），因为它们的化学性质不活泼，很难与其他物质发生化学反应，故称为惰性气体。由于这六种气体在空气中的含量不足1%，故又叫稀有气体。

1. 性质

六种惰性气体的基本性质见表2-12。

表2-12　惰性气体的基本性质

名称	标准状态下的密度（kg/m^3）	相对密度（以空气为1）	临界温度（℃）	临界压力（MPa）	熔点（℃）	沸点（℃）	相对原子质量
氩（Ar）	1.783 6	1.330 0	−122.4	4.86	−189.3	−185.9	39.95
氖（Ne）	0.871 3	0.674 0	−228.7	2.76	−248.6	−246.07	20.12
氦（He）	0.178 5	0.136 8	−267.9	0.23	−272.2	−268.94	4.00
氪（Kr）	3.742 1	2.818 0	−63.75	5.50	−157.2	−153.2	83.80
氙（Xe）	5.890 0	4.530 0	6.61	5.88	−112.0	−108.1	131.29
氡（Rn）	9.730 0	7.516 0	104	6.28	−71.0	−61.8	222

从表2-12可以看出，惰性气体在常温、常压下均呈单原子状态，这是惰性气体独有的特性。它们的化学性质是很不活泼的。惰性气体分子之间的作用力随着原子序数的增加而加大。它们的熔点、沸点都较低。惰性气体都较难液化，但一经液化后，再稍加冷却就将固化（常压下只要低于它们的沸点3～6 ℃，除氦以外均能凝固）。氦的沸点（−268.94 ℃）是已知沸点最低的物质。

已知的惰性气体氟化物、氧化物都具有很强的氧化性。作为氧化剂的用途将日趋广泛，必将为科研和生产发挥更大的效益。

2. 用途

1）氩

六种惰性气体中，氩的使用量最大。因为氩在空气中所占比例比其他4种（氡除外）惰性气体总量还要多，占空气体积的0.932%，接近1%。而其他惰性气体的体积，只占空气体积的千分之几到百万分之几，例如氙（Xe），其体积所占空气的比例仅为8×10^{-6}。所以，氩的制取比其他惰性气体要容易得多。

人们利用氩气的惰性，在金属焊接切割操作中，用氩作为保护性气体，使金属避免被氧化。氩的化学惰性也被用于特殊金属的冶炼。氩气的吹炼和保护又是提高钢材品质的重要途径。

因为氩气具有高密度和较低的热导性,充进灯泡中可以延长灯泡寿命和提高亮度,所以氩气被用于照明工业和充填各种放电器,还用于激光器和手术用止血喷枪。氩气可用作大型色谱仪的载气。

2)氦

氦是一种极为重要的工业气体。随着超低温技术的发展,氦已成为一种战略物质,而且显得越来越重要。

氦被用来模拟宇宙空间环境和发射火箭,制造核武器要用氦,红外探测技术与低温电子技术用氦可使其达到高灵敏度、高精确性。

氦还可用于超导技术,因为在液氦低温度环境下导体失去电阻,电流通过时不发热、不损失,永久流动,形成"超导电性"。

特种稀有金属,如钛、锆、半导体的硅、锗等的冶炼,以及高熔点与厚的高级合金的弧焊、切割都需要氦。

由于氦气的折光率很大,因而在光学仪表上被作为充填气,可获得很高的灵敏度。

氦具有特别强烈的扩散性,因此氦是压力容器和真空系统最好的检漏指示剂。氦还用于食品保护、充填飞船以及等离子体、雷达探测、高空摄影等方面。

3)氖

氖长期以来被用来充填氖信号装置。由于氖气导电性好,在真空下通电会发出透视力较强的红光,因此是港口、机场和水陆交通的重要航标。把氖和氩混合封在霓虹灯里,可以产生美丽的蓝光。将氦、氖进行不同配比,并利用各种滤光玻璃,就可以制成各种绚丽多彩的字模灯光(霓虹灯)。除照明以外,氖还用于电压显示管、定压管、钠蒸气灯、气体继电器、闸流管等各种放电管。

氖的封闭循环式微型制冷机,被用于导弹的红外检测器上,用液氖制成的大容量排气设备——低温泵,可以快速将大空间抽成高真空。

4)氪

氪气可充填高级电子管实验室用的连续紫外光灯。氪还能制成不需要电能的原子灯,适用于没有电源的地方。氪气灯泡比同功率的氩气灯泡省电20%~25%,寿命可延长2~3倍,被称为长寿灯,特别适合井下工作使用。

氪灯的透射率特别高,因而用于夜战中越野战车上的照射灯光、飞机跑道降落点的灯光。其他如超高压水银灯、钠灯、特殊照明用的锆点光源、闪光灯以及频闪观测器等都用氪。

氪还可用于填充游离(电离)室,以测量高度射线(宇宙辐射),并可用作X射线工作时的遮光材料。

氪用于气体激光器和等离子流中,氪的同位素^{85}Kr、^{87}Kr等放射性稀有气体,可用作显踪剂来诊断大脑出血的位置,进行心肺机能的检查和治疗脑、副肾、卵巢等肿瘤。

此外,用^{85}Kr作为长度的国际基准标定,比以前任何测定值都更为精确。具有高发光强度,被称为"黄金气体"。它的放电强度超过太阳的放电强度,充填的长弧氪灯,俗称"小太阳",穿雾能力特别强,故普遍用于机场、车站、码头和广场。

5)氙

氙是空气中惰性气体量最少的一种。拍摄彩色电影要用氙灯。氙气灯光线经凹镜聚光后,用于焊接,聚光温度可达 2 500 ℃,能够焊接钛和钼这类难熔金属。

由于氙的相对分子质量大,具有极强的麻醉作用,因此氙被认为是理想的无副作用的深度麻醉剂。

6)氡

氡具有医疗价值,被用于医学上作辐射治疗。人们还用测量地下水中氡的含量变化的方法来预测地震。氡-铍混合物装置被用作中子源。

3. 制取方法

除氡是镭、钍等放射性元素蜕变的产物,氦是从天然气或以天然气为原料的工业中回收的外,其余 4 种惰性气体均可从大型的空气液化分离塔内,在制取氧或氮的同时,从馏分中分出。

4. 危害与防护

惰性气体同氮一样,可引起急速窒息,属于窒息气体。储存和使用时,要有足够的通风。一旦发现有窒息症状,最初的救护方法与氮的处理方法相同。

二、液化气体

(一)二氧化碳

二氧化碳是碳及含碳化合物的最终氧化物。它存在于地球的每个角落,参与着自然界的形成和发展,影响着自然界的生态平衡。它与人类的生存有着密切的关系。

1. 性质

二氧化碳又称碳酸气,也叫碳酸酐或酸酐,是无色、无臭、稍有酸味、无毒性的气体,二氧化碳分子式为 CO_2,相对分子质量为 44.009,在标准状态下,其密度为 1.977 kg/m^3。气体相对密度为 1.529(以空气为 1)。二氧化碳能溶于水并部分生成碳酸。对水的溶解度随温度的升高和压力的降低而减小,熔点为 -56.57 ℃,沸点为 -78.4 ℃,临界温度 t_c 为 31.1 ℃,临界压力 P_c 为 7.38 MPa。

液体二氧化碳的密度受压力的影响甚小,而受温度的影响较大。-55~31 ℃液体二氧化碳的密度见表 2-13。

液体二氧化碳在压力降低时会蒸发膨胀,并吸收周围大量的热而凝成固体——干冰,此时密度为 1.564 kg/L,升华温度为 -78.4 ℃。

固体二氧化碳的密度受压力影响甚微,受温度影响也不大,其密度值见表 2-14。

二氧化碳在常温下的化学性质稳定,不会分解,也不与其他元素反应。但在高温下,它却很容易分解成一氧化碳和氧,因而具有氧化性。

二氧化碳也具有一切酸性氧化物的化学性质,并能与碱性氧化物或碱起化学反应。

液体二氧化碳的体积膨胀系数较大,在 -5~35 ℃范围内,满量充装的二氧化碳气瓶,温度每升高 1 ℃,瓶内气体压力相应升高 314~834 kPa 不等。因此,超装很容易造成气瓶爆炸。

表2-13 液体二氧化碳的密度

温度(℃)	密度(kg/m³)	温度(℃)	密度(kg/m³)	温度(℃)	密度(kg/m³)
31.0	463.9	2.5	910.0	-27.5	1 063.6
30.0	596.4	0.0	924.8	-30.0	1 074.2
27.5	661.0	-2.5	940.0	-32.5	1 084.5
25.0	705.8	-5.0	953.8	-35.0	1 094.9
22.0	741.2	-7.5	968.0	-37.5	1 105.0
20.0	770.7	-10.0	980.8	-40.0	1 115.0
17.5	795.5	-12.5	993.8	-42.5	1 125.0
15.0	817.0	-15.0	1 006.1	-45.0	1 134.0
12.5	838.5	-17.5	1 018.5	-47.5	1 144.4
10.0	858.0	-20.0	1 029.9	-50.0	1 153.5
7.5	876.0	-22.5	1 041.7	-55.0	1 172.1
5.0	893.1	-25.0	1 052.6		

表2-14 固体二氧化碳的密度

温度(℃)	-56.6	-60	-65	-70	-75	-80	-85	-90
密度(kg/m³)	1 512	1 522	1 535	1 546	1 557	1 566	1 575	1 582

2. 用途

二氧化碳用途很广,用量很大,其钢瓶数量仅次于氧气瓶。随着人们对二氧化碳性质的深入了解,二氧化碳的应用领域得到了广泛的开拓。除了众所熟知的碳酸饮料外,工业、农业、国防、商业、运输等部门均使用二氧化碳。以二氧化碳为原料合成基本化工原料;以二氧化碳为介质进行低温热源发电;用二氧化碳底吹转炉炼钢,起搅拌和脱氢作用,提高钢的质量;以二氧化碳为溶剂进行超临界萃取;以二氧化碳为原料合成蛋白质等。这些新的应用领域正在为人们所开发。

二氧化碳是一种制冷剂,最普通的用途是用来冷冻食品。固体二氧化碳(干冰)在医疗上用来冷冻皮肤病,并可用来进行人工降雨,对于解决大面积干旱、扑灭森林火灾具有重大作用。利用二氧化碳气调法,可以保鲜、储藏各种水果、蔬菜和粮食。由于二氧化碳具有低导电率、无毒、无污染、不燃等特性,所以被广泛应用于电器设备、精密仪器、贵重生产设备和图书档案初期火灾的扑灭等。

二氧化碳用于开采原油时是一种有效的驱油剂;二氧化碳气体用于保护焊,可以广泛地用于多种材料的焊接,用量极大。

二氧化碳应用在化学合成上已经工业化的例子主要有:用 CO_2 和 NH_3 合成尿素或生产碳酸氢铵;用 CO_2 和苯酚合成水杨酸,以及用 CO_2 与环氧乙烷合成乙烯碳酸酸酯等。二氧化碳还用于铸造工业和制糖工业。

3. 制取方法

(1)生产石灰副产品二氧化碳:将石灰石与炭混合装入石灰窑,加热后,$CaCO_3$ 分解。

$$CaCO_3 \rightleftharpoons CaO + CO_2 - 179.6\ kJ$$

此外，还有炭的燃烧也生成二氧化碳：

$$C + O_2 \Longrightarrow CO_2 + 404\ kJ$$

(2)发酵过程副产品二氧化碳：二氧化碳是发酵酿酒过程中的重要副产品，总的化学反应方程式为

$$C_6H_{12}O_6 \xrightarrow{\text{酒化酶}} 2CO_2 + 2C_2H_5OH + 108.68\ kJ$$

由上式计算，气态二氧化碳的产量为酒精产量的95.5%，若生产液态二氧化碳则只能得到理论产量的50% ~70%，其纯度可达99% ~99.5%。

4. 危害与防护

由于二氧化碳是一种无色、无臭的气体，密度又大于空气，因此常常积聚于低洼之处，弥散于二氧化碳生产和应用场所之中。当二氧化碳浓度超过一定限量时，往往会不知不觉地使人、畜及其他动物中毒，甚至窒息致死。其中毒原理是高浓度二氧化碳本身具有刺激和麻醉作用，而且会使肌体发生缺氧窒息。

二氧化碳中毒的临床症状，根据吸入二氧化碳的浓度高低和时间长短分成三度。

(1)轻度：头晕、头痛、肌肉无力和全身酸软等。

(2)中度：头晕并有倒地之感，胸闷，鼻腔和咽喉疼痛难忍，呼吸紧促；剧烈性头痛，耳鸣，皮肤发红，血压升高，脉搏快而强。

(3)重度：突然倒地，憋气，心悸，神志不清；皮肤、口唇和指甲青紫，血压下降，脉弱，瞳孔散大，对光反射消失；全身松软，声门扩大，相继心跳停止而导致死亡。急性期后，留有嗜睡及记忆力减退等症状。

对于二氧化碳中毒，目前尚无特效解救药物。发现二氧化碳中毒病人时，要迅速地使病人脱离中毒环境，转到空气新鲜处，解松患者衣服，辅以人工呼吸，促使其尽快吸入氧气。必要时，可用高压氧治疗。

(二)氨气

1. 性质

氨气是一种无色透明而带刺激性臭味的气体。在标准状态下，其密度为0.771 kg/m^3，相对密度为0.591(以空气为1)，分子式为NH_3，相对分子质量为17.031。常压下的沸点为-33.41 ℃，熔点为-77.74 ℃，临界温度为132.5 ℃，临界压力为11.48 MPa。

氨极易溶于水，常温常压下1体积水能溶解900体积氨；在273 K时，1体积水能溶解1 200体积的氨。通常把溶有氨的水溶液称为氨水($NH_3 \cdot H_2O$)，呈弱碱性。对铜、铜合金(磷青铜除外)及镀锌、搪锡表面有腐蚀作用。因此，优等品液体无水氨中水的含量不应超过0.1%。氨气与氯气接触能发生自燃，并形成不稳定的、极易爆炸的氯化氢。高温下能分解成氢气和氮气。无水氨与空气或氧气混合能形成爆鸣性气体。

氨具有较高的体积膨胀系数，满量充装液氨的气瓶，在0 ~60 ℃范围内，液氨温度每升高1 ℃，其压力升高1.32 ~1.80 MPa，因而液氨气瓶超装极容易发生爆炸。

2. 用途

合成氨的工业生产，为各种氮肥的制造提供了充足的原料，为硫酸铵、尿素、过磷酸铵和各种含氨化合物的制取开辟了极为广阔的前景。因此，尽管合成氨工业对设备、原料要

求高,而产率并不高,但至今仍是世界各国生产氨的主要方法。

各种胺基、酰基类的生产也需要氨。硝酸及各种含氨的试剂在许多部门使用,特别是炸药,每年要耗用大量氨。

苏打(Na_2CO_3)和烧碱(NaOH)的生产原料也用氨。用次氯酸钠处理过量的氨水可以制备联氨(又称肼❶),用它可以聚合成尼龙,是轻纺工业原料。

氨有良好的热力学性能,标准蒸发温度为 -33.4 ℃,压力适中;常温下冷凝压力不超过1.47 MPa,最低蒸发温度可达 -70 ℃;单位容积的制冷量较大,容易获得,价格便宜。氨不溶于油,放热系数高,管道中流动阻力小,有泄漏时,容易发现,是一种适应于大、中型制冷机使用的中温制工质。氨是应用最早、最广泛的冷媒。

氨也是冶金、医药等工业的原料。

3. 制取方法

工业制氨唯一的方法是采用直接合成法,其工艺流程如下:

(1)原料气体的制备。首先在水煤气发生炉中向红热的焦炭上吹空气和水蒸气,以得到 N_2、H_2 混合气体,然后用洗涤、热交换、凝缩 CO_2 和 CO_2 吸收等工序进行精制。

(2)合成。精制的混合气体经过滤器、冷却器、氨分离器以及加热器送入合成反应器,再经分离器,分离出液氨。而未反应的气体,混入新原料气中循环使用。

4. 危害与防护

氨(无水)挥发性大,刺激性强烈。氨气刺激鼻黏膜会引起窒息,能使咽喉发生红肿,引起咳嗽、声音嘶哑。长期在高浓度氨气作用下会引起肺气肿、肺炎。对神经系统也有刺激作用,并能破坏呼吸机能和血液循环。皮肤接触高浓度氨会吸收其组织水分、碱化脂肪,造成溶解性组织坏死。

皮肤接触液氨会引起化学性灼伤,使皮肤生疮糜烂。液氨溅入眼内引起冻伤,冻伤处变为苍白色。

氨具有毒性。空气中氨浓度达到3 500 ~7 000 mg/m^3 时,人停留很短时间即会导致死亡。空气中允许浓度为 25×10^{-6} mg/m^3。这个浓度对于每周5天、每天接触8 h来说是安全的,但如果接触时间过长,嗅觉器官的灵敏性将会改变。

氨气中毒的急救处理办法是,将受害者移到空气新鲜处。若呼吸停止,则应进行人工呼吸;若呼吸困难,则应输氧。可用大量的水清洗患处15 min,但不能清洗冻伤处,要脱掉被污染的衣服和鞋袜,迅速给予治疗和护理。低速的雾状水可以有效地清除氨对大气的污染。

当大量泄漏或氨气瓶破裂时,人应撤离污染区域。在没有危险的情况下,应制止泄漏。如需进入危险区域,必须带自供式呼吸器,穿全身防护服和靴子。雾状水对吸收氨气相当有效,但仅限于泄漏气体时使用,绝对不能将水洒到液氨上。

氨(含水)又叫氢氧化铵、氨水,其蒸气能与空气形成爆炸性混合物。由于氨蒸气具有毒性和刺激性,消防人员必须配备完善的呼吸器,用雾状水灭火。

氨水可以造成人体轻度到重度的烧伤以及不同程度的皮肤损伤,其蒸气可灼伤眼睛、

---

❶ 肼(jìng),有机化合物中,含氨碳化物的一类。

刺激皮肤，使眼睑及嘴唇肿起，并引起咳嗽。

氨水中毒的急救处理方法是，将受害者迅速移到空气新鲜处。若呼吸停止，应进行人工呼吸及输氧；若受害者为皮肤接触，应首先脱掉被污染的衣服，用冰水加柠檬汁、醋或2%醋酸冲洗后，再用大量水冲洗，并用3%～5%硼酸、乙酸或柠檬酸溶液温敷。严重的立即请医生处理。

（三）氯气

氯气在我国现行安全监察管理法规与气体分类标准中，被划为低压液化气体，而且是剧毒的、强氧化性的酸性腐蚀性气体。

1. 性质

氯是化学性质很活泼的一种元素，它在自然界中通常以化合物形式广泛存在着。在不同温度下，能直接与许多金属、非金属及其有机物与无机物反应，生成各种氯化物或含氯化合物。

氯气是一种黄绿色带有刺激性臭味的毒性气体。分子式为 Cl_2，相对分子质量为70.906。在标准状态下，其密度为3.214 kg/m^3，气体相对密度为2.49（以空气为1），沸点为 −34.6 ℃，熔点为 −120 ℃，临界温度为144 ℃，临界压力为7.76 MPa。氯气在0.588～0.78 MPa或在 −35～−40 ℃常压下就可以液化，变成黄色透明的液氯装入钢瓶。在常温下其密度是水的1.4倍。液氯气化体积的增加是惊人的，在标准状况下，1 L液氯可气化氯气484 L，且吸收大量热。因此，液氯气瓶在使用中常见表面有结霜现象。可用自来水加温，以补充气化热。

在通常条件下，氯稍溶于水，在水中的饱和浓度为0.09 mol/L。氯的水溶液称为氯水。氯在水中不仅有单纯的溶解，而且有不同程度的反应。氯在有机溶剂如乙醇、四氯化碳、乙醚苯、二硫化碳等中的溶解度比在水中的溶解度大得多，并呈现一定的颜色。

氯最突出的化学性质是其氧化性。氯能和各种金属作用，且反应较为激烈。除大家熟知的氯气和金属钠、铁、铜的作用外，氯气遇锑粉会冒火星，紧接着出现白烟，经剧烈反应生成三氯化锑（无色液体、无毒）和五氯化锑（白色固体）。

干燥的和常温下的氯气不与铁和其他金属作用，所以为了安全及延长设备和钢瓶的寿命，应控制住氯气中的含水量，才能将氯加压后储存于钢瓶中。氯也能与大多数非金属直接化合（有的需要预热）。氯气与氨气反应生成氯化铵、三氯化氮。三氯化氮是一种极易爆炸且爆炸力很强的物质，国内外常有因三氯化氮在液氯设备或容器中的积累而发生爆炸的事件。所以，在液氯的生产、储运和使用中，要设法避免氯与氨在密闭管路和设备中直接接触，并对三氯化氮可能积累的地方进行排污，以防止三氯化氮的积累而引起爆炸事故的发生。

氯气与氢气在常温、暗处或散射光条件下，反应很慢。但当氯中含氢量达到了3.5%～97%（体积比）时，就会组成Cl－H二元爆炸性气体。受到强烈照射、打击、高温或催化剂作用后，则因反应猛烈而发生爆炸。氯与氢反应方程如下：

$$H_2 + Cl_2 \xrightarrow{\text{点燃}} 2HCl + 184.19\ \text{kJ}$$

氯气还可以与不饱和烃（如乙烯）发生反应。

氯气遇水可生成盐酸及次氯酸。次氯酸在热和光的作用下,很容易分解放出氧气,盐酸对钢质气瓶有很强的腐蚀性,故生产中必须严格控制液氯的纯度。GB 5138《工业用液氯》规定:氯(体积百分数)≥99.6%,水分含量(质量百分比)≤0.05%。

氯与无机物如 $NaOH$、$Na_2S_2O_3$、$Ca(OH)_2$,一般在常温下发生放热反应,生成氯化物。同时,氯也可以与有机物如 C_6H_6、C_2H_4、CH_3COOH(醋酸)反应生成氯化物。

氯气的体积膨胀系数较大,在0~60 ℃间,满量充装的气瓶,温度每升高1 ℃,瓶内压力增加0.87~1.42 MPa不等,故液氯气瓶超装极易爆炸。

2. 用途

氯气是无机和有机工业不可缺少的重要有机原料,如聚氯乙烯、聚偏二氯乙烯、聚过氯乙烯、硅树脂、氯化石蜡等塑料和增塑剂;氯乙烯、氯甲烷、二氯乙烯、六氯苯、农药(六六六、DDT)以及农药生产中的中间体——有机氯化物;氯化亚锡(还原剂)、聚氯乙烯、聚偏氯乙烯等合成纤维;氯化银(照相用);三氯乙烷、三氯乙烯、四氯乙烯、四氯化碳等溶剂和人造丝工业用的氯乙炔、氯乙醇、冷冻剂(氯乙烷和二氯甲烷);植物生长激素、氯丁橡胶、聚硫橡胶、硅橡胶等的合成也需要大量氯气;盐酸、次氯酸、漂白粉的生产也需要消耗大量氯气;氯气不仅可用于生产多种多样的氯产品,而且有些最终不含氯的产品,如洗涤剂甘油、烯烃、乙二醇的生产也需要使用氯气;氯气可以杀菌,因此也用于净化水。此外,还用于纸浆和棉丝织品漂白。氯还被用来处理某些工业废水,因氯能将有毒的还原性物质,如硫化氢、氯化物等进行氯化,使它们失去毒性。

3. 制氯方法

氯的制备条件不很苛刻,既可用电解法,也可用化学法制备。工业上用的大量氯气,主要来源是电解饱和食盐水。除产生氯气外,还可得到氢和苛性钠(氢氧化钠,俗称烧碱、火碱),其反应方程如下:

$$2NaCl + 2H_2O \xrightarrow{\text{电解}} 2NaOH + Cl_2\uparrow + H_2\uparrow$$

这三种产品(氯、氢、氢氧化钠)在化学工业中占有独特的重要地位。

值得提出的是,在20世纪60年代以前,氯气只是生产过程中的副产品。随着塑料制造业(如聚氯乙烯等)的迅速发展,用氯量剧增,从而使氯气成为该工艺的主要产品。

电解熔融氯化物制备活泼金属时,也可以得到纯度较高的氯气。

$$MgCl_2(\text{熔}) \xrightarrow{\text{电解}} Mg + Cl_2\uparrow$$

$$2NaCl(\text{熔}) \xrightarrow{\text{电解}} 2Na + Cl_2\uparrow$$

近年来,由于有机合成工业的发展,氯化氢已成为数量不少的副产品。利用空气(或氧气)催化将氯化氢氧化使之转为氯气,已成为工业制取氯气的主要途径。

$$4HCl + O_2 \xrightarrow{\text{催化剂}} 2H_2O + 2Cl_2\uparrow$$

4. 危害与防护

氯气主要对呼吸系统的黏膜有刺激作用,吸入后,咳嗽、气喘、窒息、眼睛和咽喉有灼伤感,严重的可致命。液氯或高浓度的氯气与皮肤或眼睛接触,可造成局部刺激,引起水泡或冻伤。氯的不同浓度对人的危害见表2-15。

表 2-15　氯的危害

液氯含量(mg/L)	氯气含量(mL/m³)	症状
2.5	900	可致人立即死亡
0.1～0.15	35～50	0.5～1 h 内死亡或一定时间内死亡
0.04～0.06	14～21	0.5～1 h 内有生命危险
0.01	3.5	可忍耐 0.5～1 h
0.001	0.35	可长期停留其中,但能引起中毒
0.000 3～0.000 6	0.1～0.2	可忍耐 6 h 而无显著症状

急救处理方法是:使受害者吸入酒精和乙醚的混合蒸气,并立即离开事故现场,移到空气新鲜处。若呼吸停止,则应进行人工呼吸或输氧。

如眼睛受害,用水轻轻冲洗至少 15 min;如果液氯溅到皮肤上,就应脱掉被污染的衣服,用水轻轻浸泡患处 15 min,迅速进行诊治。

处理溢漏时,应注意戴好橡胶手套、自供式呼吸器,穿好防护衣服,撤走下风向处未佩戴呼吸器的人员。

(四)液化石油气

液化石油气(简称 LPG)是以丙烷和丁烷(丁烯)为主要成分的混合物。

1. 性质

一般民用和工业用的液化石油气有四种规格,即:

(1)以丙烷为主组分的,主要由丙烷和丙烯组成。

(2)以丁烷为主组分的,主要由正丁烷、异丁烷和丁烯组成。

(3)混合液化石油气,由不同比例的 C_3 和 C_4 烃类组成。

(4)高纯度丙烷,约含 95% 的丙烷。

不同炼油厂的液化石油气的组成差别很大,其主要成分的化学分子式、相对分子质量和沸点见表 2-16。

从表 2-16 可以看出,液化石油气是一种混合物。混合物的性质主要与其化学成分有关,所以要想知道液化石油气的性质,首先应做化学分析,然后按其化学成分和各种组分的已知数据进行计算。但在实用中,对商品丙烷或商品丁烷来说,可采用经验数据。

在常温常压下,甲烷、乙烷、丙烷和丁烷呈气态,戊烷为液态,随着碳原子数的增加,烷烃和烯烃的相对分子质量增大,沸点升高。碳原子数相同时,烷烃比烯烃的沸点高。

液化石油气的另一特征是,气液两相共存。从输配和供应方面来看,需要熟悉其液相性质,但从燃烧器和加热炉使用的角度看,常常关心它的气相性质,而对于瓶装用户来说,可能希望了解气液两相的性质。

(1)液相性质。液化石油气在常温常压下都以气体状态存在,液态流出会变成约 200 倍的气体急速扩散。液化石油气的沸点、熔点以及临界参数见表 2-17。

表2-16 液化石油气的部分数据

成分	分子式	相对分子质量	沸点(℃)(标准压力下)
甲烷	CH_4	16.04	-161.5
乙烷	C_2H_6	30.6	-88.6
乙烯	C_2H_4	28.05	-103.7
丙烷	C_3H_8	44.09	-42.1
丙烯	C_3H_6	42.08	-47.7
正丁烷	C_4H_{10}	58.12	-0.5
异丁烷	C_4H_{10}	58.12	-11.7
正丁烯	C_4H_8	56.10	-6.47
异丁烯	C_4H_8	56.10	-6.9
(反)2-丁烯	C_4H_8	56.10	0.9
(顺)2-丁烯	C_4H_8	56.10	3.7
正戊烷	C_5H_{12}	72.15	36.1
异戊烷	C_5H_{12}	72.15	27.9
正己烷	C_6H_{14}	86.17	69.0
异己烷	C_6H_{14}	86.17	60.2
硫化氢	H_2S	34.08	-60.7
甲硫醇	CH_3SH	48.11	5.8
乙硫醇	C_2H_5SH	62.13	36.7
二甲硫	$(CH_3)_2S$	62.0	37.3
硫	S	32	444.4
二甲二硫	$(CH_3)_2S_2$	94	117.0
氧硫化碳	COS	60	-47.5

表2-17 液化石油气的部分参数

性质	丙烷	正丁烷	异丁烷
沸点(标准状态下)(℃)	-42.05	-0.50	-11.72
熔点(标准状态下)(℃)	-187.68	-183.30	-159.42
临界温度(℃)	92.67	152.03	134.99
临界压力(MPa)	4.25	3.79	3.65
临界体积(L/mol)	0.20	0.255	0.263

液化石油气的密度与相对密度见表2-18。

表 2-18　液化石油气的密度与相对密度

性质		丙烷		正丁烷		异丁烷	
		液相	气相	液相	气相	液相	气相
常温条件下	密度(0 ℃)(kg/m^3)	—	2.03	—	2.67	—	2.62
	密度(15.6 ℃)(kg/m^3)	—	1.96	—	2.60	—	2.60
蒸气压下	相对密度*(空气为 1)	0.507 7	—	0.584 4	—	0.563 1	—
	密度(15.6 ℃)(kg/m^3)	507	15.9	584	4.8	563	7.0

注：* 此处相对密度是指 15.6 ℃液相密度值与 4 ℃水的密度值(1 000 kg/m^3)之比。

在饱和蒸气压下，随着温度的变化，密度数值有一些细微的变化，温度升高时液相密度相对减小，而气相密度相对增大。同其他液体一样，液化石油气的体积随温度升高而增大，其增大值可用体积膨胀系数算出。

15.6 ℃时，丙烷的体积膨胀系数近似为 0.001 5，丁烷近似为 0.001 2，是钢体积膨胀系数的 100 倍。当装满丙烷的钢瓶温度上升时，每升高 1 ℃，钢瓶的压力约上升 3.4 MPa (表压)。可见，气瓶超量充装液态 LPG 是非常危险的。

(2)气相性质。在 15.7 ℃、101.325 kPa 压力下的液化石油气的压缩因子(Z)值见表 2-19。

表 2-19　液化石油气主要组分的 Z 值

介质	Z	介质	Z
丙烷	0.984 0	1－丁烯	0.969 0
丙烯	0.984 0	(顺)2－丁烯	0.965 0
正丁烷	0.969 0	(反)2－丁烯	0.965 0
异丁烷	0.971 0	异丁烯	0.969 0

由表 2-19 可知，在标准状态下，丙烷的摩尔体积为 $22.4 \times 0.984\,0 = 22.04$ (L/mol)。

非理想性质对液化石油气的影响，表现为在同样的压力和温度下，与理想气体相比，比容稍有减小，因而其饱和蒸气的密度有所增加。

表 2-18 列出的数值表明，液化石油气为空气重的 1.5 ~ 2 倍，所以从气瓶中漏出的液化石油气不像天然气那样会向上升，而是沉积于地面，在经营与使用液化石油气时，必须对此给予足够的注意，并应采取有效的安全防护措施。因为液化石油气易燃性大，无论气温多么低，一遇火种就燃烧，容易引起火灾。液化石油气燃烧时必须有约 30 倍的空气，火焰呈浅蓝色，无烟。

常压下，液化石油气的露点与其沸点很接近，压力提高，露点显著升高，加入空气时适得其反。由于丁烷沸点较高，因而比丙烷先冷凝，这样在加压输送丁烷或丙烷、丁烷混合气时，应对所用管道保温处伴热，以防止流体冷凝。

(3)结冰现象。液化石油气中可能溶有微量的水，无论是在液化石油气的液相还是在气相中,水的溶解度都会随温度升高而增大。在低温时,溶于液化石油气中的水就会析出,这种现象被笼统地称为“结冰现象”。水析出的方式有两种,一种是由于液相温度下降,水的溶解度降低,水就从中离析出来,积于储罐、液相管和蒸发器内,随着温度下降离析出来的水便会结冰;另一种是液相通过减压阀膨胀时,气体中的水离析出来并结冰。总之,无论在低温中压或高温高压下,都有可能结冰,即生成烃类水化物(白色结晶)。如果温度和压力条件适当,而且有充分的水量,固态水化物就会不断地生成,直到将阀门、管道的调压器全部堵塞。为防止在生产装置中形成烃类水化物,应对液化石油气进行干燥或在液化石油气中加入0.1%(容积)的甲醇,降低其水化物生成的温度。

2. 用途

液化石油气在家庭中的应用,在历史上曾是液化石油气的第一销路,现在仍然是重要的销路。家庭中用得最多的是液化石油气灶、液化石油气烤箱等烹饪燃具,燃气冰箱、空调,家用采暖和热水装置也普遍使用了液化石油气。

液化石油气在商业上的应用,如饭店、旅馆、面包房、洗碗机、洗衣机、公共浴室和游泳池,盛装液化石油气的钢瓶容积也大。

液化石油气用作内燃机燃料,不仅价格便宜,而且可减少空气污染。

液化石油气可用作化学工业和煤气工业的原料,例如:以单组分为基础的转化生产热塑产品,液化石油气的热裂解生产烯烃(特别是乙烯);液化石油气的蒸气转化生产氢气和一氧化碳的混合物;用液化石油气制取城市煤气;液化石油气部分氧化,生产甲醛、醋酸等。

液化石油气在工业中的应用,例如:肉类工业的燃气,谷类食品的烘烤,制造啤酒与制糖过程中消耗的热能,玻陶的熔融、烘干,建材工业中石灰、水泥的生产以及沥青加工,在钢铁工业中的备料,炼铁炼钢,金属加工工业中的铸造,热处理设备中的保护气,加热以及废弃物的处理等,都离不开液化石油气。

液化石油气在农业及其他方面的应用,例如:对农产品的干燥、施肥、烹煮饲料、冷藏水果、土壤改良,其他非燃烧性用途如矿石浮选、木材浸渍、脱除沥青、脱蜡、燃料电池、气溶胶等。

3. 制取方法

液化石油气,顾名思义是液化了的石油气。只是为了便于储存、运输和使用,采取增压降温的措施后,石油气才变成了液体。

1)从天然气凝析液中回收液化石油气

过去常采用油吸收法从天然气中分离液化石油气,故大多数国家都是从炼油厂回收液化石油气。

在吸收塔内,液化石油气的回收量与操作压力、温度、油气流量比、吸收油种类等因素有关。现已采用冷冻吸收法代替了用油吸收的传统方法。这种新方法可提高气体吸收和冷冻液体分馏的效率,从而得到较高的产品回收率。

2）在炼油厂回收液化石油气

（1）蒸馏法。炼油过程的第一步是原油分馏，各炼油厂炼油工艺不尽相同，但基本上都包括了以下几个步骤：①用加热炉初步加热；②用闪蒸法将挥发性组分同柴油组分、沥青组分分离；③将挥发性组分进一步分馏。

从初馏塔出来的最轻产品为不冷凝的乙烷。液化石油气存留在最轻的冷凝馏分中，用大型压缩机使其保持在液态下压送出去，成为二次加工法制取液化石油气的原料。

（2）二次加工法。炼油厂二次加工法有许多工艺方法，其中催化重整法是生产液化石油气最常用的方法。这种液化石油气含有2%（体积）的不饱和 C_3/C_4 烃类，液化石油气产率9%～13%。

3）液化石油气的净化

（1）脱硫。从液化石油气中除掉硫化物，为的是生产出一种无腐蚀性、无毒性的气体，以供工业市场和居民使用。

（2）干燥。干燥的目的是脱掉液化石油气中的水分，但并非所有的液化石油气都需要干燥，只有在寒冷的气候下销售的才需要干燥。特别是以丙烷为主要组分的液化石油气必须干燥。干燥过程实质就是液化石油气通过固体吸附剂的吸水渗滤过程。

4. 危害与防护

液化石油气无论是气态或液态，均无色，有天然气气味。

液体接触皮肤会造成冻伤，冷蒸气会损伤皮肤，吸入气体会感到头疼、眩晕、神志不清和导致窒息。

吸入气体的受害者，应迅速脱离现场，移至空气新鲜处。若呼吸停止，则应进行人工呼吸，并请医生诊治。皮肤接触流体处所形成冻伤部位，应避免揉搓，并及时进行治疗。

液化石油气是一种易燃气体，如果发生火灾，应首先切断气源，否则气体会聚集到爆炸浓度。灭火剂应采用二氧化碳、干粉、雾状水，其中干粉灭火剂效果最佳。

当发现有液化石油气渗漏时，应戴橡胶手套、面罩，穿防护服，配备通用防毒面具，关闭火源，并向消防部门报警。对渗漏出来的气体要采取强制通风措施，以保持气体浓度低于爆炸范围，然后采取妥善措施，消除渗漏。在进行堵漏处理中，应切实注意禁止火源（含吸烟用火、照明等电气火源）；操作时也应注意，不得产生火花，以免引发火灾！

三、溶解气体

目前我国的溶解气体只有溶解乙炔一种。

（一）性质

常温常压下（20 ℃，101.32 kPa）纯乙炔是无色、无臭的可燃气体，分子式为 C_2H_2，相对分子质量为26.038。在标准状态下，其密度为1.171 7 kg/m^3，气体相对密度为0.906（以空气为1），三相点的温度为－80.55 ℃，其压力为0.128 MPa，临界温度为35.18 ℃，临界压力为6.19 MPa。和其他气体一样，乙炔气也是在临界温度以下通过压缩变为液态的。

气态乙炔如果很纯，有乙醚一样的香味；如果不纯，则近似于大蒜味。

乙炔气体化学性质非常活泼,具有氧化、分解、聚合等反应能力。它能溶于许多液态溶剂中,其溶解度的大小因温度、压力和溶剂种类的不同而不同。表2-20～表2-22是乙炔在101.325 kPa压力下,不同温度时和在不同溶剂中的溶解度。

表2-20　乙炔在水中的溶解度

温度(℃)	0	5	10	15	20	25	30	40	50	60	70	80
溶解度(V/V)(%)	1.73	1.49	1.31	1.15	1.03	0.93	0.84	0.65	0.50	0.37	0.25	0.15

表2-21　乙炔在丙酮中的溶解度

温度(℃)	−20	−15	−10	−5	0	5	10	15	20	25	30	35	40
溶解度(V/V)(%)	52	47	42	37	33	29	26	23	20	18	16	14.5	13

表2-22　乙炔在不同溶剂中的溶解度

溶剂	苯	乙醇	饱和盐水	石灰乳	汽油	DMF*	工业醋酸甲酯
温度(℃)	15	18	25	15	15	20	15
溶解度(V/V)(%)	4.0	6.0	0.32	0.75	5.7	33～37	14.8

注:* DMF是二甲基(替)甲酰胺的英文单词缩写。

乙炔气和水接触时,在一定的条件下能生成固态雪片状水合物(水合晶体的分子式为$C_2H_2 \cdot 5.75\ H_2O$),其平衡态由温度和压力决定。当体系温度高于16 ℃时,不论压力多么高,也不会有水合乙炔晶体生成;反之,当体系温度低于16 ℃时,在不同温度和压力下就会有水合乙炔晶体生成。有人认为,这种晶体只能在压缩机至高压干燥器之间的管道内生成,它会造成管道堵塞,导致恶性事故的发生。

液态乙炔无色,正常沸点为−82.4 ℃,在−82.5 ℃以下凝为固体。固态乙炔升华点为−83.66 ℃。

乙炔的化学性质主要有:

(1)与空气或氧混合,能在极宽的范围内形成爆鸣性气体,见表2-6。与氢气一样,仅需0.019 mJ的能量即可点燃。

(2)与氢接触生成乙烯和乙烷。

(3)乙炔与氯的反应是一个危险的反应,反应一开始就异常猛烈,甚至发生爆炸。因此,严禁乙炔与氯接触,也禁止用四氯化碳灭火。

(4)乙炔和水加成[1]生成乙醛。

(5)与铜、银、汞及其盐类长期接触,反应生成爆炸性化合物。

(6)乙炔的氧化、分解与聚合反应,详见本书有关章节。

(二)用途

(1)作为有机合成原料。以乙炔为原料生产有机化工产品品种如图2-1所示。

[1] 加成(反应)是重要的有机反应之一。

乙炔→
- 氯乙烯→聚氯乙烯
- 乙醛→
  - 丁醇、辛醇→溶剂、增塑剂
  - 醋酸→溶剂、醋酸纤维、染料、医药
- 丙烯腈→维纶纤维、塑料、橡胶
- 氯丁二烯→氯丁橡胶
- 丙烯酸酯→丙烯酸涂料
- 乙烯基乙炔→万能胶

图 2-1 以乙炔为原料生产的有机化工产品

乙炔是有机合成工业的重要原料之一，常被人们称为有机合成“工业之母”。

(2)金属焊接与切割。乙炔与氧气燃烧生成二氧化碳和水，并放出大量的热，温度可达 3 500 ℃。其反应方程式如下：

$$2C_2H_2 + 5O_2 \longrightarrow 4CO_2\uparrow + 2H_2O + 22.998\ \text{MJ}$$

1 m^3 乙炔完全燃烧时，理论上需要 2.5 m^3 氧气(或需要 2.5/0.21 = 11.905 m^3 空气)，放出热量 Q = 1.3 MJ/mol。因此，在标准状态下，乙炔最高发热量为 58.19 MJ/m^3，最低发热量为 56.51 MJ/m^3。实际上，乙炔与氧在喷嘴内燃烧时，并没有按理论比例燃烧，而大致按 1:(1～1.2)氧气燃烧。因为这是一种不完全燃烧的过程，所以焊接和切割过程中的乙炔有效热量只有 21.43 MJ/m^3。也就是说，只利用乙炔理论燃烧热的 1/3 左右，其余的热量散失到大气中去了。

氧－乙炔混合气体燃烧最高火焰温度与发火速度，随混合气中乙炔含量而变化，见表 2-23。

表 2-23 氧－乙炔混合气体的发火速度

乙炔含量(%)	12	15	20	25	27	30	32	35	40	45	50
火焰最高温度(℃)	—	2 940	2 960	2 960	2 970	2 990	3 000	3 060	3 140	3 150	3 070
发火速度(m/s)	8	10	11.8	13.3	13.5	13.1	12.5	11.3	9.3	7.5	6.7

从表 2-23 中可见，乙炔含量为 45% 时，火焰温度最高；而乙炔含量为 27% 时，发火速度最快。

此外，乙炔还广泛应用于金属喷镀、表面淬火和热加工。

(3)乙炔在医药工业中也得到应用，例如合成避孕药。

(4)乙炔用在仪器分析上。原子吸收分析仪在各行各业都有应用(如用它来分析各种元素)，而原子吸收分光光度计必须用乙炔作原料，是因为溶解乙炔具有运输方便、杂质少、纯度高、分析结果准确等优点。

(三)制取方法

在自然界没有天然乙炔气体存在，只能采用工业方法制取。工业生产乙炔的方法有多种，如电石法、甲烷裂解法、烃类裂解法，以及目前正在研究开发的等离子体裂解法等。

1. 电石法

电石生产乙炔已有近 90 年的历史。首先将碳酸钙含量在 96% 以上的石灰石进行焙烧，得到氧化钙为 92% 的生石灰；再将生石灰与块状焦炭按一定比例混合，在高温电弧炉中熔融,进行化学反应,制成电石(碳化钙);然后将电石放入乙炔发生器中,使其和水反应,生产出乙炔气体。上述三个化学反应的反应式如下:

生成氧化钙反应 $$CaCO_3 \xrightarrow{焙烧} CaO + CO_2\uparrow$$

生成电石反应

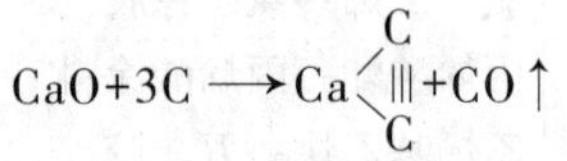

生成乙炔反应

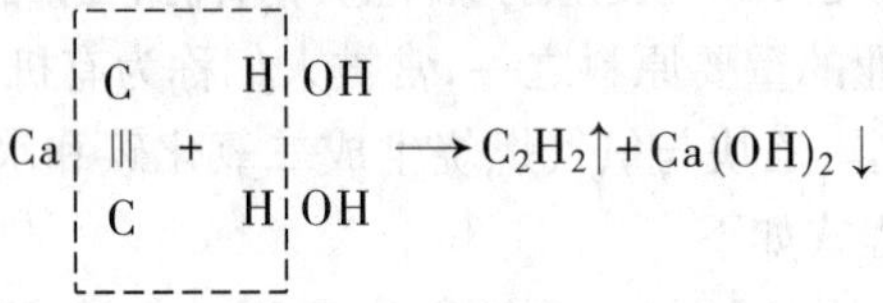

工业电石不纯,含有硫、磷、硅等少量化合物,它们在电石中以硫化钙、磷化钙等形式存在。工业电石在乙炔发生器中与水反应,其中一些杂质与水作用释放出相应气态杂质。人们一般把混有杂质的乙炔气称为粗乙炔气,粗乙炔气还要经净化、加压、干燥后才能充装到溶解乙炔气瓶之中。电耗大、成本高,是本法的缺点。

2. 甲烷裂解法

由于天然气的主要成分是甲烷,生产乙炔的基本原理是使甲烷进行氧化反应,生成一氧化碳和水,同时放出大量热能,使其余甲烷加热至1 500~1 600 ℃进行裂解,其反应式如下:

$$CH_4 + O_2 \longrightarrow CO + H_2 + H_2O - 2.78\ \text{MJ/mol}$$
$$2CH_4 \longrightarrow C_2H_2 + 3H_2 + 3.77\ \text{MJ/mol}$$

生成物在反应区停留时间很短(小于0.01 s),裂解反应后立即进行急冷。裂解气体中除乙炔外,还副产大量气体,如氢气等,见表2-24。

表2-24 甲烷氧化法裂解气体的组成

气体类	CO_2	C_2H_2	C_2H_4	H_2	N_2	CO	CH_4	其他
含量(%)	3.2	8.65	0.5	55.85	0.76	24.65	6.0	0.39

从表2-24中可以看出,裂解气中乙炔含量较低。为制得纯乙炔气,还要经过若干分离装置进行分离提纯。

在裂解过程中,所需要的热量是依靠燃烧一部分原料来提供的,故此法也叫部分氧化法或部分燃烧法。另外,甲烷也可以在电弧中进行裂解。

3. 烃类裂解法

以乙炔、液化石油气、石脑油、煤油、柴油高碳烃类为原料,经过高温裂解,也可以制取乙炔。

(四)危害与防护

纯乙炔气体本身是没有毒性的,类似氢、氮对人体的影响,是一种窒息性的气体,若空气中乙炔浓度达20%以上,由于空气中氧含量的减少会使人感到呼吸困难或头晕。乙炔浓度达40%以上时,人会产生虚脱。此外,乙炔还有阻碍氧化的作用,使脑缺氧,引起昏迷麻醉。乙炔中含有较多杂质(如硫化氢、磷化氢等)时则中毒症状加快。

当吸入乙炔时,呈酒醉样的兴奋,并能引起昏睡、发绀、瞳孔发直、脉搏弱而不齐,苏醒后丧失记忆能力。

预防措施是注意通风换气,不管任何使用乙炔的地方都要使乙炔浓度保持在2.5%以下,进入高浓度的密闭空间时,要戴防毒面具和自给式呼吸器;在可能有乙炔爆炸危险的地方,不能穿带钉子的鞋和穿着化纤服装。

紧急处置方法是:发现人员中毒以后,应立刻将中毒者移至新鲜空气处。若症状持续,则以使用吸氧器为好,并根据症状进行人工呼吸,尽快请医生治疗。

习　题

一、名词解释

1. 瓶装气体　2. 液化气体　3. 压缩气体　4. 可燃性气体　5. 高压液化气体　6. 溶解气体

二、判断题

(　　)1. 压缩气体在充装时以及在允许的工作温度下储运和使用过程中均为气态。

(　　)2. 特种气的定义是:为满足特定用途的单一气体。

(　　)3. 燃烧、爆炸的共同点:燃烧和爆炸本质上都是可燃物质的氧化反应。

(　　)4. 氧气的化学性质特别活泼,除贵重金属——金、银、铂以及惰性气体外,所有元素都能与氧气发生反应。

(　　)5. 天然气不能压缩或液化。

(　　)6. 氯气在我国现行安全监察管理法规与气体分类标准中,被划为高压液化气体,而且是剧毒的、强氧化性的酸性腐蚀性气体。

(　　)7. 液化石油气用作内燃机燃料不仅价格便宜,而且可减少空气污染。

(　　)8. 乙炔气体化学性质不活泼,有氧化、分解、聚合等反应能力。

(　　)9. 在自然界没有天然乙炔气体存在,只能采用工业方法制取。

(　　)10. 乙炔是一种助燃性质的气体。

(　　)11. 压缩气体与液化气体的划分是以临界温度为依据的。

(　　)12. 可燃性液化气体的燃烧危险性和易燃液体的危险性一样大。

三、选择题

1. (　　)等基本条件互相作用,燃烧才能发生。

A. 氧化反应、助燃物、火源　　B. 可燃物质、助燃物、氧化反应

C. 可燃物质、助燃物、火源　　D. 可燃物质、氧化反应、火源

2. 可燃性液化气体的燃烧危险性比易燃液体(　　)。

A. 大得多　B. 小得多　C. 相等　D. 不能比

3. 氧气的化学性质特别(　　)。

A. 无反应　B. 活泼　C. 不活泼

4. 氮气是一种(　　)的气体。

A. 有色、无味、无臭　　　　B. 无色、有味、无臭

C. 无色、无味、有臭　　　　D. 无色、无味、无臭

5. 液态氢具有质量轻、(　　)的优点。

A. 发热量高　　B. 发热量低　　C. 不发热

6. 天然气中的(　　)气体和水是造成管线内壁腐蚀、影响管线寿命的主要因素之一。

A. 碱性　　B. 酸性　　C. 中性

7. 二氧化碳是(　　)的气体。

A. 微黄色、无臭、稍有酸味、无毒性　　B. 无色、无臭、有酸味、无毒性

C. 无色、无臭、稍有酸味、有毒性　　D. 无色、无臭、稍有酸味、无毒性

8. 氨气是一种无色透明而(　　)的气体。

A. 无刺激性气味　　B. 带刺激性臭味　　C. 带刺激性辣味

9. 氯气是一种(　　)带有刺激性臭味的毒性气体。

A. 黄绿色　　B. 浅黄色　　C. 浅绿色　　D. 白色

10. 液化石油气在常温常压下都以(　　)状态存在。

A. 气体　　B. 液体　　C. 固体

11. 液化气体是临界温度等于或大于(　　)的气体,是高压液化气体和低压液化气体的统称。

A. −20 ℃　　B. −15 ℃　　C. −10 ℃　　D. 0 ℃

12. 高压液化气体是临界温度等于或大于−10 ℃,且等于或小于(　　)的气体。

A. 40 ℃　　B. 50 ℃　　C. 60 ℃　　D. 70 ℃

13. 自燃气体是在低于(　　)温度下与空气或氧化性气体接触即能自发燃烧的气体。

A. 50 ℃　　B. 100 ℃　　C. 150 ℃　　D. 200 ℃

14. 气体中,(　　)属混合气体。

A. 空气　　B. 氧气　　C. 二氧化碳　　D. 氨

四、填空题

1. 气体的分类标准中把瓶装压缩气体分为三大类:一是________;二是________;三是________。

2. 瓶装气体是以________、________、________、________形式装瓶储运的气体。

3. 毒性气体是泛指会引起________损伤的气体。

4. 气体的腐蚀性分为________、________、________三个类型。

5. 溶解气体是指________,溶解于________的气体。

6. 可燃性气体,包括________、________、________三部分。

7. 爆炸浓度下限低、爆炸浓度上限高时爆炸危险度就________。

8. 目前国内瓶装气体的毒性分级标准按GB 5044《职业病接触毒物程度分级》规定分为________、________、________、________四级。

9. 在惰性气体中,________气常用于金属焊接、切割和炼钢的过程中。

10. 气体的危险特性是指________、________和________。

11. 临界温度大于________℃的气体叫作低压液化气体。

五、问答题

1. 什么叫腐蚀性气体？试举出两种以上的腐蚀性气体。
2. 燃烧与爆炸有什么不同？
3. 什么叫瓶装气体的腐蚀性？
4. 简述燃烧的定义。

第三章　气瓶基础知识

第一节　常用术语

一、物理性能术语

密度　指金属材料单位体积的质量(重量)。符号为ρ,单位为kg/m^3(或g/cm^3)。

熔点　指金属材料从固态向液态转变时的熔化温度。单位为℃。

导电性　指金属材料传导电流的性能,是衡量金属导电性能的指标,通常用电阻率和电导率来表示。电阻率的符号为ρ,单位为$\Omega \cdot m$;电导率的符号为γ(或σ),单位为S/m。电阻率和电导率的关系式为$\gamma = 1/\rho$。

导热性　指金属材料传导热量的性能,通常用热导率(导热系数)来衡量。符号为λ(或k),单位为$W/(m \cdot K)$。

热膨胀性　指金属材料受热后产生体积增大的性能,通常用线膨胀系数来衡量。符号为a_i,单位为K^{-1}。

二、化学性能术语

耐腐蚀性　指金属材料抵抗各种介质(如大气、水蒸气和其他有害气体及酸、碱、盐等)侵蚀的能力。

抗氧化性　指金属材料在高温条件下抵抗氧化作用的能力。

化学稳定性　指金属材料耐腐蚀性和抗氧化性的总和。金属材料在高温下的化学稳定性又称为热稳定性。

三、力学(机械)性能术语

极限强度　代号:见下述;单位:MPa(或N/mm^2)。

极限强度是指金属材料抵抗外力破坏作用的能力。强度按外力作用形式的不同分为:

(1)抗拉强度:代号R_m。指外力是拉力时的极限强度。

(2)抗压强度:代号R_{mc}。指外力是压力时的极限强度。

(3)抗弯强度:指外力与材料轴线垂直,并在作用后使材料呈弯曲时的极限强度。

(4)抗扭强度:代号τ_m。指试样在屈服阶段之后所能抵抗的最大扭矩下的切应力。

屈服点(物理屈服强度)　代号:R_e;单位:MPa(或N/mm^2)。

屈服点是指金属材料在受外力作用到某一程度,其变形(伸长)突然增加很大时材料抵抗外力的能力。

弹性极限　单位：MPa(或 N/mm^2)。

金属材料在受外力(拉力)达到某一极限时，若除去外力，则其变形(伸长)即消失，恢复原状。弹性极限是指金属材料抵抗这一限度的外力的能力。

伸长度(延伸率)　代号：A；单位：%(百分率)。

伸长率是指金属材料受外力(拉力)作用断裂时，伸长的长度与原来长度的百分比，伸长率按试棒长度的不同分为：

(1)短试棒求得的伸长率，代号为 δ_5，试棒的标距等于 5 倍直径。

(2)长试棒求得的伸长率，代号为 δ_{10}，试棒的标距等于 10 倍直径。

断面收缩率(收缩率)　代号：Z；单位：%(百分率)。

断面收缩率是指金属材料受拉力作用断裂时，断面缩小的面积与原有断面面积的百分比。

硬度　硬度是指材料抵抗硬的物体压入其表面的能力。硬度按测定方法的不同分为以下几种：

(1)布氏硬度。代号：HB；无单位。

以一定的负荷把一定直径的淬硬钢球或硬质合金球压于材料表面，保持规定时间后，卸除负荷，测量材料表面的压痕，按公式来计算硬度大小。

(2)洛氏硬度。代号：HR；无单位。

以一定的负荷把淬硬钢球或顶角为 120°的圆锥形金刚石压入器压入材料表面，然后以材料表面上凹坑的深度来计算硬度大小。

(3)维氏硬度。代号：HV；无单位。

以一定的负荷把顶角为 120°的方锥形金刚石压入器压入材料表面，保持规定时间后卸除负荷，测量材料表面的压痕对角线平均长度，按公式来计算硬度大小。

冲击吸收功和冲击韧性

(1)冲击吸收功(冲击功)。代号：KU(KV)；单位：J。

用一定形状和尺寸的材料试样在冲击负荷作用下折断时所吸收的功。

(2)冲击韧性(冲击值)。代号：a_{KU}(a_{KV})；单位：J/cm^2。

将冲击吸收功除以试样缺口底部处横截面面积所得的商。

四、气瓶工艺及附件术语

电弧焊　利用电弧热能作为热源的熔焊方法。

手弧焊　用手工操纵焊条进行焊接的电焊方法。

埋弧自动焊　是通过机械操纵使电弧在焊剂(药)层下燃烧的一种电弧焊接方法。

焊接性　金属材料对焊接加工的适应性。主要指在一定的焊接工艺条件下获得优质焊接头的难易程度。包括接合性能和使用性能。

焊接接头　是焊接结构中各个构件相互连接的部分。它包括焊缝、热影响区和母材三部分。

焊接工艺评定　用拟定焊接工艺，按标准的规定来焊接试件，检验试样，测定焊接接头性能是否满足设计要求。若能满足设计要求，则以此写出焊接工艺评定报告，并制定焊接工艺规程,作为焊接生产的依据。

焊接工艺 焊接过程中的一整套技术规定,其中包括焊前准备、焊接材料、焊接设备、焊接方法、焊接顺序、焊接操作的最佳选择以及焊后热处理等。

碳当量 将钢中合金元素(包括碳)的含量按其作用换算成碳的相当含量,称为碳当量。

热影响区 焊接或切割过程中,材料因受热的影响(但未熔化)而发生金相组织和机械性能变化的区域。

线能量 熔焊时,由焊接能源输入给单位长度焊缝上的能量。

焊接应力 焊接过程中焊件内产生的应力。

焊接残余应力 焊后残留在焊件内的焊接应力。

冷裂纹、延迟裂纹 焊缝在较低温度下(低于200~300 ℃)产生的裂纹。

热裂纹 焊接过程中,在高温(焊缝凝固时)状态下沿晶界开裂的裂纹。

焊接后热处理 焊接后为改善焊接接头的组织和性能或消除残余应力而进行的热处理。

未熔合 指进行熔化焊时,焊道与母材之间或焊道与焊道之间未完全熔化结合的部分。

未焊透 指在焊接时,接头根部的母材未被熔化而留下空隙。

夹渣 指焊后残留在焊缝中的熔渣。

咬边 指沿焊趾的母材部位产生的沟槽或凹陷。该缺陷会引起应力集中,降低焊缝的力学性能,因此重要的焊接接头中不允许存在咬边。

错边 钢板对接形成筒体纵缝和环缝时所造成的对接焊缝边缘的偏差。

气孔 指焊接时,熔池中的气泡在凝固时未能逸出而残留下来所形成的孔隙。

焊瘤 指焊接过程中,熔化金属流淌到焊缝之外未熔化的母材上所形成的金属瘤。

弧坑 在后续焊缝之前或在后续焊缝进行中没有消除的焊缝端面的凹陷。

焊缝凹陷(凹坑) 是指在焊缝表面或焊缝背面形成的低于母材表面的局部低洼部分。

阀座 焊接在气瓶封头上用以装配瓶阀的零件。

判废 经检查或测定等判定为不符合原设计或使用条件的废瓶。

报废 对于不符合安全的基本要求,不再允许进入使用领域的、必须作破坏处理的气瓶。

第二节 气瓶的分类

气瓶按其结构、材质、用途、制造方法、承受压力、使用要求及形状等七个方面进行分类。

一、从结构上分类

从结构上大致可分无缝气瓶、焊接气瓶、缠绕气瓶、绝热气瓶、内装填料气瓶如表3-1所示。常温下充装工业气体的气瓶绝大部分是无缝气瓶和焊接气瓶。本节重点介绍这两种结构气瓶。

表 3-1 气瓶品种、品种代号及相应的产品标准

结构	气瓶品种	品种代号		产品标准
无缝气瓶	钢质无缝气瓶、消防灭火器用无缝气瓶、汽车用压缩天然气钢瓶	B1	1	GB 5099《钢质无缝气瓶》、GB 11640《铝合金无缝气瓶》、GB 17258《汽车用压缩天然气钢瓶》
	铝合金无缝气瓶		2	GB 11640《铝合金无缝气瓶》
	不锈钢无缝气瓶		3	不锈钢无缝气瓶
	长管拖车、管束式集装箱用大容积钢质无缝气瓶		4	大容积钢质无缝气瓶
焊接气瓶	钢质焊接气瓶、消防灭火器用焊接气瓶、不锈钢无缝气瓶	B2	1	GB 5100《钢质焊接气瓶》、不锈钢焊接气瓶
	工业用非重复充装焊接钢瓶		2	GB 17268《工业用非重复充装焊接钢瓶》
	液化石油气钢瓶、液化二甲醚钢瓶、车用液化石油气钢瓶、车用液化二甲醚钢瓶		3	GB 5842《液化石油气钢瓶》、液化二甲醚钢瓶、GB 17259《机动车用液化石油气钢瓶》、车用液化二甲醚钢瓶
缠绕气瓶	小容积金属内胆纤维缠绕气瓶	B3	1	GB 28053《呼吸器用复合气瓶》、铝合金内胆玻璃纤维全缠绕气瓶、铝合金内胆玻璃纤维环向缠绕气瓶
	金属内胆纤维环缠绕气瓶（含车用）		2	GB 24160《车用压缩天然气钢质内胆环向缠绕气瓶》
	金属内胆纤维全缠绕气瓶（含车用）		3	车用压缩天然气铝合金内胆碳纤维全缠绕气瓶、车用压缩氢气铝合金内胆碳纤维全缠绕气瓶
	长管拖车用金属内胆纤维缠绕气瓶		4	长管拖车用钢质内胆玻璃纤维环向缠绕气瓶
绝热气瓶	焊接绝热气瓶	B4	1	GB 24159《焊接绝热气瓶》
	车用液化天然气焊接绝热气瓶		2	车用液化天然气焊接绝热气瓶
内装填料气瓶	溶解乙炔气瓶、吸附气体气瓶	B5		GB 11638《溶解乙炔气瓶》、吸附式天然气焊接钢瓶

(一)无缝气瓶

氧、氮、氩等压缩气体或二氧化碳、乙烷、氧化亚氮等高压液化气体,均使用无缝气瓶进行充装。其结构如图3-1所示。我国生产的无缝气瓶中,以凹形底气瓶最为普遍(见图3-1(b));凸形带底座气瓶(见图3-1(d))是管制气瓶,在役气瓶中为数不多;凸形底气瓶(见图3-1(c))大多是呼吸或其他特殊用的小容积气瓶;而端部形状双口的(见图3-1(e))是大型船舶、特种设备用瓶,流通使用中不常见。

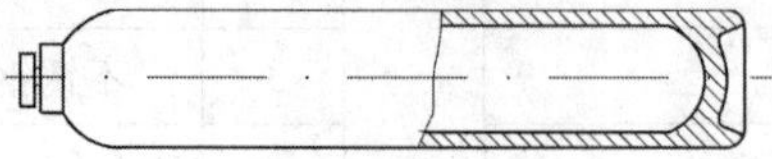

(a) 底部形状:H形

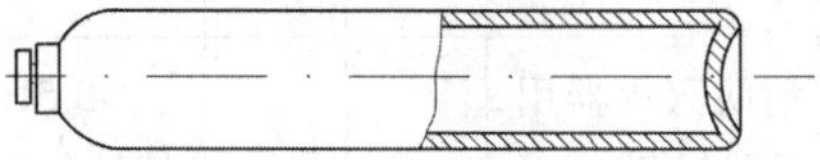

(b) 底部形状:凹形

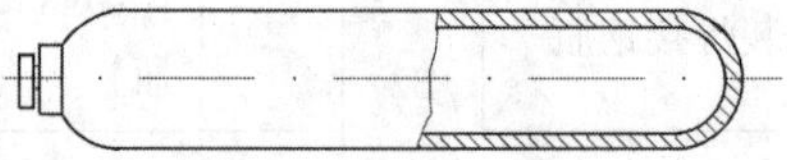

(c) 底部形状:凸形

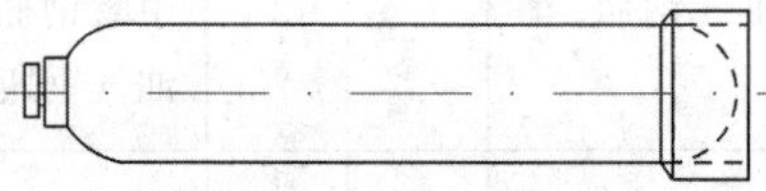

(d) 底部形状:凸形带底座

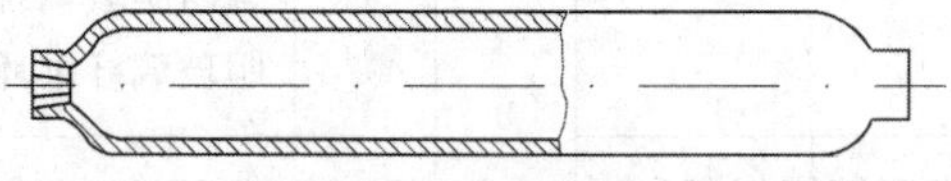

(e) 底部形状:双口

图3-1　无缝气瓶典型结构

(二)焊接气瓶

氨、氯、氟氯烷等低压液化气体和溶解乙炔均使用焊接气瓶进行充装,其形状多种多样,同无缝气瓶相比,多数为矮粗形状。其代表性结构如图3-2所示。

(1)深冲型气瓶(两件组装气瓶)。在瓶体上只有一道环向焊缝,有代表性的是YSP35.5型LPG钢瓶(见图3-2(a)),国外40 L的溶解乙炔钢瓶也有这种结构。

首先要把瓶用钢板深冲成杯状封头,上下两件封头组装后,用环向焊缝焊成瓶体部分。

(2)纵焊缝气瓶(三件组装气瓶)。瓶体采用瓶用钢板卷制,然后用纵焊缝焊成,与上下两封头组装后,再用环向焊缝相接。如YSP118型LPG钢瓶,液氯、液氨、溶解乙炔气瓶(见图3-2 (b)、(c))。

(3)在气瓶中,还有点火器用的气瓶,清凉饮料用的弹壳式二氧化碳气瓶等小型气瓶。

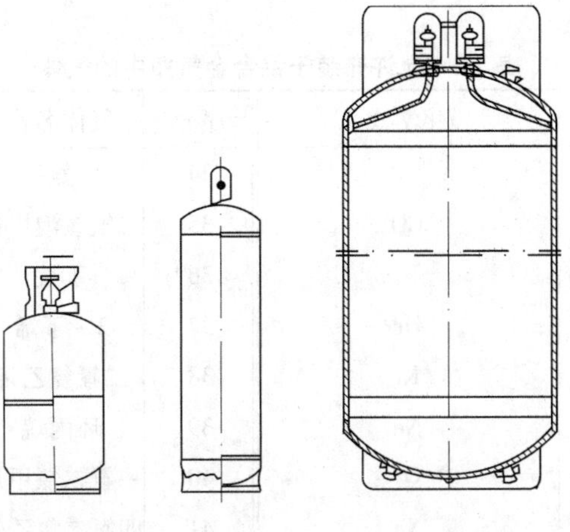

图 3-2　焊接气瓶典型结构

二、从材质上分类

（一）钢质气瓶

在 GB 5099《钢质无缝气瓶》中，钢瓶瓶体材料的化学成分，碳在碳锰钢中最大含量为 0.04%，在铬钼钢中最大含量为 0.26%～0.34%；硫＋磷总量为 0.06%，在铬钼钢中最大含量为0.055%，这是为了保证气瓶质量的需要。根据瓶体材料的化学成分又可分为以下几类：

（1）碳钢气瓶。国内 0.5 L 以下用于消防的液化二氧化碳气瓶，仍然使用碳钢材料。焊接气瓶常采用可焊性较好的低碳钢。

（2）锰钢气瓶。GB 5099《钢质无缝气瓶》中规定，锰钢气瓶中含碳量不大于 0.04%，含锰量不大于0.14%～0.15%。

（3）铬钼钢气瓶。目前国外使用的无缝气瓶，绝大部分都是使用铬钼钢制造的。

（4）不锈钢气瓶。作为特殊用途，国外无论无缝气瓶，还是焊接气瓶，均有少量用不锈钢制造。

（二）铝合金气瓶

这种气瓶抗低温冲击性能非常优良，瓶重较轻（比碳钢、锰钢气瓶轻），耐腐蚀性好。其结构如图 3-3 所示。

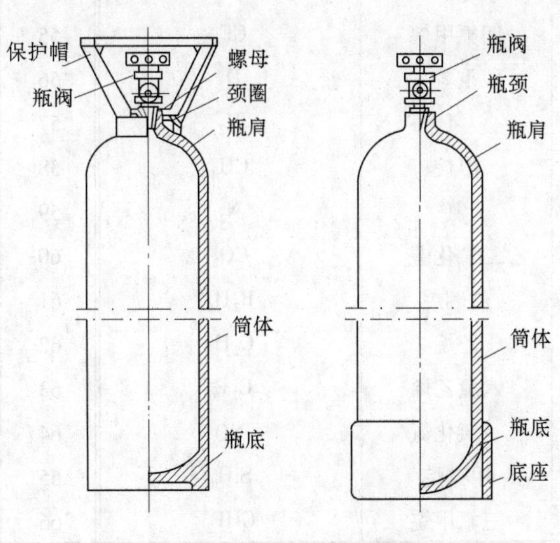

图 3-3　铝合金气瓶结构

允许充装于铝合金气瓶

中的气体见表3-2。

表3-2 允许充装于铝合金气瓶中的气体

序号	气体名称	化学式	序号	气体名称	化学式
1	空气		34	氨	NH_3
2	一氧化碳	CO	35	二氟氯溴甲烷	$CBrClF_2$
3	煤气		36	丁烷	C_4H_{10}
4	氦	He	37	2-丁烯	$CH_3CH=CHCH_3$
5	氪	Kr	38	二氟氯乙烯	CH_3CF_2Cl
6	氖	Ne	39	环丙烷	$CH_2CH_2CH_2$
7	氧	O_2	40	一氟二氯甲烷	$CHCl_2F$
8	氙	Xe	41	四氟二氯乙烷	$CF_2Cl—CF_2Cl$
9	三氟溴甲烷	CF_3Br	42	1-丁炔	$CH_3CH_2C\equiv CH$
10	三氟氯甲烷	CF_3Cl	43	六氟丙烯	$CF_3CF=CF_2$
11	偏二氟乙烯	$CH_2=CF_2$	44	硒化氢	H_2Se
12	乙烯	C_2H_4	45	异丁烷	$(CH_3)_2CHCH_3$
13	一氧化二氮	N_2O	46	丙炔	$CH_3C\equiv CH$
14	磷化氢	PH_3	47	四氧化二氮	N_2O_4
15	六氟化硫	SF_6	48	丙烯	C_3H_6
16	丙二烯	$CH_2=C=CH_2$	49	三甲胺	$(CH_3)_3N$
17	砷化氢	AsH_3	50	氯乙烯	$CH_2=CHCl$
18	1,3-丁二烯	$CH_2=(CH)_2=CH_2$	51	乙烯基甲醚	$CH_3OCH=CH_2$
19	1-丁烯	$CH_3CH_2CH=CH_2$	52	二氟氯甲烷	CHF_2Cl
20	硫氧化碳	COS	53	氰	$NCCN$
21	氩	Ar	54	二氟二氯甲烷	CF_2Cl_2
22	四氟甲烷	CF_4	55	偏二氟乙烷	CH_3CHF_2
23	重氢	D_2	56	二甲胺	$(CH_3)_2NH$
24	氢	H_2	57	乙胺	$CH_3CH_2NH_2$
25	甲烷	CH_4	58	氰化氢	HCN
26	氮	N_2	59	硫化氢	H_2S
27	二氧化碳	CO_2	60	异丁烯	$(CH_3)_2C=CH_2$
28	乙硼烷	B_2H_6	61	甲胺	CH_3NH_2
29	乙烷	C_2H_6	62	甲硫醇	CH_3SH
30	六氟乙烯	C_2F_6	63	三氧化二氮	N_2O_3
31	一氧化氮	NO	64	丙烷	C_3H_8
32	甲硅烷	SiH_4	65	二氧化硫	SO_2
33	三氟甲烷	CHF_3	66	溴乙烯	$CH_2=CHBr$

（三）复合气瓶

复合气瓶是指气瓶瓶体由两种或两种以上材料制成的气瓶。如玻璃钢气瓶，它是以金属材料为内层筒体（亦称瓶胆），其外侧缠绕高强纤维，并以塑料固化，作为加强层的复合气瓶。

（四）其他材料气瓶

使用镍、铜等材质制造的气瓶。

三、从用途上分类

按气体充装时的状态，可以分成压缩气体气瓶、液化气体气瓶和溶解乙炔气瓶。

（一）压缩气体气瓶

压缩气体气瓶是指充装像氢、氧那样在常温下永远是气态的气瓶，只是用压缩充装。

（二）液化气体气瓶

液化气体气瓶是指在常温条件下，充装由压缩液化而成气体的气瓶，如液氯气瓶、液化石油气钢瓶。

（三）溶解乙炔气瓶

溶解乙炔气瓶是指乙炔溶解于丙酮中，然后将其储藏于带有填料的气瓶中，溶解气体由此而来。溶解乙炔气瓶内的填料为硅酸钙，其化学成分包括 SiO_2、CaO、MgO、Fe_2O_3、Al_2O_3 等。

溶解乙炔瓶公称容积 V_g 和公称直径 D_g 见表 3-3。

表 3-3　溶解乙炔瓶的公称容积 V_g 和公称直径 D_g

V_g(L)	10	16	25	40	60
D_g(mm)	180	200	224	250	300

四、从制造方法上分类

（1）冲拔拉伸气瓶。是指将钢坯加热冲孔后的短粗杯形件，再经拔伸和收口而制成的气瓶。冲拔拉伸法制成的气瓶底部多呈凹形或 H 形，是我国无缝气瓶的主要形式。

（2）管子收口气瓶。是指将无缝钢管的两端进行封闭的加工方法。这种工艺方法制成的无缝气瓶在我国多呈凸形底，再装上底座，以解决气瓶站立的稳定性问题。

（3）冲压拉伸气瓶。是指将钢板深冲成长杯形，然后将开口端进行封闭的工艺方法。

以上三种工艺流程均指无缝气瓶的制造方法。

（4）焊接气瓶。在结构分类中已阐述，在此不重复。

（5）绕丝气瓶。在气瓶筒体外部缠绕一层或多层高强钢丝作为加强层，借以提高筒体强度的复合气瓶。

五、从承受压力上分类

按公称工作压力或水压试验压力可将气瓶分为高压气瓶和低压气瓶，见表 3-4。

表3-4 气瓶压力系列 (单位:MPa)

压力类别	高压气瓶					低压气瓶			
公称工作压力	30.0	20.0	15.0	12.5	8.0	5.0	3.0	2.0	1.0
水压试验压力	45.0	30.0	22.5	18.8	12.0	7.5	4.5	3.0	1.5

六、从使用要求上分类

(1)一般气瓶。是指无特殊要求的气瓶。

(2)特殊气瓶。是指微电子工业、航空、医疗、安全抢救等用的气瓶。这种气瓶或在结构、材料、制造上有特殊要求,或在性能上有特殊要求,如内部涂层等。

七、从形状上分类

(1)瓶形气瓶。包括凹形底气瓶、凸形底气瓶、带底座凸形底气瓶、H形底气瓶、双口形气瓶。

(2)桶形气瓶。是指液氯、液氨焊接成型的桶形气瓶。

(3)球形气瓶。

(4)葫芦形气瓶。

第三节 气瓶的结构形式

一、无缝气瓶典型结构形式

无缝气瓶按其端部结构有五种形式。无缝气瓶典型结构见图3-1;凹形底和带底座凸形底气瓶的结构如图3-4所示。

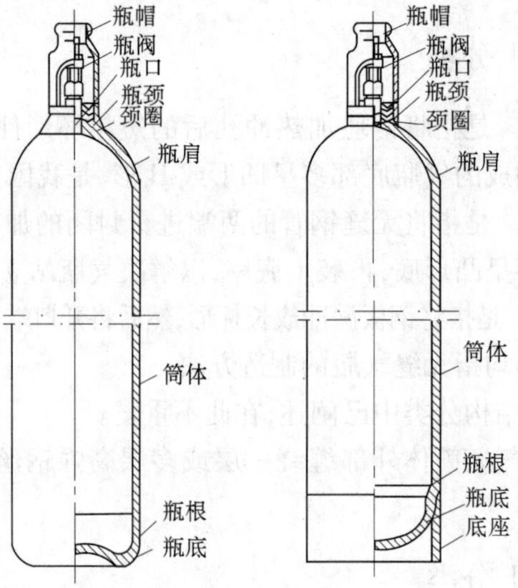

图3-4 凹形底和带底座凸形底气瓶结构示意图

二、焊接气瓶典型结构形式

焊接气瓶结构形式有三种。

（一）以液氯为代表的焊接气瓶

这类气瓶最多的是用于充装液氯，其次是充装液氨以及充装二氟二氯甲烷等液化气体使用。其结构是三件组装成型，如图 3-5 所示。

筒体和封头是焊接气瓶的主体，其材质符合 GB/T 6653—2017《焊接气瓶用钢板和钢带》的要求。筒体用钢板冷卷成型，封头的形状允许为椭圆形、碟形或半球形，但一般为椭圆热压成型。

阀座的材质为碳钢焊在左（上）封头上，其内孔锥螺纹和无缝气瓶一样，应符合 GB 8335—2011《气瓶专用螺纹》的有关要求，经检查合格的锥螺纹拧上瓶阀后，甚至在气瓶爆破前都不会渗漏。

颈圈为可煅铸铁，热装在阀座上，外径有螺纹，可安装瓶帽。导管为$\Phi 16 \times 4$ 钢管，用焊接方法固定在图 3-5 所示位置时，上导管放出气体，下导管可放出液体。

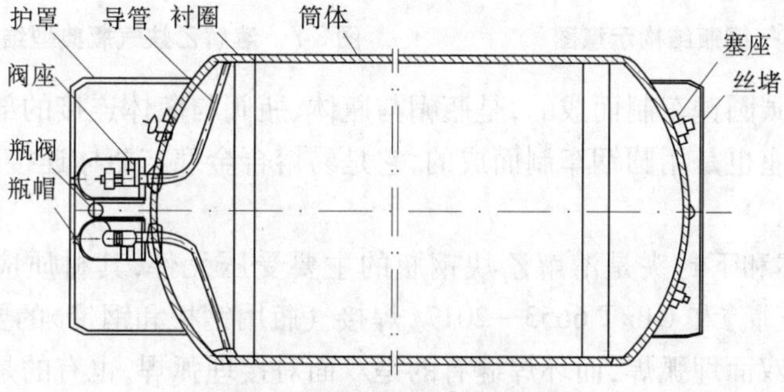

图 3-5　焊接气瓶结构示意图

衬圈材料为碳钢，垫在单面焊的环焊缝背面。

为了保护瓶阀、易熔合金塞和满足直立的需要，钢瓶有大、小两个护罩（亦可兼作提升零件），均用钢板卷制焊成，口部卷边，以增加其强度和刚度。大护罩应留缺口，以免直立时存水腐蚀瓶体。大小护罩均有吊孔。

塞座由碳钢制成，焊在左、右两个封头上，塞孔内车有锥螺纹，以装配易熔合金塞或丝堵。

焊接气瓶的附件有瓶帽、瓶阀、防震圈和易熔合金塞。焊接气瓶的产品标准是 GB 5100—2011《钢质焊接气瓶》。

（二）液化石油气钢瓶

在国外液化石油气钢瓶规格较多，从最小的 500 g 小瓶，到 50 kg 大瓶，具有各种不同的容积。气瓶不仅在规格上大小不同，而且在结构上也有区别。供应家庭使用、野营和其他个人使用的液化石油气钢瓶，主要要求坚固耐用和安全可靠。主焊缝与阀座角焊缝需采用自动焊且要求焊透。

我国的液化石油气钢瓶在 GB 5842—2006《液化石油气钢瓶》中有六种规格，即 YSP4.7、YSP12、YSP26.2、YSP35.5、YSP118、YSP118－Ⅱ，如图 3-6 所示。

（三）溶解乙炔气瓶

溶解乙炔气瓶中的焊接钢瓶，也是依据 GB 5100—2011《钢质焊接气瓶》设计制造的。

国外(如美国)多为无缝或两件组装形式,而我国在市场上销售的多为40 L三件组装形式,如图3-7所示。

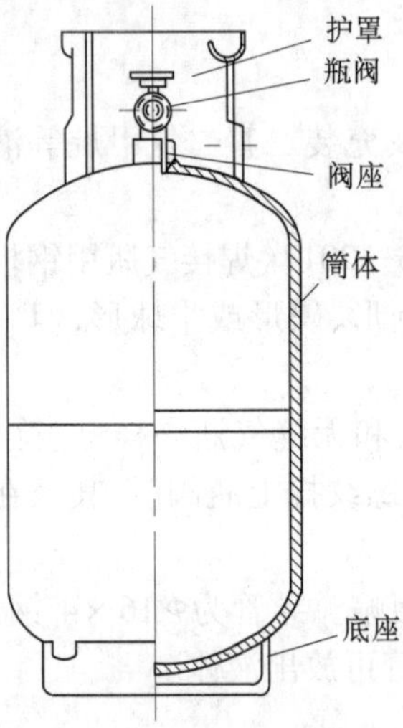

图3-6　液化石油气钢瓶结构示意图

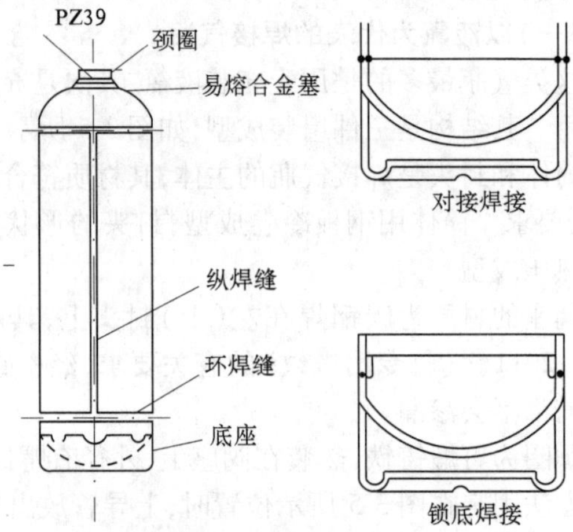

图3-7　溶解乙炔气瓶典型结构形式

颈圈是用低碳圆钢车制而成的,是瓶帽与瓶体、瓶阀与瓶体连接的部件。

易熔合金塞座也是用圆钢车制而成的,它是易熔合金塞与瓶体连接的部件,简称易熔塞座。

上封头、筒体和下封头是溶解乙炔钢瓶的主要受压元件,其材质应符合GB 5100—2011《钢质焊接气瓶》和GB/T 6653—2017《焊接气瓶用钢板和钢带》的要求。

纵焊缝均为双面埋弧焊,而环焊缝有的是双面对接埋弧焊,也有的是单面焊双面成型的气体保护焊,还有的是采用缩口形式,用单面埋弧焊完成。

底座是非受压元件,与下封头相接的焊缝也不属于主体焊缝。

第四节　气瓶的主要技术参数

一、公称工作压力

(一)我国气瓶的公称工作压力

气瓶的公称工作压力:对于盛装压缩气体的气瓶,是指在基准温度时(一般为20 ℃)所盛装气体的限定充装压力;对于盛装液化气体的气瓶,是指温度为60 ℃时瓶内气体压力的上限值(液化气体压力的上限值除与温度有关外,还与充装系数有关)。

盛装高压液化气体的气瓶,其公称工作压力不得小于8 MPa。盛装毒性为极度和高度危害的液化气体的气瓶,其公称工作压力的选用应适当提高。

盛装常用气体气瓶的公称工作压力见表3-5。

(二)国外某些国家对气瓶使用压力的规定

以日本为例,日本没有公称工作压力的概念,只规定水压试验是最高充装压力的5/3

倍的压力值，而我国为 3/2 倍。

表 3-5　盛装常用气体气瓶的公称工作压力

气体类别	公称工作压力（MPa）	常用气体
压缩气体 $T_c \leq -50$ ℃	35	空气、氢、氮、氩、氦、氖等
	30	空气、氢、氮、氩、氦、氖、甲烷、天然气等
	20	空气、氧、氢、氮、氩、氦、氖、甲烷、天然气等
	15	空气、氧、氢、氮、氩、氦、氖、甲烷、一氧化碳、一氧化氮、氪、氘（重氢）、氟、二氟化氧等
高压液化气体 -50 ℃ $< T_c \leq 65$ ℃	20	二氧化碳（碳酸气）、乙烷、乙烯
	15	二氧化碳（碳酸气）、一氧化二氮（笑气、氧化亚氮）、乙烷、乙烯、硅烷（四氢化硅）、磷烷（磷化氢）、乙硼烷（二硼烷）等
	12.5	氙、一氧化二氮（笑气、氧化亚氮）、六氟化硫、氯化氢（无水氢氯酸）、乙烷、乙烯、三氟甲烷（R23）、六氟乙烷（R116）、1,1－二氟乙烯（偏二氟乙烯、R1132a）、氟乙烯（乙烯基氟、R1141）、三氟化氮等
低压液化气体及混合气体 $T_c > 65$ ℃	5	溴化氢（无水氢溴酸）、硫化氢、碳酰二氯（光气）、硫酰氟等
	4	二氟甲烷（R32）、五氟乙烷（R125）、溴三氟甲烷（R13B1）、R410A 等
	3	氨、氯二氟甲烷（R22）、1,1,1－三氟乙烷（R143a）、R407C、R404A、R507A 等
	2.5	丙烯
	2.2	丙烷
	2.1	液化石油气
	2	氯、二氧化硫、二氧化氮（四氧化二氮）、氟化氢（无水氢氟酸）、环丙烷、六氟丙烯（R1216）、偏二氟乙烷（R152a）、氯三氟乙烯（R1113）、氯甲烷（甲基氯）、溴甲烷（甲基溴）、1,1,1,2－四氟乙烷（R134a）、七氟丙烷（R227e）、2,3,3,3－四氟丙烯（R1234yf）、R406A、R401A 等
	1.6	二甲醚
	1	正丁烷（丁烷）、异丁烷、异丁烯、1－丁烯、1,3－丁二烯（联丁烯）、二氯氟甲烷（R21）、氯二氟乙烷（R142b）、溴氯二氟甲烷（R12B1）、氯乙烷（乙基氯）、氯乙烯、溴乙烯（乙烯基溴）、甲胺、二甲胺、三甲胺、乙胺（氨基乙烷）、甲基乙烯基醚（乙烯基甲醚）、环氧乙烷（氧化乙烯）、（顺）2－丁烯、（反）2－丁烯、八氟环丁烷（RC318）、三氯化硼（氯化硼）、甲硫醇（硫氢甲烷）、氯三氟乙烷（R133a）等
低温液化气体 $T_c \leq -50$ ℃	—	液化空气、液氩、液氦、液氖、液氮、液氧、液氢、液化天然气

日本规定压缩气体及部分液化气体气瓶水压试验压力与充装系数见表3-6。

表3-6 水压试验压力与充装系数

气体分类	充装气体种类	水压试验压力(MPa)	充装系数
压缩气体	氧以及其他压缩气体	最高充装压力的5/3倍压力值	
液化气体	二氧化碳*	24.5	0.75
	氧化亚氮*	24.5	0.75
	二氧化碳+氧化亚氮	24.5	0.75
	乙烯	22.1	0.29
	一氯二氟甲烷(R22)	20.6	1.00
	乙烷	19.6	0.36
	六氟化硫	19.6	0.75
	四氟化乙烯	13.7	0.90
	氙	12.7	1.23
	氯化氢	12.7	0.60
	三氟溴甲烷(R-1381)	1.27	
	氨	4.9	0.54
	氯	4.9	1.25

注:*二氧化碳以及氧化亚氮及其两者的混合气体的试验压力,可由交货议定为19.6 MPa。

我国规定压缩气体充装的基准温度是20 ℃。而国外都有自己的规定,德国、法国、英国、意大利、澳大利亚等国规定为15 ℃;加拿大、美国规定为70 ℉(折合21.1 ℃)。而日本的地理环境与我国近似,但日本规定基准温度为35 ℃,即压缩气体的最高充装压力为35 ℃时气瓶可以充装的最高压力值。溶解乙炔的基准温度为15 ℃。表3-5以外的液化气体以液化气体的混合气的水压试验压力,原则上为48 ℃下压力的5/3倍的压力值。

二、公称容积与直径

(一)钢质无缝气瓶的容积

有小到0.4 L,大到80 L的,但以40 L气瓶为最常见。详见表3-7。

(二)钢质焊接气瓶的容积

作为溶解乙炔钢瓶,以40 L钢瓶最为普遍,液氨与液氯气瓶以800 L和400 L最为普遍。比如按液氯1.25 kg/L的充装系数计算,它们的介质质量正好为1 t和0.5 t。

钢质焊接气瓶的公称容积V_g和公称直径D_g(内径)按表3-8选取。

表 3-7　钢质无缝气瓶的水容积和外径

类别	水容积(L)	允许偏差(%)	外径(mm)	允许偏差(%)
小容积	0.4	+5 0	60,20	+1.25 -2.00
	0.7		70	
	1.0		89	
	1.4			
	2.0		89,108	
	2.5		108,120,140	
	3.2		120,140	
	4.0			
	5.0			
	6.3			
	7.0		140,152	
	8.0			
	9.0			
	10.0		152,159	
	12.0		152,159,180	
中容积	20.0		203,219	±1.25
	25.0			
	32.0			
	36.0			
	(38.0)*		219,229,232	
	40.0			
	45.0			
	50.0			
	63.0			
	70.0		254,273	
	80.07			

注 *( )内数值不推荐选用。

表 3-8　焊接气瓶的 V_g 和 D_g

公称容积 V_g(L)	10	16	25	40	50	60	80	100	150	200	400	600	800	1 000
公称直径 D_g (mm)	200			250		300 (350)*			400		600 (700)		800 (900)	

注：*(　)内数值尽量不采用。

(三)液化石油气钢瓶的容积

以 35.5 L 用得最多。因为以 0.427 kg/L 充装系数计算,此类气瓶正好充装 14.9 kg 液化石油气,是一般家庭一个月的消耗量。

常用钢瓶型号和参数按表 3-9 选取。

表3-9 常用钢瓶型号和参数

型号	参数				备注
	钢瓶内直径(mm)	公称容积(L)	最大充装量(kg)	封头形状系数	
YSP4.7	200	4.7	1.9	$K=1.0$	
YSP12	244	12.0	5.0	$K=1.0$	
YSP26.2	294	26.2	11.0	$K=1.0$	
YSP35.5	314	35.5	14.9	$K=0.8$	
YSP118	400	118	49.5	$K=1.0$	
YSP118-Ⅱ	400	118	49.5	$K=1.0$	用于气化装置的液化石油气储存设备

注:钢瓶的护罩结构尺寸、底座结构尺寸应符合产品图样的要求。

(四)铝合金气瓶的容积

铝合金气瓶的容积从0.4~50 L不等,外径与钢质无缝气瓶相差无几(铝合金气瓶最大外径为232 mm,钢质无缝气瓶的最大外径为273 mm)。铝合金气瓶的容积和外径及允许偏差见表3-10。

表3-10 铝合金气瓶的容积和外径及允许偏差

类别	容积(L)	允许偏差(%)	外径(mm)	允许偏差(%)
小容积	0.4	+5 0	60,70	+1.25 -1.00
	0.7		70	
	1.0		89	
	1.4			
	2.0		89,108	
	2.5		108,120,140	
	3.2		120,140	
	4.0			
	5.0			
	6.3			
	7.0		140,152	
	8.0			
	9.0			
	10.0		152,159	
	12.0		152,159,180	
中容积	20.0		203,219	±1.25
	25.0			
	32.0			
	36.0			
	(38.0)*		219,229,232	
	40.0			
	45.0			
	50.0			

注:*( )内数值不推荐使用。

(五)溶解乙炔瓶的规格

溶解乙炔瓶的规格只有6个系列,以公称容积40 L的最为常见。其公称容积 V_g 及公称直径 D_g 见表3-8。

第五节 气瓶附件

气瓶附件是指瓶帽、瓶阀、易熔合金塞和防震圈。气瓶附件是气瓶的重要组成部分,对气瓶的安全使用起着非常重要的作用。

一、瓶帽

保护瓶阀用的帽罩式安全附件统称瓶帽。其功能在于避免气瓶在搬运和使用过程中,由于碰撞而损伤瓶阀,甚至造成瓶阀飞出、气瓶爆炸等严重事故。

为防止气体泄漏或由于超压泄放装置动作,造成瓶帽爆炸,在瓶帽上要开有排气孔。为避免气体由一侧排出而产生的反作用力,使气瓶倾倒或横向转动,排气孔应是对称的两个。

瓶帽应满足下列要求:

(1)应具有良好的抗撞击性能。为此,应禁止用灰口铸铁制造瓶帽。

(2)应具有互换性,装卸方便,不易松动。

(3)同一工厂制造同一规格的瓶帽,其质量允差应不超过5%。瓶帽按其结构形式可分为固定式和拆卸式两种,如图3-8和图3-9所示。

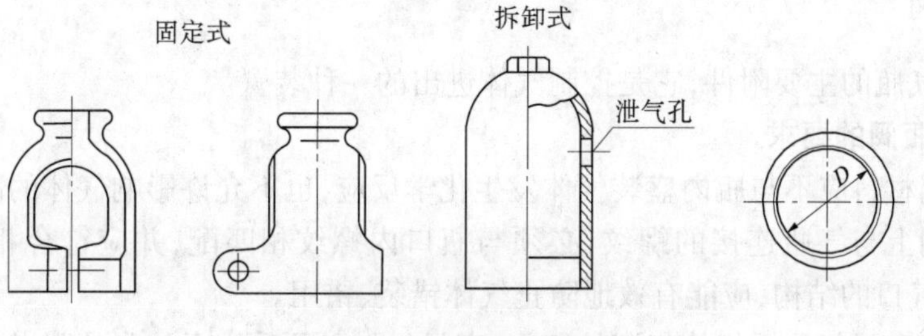

图3-8 瓶帽形式示意图

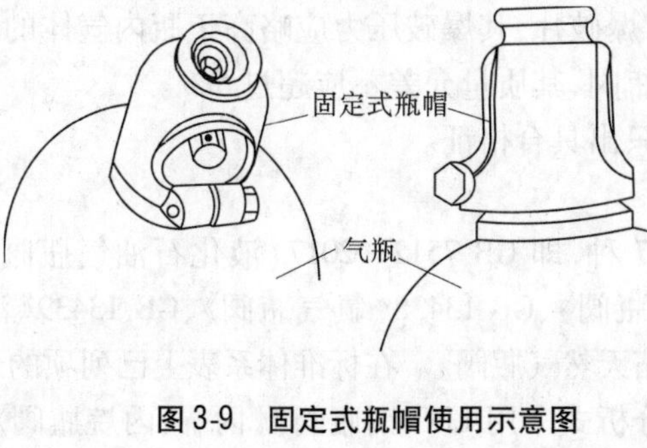

图3-9 固定式瓶帽使用示意图

拆卸式瓶帽在帽口处车有螺纹,与颈圈螺纹相配合。这种瓶帽在使用或充气时,都需要将其从气瓶上拆卸下来,但使用或充气完毕后,应将其安装上。然而,由于其螺纹规格不一,加工精密度较差,加之螺纹在使用中造成的损伤和锈蚀严重,以及颈圈外螺纹的撞击变形,往往造成瓶帽装不上去,即使是勉强装上去了,在运输与使用中又经常脱落下来,既不方便,又容易发生事故。

瓶帽螺纹应符合 GB 8335—2011《气瓶专用螺纹》的要求,其尺寸见表 3-11。

表 3-11　瓶帽与颈圈螺纹尺寸　(单位:mm)

螺纹代号	每英寸螺纹牙数	螺距	牙型高度	圆弧半径	瓶帽螺纹			颈圈螺纹			牙型角
					大径	中径	小径	大径	中径	小径	
PG 80	11	2.309	1.479	0.317	80.000	78.521	77.044	80.000	78.521	77.012	55°

固定式瓶帽帽口也车有螺纹,但此螺纹不起紧固作用,其连接主要靠帽口处的紧固螺栓。安装充装卡具或减压器,均可直接从固定瓶帽的侧孔与瓶阀出气口相接,并借助于专用扳手,从固定式瓶帽的顶孔内开关瓶阀。

《气瓶安全监察规定》强调,气瓶在运输、储存中必须配戴好瓶帽,并规定,如用户无特殊要求,一般应配戴固定式瓶帽。

二、瓶阀

瓶阀是气瓶的主要附件,它是控制气体进出的一种装置。

(一)对瓶阀的要求

(1)瓶阀材料应不与瓶内盛装气体发生化学反应,也不允许影响气体的品质。

(2)瓶阀上与气瓶连接的螺纹,必须与瓶口内螺纹相匹配,并应符合相应标准的规定。瓶阀出气口的结构,应能有效地防止气体错装、错用。

(3)氧气和强氧化性气体气瓶的瓶阀,密封材料必须采用无油脂的阻燃材料。

(4)液化石油气瓶阀的手轮材料应具有阻燃性能。

(5)瓶阀阀体上如装有爆破片,其爆破压力应略高于瓶内气体的最高温升压力。

(6)同一规格、型号的瓶阀,其质量允差不应超过 5%。

(7)瓶阀出厂时,应逐只出具合格证。

(二)瓶阀的种类

气瓶瓶阀国家标准有 7 种,即 GB 7512—2017《液化石油气瓶阀》、GB 10877《氧气瓶阀》、GB 10879《溶解乙炔气瓶阀》、GB 13438《氩气瓶阀》、GB 13439《液氯瓶阀》、GB 17877《液氨瓶阀》、GB 17926《压缩天然气瓶阀》。在标准体系表上已列项的还有三项,它们是《汽车用压缩天然气钢瓶阀》《分析式车用 LPG 钢瓶阀》《丙烯、丙烷瓶阀》等。按其结构,瓶阀分为销片式、套筒式、钩轴式、针形式、隔膜式和珠压式等种类。

1. 销片式瓶阀

销片式瓶阀(又称活瓣式瓶阀),其结构如图 3-10 所示,其主要零件见表 3-12。其公称工作压力有 15 MPa、20 MPa、30 MPa,耐压性压力为公称工作压力的 1.6 倍,耐温性一般地区为 -20 ~ 60 ℃,寒冷地区为 -50 ~ 60 ℃;超压泄放装置工作压力为 1.2 ~ 1.5 倍公称工作压力,活门与阀座之间额定开启高度大于 1.5 mm,公称直径 D_g 为 4 mm。

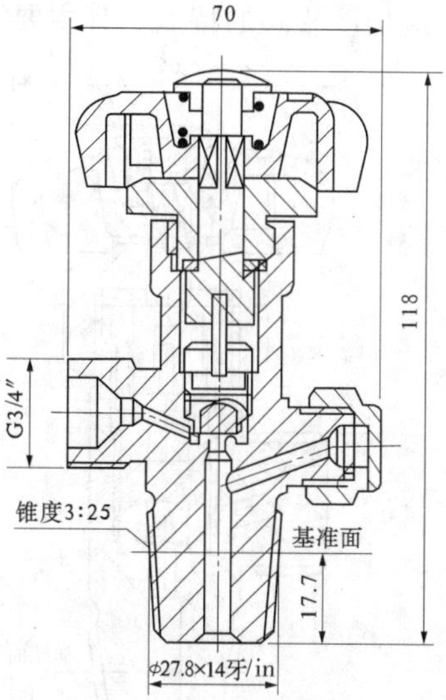

图 3-10　销片式瓶阀示意图

(单位:mm)

在销片式瓶阀的阀杆和活门上,分别开有一道沟槽,并在活门上钻一个小孔。在充气和放气时,使活门上下承受相等的压力,以减轻活门螺纹的负荷,并使阀杆上的凸缘部分与压紧螺母上的密封圈紧密贴合。

2. 套筒式瓶阀

套筒式瓶阀结构如图 3-11 所示。这种瓶阀与销片式瓶阀基本相同,仅阀杆与活门的连接方法不同。两种瓶阀的用途一样,均用于 40 L 的氧、氮、空气钢瓶上作为关闭装置,性能参数也同销片式瓶阀一致。

表 3-12　销片式瓶阀主要零件及其材料明细

主要零件名称	材料
阀体、阀杆、活门	黄铜
密封垫	四氟、聚砜
爆破膜片	锡、青铜片
安全螺母,压紧螺母	黄铜
弹簧	弹簧钢
手轮	ZL102 铝合金

欲向气瓶中充装或放出气体,将上述瓶阀的手轮向逆时针方向转动,此时阀杆随着手轮旋转,并通过套筒带动活门旋转上升,从而使孔道与出气口相通,气体便可以流出气瓶。如果停止充装或使用气体时,应向顺时针方向转动手轮,使活门的密封垫压在阀座上,截断气体孔道。

3. 钩轴式瓶阀

钩轴式瓶阀结构如图 3-12 所示,这种瓶阀的阀杆与活门之间不需要其他阀件来连接,而是直接用自身的凹槽和凸头钩在一起,其密封是靠活门上的橡胶圈。这种瓶阀主要用于氩气和其他惰性气体钢瓶。

钩轴式瓶阀还有一个别类,叫作轴联式。这种瓶阀结构的特点是将阀杆的螺纹移至活门,从而取消了橡皮密封圈。

钩轴式瓶阀的开关与前两种瓶阀一样,只是活门体上没有螺纹,活门的升降是靠阀杆拉起和压下。由于活门垂直升降,避免了活门与阀座的摩擦,从而延长了活门的使用寿命,这是该瓶阀的特点。其主要零件及其材料见表3-13。

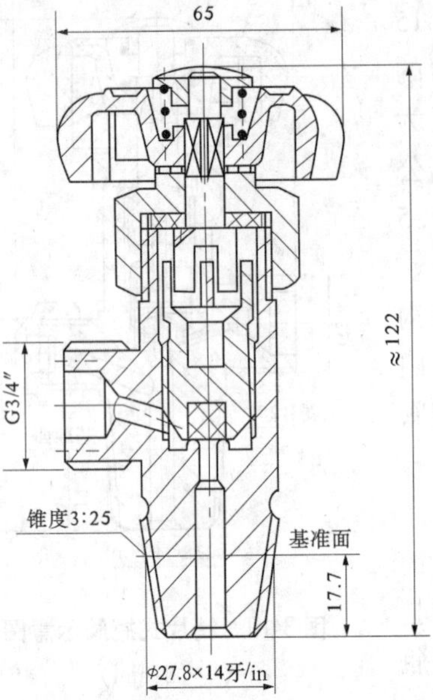

图3-11　套筒式瓶阀示意图　(单位:mm)

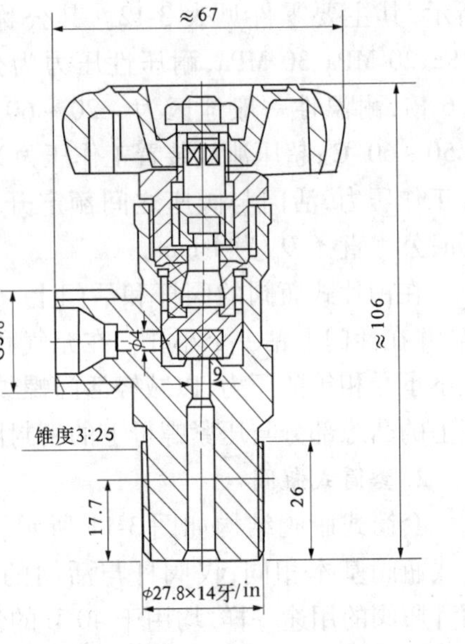

图3-12　钩轴式瓶阀示意图　(单位:mm)

表3-13　钩轴式瓶阀主要零件及其材料明细

零件名称		材料	零件名称	材料
阀体		HPb59－1	压盖螺母	HPb59－1
活门部件	活门体	HPb－1	阀杆	HPb59－1
	垫	聚砜或四氟	手轮	ZL102 铝合金
密封圈		耐热合成橡胶	弹簧垫圈	65Mn
垫圈		HPb59－1	螺母	A_3 或黄铜
压紧垫圈		HPb59－1		

4. 针形式瓶阀

针形式瓶阀结构如图3-13所示。此类瓶阀没有活门,而是采用钢或不锈钢做阀杆,利用阀杆针形头部进行金属密封,气密封较好。由于这种瓶阀结构简单,所以转动灵活,平衡性能可靠,适合多种气瓶。

阀杆转动时需用专用扳手,带动阀杆进行关闭和开启,从关闭状态到全开位置,位移不少于1.5个螺距。

我国出口的气瓶,应外商的技术要求,基本上均安装针形瓶阀。如果气瓶配戴固定式瓶帽,使用这种瓶阀就特别合适。

乙炔瓶阀也属于针形式瓶阀的一种,无手轮,用扳手带动不锈钢阀杆进行开启和关闭。其结构见图3-14,适用于10～60 L溶解乙炔气瓶。此阀公称工作压力为3 MPa,耐压性压力为 6 MPa,在公称工作压力下,在 -40 ~60 ℃的温度范围内,不泄漏。其主要零件及其材料见表 3-14。

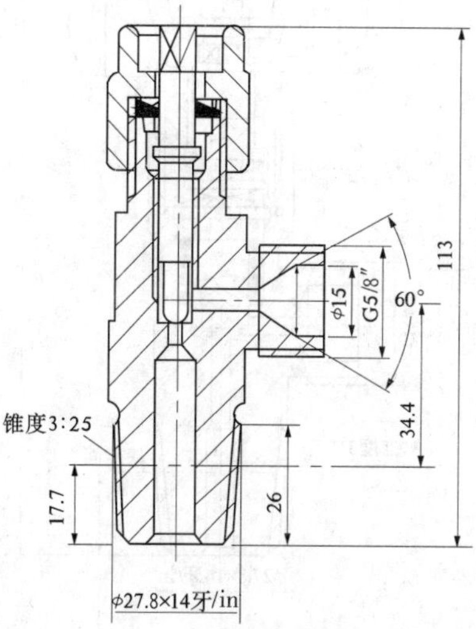

图 3-13　针形式瓶阀示意图　(单位:mm)

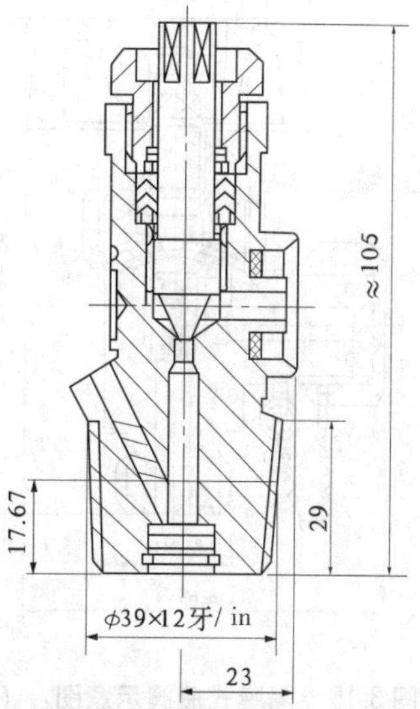

图 3-14　乙炔瓶阀示意图　(单位:mm)

表 3-14　乙炔气瓶主要零件及其材料明细

零件名称	材料	零件名称	材料
挡环、压紧帽、支承环、阀环	HPb59 - 1	压环	尼龙
垫圈、O 形密封垫圈	橡胶	安全装置	易熔合金
阀杆	不锈钢	过滤网	不锈钢
密封环	F_4	毛毡	112 - 25

5. 隔膜式瓶阀

隔膜式瓶阀的结构如图 3-15 所示。这种瓶阀通常用于六氟化硫(SF_6)气体和其他稀有气体钢瓶,作为充放气体的启闭装置。由于瓶阀采用隔膜式结构,开启更加平稳,气密性很好。当手轮沿逆时针方向带动阀杆转动使阀杆向上移动时,由于弹簧的作用,将活门顶开,使管路畅通;当手轮沿顺时针方向带动阀杆转动使阀杆向下移动时,阀杆的下端凸头把数层 0.1 ~0.15 mm厚的磷青铜膜片压紧,使活门克服弹簧力的作用而将阀座关闭,截止了整个气路。在公称工作压力下,耐温性为 -30 ~70 ℃。

6. 珠压式瓶阀

珠压式瓶阀的结构如图 3-16 所示。这种瓶阀的构造特点是在阀杆和锡青铜膜片之间增加了一个钢珠和一个弧形钢片。由于钢片不受旋转升降的阀杆的摩擦,致使开关灵活而延长其使用寿命。瓶阀的公称工作压力为 22.5 MPa,通径 D_g 为 3 mm,活门与阀座之间额定开启高度为 0.75 ~1.5 mm。

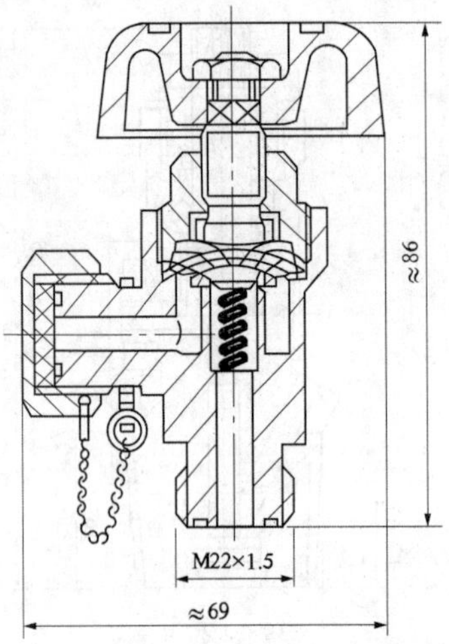

图3-15　隔膜式瓶阀示意图　(单位:mm)

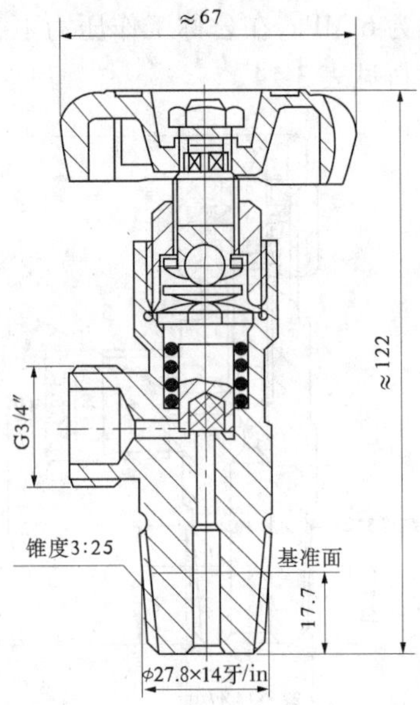

图3-16　珠压式瓶阀示意图　(单位:mm)

珠压式瓶阀适用于40 L的氧、氮、空气钢瓶上作为启闭装置。用于飞机上的5 L气瓶上的珠压式瓶阀,在其尾部还装有一根金属导管,以防止飞机在空中俯冲和翻滚时,瓶内的水或杂物随气流出,堵塞管道而发生事故。

三、安全装置

气瓶是否应设置超压(超温)泄放装置(以下简称泄放装置),这是一个在学术界有争论的问题。主张设置的和主张废弃的,各执一端,各持己见,但每一个国家对此都有明确的规定。气瓶的安全泄放装置,我国目前的产品还处于低档位阶段,未形成系统完整的标准体系,某些安全泄放装置仍处于论证、研究、试制阶段。这也是我国造气及气瓶行业的一个薄弱环节。

关于这种泄放装置,无缝气瓶几乎都是把此装置安装在瓶阀上。美国和欧盟之间有很大的差异,尽管南非和澳大利亚同属英联邦,但在超压泄放装置的规定上却和美国、日本一样,主张配置。

关于泄放装置的标准,美国压缩气体协会(CGA)的规定是最完美的。他们的观点是:在正常使用中,气瓶的安全是根据其材质、设计、制造及其运行中的试验和检查来保证的,但这并不能适应火灾等苛刻条件。为了防止在火灾等紧急情况下发生严重事故,规定配置泄放装置是一条有用的措施。

(一)不适于配置泄放装置的条件

(1)充装下列气体的气瓶,严禁安装泄放装置,它们是氰化氢、光气、溴甲烷、四氧化二氮。

(2)下列气瓶可以不安装泄放装置:①外径115 mm以下,全长(包括瓶颈)300 mm以下的气瓶充装下列气体的:氯甲烷、氯乙烯、丙烷、丙烯、丁烷、异丁烷、丁烯、异丁烯、丁二烯、液化石油气和氟氯烷(系列制冷剂气体);②水压试验压力在 25 MPa 以上、充装系数在 0.667 以下、容积在 0.25 L 以下的二氧化碳筒型气瓶。

(3)充装一甲胺和三甲胺的气瓶。

(4)另有规定的气瓶。

(二)配置泄放装置的原则

除上述列出的气瓶外,必须按下述各点要求配置泄放装置:

(1)要使用按充装气体种类而划定的泄放装置形式。

(2)要配置的泄放装置,其动作应发生在气相阶段。

(3)无缝气瓶的瓶体上,不能安装该装置。

(三)泄放装置的形式及其应用

1. 泄放装置的形式

1)爆破片式泄放装置

装置中装有一片能耐瓶内气体侵蚀的金属膜片,其内侧与瓶内气体相接触,外侧与大气相通。当瓶内压力超过气瓶安全使用压力(1.2～1.5 倍公称工作压力)时,则爆破片破裂,瓶内气体便从泄压帽上的小孔里排出,从而防止气瓶的超压爆炸。

这种泄放装置结构简单,不易泄漏,在落上火花时不易造成误动作。但因金属疲劳等因素,其动作压力不易控制,技术上不易掌握,在火灾场合下,不能防止气瓶的爆炸与飞出,而且从事故实例的分析情况看,带有爆破片式泄放装置的气瓶,事故比例较大。爆破片的动作压力与其直径、厚度、材质碾制工艺等因素有关。同时,经一段使用后,因爆破片金属的疲劳、爆破片动作压力有改变,难以按设计的爆破压力起爆(动作)。

爆破片式泄放装置适用于不可燃的压缩气体或高压液化气体。目前,企标 QF-2、QF-2A、QF-4、QF-5、QF-6 等系列瓶阀,在以氧气为代表的压缩气体、二氧化碳等气体气瓶上广泛应用,使用量约占该类气瓶总数的八成以上。

2)易熔合金塞式泄放装置

这种泄放装置中浇铸有易熔合金,当气瓶受到外界热源的影响,使瓶内气体压力骤然升高时,易熔合金被熔化,瓶内气体即可从泄放装置的小孔排出瓶外,从而防止因超压而爆炸。

易熔合金塞动作温度(注意:不是易熔合金流动温度)是以气瓶水压试验压力为基准(取 0.8 倍水压试验压力作为泄放压力,对应于泄放压力的介质温度便是易熔合金塞动作温度),或以充装系数为基准(以法定充装系数充装于气瓶内,随温度上升瓶内液体膨胀,气相空间变小,当液体充满整个气瓶,气相空间为零时的温度,即为易熔合金塞动作温度),然后以我国气温为基础,同时考虑压缩气体、液化气体和溶解气体的不同,对不同气体相差不大的易熔合金塞动作温度,统一规定两挡(100 ℃和 70 ℃)。

易熔合金配方选用共晶合金,是因为共晶合金的流动开始点和流动终止点的温度一致。这样,在气体泄放时,易熔合金喷出时不易残留。而且要求含铋量应不小于 48%,以防止易熔合金凝固时发生收缩而导致泄漏。

美国 CGA 标准中,规定有压缩气体、液化气体和溶解气体等共 39 种气体气瓶采用这种泄放装置。我国的乙炔气瓶和氨气瓶也采用易熔合金塞式泄放装置。

易熔合金塞式泄放装置制造技术简单易行,温度上升时动作敏感,维护保养也方便。但因存在由于外部火花或其他热源影响,容易造成误动作;不能防止因温度原因以外而造成的压力持续上升;动作温度下的内压有可能超过水压试验压力,且易熔合金与塞体之间容易漏气等缺点,给该装置的作用增加了很大的局限性。

3)弹簧式泄放装置

弹簧式泄放装置的结构见图3-17。这种泄放装置中有一弹簧,弹簧顶着网状托环,托环压着密封垫。当瓶内压力升高至水压试验压力的0.8倍时,就将密封垫向外推出,并通过网状托环压缩弹簧,气体便从泄放装置的小孔中排出;当压力降至弹簧的动作压力时,弹簧又通过网状托环将密封垫推回原位,堵住排气孔。

与前两种泄放装置相比,这种装置具有减压自行关闭的优点。气瓶卸压后,瓶内气体不能排尽,但结构较为复杂,而且按标准控制弹簧质量较难,同时弹簧易锈蚀,网状托环和密封垫磨损较快,从而导致整个装置失效。这种泄放装置一般用于少数无毒、低压液化气体的气瓶上。

4)复合式泄放装置

复合式泄放装置的结构见图3-18。所谓复合式泄放装置,就是一个带有易熔合金塞的螺母上,压着一层爆破片。这种结构弥补了爆破片式和易熔合金塞式两种泄放装置的不足之处,使气瓶更保险、更安全。

5)并用式泄放装置

这种装置为弹簧式和易熔合金塞式两种泄放装置同时配备,而且各自动作,互不影响。

弹簧式、复合式、并用式三种类型泄放装置在我国较少见。

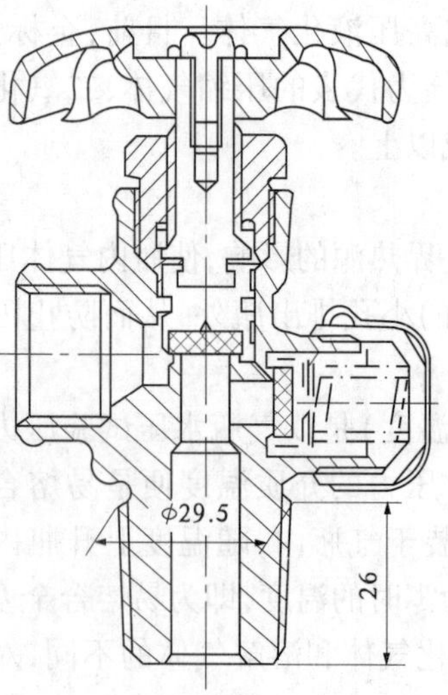

图3-17 弹簧式泄放装置示意图 (单位:mm)

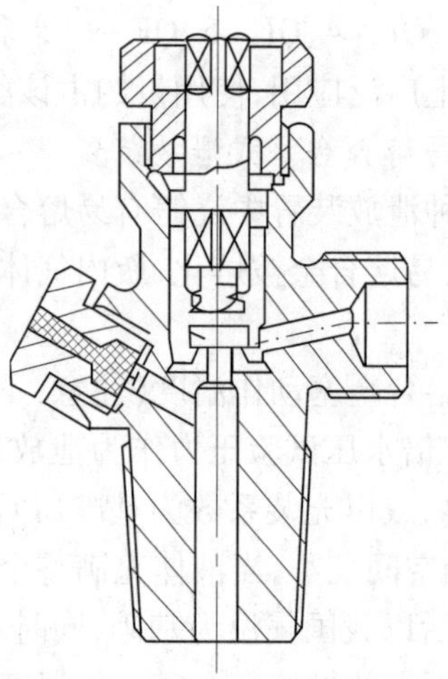

图3-18 复合式泄放装置示意图

2. 泄放装置的应用

泄放装置如何应用,我国目前还没有系统规定。现介绍日本的有关规定,作为参考,见表3-15。

表 3-15 泄放装置的应用

气体分类	气体名称	爆破片式	易熔塞式	复合式	弹簧式	并用式
压缩气体	H_2,CH_4,CO,水煤气			○		
	O_2,N_2,Ar,He,空气	○	○	○		
高压液化气体	CO_2,N_2O,C_2H_4	○	医	医		
	Xe,SF_6,C_2H_6,油气	○		○		
	$CClF_3$,N_2O+CO_2					
	HCl			○		
低压液化气体	HBr,HF			○		
	NH_3,H_2S,SO_2,CH_3Cl,C_2H_3Cl		○			
	C_3H_8,C_3H_6,C_4H_{10}		○		○	○
	Cl_2F_2,$CHClF_2$		○		○	○
溶解气体	C_2H_2	○	○			

注:医是指只限于医用场合,○记号为采用。

四、防震圈

防震圈是指套装在气瓶筒体上的橡胶圈(也有用其他弹性物质制作的),其主要功能是使气瓶免受直接冲撞。气瓶是移动式压力容器,它在充气、使用,尤其是在搬动过程中,常常会因滚动、震动而互相碰撞或与其他物质相碰撞,特别是野蛮的装卸方法,不但会使气瓶壁产生伤痕或变形,而且常常因其碰撞导致发生物理性爆炸事故。

(一)防震圈的作用

(1)由于气瓶配戴两个防震圈后,在运输环节上就不容易出现抛、滑、滚碰等野蛮的装卸方法。气瓶不装防震圈,为野蛮装卸运输提供了方便条件,这是一种非常危险的隐患。

(2)可以保护气瓶的漆色标志,漆色标志是识别气瓶种类最方便的方法。没有了防震圈,就会因气瓶的抛、滑、滚碰等使气瓶漆色剥脱变成锈色,稍不注意,就会发生错装和混装气体现象,轻者影响充装气体的质量,重者导致气瓶发生化学性爆炸。

(3)减少气瓶瓶身磨损,延长气瓶使用寿命。

为保证防震圈的弹性,防震圈的厚度一般不应小于 25 mm,其套装位置也必须符合要求,即与气瓶上下端部距离各为 200 ~ 250 mm。

气瓶的防震圈技术要求应符合国家劳动安全行业标准 LD 52—1994《气瓶防震圈》的有关规定。

(1)气瓶的胶质防震圈断面形状等应符合图 3-19 规定。

(2)胶质防震圈胶料半成品的物理机械性能应符合表 3-16 要求。

表 3-16 胶质防震圈胶料半成品的物理机械性能

项目	指标
拉断强度(MPa)	≥6
扯断伸长率(%)	≥300
扯断永久变形(%)	≤25
硬度(邵尔 A 型)	60 ± 5
磨损体积(cm^3)	≤1.0

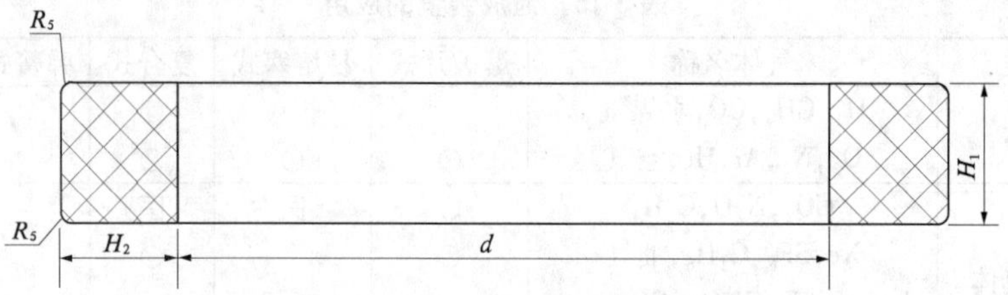

图3-19 气瓶胶质防震圈断面形状

(二)胶质气瓶防震圈的尺寸与公差应符合的要求

(1)无缝气瓶防震圈的规格尺寸及公差应符合表3-17的要求。

(2)焊接气瓶的防震圈,其规格尺寸及公差应符合以下规定:

①用于容积10～100 L气瓶的防震圈,其内径应比气瓶外径小6 mm,公差±1.0 mm(下同),断面尺寸($H_1 \times H_2$,下同)为30 mm×30 mm(YSP26.2型和YSP35.5型液化石油气气瓶为20 mm×20 mm),公差±0.5 mm(下同)。

②用于容积150～200 L气瓶的防震圈,其内径应比气瓶外径小8 mm,断面尺寸为30 mm×30 mm。

③用于容积400～1 000 L气瓶的防震圈,其内径比气瓶外径小10 mm,断面尺寸为50 mm×50 mm。

表3-17 无缝气瓶防震圈的规格尺寸及公差范围

气瓶类别	气瓶容积(L)	气瓶外径(mm)	公差(mm)	圈的内径尺寸 d(mm)	公差(mm)	圈的断面尺寸 $H_1 \times H_2$(mm)	公差(mm)
小容积无缝气瓶	7.0～12	140 152 159 180	+1.25 -1.00	134 146 151 172	±0.5	25×20	±0.5
大容积无缝气瓶	20～80	203 219 229 232 245 273	+1.25 -1.00	193 209 219 222 235 263	±1.0	30×30	±0.5

第六节 颜色标志和钢印标志

一、气瓶颜色标志

针对气瓶不同的充装介质,按照有关标准对气瓶外表面涂覆的颜色、字样、字色、色环等内容进行规定的组合,作为识别充装气体的标志。气瓶颜色标志应符合 GB7 144《气瓶颜色标志》。

(一)颜色标志

气瓶颜色标志见表 3-18,气瓶涂膜配色类型见表 3-19。

表 3-18 气瓶颜色标志一览表

序号	充装气体名称	化学式	体色	字样	字色	色环
1	空气		黑	空气	白	
2	氩	Ar	银灰	氩	深绿	$P=20$,白色单环 $P\geqslant30$,白色双环
3	氟	F_2	白	氟	黑	
4	氦	He	银灰	氦	深绿	
5	氪	Kr	银灰	氪	深绿	$P=20$,白色单环 $P\geqslant30$,白色双环
6	氖	Ne	银灰	氖	深绿	
7	一氧化氮	NO	白	一氧化氮	黑	
8	氮	N_2	黑	氮	白	
9	氧	O_2	淡(酞)蓝	氧	黑	$P=20$,白色单环 $P\geqslant30$,白色双环
10	二氟化氧	OF_2	白	二氟化氧		
11	一氧化碳	CO	银灰	一氧化碳	大红	
12	氘	D_2	银灰	氘		
13	氢	H_2	淡绿	氢	大红	
14	甲烷	CH_4	棕	甲烷	白	$P=20$,大红单环 $P\geqslant30$,大红双环
15	天然气	CNG	棕	天然气	白	$P=20$,白色单环 $P\geqslant30$,白色双环
16	空气(液体)		黑	液化空气	白	
17	氩(液体)	Ar	银灰	液氩	深绿	
18	氦(液体)	He	银灰	液氦	深绿	
19	氢(液体)	H_2	淡绿	液氢	大红	
20	天然气(液体)	LNG	棕	液化天然气	白	
21	氮(液体)	N_2	黑	液氮	白	
22	氖(液体)	Ne	银灰	液氖	深绿	
23	氧(液体)	O_2	淡(酞)蓝	液氧	黑	
24	三氟化硼	BF_3	银灰	三氟化硼	黑	
25	二氧化碳	CO_2	铝白	液化二氧化碳	黑	$P=20$,黑色单环
26	碳酰氟	CF_2O	银灰	液化碳酰氟	黑	
27	* 三氟氯甲烷	CF_3Cl	铝白	液化三氟氯甲烷 R13	黑	$P=12.5$,黑色单环
28	六氟乙烷	C_2F_6	铝白	液化六氟乙烷 R116	黑	
29	氯化氢	HCl	银灰	液化氯化氢	黑	

续表 3-18

序号	充装气体名称	化学式	体色	字样	字色	色环
30	三氟化氮	NF_3	银灰	液化三氟化氮	黑	
31	一氧化二氮	N_2O	银灰	液化笑气	黑	$P=15$,黑色单环
32	五氟化磷	PF_5	银灰	液化五氟化磷	黑	
33	三氟化磷	PF_3	银灰	液化三氟化磷	黑	
34	四氟化硅	SiF_4	银灰	液化四氟化硅 R764	黑	
35	六氟化硫	SF_6	银灰	液化六氟化硫	黑	$P=12.5$,黑色单环
36	四氟甲烷	CF_4	铝白	液化四氟甲烷 R14	黑	
37	三氟甲烷	CHF_3	铝白	液化三氟甲烷 R23	黑	
38	氙	Xe	银灰	液氙	深绿	$P=20$,白色单环 $P=30$,白色双环
39	1,1-二氟乙烯	$CH_2=CF_2$	银灰	液化偏二氟乙烯 R1132a	大红	
40	乙烷	CH_3CH_3	棕	液化乙烷	白	
41	乙烯	$CH_2=CH_2$	棕	液化乙烯	淡黄	$P=15$,白色单环 $P=20$,白色双环
42	磷化氢	PH_3	白	液化磷化氢	大红	
43	硅烷	SiH_4	银灰	液化硅烷	大红	
44	乙硼烷	B_2H_3	白	液化乙硼烷	大红	
45	氟乙烯	$CH_2—CHF$	银灰	液化氟乙烯 R-1141	大红	
46	锗烷	GeH_4	白	液化锗烷	大红	
47	四氟乙烯	C_2F_4	银灰	液化四氟乙烯	大红	
48	二氟溴氯甲烷	$CBrClF_2$	铝白	液化二氟溴氯甲烷 R-12Bl	黑	
49	三氟化硼	BF_3	银灰	液化氟化硼	黑	
50	溴三氟甲烷	$CBrF_3$	铝白	液化溴三氟溴甲烷 13Bl	黑	$P=12.5$,黑色单环
51	氯	Cl_2	深绿	液氯	白	
52	氯二氟甲烷	$CHClF_2$	铝白	液化氯二氟甲烷 R-22	黑	
53	*氯五氟乙烷	$CF_3—CClF_2$	铝白	液化氟氯烷 115	黑	
54	氯四氟甲烷	$CHClF_4$	铝白	液化氟氯烷 R-124	黑	
55	氯三氟乙烷	$CH_2Cl—CF_3$	铝白	液化氯三氟乙烷 R-113a	黑	
56	*二氯二氟甲烷	CCl_2F_2	铝白	液化二氟二氯甲烷 R-12	黑	
57	二氯氟甲烷	$CHCl_2F$	铝白	液化氟氯烷 R-21	黑	

续表 3-18

序号	充装气体名称	化学式	体色	字样	字色	色环
58	三氧二化氮	N_2O_3	白	液化三氧二化氮	黑	
59	*二氯四氟乙烷	$C_2Cl_2F_4$	铝白	液化氟氯烷 R－114	黑	
60	七氟丙烷	CF_3CHFCF_3	铝白	液化七氟丙烷 R－227e	黑	
61	六氟丙烷	C_3F_6	银灰	液化六氟丙烷 R－1216	黑	
62	溴化氢	HBr	银灰	液化溴化氢	黑	
63	氟化氢	HF	银灰	液化氟化氢	黑	
64	二氧化氮	NO_2	白	液化二氧化氮	黑	
65	八氟环丁烷	C_4F_8	铝白	液化氟氯烷 R－C318	黑	
66	五氟乙烷	$CH_2F_2CF_3$	铝白	液化五氟乙烷 R－125	黑	
67	碳酰二氯	$COCl_2$	白	液化光气	黑	
68	二氧化硫	SO_2	银灰	液化二氧化硫	黑	
69	硫酰氟	SO_2F_2	银灰	液化硫酰氟	黑	
70	1,1,1,2－四氟乙烷	CH_2FCF_3	铝白	液化四氟乙烷(R134a)	黑	
71	氨	NH_3	淡黄	液氨	黑	
72	锑化氢	SbH_2	银灰	液化锑化氢	大红	
73	砷烷	AsH_3	白	液化砷化氢	大红	
74	正丁烷	C_4H_{10}	棕	液化正丁烷	白	
75	1－丁烯	C_4H_8	棕	液化丁烯	淡黄	
76	(顺)2－丁烯	C_4H_8	棕	液化顺丁烯	淡黄	
77	(反)2－丁烯	C_4H_8	棕	液化反丁烯	淡黄	
78	氯二氟乙烷	CH_3CClF_2	铝白	液化氯二氟乙烷 R－142b	大红	
79	环丙烷	$CH_2CH_2CH_2$	棕	液化环丙烷	白	
80	二氯硅烷	SiH_2Cl_2	银灰	液化二氯硅烷	大红	
81	偏二氟乙烷	CF_2CH_3	铝白	液化偏二氟乙烷 R－152a	大红	
82	二氟甲烷	CH_2F_2	铝白	液化二氟化甲烷 R－32	大红	
83	二甲胺	$(CH_3)_2NH$	银灰	液化二甲胺	大红	
84	二甲醚	CH_3OCH_3	淡绿	液化二甲醚	大红	
85	乙硅烷	SiH_4	银灰	液化乙硅烷	大红	
86	乙胺	$C_2H_5NH_2$	银灰	液化乙胺	大红	
87	氯乙烷	C_2H_5Cl	银灰	液化氯乙烷 R－160	大红	

续表 3-18

序号	充装气体名称	化学式	体色	字样	字色	色环
88	硒化氢	H_2Se	银灰	液化硒化氢	大红	
89	硫化氢	H_2S	白	液化硫化氢	大红	
90	异丁烷	$(CH_3)_3CH$	棕	液化异丁烷	白	
91	异丁烯	$(CH_3)_2C=CH_2$	棕	液化异丁烯	淡黄	
92	甲胺	CH_3NH_2	银灰	液化甲胺	大红	
93	溴甲烷	CH_3Br	银灰	液化溴甲烷	大红	
94	氯甲烷	CH_3Cl	银灰	液化氯甲烷	大红	
95	甲硫醇	CH_3SH	银灰	液化甲硫醇	大红	
96	丙烷	$CH_3CH_2CH_3$	棕	液化丙烷	白	
97	丙烯	$CH_3CH=CH_2$	棕	液化丙烯	淡黄	
98	三氯硅烷	$SiHCl_3$	银灰	液化三氯硅烷	大红	
99	1,1,1-三氟乙烷	CH_3CF_3	铝白	液化氟氯烷 R-143a	大红	
100	三甲胺	$(CH_3)_3N$	银灰	液化三甲胺	大红	
101	液化石油气	工业用	棕	液化石油气	白	民用银灰液化石油气大红
102	1,3-丁二烯	$CH_2=(CH)_2=CH_2$	棕	液化丁二烯	淡黄	
103	氯三氟乙烯	C_2F_3Cl	银灰	液化氯三氟乙烯 R-1113	大红	
104	环氧乙烷	CH_2OCH_2	银灰	液化环氧乙烷	大红	
105	甲基乙烯基醚	$CH_2=CHOCH_3$	银灰	液化甲基乙烯基醚	大红	
106	溴乙烯	$CH_2=CHBr$	银灰	液化溴乙烯	大红	
107	氯乙烯	$CH_2=CHCl$	银灰	液化氯乙烯	大红	
108	乙炔	C_2H_2	白	乙炔	不可近火,大红	

注:1. 色环栏内的 *P* 是气瓶的公称工作压力,单位为兆帕(MPa)车用压缩天然气钢瓶可不涂覆色环。

2. 序号加 * 的是2010年后停止生产和使用的气体。

3. 充装液氧、液氮、液化天然气等不涂覆颜色的气瓶,其体色和字色指瓶体标签的底色和字色。

表 3-19　气瓶涂膜配色类型

充装气体类别		气瓶涂膜配色类型		
		体色	字色	环色
烃类	烷烃	YR05 棕	白	
	烯烃			
稀有气体类		B04 银灰	G05 深绿	
氟氯烷类		铝白		R03 大红
剧毒类		Y06 浅黄	可燃气体:R03 大红 不燃气体:黑	
其他气体		B04 银灰		

(二)字样

字样是指气瓶充装气体名称、气瓶所属单位的名称和其他内容(如溶解乙炔气瓶的“不可近火”等的文字标记)。充装气体名称一般用汉字表示。液化气体的名称前一般加注“液”或“液化”字样;医用或呼吸用气体,在气体名称前应分别加注“医用”或“呼吸用”字样。混合气体(含标准气)按 GB 7144 附录 A 的规定,加注混合气体或标准气字样。

注:对于小容积气瓶,充装气体名称可用化学式表示。

汉字字样宜采用仿宋或黑体字。公称容积 40 L 的气瓶,字体高度不宜低于 80 mm(见图 3-20);对于其他规格的气瓶,字体大小可适当调整。

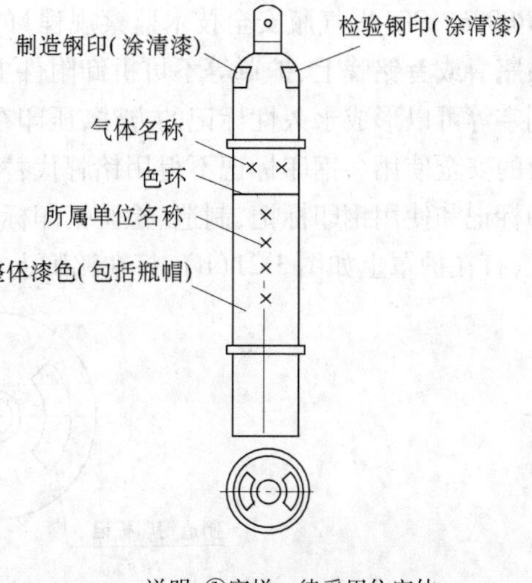

说明:①字样一律采用仿宋体,
字体高度一般为 80 mm。
②色环宽度一般为 40 mm。

图 3-20　气瓶漆色、标志示意图

立式气瓶的充装气体名称应按瓶的环向横列于约为瓶高的 3/4 处;充装单位名称应按气瓶的轴向竖列于气体名称居中的下方或旋转 180°的瓶体表面。

卧式气瓶的充装气体名称和充装单位名称应以瓶的轴向从瓶阀端向右(瓶阀在左侧)分行横列于瓶体中部,充装单位名称应位于气体名称之下,行间距不小于字体高度的 1/2。

(三)色环

充装同一种气体的气瓶,其公称工作压力分级按 TSGR 0006 执行。各种气体的颜色标志见表 3-18。

公称工作压力比规定的起始级高一级的涂一道色环(简称单环),比起始级高二级的涂二道色环(简称双环)。

注:按照 TSGR 0006 常用气体气瓶的公称工作压力分级,同种瓶装气体的公称工作压力最低的为起始级。

色环应在气瓶表面环向涂成连续一圈、边缘整齐且等宽的色带,不应呈现螺旋状、锯齿状或波浪状;双环应平行。

公称容积 40 L 的气瓶,单环宽度为 40 mm,双环的各环宽度为 30 mm。其他规格的气瓶,色环宽度可适当调整,双环的环间距等于色环宽度。立式气瓶的色环位于气瓶高的 2/3 处,且介于充装气体名称和充装单位名称之间。卧式气瓶的色环位于距阀端筒体长度的 1/4 处。色环、字样、防震圈之间,均应保持适当距离。

二、气瓶的钢印标记

无缝气瓶、焊接气瓶(焊接气瓶中的工业用非重复充装焊接钢瓶除外)及焊接绝热气瓶(含车用焊接绝热气瓶)钢印标记的规定如下。

气瓶的钢印标记是识别气瓶安全质量的重要依据。标记的排列和内容应符合 TS-GR0006—2014《气瓶安全技术监察规程》的规定。钢印标记应准确、清晰、完整,直接压印在瓶肩或者铭牌上、护罩等不可拆卸附件上。钢瓶上的标记应当采用机械打印或者激光刻字等可以形成永久性标记的方法,压印在瓶肩上的钢印标记应圆滑无尖角,不应影响钢瓶的安全使用。钢印标记不得用铭牌代替。气瓶的钢印标记包括制造钢印标记、检验钢印标记和使用钢印标记,制造、检验钢印标记位置见图 3-21。打在瓶肩上如图 3-21(a)所示,打在护罩上如图 3-21(b),打在铭牌上如图 3-21(c)所示。

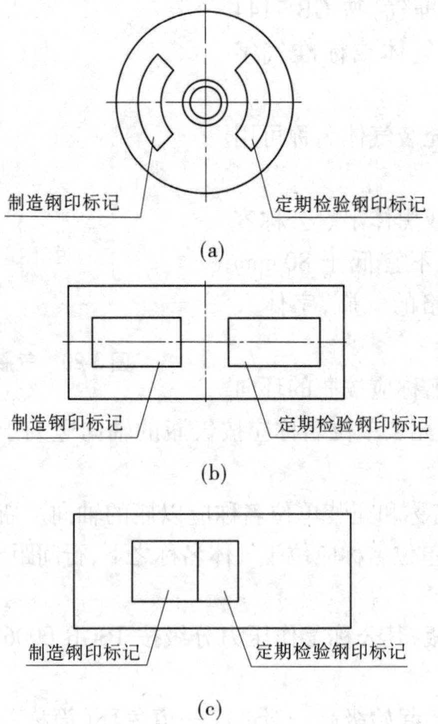

图 3-21　钢印标记位置示意图

（一）制造钢印标记

（1）制造钢印如图 3-21 所示；打成扇面形时，气瓶制造钢印标记的项目和排列如图 3-22 所示。

（2）制造钢印标记也可在气瓶肩部沿圆周方向排列，如以图 3-22 项目内容为例，各项目的排列顺序是：1—产品标准号；2—气瓶编号；3 —水压试验压力，MPa；4—公称工作压力，MPa；5—监检标记；6—制造单位代号；7—制造日期；8—设计使用年限；9—瓶体设计壁厚，mm；10—实际容积，L；11—实际质量，kg；12—充装气体名称或者化学分子式；13—液化气体最大充装量，kg； 14—气瓶制造许可证编号。

（3）溶解乙炔气瓶的制造钢印标记如图 3-23 所示。

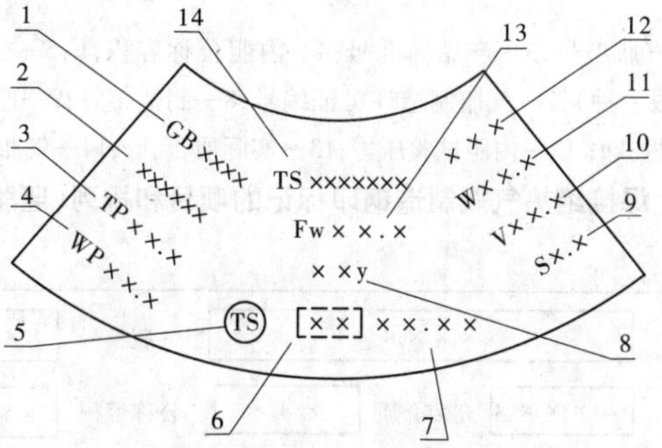

图 3-22　气瓶制造钢印标记标志的项目和排列
（溶解乙炔气瓶及焊接绝热气瓶除外）

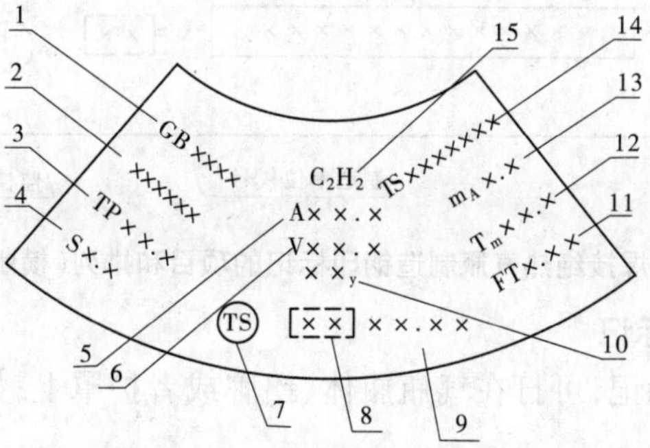

1—产品标准号； 2—气瓶编号；3—瓶体水压试验压力，MPa；4—瓶体设计壁厚，mm；5—丙酮标志及丙酮规定充装量，kg；6—瓶体实际容积，L；7—监检标记；8—制造单位代号；9—制造日期；10—设计使用年限；11—在基准温度 15 ℃时的限定压力，MPa；12—皮重，kg；13—最大乙炔量，kg；14—气瓶制造许可证编号；15—乙炔化学分子式

图 3-23　溶解乙炔气瓶制造钢印标记的项目和排列

（4）焊接绝热气瓶制造钢印标记（竖版铭牌）如图 3-24 所示，横版铭牌如图 3-25 所示。

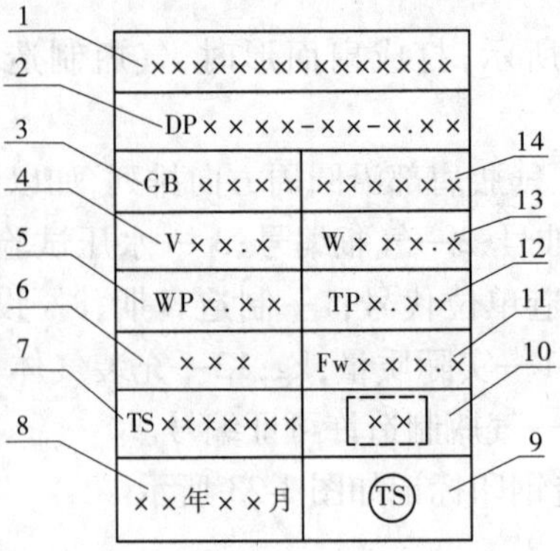

1—制造单位名称;2—气瓶型号;3—产品标准号;4—内胆公称容积,L;5—公称工作压力,MPa;6—允许充装介质(仅限一种);7—气瓶制造许可证编号;8—制造年月;9—监检标记;10—制造单位代号;11—最大充装量,kg; 12—内胆试验压力;13—实际质量,kg;14—气瓶编号

图3-24 焊接绝热气瓶制造钢印标记的项目和排列(竖版铭牌)

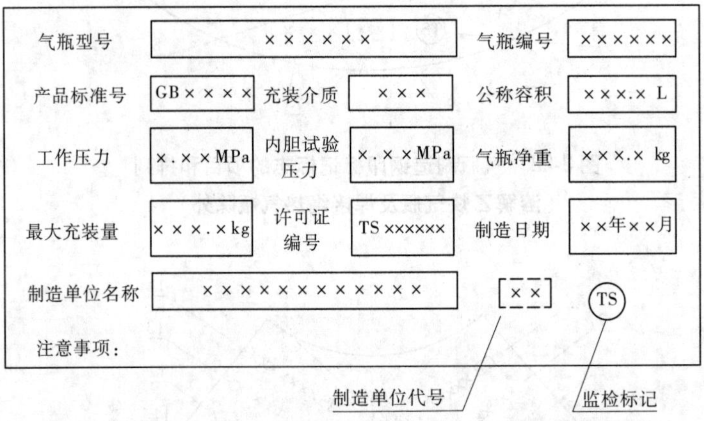

图3-25 焊接绝热气瓶制造钢印标记的项目和排列(横版铭牌)

(二)定期检验钢印标记

(1)定期检验钢印标记,可打在气瓶瓶体、铭牌或者护罩上;如图3-26所示(溶解乙炔气瓶除外)。

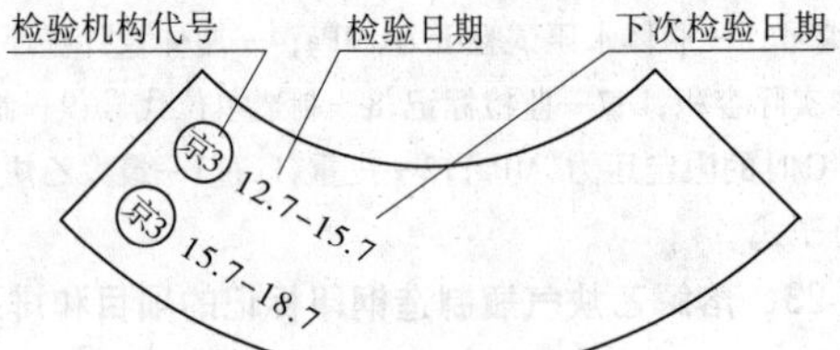

图3-26 定期检验钢印

(2)定期检验钢印也可打在金属检验标记环上,如图 3-27 所示。

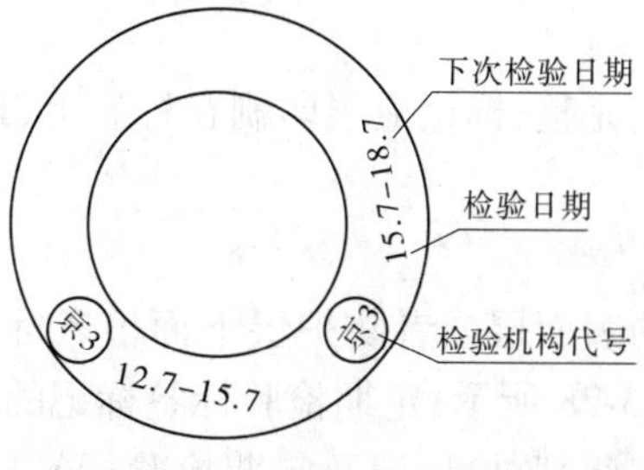

图 3-27　打在金属检验标记环的定期检验钢印标记

(三)使用钢印标记

(1)使用钢印标记包括使用登记标记、充装单位标记和自有气瓶产权编号。

(2)使用钢印标记应统一、规范地打印在焊接护罩或封头上,不得影响气瓶的安全性能,不得和气瓶的制造、检验钢印混淆。对于难以打印的气瓶,也可以打在金属标记环上,但应保持和气瓶的唯一性。

三、气瓶的检验色标

(1)定期检验时,应在气瓶检验钢印标记上和检验标记环上,按检验年份涂检验色标。检验色标的式样见表 3-20,每 10 年为一个循环周期。

注:小容积气瓶和检验标记环上的检验钢印标记可以不涂检验色标。

(2)公称容积 40 L 气瓶的检验色标的形状和尺寸,矩形约为 80 mm×40 mm,椭圆形的长短轴分别为 80 mm 和 40 mm。其他规格的气瓶,检验色标的大小可做适当调整。

表 3-20　检验色标的涂覆颜色和形状

检验年份	颜色	形状
2015	RPO1　粉红	矩形
2016	RO1　铁红	
2017	YO9　铁黄	
2018	PO1　淡紫	
2019	GO5　深绿	
2020	RPO1　粉红	椭圆形
2021	RO1　铁红	
2022	YO9　铁黄	
2023	PO1　淡紫	
2024	GO5　深绿	
2025	RPO1　粉红	矩形
2026	RO1　铁红	

四、缠绕气瓶标签标记

(一)基本要求

标签标记应当准确、清晰、完整;标记应当印刷在标签上,标签字体大小应当符合相应标准的规定。

(二)标记方式

应当在每只气瓶缠绕层的表面层或者防护层下面植入标签,形成永久性标记。制造标签标记的项目和排列,如图3-28所示;定期检验标签标记的项目和排列如图3-29所示;对于金属内胆纤维环向缠绕气瓶,监检标记及定期检验标签标记也可以钢印标记的方式打在气瓶瓶肩金属表面上。

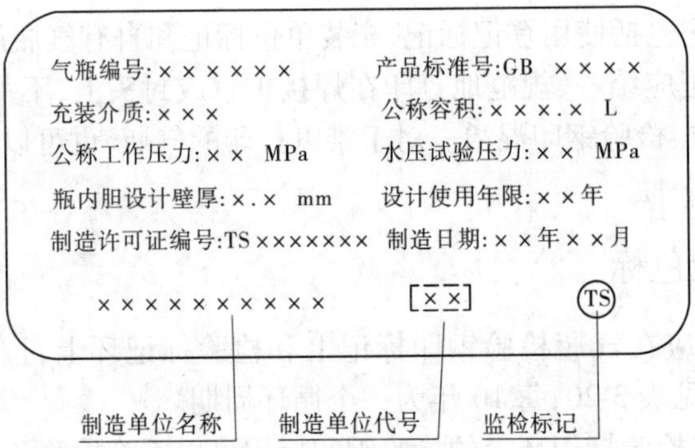

图3-28 缠绕气瓶制造标签标记的项目和排列

注:图3-28中所示瓶内胆设计壁厚适用于瓶内胆环向缠绕气瓶;对于按照GB 28053《呼吸器用复合气瓶》标准设计制造的缠绕气瓶,该处标签标记内容应当为水压试验极限弹性膨胀量(REE)。

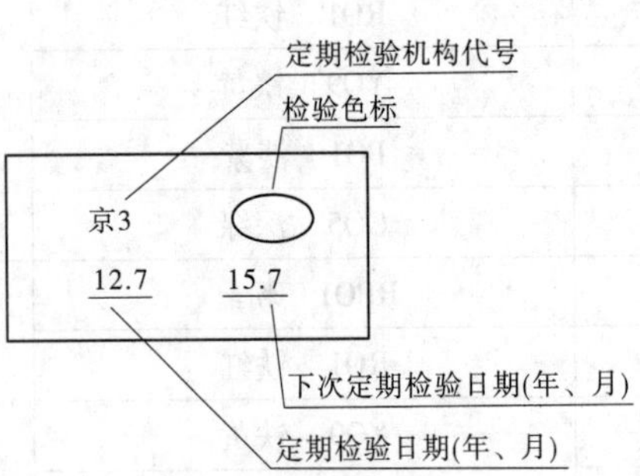

图3-29 缠绕气瓶定期检验标签标记的项目和排列

习　题

一、名词解释

1. 复合气瓶　2. 焊接性　3. 焊接工艺　4. 碳当量　5. 线能量　6. 极限强度　7. 耐腐蚀性　8. 抗氧化性

二、判断题

(　　)1. 氨是允许充装于铝合金气瓶中的气体。

(　　)2. 气瓶上的防震圈其功能就是防止气瓶的震动。

(　　)3. GB 5842《液化石油气钢瓶》标准中，三种规格：YSP26.2、YSP35.5、YSP118的钢瓶结构相同。

(　　)4. 瓶阀出厂时，应逐只出具合格证。

(　　)5. 盛装液氨的气瓶可使用铜阀。

(　　)6. 所有气瓶都可以安装泄放装置。

(　　)7. 防震圈只能起防震的作用。

(　　)8. 屈服点是指金属材料在受外力作用到某一程度时，其变形(伸长)突然增加很大时的材料抵抗外力的能力。

(　　)9. 金属材料在受外力(拉力)到某一极限时，则其变形(伸长)即消失，恢复原状，弹性极限是指金属材料抵抗这一限度的外力的能力。

(　　)10. 焊接接头是焊接结构中各个构件相互连接的部分。它包括焊缝、热影响区和母材三部分。

(　　)11. 焊接应力是焊接过程中焊件内产生的应力。

(　　)12. 未焊透是指在焊接时，接头根部的母材未被熔化而留下空隙。

(　　)13. 气孔是指焊接时，熔池中的气泡在凝固时未能逸出而残留下来所形成的孔隙。

(　　)14. 报废是对于不符合安全的基本要求，不再允许进入使用领域，但不必须作破坏处理的气瓶。

三、选择题

1. 瓶阀阀体上如装有爆破片，其爆破压力应略(　　)瓶内气体的最高温升压力。

A. 高于　　B. 等于　　C. 低于

2. 瓶用螺纹的牙型角为(　　)。

A. 30°　　B. 45°　　C. 55°　　D. 60°

3. 氧气瓶瓶阀应采用(　　)为材料。

A. 碳钢　　B. 低合金钢　　C. 铜合金　　D. 铝合金

4. 溶解乙炔气瓶的瓶色为白色，字色为(　　)色。

A. 白　　B. 淡绿色　　C. 大红　　D. 黑

5. 弹性极限是指金属材料抵抗到某一极限时的(　　)的能力。

A. 外力　　B. 内力　　C. 压力　　D. 引力

6. 焊缝在较低温度下,即低于(　　)℃产生的裂纹叫延迟裂纹。

A. 100～200　　B. 150～250　　C. 200～300　　D. 250～350

四、填空题

1. 焊接气瓶的附件,有________、________、________和__________。

2. 溶解乙炔钢瓶的主要受压元件是_________、_________和_________。

3. 焊接气瓶的产品标准是____________________。

4. 液化石油气钢瓶瓶阀的手轮材料,应具有________。

5. 盛装高压液化气体的气瓶,其公称工作压力,不得小于________。

6. 爆破片式泄放装置适用于不可燃的_________或__________。

7. 电弧焊是利用_________作为热源的熔焊方法。

8. 手弧焊是用_________进行焊接的电焊方法。

9. 焊接接头是焊接结构中各个构件________的部分,它包括_______、_________和________三部分。

10. 焊接工艺是焊接过程中的一整套技术规定,其中包括__________、__________、__________、__________、__________、__________的最佳选择以及焊后热处理等。

11. 热影响区是指焊接或切割过程中,材料因受热的影响(但未熔化)而发生__________和__________变化的区域。

12. 焊接过程中常见的缺陷有_______、_______、_______、_______、_______、_______等。

五、问答题

1. 极限强度是指金属材料抵抗外力破坏作用的能力,强度按外力作用形式分为哪几种?

2. 什么是焊接工艺评定?

3. 气瓶如何分类?

4. 无缝气瓶的结构中各部分和附件的名称是什么?

5. 气瓶附件指的是什么?各有什么作用?

6. 对气瓶的瓶阀有哪些要求?

7. 什么叫气瓶的颜色标记?其作用是什么?

8. 焊接气瓶常见哪些焊接缺陷?

第四章　气瓶安全监督

第一节　气瓶设计安全监督

一、气瓶设计文件鉴定制度

气瓶产品应当按照《气瓶设计文件鉴定规则》（TSG R1003）、《气瓶型式试验规则》（TSG R7002）的规定，进行气瓶产品设计文件鉴定和型式试验，合格后其设计文件方可用于制造。

气瓶设计文件由国家市场监督管理局（原国家质量监督检验检疫总局）核准的文件鉴定机构鉴定。

气瓶设计文件鉴定的内容应当包括：

（1）设计任务书，应给出使用介质、工作温度、工作压力、容积等。

（2）设计图样（含钢印印模图样）、设计总图、零件图、技术参数。

（3）设计计算书，应有容积计算、强度计算、必要刚度校核、设计壁厚等内容。

（4）设计说明书，应包括参数选择、依据，材料选择，安全附件选择，生产工艺要求等。

（5）标准化审查报告。

（6）使用说明书，包括充装和使用要求及安全操作要求等。

改变气体主体结构、形状、设计厚度、瓶体材料牌号时，属于气瓶新设计，气瓶制造单位应当重新设计文件鉴定。

二、气瓶用附件制造许可制度

我国境内使用的气瓶及其附件（包括气瓶瓶阀、减压阀、液体限制阀等），境内外制造企业应当取得国家市场监督管理总局颁发的制造许可证书，气瓶及其附件的制造许可按照 TSG 07—2019《特种设备生产和充装单位许可规则》和 TSG RF001—2009《气瓶附件安全技术监察规程》的规定执行。

三、气瓶及附件制造要求

气瓶附件包括气瓶瓶阀、紧急切断阀、安全泄压装置、限充及限流装置、瓶帽等。气瓶上所配置的气瓶附件，安全技术规范及相应标准有规定的，应当先进行气瓶附件的型式试验，再进行气瓶型式试验。气瓶出厂时，制造单位应当在产品的明显位置上，以钢印标志注明制造单位的制造许可证编号和企业代号标志以及出厂编号，钢印或标志应符合 TSG R0006—2014《气瓶安全技术监察规程》附件 B；气瓶出厂时，制造单位应当逐只出具产品合格证和按批出具批量检验产品质量证明书,产品合格证和批量检验证明的内容,应当符合相应的安全技术规范及产品标准的规定。产品合格证应当注明气瓶和所安装的气瓶阀门的制造单位名称和制造许可证编号,并且经制造单位检验责任工程师签字或者盖章。

第二节 气瓶制造安全监督

在我国境内使用的气瓶及其附件,其境内外制造企业应当取得制造许可证书,方可从事制造活动,制造许可证的有效期为4年。气瓶应当由核准的监检机构逐只进行监督检验后方可出厂。

一、监督检验的主要内容

气瓶制造监督检验按TSG R7003—2011《气瓶制造监督检验规则》的要求进行,主要内容如下:

(1)对气瓶制造过程中涉及产品安全性能项目(如材料、焊接、性能试验、水压试验)进行监督检验;气瓶出厂编号和打监督检验钢印等重要项目进行逐只监督检验。

气瓶的性能试验监检包括气瓶爆破试验和产品试样的力学性能及其他理化性能测试进行现场监督确认。

(2)对制造单位气瓶制造质量保证体系实施情况进行监督检查。

二、气瓶制造分批和批量生产的基本要求

(一)气瓶制造分批

气瓶应当按批制造,气瓶的分批应当符合以下规定:

(1)无缝气瓶,按照同一设计、同一炉罐号材料、同一制造工艺以及同一热处理规范同炉或者连续进行热处理为条件分批。

(2)焊接气瓶,按照同一设计、同一材料牌号、同一焊接工艺按同一热处理规范进行热处理为条件分批。

(3)缠绕气瓶,金属内胆按照第(1)项规定分批;成品瓶按照同一规格、同一设计、同一制造工艺,同一复合材料型号、连续制造为条件分批。

(4)焊接绝热气瓶(含车用焊接绝热气瓶),按照同一设计、同一材料牌号、同一焊接工艺、同一绝热工艺为条件分批。

(5)溶解乙炔气瓶的瓶体,按第(1)或者(2)项规定分批;溶解乙炔气瓶按同一设计、同一规格,同一填料配方、同一制造工艺,连续制造为条件分批。

(二)批量

(1)小容积气瓶的批量,一般不得大于200只加上用于破坏性试验的数量。

(2)中容积气瓶的批量,一般不得大于500只加上用于破坏性试验的数量。

(3)大容积气瓶的批量,一般不得大于50只加上用于破坏性试验的数量。

产品标准有特殊规定的,按产品标准的规定执行。

三、气瓶制造监督检验机构和监检人员的要求

(1)承担气瓶制造监督检验工作的检验机构,应当经国家市场监督管理局核准。检验机构所监督检验的产品,应当符合受检单位所取得制造许可证所规定的品种范围。

(2)监督检验机构应当加强对监督检验工作的管理,根据受检单位生产的实际情况,派出相应的监督检验人员。监督机构配备的监检人员,其数量应当满足实际监检工作的需要,并且以书面形式向制造单位告知监检实施细则或者监检工作指导书、监检人员名单及其资格项目。监检机构应当定期对监检人员进行培训、考核和监检工作质量情况检查。监检机构对所出具的《特种设备制造监督检验证书(气瓶)》(以下简称《监检证书》)的正确性负责。监检人员应当持有相应的检验检测人员资格证书,对所承担的监检工作和填写的监检记录、监检项目表的填实性、正确性负责。对制造单位提供的见证资料应当妥善保管和予以保密。

(3)制造单位质量保证体系实施和产品安全性能出现违反安全技术规范及其相应标准规定的一般问题时,监检人员应当向制造单位发出《特种设备监督检验联络单位》(以下简称《监检联络单》);出现违反安全技术规范及其相应标准的严重问题时(注1),监检机构应当向制造单位发出《特种设备监督检验意见通知书》(以下简称《监检意见书》);监检机构对制造单位发出《监检意见书》时,应当报送所在地的地市级以上(含地市级)市场监督管理部门;制造单位对监检意见拒不接受时,监检机构应当及时向所在地的省级市场监督管理部门报告。

注1:严重问题,是指对气瓶产品安全性能有较大影响的问题。如监检项目不合格而不能纠正;制造单位质量保证体系严重失控;制造单位对《监检联络单》提出的问题拒不整改;制造单位已不再具备制造许可条件;严重违反特种设备制造许可制度(如发生涂改、伪造、转让或者出卖特种设备制造许可证的;向无特种设备制造许可证单位出卖或者非法提供产品质量证明书的);发生重大质量事故等问题。

(4)监检人员应当及时汇总监检工作资料,按照产品批次填写《监检项目表》,出具《监检证书》,并且进行监检一次合格率的统计(注2)。

经监检,符合相关安全技术规范及其相应标准要求的气瓶应当在规定部位打上或者标注永久性临检标志。

注2:监检一次合格率按照监检项目及其内容进行统计,即首次发现的不合格项目及其内容数(分子数)与本批产品所检项目及其内容数(分母数)之比(百分数)。首次发现的不合格项目及其内容,再次监检时仍然不合格,按照首次不合格列入分子数,以此类推。

监检人员应当将监检工作资料及时归档,归档资料至少包括《监检证书》、《监检项目表》、气瓶批量检验质量证明书和监检记录。

归档的监检工作资料保存期限不得少于5年。

监检工作中,发现不符合项目时,监检人员应当要求制造单位依据安全技术规范及其相应标准的规定进行复验。复验结论仍不符合时,对该批产品判定为"不符合",监检机构不得签发《监检证书》。

第三节　气瓶充装安全监督

气瓶充装单位应当向省级市场监督管理部门提出书面申请。经受理后鉴定评审,确认符合条件者,由省级市场监督管理部门批准颁发《气瓶充装许可证》,证书有效期为4年,有效期满6个月前,气瓶充装单位应当向相应发证机关申请换证。未取得《气瓶充装许可证》的或未按规定提出申请或未获证换证的,有效期满后,不得继续从事气瓶充装工作。

一、气瓶充装许可条件

(一)基本条件

(1)充装单位应当取得相关部门(规划、消防部门)的批准(注1),在取得充装许可前,充装站不得对外营业。

(2)充装单位的场地、厂房、设备和充装工艺设施应当是具有资质的设计单位设计。

(3)建立健全的质量保证体系,制定适应充装工作需要的事故应急预案,并且能够有效实施。

(4)建立和使用气瓶充装质量追溯信息系统,具有自动采集、保存充装记录的信息化平台(仅限易燃有毒气体充装),采用信息化技术对气瓶充装过程进行管理。

(5)具备充装介质的储存能力,并且具有符合规定数量的由充装单位办理使用登记的气瓶(车用气瓶、非重复充装气瓶、呼吸用气瓶除外)(注2)。

(6)充装单位应当具备气瓶维护保养的能力和设施,负责对本单位办理使用登记的气瓶进行标志制作和维护保养。

注1:

(1)新取证和搬迁的充装站应当具有当地政府或者有关部门出具的《规划许可证》,换证的充装站应当具有当地政府或者有关部门出具的《规划许可证》或者能证明其为合法经营的行政许可文件(如《危化品经营许可证》《燃气经营许可证》等)。

(2)按照消防主管部门的相关要求,充装站申请消防验收合格后获得的消防鉴审合格意见书等。

注2:充装介质储存能力和自有产权气瓶数量依据各省级(直辖市)人民政府负责特种设备安全监督管理部门的规定。

(二)人员

(1)充装单位法定代表人(主要负责人)应当熟悉与气瓶充装安全管理相关的法律、法规、规章和安全技术规范。

(2)配备技术负责人1人,具有工程师职称,具有气瓶充装管理经验,能够处理一般技术问题,具备组织协调和事故应急处置的能力。

(3)每个充装地址应当配备专职安全管理员至少1人,并且取得特种设备安全管理人员资格。

(4)每个充装地址作业人员(充装人员,下同)每个班次不少于2人,并且持有气瓶充装作业人员资格,在气瓶充装作业时,作业人员不得同时兼任检查人员。

(5)每个充装地址配备检查人员每个班次至少1人,并且取得气瓶充装作业人员资格。

(6)配备与气瓶充装相适应的化验人员,并且经过技术和安全培训,掌握与充装介质相关的知识,检验设备、仪器和仪表的性能以及使用方法。

(三)充装场所

(1)按照介质分别设有气瓶待检区、不合格区、待充装区、充装合格区,并且采取有效的隔离措施。

(2)具有专供气瓶装卸的场地和专用装卸装置,并且符合有关安全技术规范及相关标准的规定。

(3)具有气瓶专用库房,划分实瓶区和空瓶区,并且设有明显标识。

(4)充装单位的充装作业区域与辅助服务区之间应当设有明显界线,还应当设有人员进入的安全警示标识以及安全须知。

(5)具有可供移动式压力容器检查和卸载的作业场地。

(四)充装设备

(1)充装单位所使用的特种设备应当符合有关安全技术规范的规定。

(2)具有移动式压力容器卸载专用装置,并符合有关安全技术规范及相关标准的规定。

(3)抽真空设施应当符合相关标准的要求。

(4)用于易燃、易爆、有毒介质的充装设备,应当装设紧急切断系统。

(五)检测仪器与试验装置

(1)充装单位装设的压力计量、温度计量、质量计量、安全阀、气体危险浓度监测报警装置(有毒、可燃气体和氧气及可窒息性气体的充装单位必须配置)、紧急切断系统等应当与充装介质种类、充装数量相适应,符合有关安全技术规范及相关标准的规定。

(2)具有判定气瓶内部残液、残气化学性质的装置和仪器,以及处理易燃、易爆和有毒介质残液、残气的设施。

(六)专项条件

1. 压缩气体充装

1)充装设备

(1)有抽真空工艺要求的,应当具有抽真空装置,氧气充装所配置的抽真空设备应当使用氧专用油脂或无油脂润滑。

(2)应当按照有关要求装设防错装接头。

2)检测仪器与试验装置

采用电解法制取氢气和氧气的充装单位,应当具有自动测定氢、氧纯度的化学分析仪器。

2. 液化气体充装

1)充装设备

(1)液化石油气充装单位应当具有气瓶的残液倒空和回收装置以及抽真空装置。

(2)液化天然气充装单位应当在用于移动式压力容器的卸液装置液相管道上装设切断阀和止回阀,气相管道上装设切断阀。

(3)液氨、液氯等毒性气体充装单位应当具有回收或处理瓶内余气的装置,并且安装在可防止充装时气体溢出的负压操作系统上。

(4)储存容器应当装设准确、安全、醒目的液面显示装置,并且有可靠的防超装设施。

2)检测仪器与试验装置

(1)具有与充装接头数量相等的计量衡器,以及专用的复称衡器,其中液氨、液氯、液化二甲醚、液化石油气充装应当配置具备超装自动切断功能的计量衡器,其他液化气体应当配置超装自动报警装置。

(2)低温液化气体充装装置中的汽化器出口应当装设温度、压力控制报警系统和联锁停泵装置。

3.溶解气体充装

1)充装场所

应当分别具有实瓶、空瓶和气体原料专用库房。

2)充装设备

(1)具有回收或者处理瓶内余气的装置。

(2)具有抽真空、测量瓶内余压、确定剩余丙酮或者吸附气体介质量、补加丙酮或者吸附气体介质的装置;具有冷却喷淋和紧急喷淋装置,并且有可靠水源。

4.混合气体充装

混合气体充装单位的生产场地、检验与试验能力等应当根据混合气体组分性质分别满足压缩气体、液化气体充装条件的要求。

二、充装单位质量保证体系

充装单位应当建立并且有效实施包括充装要素控制程序、管理制度、安全操作规程、充装工作记录和工作见证资料等的充装质量保证体系。

配备相应要素的充装质量控制系统责任人员,按照相应要求履行审查确认、做出记录的职责。

(一)充装要素控制

充装单位应当编制并且实施文件和记录控制、设备(包括充装设备和充装工艺装备)控制、充装介质检测控制、人员管理、充装工作质量控制、信息追踪和质量服务、执行特种设备许可制度等要素质量控制系统。

1.文件和记录控制

1)文件控制

文件控制的范围、程序、内容如下:

(1)受控文件的类别确定,包括质量保证体系文件、外来文件,以及其他需要控制的文件等。

(2)文件的管理,包括编制、审核、审批批准、标识、发放、修改、回收、保管(方式、设施等)及其销毁的规定,其中外来文件控制还应当有收集(购买)、接收等规定。

(3)质量保证体系实施的相关部门、人员及场所使用的受控文件为有效版本的规定。

2)记录控制

记录控制范围、程序、内容如下：

(1)记录的填写、确认、收集、归档、保管与保存期限、销毁等规定。

(2)质量保证体系实施部门、人员及场所使用相关受控记录表格有效版本的规定。

2. 设备控制

设备控制的范围、程序、内容如下：

(1)设备及设备上使用的安全附件控制，包括采购、验收、建档、操作、维护、使用环境、检定校准、检修、特种设备自行检查、报废等。

(2)设备档案管理，包括建立设备台账和档案，质量证明文件、使用说明书、使用记录、维护保养记录、校准检定计划，校准检定记录、报告等档案资料。

(3)设备状态控制，包括设备使用状态标识、检定校准标识、法定要求定期检验的设备检验报告等。

3. 充装介质检测控制

按照安全技术规范及相关标准的要求，对所购商品气体、气瓶余气和产品气体进行化验分析。

4. 人员管理

人员管理控制的范围、程序、内容如下：

(1)人员培训要求、内容、计划和实施等。

(2)人员的培训记录、考核档案。

(3)特种设备相关人员持证上岗。

(4)特种设备许可所要求的相关人员的聘用管理。

5. 充装工作质量控制

充装工作质量控制的范围、程序、内容如下：

(1)对合格的气瓶进行充装，严禁充装超期未检气瓶、改装气瓶、翻新气瓶、报废气瓶。

(2)充装过程按照规定进行操作，并且有专人进行巡回检查。

(3)气瓶充装的温度(压力)及其流速符合规定。

(4)溶解乙炔气瓶充装时间及静置时间符合要求，充装后逐瓶称重和检查压力。

(5)液化气瓶充装量符合有关规定，充装后逐瓶称重。

(6)压缩气体充装压力符合规定。

6. 信息追踪和质量服务

信息追踪和质量服务控制的范围、程序、内容如下：

(1)本单位办理使用证的气瓶瓶体上应当制作充装站标志(涂敷标志和信息化电子标志)和充装产品标签，标签内容符合安全技术规范要求。

(2)充装站建立健全气瓶充装、储运、销售、检验的全产业链等环节的安全信息追溯系统，并且有效实施管理。

(3)对瓶装气体使用者进行安全使用指导，对瓶装气体经销单位或者瓶装气体消费者进行气瓶安全使用培训。

7. 执行特种设备许可制度

执行特种设备许可制度控制的范围、程序、内容如下：

(1)执行特种设备许可制度。

(2)接受各级特种设备安全监管部门的监督。

(3)接受定期检验，包括满足法规、安全技术规范对特种设备及安全附件的定期检验或者校验的要求。

(4)特种设备许可证管理，包括遵守相关法律、法规和安全技术规范的规定，购买、使用和充装具有许可证的单位制造的特种设备及其安全附件的规定，充装许可(如名称、地址)发生变更、变化时及时办理变更手续的规定，特种设备许可证管理规定，特种设备许可证换证规定等。

(二)管理制度和人员岗位责任制

充装单位应当建立包括以下内容的各项管理制度和人员岗位责任制，并且能够有效实施。

(1)安全管理机构(需要设置时)和各类人员岗位责任。

(2)安全管理(包括安全教育、安全生产、安全检查等内容)。

(3)用户信息反馈。

(4)气瓶的检查登记、使用登记、建档、标识、定期检验和维护保养、自行检查、储存、发送。

(5)充装站内压力容器、压力管道等特种设备的使用管理以及定期检验。

(6)计量器具与仪器仪表校验。

(7)资料保管，如充装记录(含电子文档)、设备档案等。

(8)不合格气瓶处理。

(9)人员培训考核管理。

(10)用户安全宣传教育培训及服务。

(11)事故报告和处理。

(12)事故应急预案及定期演练。

(13)风险管理和隐患排查。

(三)安全操作规程

充装单位应当结合充装工艺制定并且实施有关安全操作规程，安全操作规程内容至少包括适用范围、人员条件、设备仪器条件、操作程序和方法、监控参数、巡回检查和异常情况的处理等。有关安全操作规程应当至少包括以下内容：

(1)瓶内残液(残气)处理操作规程。

(2)气瓶充装前、后检查操作规程。

(3)气瓶充装操作规程。

(4)气体分析操作规程。

(5)充装设备操作规程。

(6)事故应急处理操作规程。

(7)装卸操作规程。

(四)充装工作记录和见证资料

充装单位应当填写充装工作记录。充装工作记录要有操作人员、审核人员签字确认。有关充装工作记录和见证资料至少包括以下内容:

(1)收发瓶记录。

(2)新瓶和检验后首次投入使用气瓶的抽真空或置换记录。

(3)残液(残气)处理记录。

(4)充装前、后检查和充装记录。

(5)不合格气瓶隔离处理记录。

(6)介质化验报告。

(7)质量信息反馈记录。

(8)设备运行、检修和安全检查等记录。

(9)装卸记录。

(10)安全培训记录。

(11)溶解乙炔气瓶丙酮补加记录。

(12)事故应急预案演练记录。

三、充装工作质量

充装工作应当符合《气瓶安全技术监察规程》的规定,严格进行充装前检查、充装过程控制、充装后检查和充装量复检,并且按照其规定进行记录,向介质购买方提交证明资料。

四、换证业绩

充装单位在许可周期内的充装业绩应当覆盖其许可范围,并且每年的年度监督检查结果合格,否则按照首次申请取证或者增项处理。

五、其他要求

气瓶充装单位的许可条件除满足上述要求外,各省级特种设备安全监管部门可以根据当地的具体情况,对上述要求进行细化。

第四节　气瓶检验安全监督

承担气瓶定期检验工作的检验机构,应先向省级市场监督管理部门特种设备安全监察机构提出布点申请,经批准后方可筹建。气瓶定检机构应当经特种设备安全监督管理部门核准,按照有关安全技术规范和国家标准的规定,从事气瓶的定期检验工作。气瓶定期检验证书有效期为 4 年。有效期满 6 个月前,检验机构应当向发证部门办理换证手续,有效期前未提出换证申请的,期满后不得继续从事气瓶定期检验工作。

气瓶定期检验机构应依据 TSG Z7001—2004《特种设备检验机构核准规则》和国家标

准 GB 12135—2016《气瓶检验机构技术条件》进行核准,按照国家标准的规定进行气瓶的定期检验和更换气瓶阀门,但是不准从事气瓶及气瓶阀门的修理和改造。

气瓶检验机构应具备以下基本条件:

(1)有独立法人资格,能够独立、规范和公正地开展检验工作。

(2)具有一定的规模。

①有正式全职聘用劳动合同的员工不少于10人。

②申请核准定期检验项目的气瓶检验机构,其已明确,或者落实检验责任的在用气瓶数量不低于表4-1的要求。

表4-1 在用气瓶数量要求

气瓶种类	无缝气瓶	焊接气瓶	液化石油气瓶	溶解乙炔气瓶	特种气瓶
数量(只)	10 000	5 000	80 000	8 000	4 000

③固定资产不低于60万元。

④建立了满足特种设备动态监督管理要求的气瓶检验数据交换系统。

(3)具有一定的专业技术力量。

①机构负责人,是专业技术人员,有较强的管理水平和组织领导能力,熟悉气瓶行业的法律、法规和检验业务。

②技术负责人,有相关专业工程师或者检验人员以上资格,从事气瓶行业相关工作5年及以上,熟悉气瓶行业的法律、法规、安全技术规范标准和检验业务,具有岗位需要的业务水平和组织能力。

③质量负责人,有相关专业助理工程师或者相关项目检验员以上资格,从事气瓶行业相关工作5年及以上,熟悉质量管理工作,有岗位需要的业务水平和组织能力。

④与申请核准项目相适应的各类气瓶检验员分别不少于2人。

⑤配备一定数量的操作人员和气瓶附件维修人员。

(4)具有与申请核准项目相适应的检验仪器装备,具体要求见表4-2。

检验场所应满足有关环境保护和消防的相关要求。

无损检测工作可委托具有相应资格的无损检测机构承担,签订委托协议后可不再专门配备相应的无损检测人员和设备。

(5)具有与申请核准项目相适应的法律、法规、规章、安全技术规范、标准及图书资料,安全技术规范、标准应当有颁布的正式版本。

(6)按照《特种设备检验检测机构质量管理体系要求》,建立了与申请核准项目相适应的质量管理体系,并且持续有效运行3个月以上。

(7)申请首次核准和增项核准的机构,按照规定开展了申请核准项目的试检验工作,并且试检验工作监督指导单位认为其检验能力能够满足检验工作的需要。

(8)具有承担检验责任过失的赔偿能力(不低于50万元)。

表 4-2　特种设备检验检测机构资源条件

标准项目代码	检验人员资格及数量	检验仪器设备
PD1（无缝气瓶）	(1)气瓶检验员 2 名 (2)相关专业工程师或压力容器检验师 1 名	(1)测厚仪; (2)内窥镜或内部检验照明装置; (3)必备的检验量具; (4)符合环保、消防要求的有毒、可燃气体或残余液体的回收、置换和处理装置; (5)瓶阀自动装卸机; (6)防震胶阀自动装卸机(检验公称容积 400 ~ 1 000 L 气瓶,可在滚动装置上人工装卸); (7)气瓶自动倒水装置(检验公称容积 400 ~ 1 000 L 气瓶,可在电动装置上倒水); (8)气瓶外表面清理装置,清除瓶内残留物、油脂、腐蚀产物的装置(瓶内壁附有油脂的气瓶还须配备蒸汽吹扫装置); (9)安全照明装置; (10)称量气瓶重量和测量容积用的衡器; (11)水压试验装置(禁油气瓶必须配备专用试压装置); (12)气瓶内部干燥装置; (13)符合规范要求的气密性试验装置; (14)检修瓶口螺纹的螺纹量规和丝锥; (15)检修瓶阀的工具、量具及瓶阀气密性试验装置; (16)钢印滚压机、打字枪等打字装置; (17)喷涂气瓶漆色、色环和字样的器械; (18)处理报废气瓶用的设备
PD2（焊接气瓶）	(1)气瓶检验员 2 名; (2)Ⅱ级射线无损检测人员 2 名; (3)相关专业工程师或压力容器检验师 1 名	除配备无缝气瓶检验的装备,还应当配备: (1)焊接测量工具; (2)无损检测设备; (3)申请核准项目品种所需的检测专用设备
PD3（液化石油气瓶）	(1)气瓶检验员 2 名; (2)Ⅱ级射线无损检测人员 2 名; (3)相关专业工程师或压力容器检验师 1 名	应当配备: (1)焊缝测量工具; (2)无缝检测设备

续表 4-2

标准项目代码	检验人员资格及数量	检验仪器设备
PD4 (溶解乙炔气瓶)	(1)气瓶检验员2名; (2)Ⅱ级射线无损检测人员2名; (3)相关专业工程师或压力容器检验师1名	(1)测厚仪; (2)必备的检验量具; (3)符合环保、消防要求的有毒、可燃气体或残余液体的回收、置换和处理装置; (4)瓶阀自动装卸机; (5)防震胶圈自动装卸机; (6)气瓶外表面清理装置; (7)称量气瓶重量和测量容积用的衡器; (8)检修瓶口螺纹的螺纹量规和丝锥; (9)检修瓶阀的工具、量具及瓶阀气密性试验装置; (10)钢印滚压机、打字枪等打字装置; (11)喷涂气瓶漆色、色环和字样器械; (12)处理报废气瓶用的设备; (13)焊缝测量工具; (14)无损检测设备; (15)测量填料间隙的专用塞尺
PD5 (特种气瓶)	(1)气瓶检验员2名; (2)Ⅱ级射线,超声、渗透无损检测人员各2人; (3)相关专业工程师或压力容器检验师1名	按照国家相应规范标准的要求配备
PJ_1	(1)压力容器检验师2名; (2)气瓶检验员3名; (3)Ⅱ级射线,超声、渗透无损检测人员各2名	承压类的基本配备

习　题

一、判断题

(　　)1. 研制、开发气瓶用附件的产品,应当进行型式试验和技术评定。

(　　)2. 压缩气体充装必须配备防错接头。

(　　)3. 对盛装易燃有毒的气瓶,在充装后应当进行检查。

(　　)4. 氢、氧、氮气体充装配备抽真空装置。

(　　)5. 易燃易爆气体充装间、压缩房、重瓶库等地点不须设置气体浓度报警器。

(　　)6. 对小型液体气体充装站必须安装超装自动报警装置。

(　　)7. 以电解法制取氢、氧的充装站、有氧、氢纯度化学分析仪器。

二、选择题

1. 气瓶充装单位须设(　　)名技术负责人。

A. 1　　B. 2　　C. 无

2. 气瓶充装单位检查人员不少于(　　)人,并且每班不少于1人,应当经过技术培训,取得特种设备作业人员证。

A. 1　　B. 2　　C. 3

3. 气瓶检验机构应有正式全职聘用劳动合同员工不少于(　　)人。

A. 10　　B. 20　　C. 30

4. 气瓶检验机构,固定资产不低于(　　)万元。

A. 50　　B. 60　　C. 100

三、填空题

1. 气瓶应逐只进行监督________方可出厂。

2. 建立气瓶登记台账和档案,办理气瓶使用________。

3. 气瓶颜色符合规定,________齐全。

4. 易燃易爆气体充装场地、设施、电器设备必须________。

5. 新瓶和检验后首次投入使用气瓶________置换记录。

四、问答题

1. 在气瓶管理中应有哪些要求?

2. 气瓶充装单位在残液、残气方面,应当满足哪些要求?

第五章 气体充装、运输、储存和使用

第一节 气瓶充装基本术语

本节列出了气瓶充装相关的常用术语及其定义。

临界温度 通过加压使气体液化时所允许的最高温度。在这个温度以上物质只能处于气体状态,不能单用压缩方法使之液化。

压缩气体 临界温度小于等于-50 ℃的气体。

液化气体 临界温度大于-50 ℃的气体,是高压液化气体和低压液化气体的统称。

高压液化气体 临界温度大于-50 ℃,且小于或等于65 ℃的气体。

低压液化气体 临界温度大于65 ℃的气体。

混合气体 含有两种或两种以上有效组分,或虽属非有效组分但其含量超过规定限量的气体。

公称工作压力 对于盛装压缩气体的气瓶,系指在基准温度(一般为20 ℃)下,瓶内气体达到安全均匀状态的限定压力;对于盛装液化气体的气瓶,系指温度为60 ℃时瓶内气体压力的上限值;对于充装溶解气体的气瓶,系指瓶内介质达到化学、热量以及扩散平衡条件下的静置压力;对于焊接绝热气瓶,系指在气瓶正常工作状态下,内胆顶部气相空间可能达到的最高压力。

最高温升压力 按相关标准的规定充装,在允许的最高工作温度时瓶内介质达到的压力。

许用压力 气瓶在充装、使用、储运过程中允许承受的最高压力。

设计压力 气瓶强度设计时作为计算载荷的压力参数。气瓶的设计压力一般取水压试验压力。

水压试验 压力为检验气瓶静压强度所进行的以水为介质的耐压试验的压力。

屈服压力 气瓶在内压作用下,筒体材料开始沿壁厚屈服时的压力。

爆破压力 气瓶在内压作用下,瓶体爆破过程中所达到的最高压力。

基准温度 由气瓶产品标准规定的充装标准温度。

最高工作温度 气瓶标准允许达到的气瓶最高使用温度。

公称容积 气瓶容积系列中的容积等级。

水容积 气瓶内腔的实际容积。

充装系数 标准规定的气瓶单位水容积允许充装的最大气体重量。

充装量 气瓶内充装的气体重量。

气相空间 瓶内介质处于气-液两相平衡共存状态时气相部分所占的空间。

满液 瓶内无气相空间的状态。

气瓶净重 瓶体及其不可拆连接件的实际重量(不包括瓶阀、瓶帽、防震圈等可拆件)。

皮重 瓶体及所有附件、填充物的重量。

实瓶重量 气瓶充装气体后的总重。

许用应力 气瓶强度设计中在水压试验压力下瓶体允许达到的当量应力最大值。

第二节 充装前检查

一、充装前检查

气体充装前必须对气瓶逐只进行认真检查，这是为了防止气瓶在充装过程中或在运输、储存、使用中，由于混装、错装、换装、误用报废瓶或超期服役瓶等原因而发生各种事故。

在实践中，由于气瓶在充装前没有经过检查，或虽经检查但检查得不仔细，或检验人员未经过专业培训看不出问题，致使可燃气体气瓶装进了氧气或空气，或把低压瓶当作高压瓶使用，或将气瓶灌进了与所装介质能够发生化学反应的物质，甚至是报废的气瓶还在使用。这些情况存在的后果常常是在气体充装时发生事故，有的虽然当时没出事但在运输或使用中发生了事故。

充装前对气瓶的检查与处理不可忽视。所谓处理，是指对液化气体气瓶充装前瓶内残液的抽空处理；对无余压瓶、新瓶或检验后第一次充装前的可燃气体气瓶用纯氮置换、抽真空等处理。

二、充装前对气瓶检查的内容与项目

气瓶在充装前应由地级以上（含地级）安全监察机构考核合格的专职充装前检查员逐只进行检查，检查的基本内容与项目如下：

（1）气瓶是否由国家特种设备安全监察部门批准持有制造许可证的制造厂所生产制造的产品，否则不予充装。

（2）进口气瓶必须经国家特种设备安全监察部门指定的检验单位检验合格，否则不予充装。

（3）发现停用或需要复检的气瓶，应做出记号，转交气瓶定期检验站，按规定处理。

（4）气瓶材质是否适应欲充装气体性质的要求。发现气瓶材质不适应欲充装气体的要求的，不予充装使用。

（5）盛装压缩气体和高压液化气体的气瓶是不是焊接的结构形式。按 TSG R0006—2014《气瓶安全监察规程》的规定，高压气瓶的瓶体，必须采用无缝结构。

（6）在检查中还要注意用户自行改装的气瓶。有些用户由于缺乏气瓶安全使用知识，擅自改变瓶内充装介质，如不认真检查就有酿成事故的可能。

（7）气瓶原始标志是否符合规程和标准的规定，钢印字迹是否清晰可辨。

（8）气瓶是否在规定的定期检验有效期限内，其检验标志是否符合规定。过期气瓶，不得充装使用。

（9）检查气瓶原始标志或检验标志上标示的公称工作压力或水压试验压力是否符合欲充装气体规定的充装压力要求。

(10)气瓶外表的颜色、字样、字色、色环等标志是否符合 GB 7144—2016《气瓶颜色标志》的规定。

(11)气瓶安全附件是否齐全并符合技术要求。

气瓶安全附件包括瓶帽(可卸式、固定式)、护罩、易熔合金塞、防震圈等,其中除易熔合金塞外,均属非承压件,但都是气瓶不可缺少的安全附件,因此属于不可忽视的检查项目。

检查瓶帽和护罩时应注意下列事项:①气瓶缺少瓶帽或护罩时,应予以补齐;②瓶帽破损、松动时应更换或调配;③可卸式瓶帽上无泄气孔的应更换;④固定式瓶帽上帽口与瓶阀专用扳手不同心时,应找出原因,更换瓶帽、专用扳手或瓶阀;⑤固定式瓶帽侧口与瓶阀出气口不对正时,应予以调整,且不得妨碍用户装配减压器或螺帽接头;⑥固定式瓶帽装配应紧固,对无法紧固的应更换;⑦护罩固定螺栓松动或脱落时,应旋紧或配齐。

检查易熔合金塞时应注意的事项:①是否脱落;②装配是否紧固;③是否松动;④是否流失;⑤是否存在其他不密封缺陷。

检查防震圈时应注意的事项:①脱落的应予以配齐;②尺寸不符合规定、不能紧贴瓶体、起不到防震作用的应予以更换;③破裂、脱层的应予以更换。

(12)瓶阀的材质、结构形式和出气口连接形式是否符合欲充装气体性质的规定,其锥形尾部连接螺纹的剩余牙数是否符合技术规定。

对于助燃性和可燃性气体气瓶的瓶阀手轮,也应检查其材质是否符合欲充装气体性质的规定,在检查时如发现不具有阻燃性能的手轮应予以更换;检查原带手轮的瓶阀时,应注意配好手轮,以利在瓶阀喷射火焰或发生火警时及时关闭瓶阀,切断电源,减少火灾。

检查瓶阀出气口的堵帽材质,发现不符合所装气体性质的应予以更换,以防瓶阀不严密而泄漏气体,损坏堵帽或酿成其他事故。从出气口上拆卸堵帽时,人体应立于出气口的侧面,确认气瓶处于关闭状态时方可拆卸堵帽。

检查瓶阀锥形尾部连接螺纹的剩余牙数,一般为 2 ~ 3 牙,不得少于 1 牙且不允许多于 5 牙。同时检查时还应注意其与瓶口螺纹之间的密封填料是否符合欲充装气体性质的规定。用于助燃和可燃气体的密封填料应是与气体不发生化学反应和不可燃的。多数气瓶使用聚四氟乙烯生料带。

(13)盛装氧气或强氧化性气体气瓶的瓶阀和瓶体是否沾染油脂;溶解乙炔气瓶的瓶阀出气口有无炭黑或焦油等异物。

由于氧气或强氧化性气体与油脂接触会发生燃烧,凡与氧气或氧化性气体气瓶接触的工作人员,其双手、面颊、头发及手套、衣服和工器具等均不准沾染油脂。

对于氧气和强氧化性气体瓶阀的阀体、手柄、阀轴、出气口或瓶阀附近沾有油脂的气瓶必须进行脱脂处理,无余压的气瓶还应送交定检站卸下瓶阀检查瓶内是否进入油脂,以防酿成事故。瓶阀及其附近出现油脂可能来源于:①气瓶存放位置不当,使油脂落到气瓶上,或者气瓶沾染散落地面上的油脂;②未受过专业训练的气瓶使用人员为解决瓶阀启闭过紧,向阀轴上涂抹凡士林、油膏或浇注机油;③检验多种气瓶的气瓶定期检验站,由于管理不善,误将含油脂的用于二氧化碳、氮气、氢气、压缩空气等气瓶上的瓶阀装到禁油的氧气瓶上;④运输中气瓶与机油、柴油、猪肉等油脂物同车装运,致使油脂沾染瓶阀;⑤气瓶使用人员戴用沾有油脂的手套或用沾有油脂的手,去启闭、处理瓶阀漏气或装卸减压器,使油脂涂抹到瓶阀或瓶肩上。

(14)气瓶内有无剩余压力,剩余气体与欲充装气体是否相符合。检查剩余压力时,可以判断下列事项:①瓶内有一定的剩余压力,表示该瓶气体在未用完前,即已经关闭瓶阀,并未做其他用途;②瓶内既有剩余压力,外界杂物即不易进入瓶内;③瓶内剩余压力符合规定,该瓶在充装前无须再进行置换或真空处理。

(15)新投入使用、经定期检验、更换瓶阀或因故放尽气体后首次充气的气瓶,除压缩空气气瓶外,均应做记号,转交有关工序,按规定对瓶内气体进行置换或真空处理。

(16)用手摇晃或滚动气瓶,凭手感判断压缩气体气瓶内有无过量积水或撞击内壁的物件存在。

(17)对于有残液出现的气瓶,应称量瓶内残液积存量是否超过规定。发现残液积存量超过充装质量4%~6%的气瓶,要转交有关工序进行抽残液处理。

(18)瓶体有无裂纹、严重腐蚀、明显变形、机械损伤以及其他能影响气瓶强度和安全使用的缺陷。

(19)通过音响检查气瓶是否存在隐蔽缺陷。

(20)非标准的异形 LPG 钢瓶(指焊接结构、容积、形状以及附件等)以及发现有火烤、烧伤迹象的一律判废。

三、充装前对气瓶检查或处理的工艺流程与检查方法

(一)工艺流程

充装前对气瓶检查或处理的典型工艺流程见图5-1。

(二)检查方法

(1)宏观检查或称感官检查法。所谓宏观检查,是指用肉眼或低倍放大镜等工器具逐只对待充装的气瓶,从瓶帽、瓶阀(易熔合金塞)到瓶体进行认真观察、判断,内容包括气瓶原始标志、检验标志、颜色标志(瓶色、字样、字色和色环)、外表面缺陷或强氧化性气瓶身上是否有油脂,以及对瓶内剩余压力等逐项进行检验。此外,借助一定手段也可用于瓶内气体种类的鉴别。

(2)仪器检测法。充装前的检查除了宏观检验外,还要对一些难以判断的气体使用仪器检测。

(3)化学鉴别法。如鉴别氯、氯化氢等气体气瓶,可用浸过氨水的布片或棉花球接近瓶阀出气口,如发生白雾,即为检查合格;对砷烷、氨、磷烷等气体的气瓶,分别用氯化汞试纸、浸过水的红色石蕊试纸、氯化银和碘化钾试纸,接近瓶阀出气口,如试纸变色,即为检查合格。这种检查需要经验丰富者担任,否则也会出现错判。

(4)烟火点试法。这种方法是用洗耳橡胶球,从瓶阀出气口处抽取气样,然后在允许动火处吹向点燃的条香或盘香(蚊香),以火焰特征鉴别瓶内剩余气体性质。条香或盘香接触洗耳橡胶球吹出的气体后,发生剧烈燃烧并呈现光亮现象,表明瓶内剩余气体为氧气或氧化性气体;火焰呈红色并发出“噗噗”轻度爆鸣声,表明瓶内剩余气体为可燃气体;条香或盘香明火遇气熄灭,表明瓶内剩余气体为非可燃或非助燃性气体;气火相遇发出爆鸣声响,或洗耳橡胶球弹离手握而爆破,表明瓶内剩余气体是氢且已形成爆鸣性混合气体;

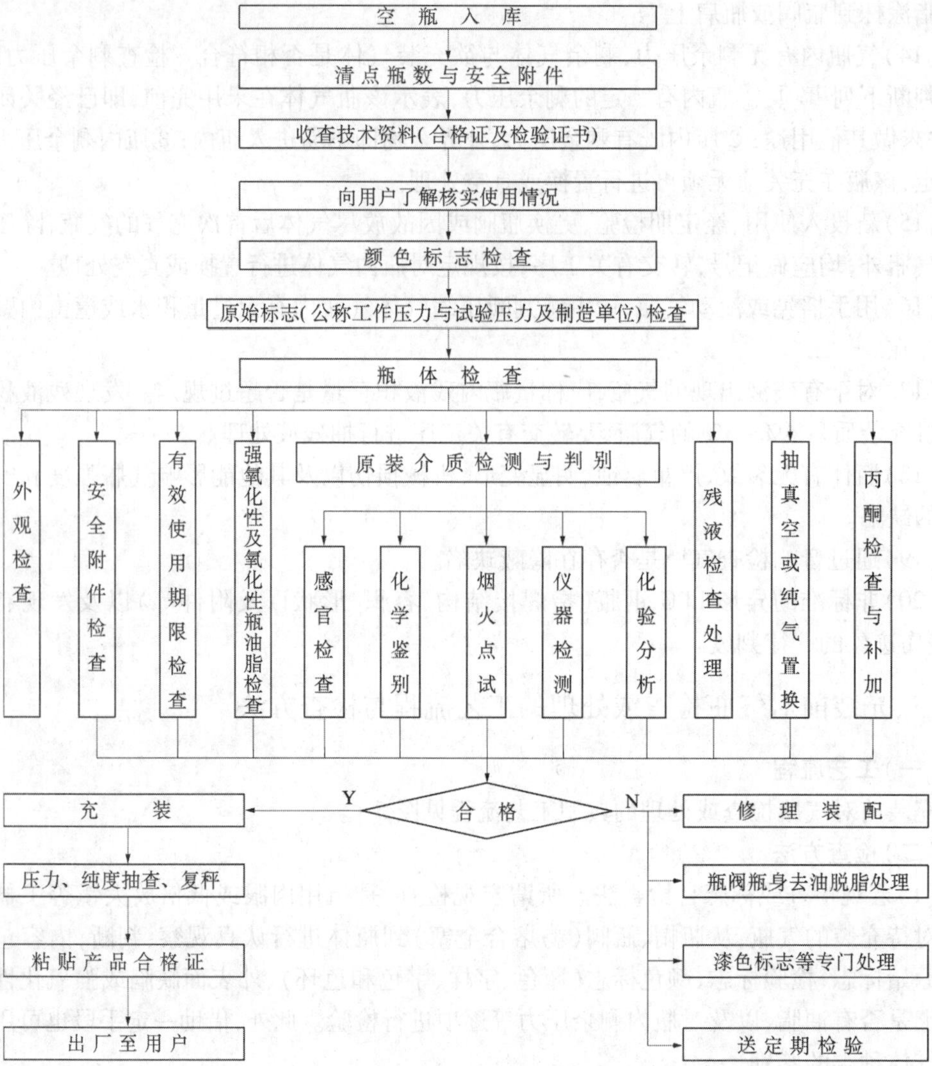

图 5-1 充装前对气瓶检查或处理的典型工艺流程

吹向点燃的条香的气体呈现出黄色,并发出刺鼻的氯气气味的是氟氯烷气体。

此方法是用火焰特征鉴别剩余气体性质,适用于氧、氢、氮、空气、氟氯烷气体及氩、氦、氪、氙等气体。

(5)化验分析法。采用常规的化验分析的方法,既可定性又可定量。这种方法一般适用于对瓶内气体有怀疑,无把握弄清瓶内属何种气体或需了解瓶内气体的组分而选用的一种操作难度比前四种大的方法。

使用分析仪器取样分析,特别是用色谱-质谱联用分析仪器,还可以准确地鉴别瓶内残留气体的杂质含量。

(三)检查记录

充装前的气瓶应由专人负责,逐只进行检查。检查的内容应根据气瓶的种类不同有所侧重,充装前的检查记录可单独进行,也可以和充装过程、充装后的检查记录设计在一个记录表内一并记录。为减少记录工作量，检查记录在满足可追溯性条件下可按批记录。

第三节　压缩气体的充装

一、基准温度与最高工作温度

（一）基准温度

基准温度就是由气体产品标准规定的基准充装标准温度。我国规定为 20 ℃。基准温度的确定与水压试验压力和公称工作压力之间的比值有关，即和气瓶筒体强度计算公式有关。反过来，基准温度一旦确定，又影响气瓶的水压试验压力。因此，基准温度的确定不仅用于气体的充装，更主要的是此温度值已成为气瓶设计的重要参数之一。

（二）最高工作温度

最高工作温度是气瓶标准允许达到的气瓶最高使用温度。一般用气瓶内介质的最高工作温度来表示。气瓶内介质的最高工作温度，对气瓶的安全是一个很重要的因素。因为气瓶是无绝热层的、移动式的压力容器（低温绝热气瓶除外），无论是在气体充装过程中，还是在气瓶运输、储存、使用过程中，瓶内气体的压力随气瓶所处环境温度的变化而变化。也就是说，瓶内的介质温度会受到环境温度的影响。随着静置时间的延长，瓶内介质的温度会逐渐接近甚至等于环境温度，但绝不能把介质温度等同于大气温度。根据我国的气候条件，气瓶最高工作温度定为 60 ℃。

二、温升压力与剩余压力

（一）温升压力

当气瓶在相对较冷的温度下充装，然后在使用或运输中，由于环境温度的变化，特别是在阳光直射条件下，瓶内气体温度会升高，其压力也相应地升高，这就是温升压力的由来。表 5-1 所示的就是基准温度分别为 15 ℃和 35 ℃时，公称工作压力为 15 MPa 的气瓶在瓶内气体温度达到最高工作温度 60 ℃时，不同气体的压力变化。

表 5-1　不同基准温度的气瓶在 60 ℃时的压力

气体名称	最高工作温度 60 ℃时瓶压力（MPa）	
	基准温度 15 ℃时	基准温度 35 ℃时
空气	17.85	16.48
氮气	17.85	16.48
氧气	17.95	16.57
氩气	17.85	16.48
氦气	16.97	15.98
氖气	17.06	16.08
氢气	17.06	16.08

（二）剩余压力

气体充装前瓶内所剩余的气体压力。

三、充装量、充装压力和充装温度

(一)充装量

压缩气体气瓶充装量确定的原则是:气瓶内气体的压力在基准温度下(20 ℃)应不超过气瓶的公称压力,最高应不超过水压试验压力的 2/3。压缩气体的充装量是以在基准温度下充装压力限定值来控制的,也就是表 5-2 所列的各种气体的公称工作压力限定的各压缩气体的最高充装压力。

表 5-2　常用压缩气体在不同充装温度下的最高充装压力

气体名称	充装温度(℃)	气瓶的最高充装压力(MPa)	
		公称工作压力 15 MPa	公称工作压力 20 MPa
氧气	5	13.9	18.3
	10	14.2	18.8
	15	14.6	19.4
	20	15.0	20.0
	25	15.3	20.5
	30	15.7	21.0
	35	16.0	21.5
	40	16.4	22.0
	45	16.8	22.6
	50	17.1	23.1
空气	5	14.0	18.5
	10	14.3	19.0
	15	14.6	19.5
	20	15.0	20.0
	25	15.3	20.5
	30	15.6	21.0
	35	16.9	21.5
	40	16.2	22.0
	45	16.5	22.5
	50	16.8	23.0
氮气	5	14.0	18.5
	10	14.3	19.0
	15	14.6	19.5
	20	15.0	20.0
	25	15.3	20.5
	30	15.7	21.0
	35	16.0	21.5
	40	16.3	22.0
	45	16.7	22.5
	50	17.0	23.0

续表 5-2

气体名称	充装温度(℃)	气瓶的最高充装压力(MPa)	
		公称工作压力 15 MPa	公称工作压力 20 MPa
氢气	5	14.1	19.0
	10	14.4	19.3
	15	14.7	19.6
	20	15.0	20.0
	25	15.3	20.4
	30	15.6	20.8
	35	15.9	21.2
	40	16.2	21.6
	45	16.5	22.0
	50	16.8	22.4
甲烷	5	13.5	17.8
	10	14.0	18.5
	15	14.5	19.3
	20	15.0	20.0
	25	15.5	20.8
	30	16.0	21.6
	35	16.5	22.4
	40	16.9	23.2
	45	17.4	24.0
	50	18.0	24.7
一氧化碳(限铝合金气瓶)	5	14.0	18.4
	10	14.3	19.0
	15	14.7	19.5
	20	15.0	20.0
	25	15.4	20.5
	30	15.7	20.9
	35	16.1	21.4
	40	16.4	21.9
	45	16.8	22.4
	50	17.2	22.9
氩气	5	13.9	18.4
	10	14.3	18.9
	15	14.7	19.5
	20	15.0	20.0
	25	15.4	20.5
	30	15.7	21.0
	35	16.1	21.5
	40	16.4	22.0
	45	16.8	22.5
	50	17.1	22.9

续表 5-2

气体名称	充装温度(℃)	气瓶的最高充装压力(MPa)	
		公称工作压力 15 MPa	公称工作压力 20 MPa
氮气	5	14.2	19.0
	10	14.5	19.3
	15	14.8	19.7
	20	15.0	20.0
	25	15.3	20.3
	30	15.5	20.7
	35	15.8	21.0
	40	16.0	21.4
	45	16.3	21.7
	50	16.5	22.0

(二)充装压力

气瓶充装气体结束时,瓶内气体的压力称为充装压力。常用压缩气体在各种充装温度下的最高充装压力,不得超过表 5-2 的规定值。

(三)充装温度

充装温度是指气瓶在充装气体结束时瓶内气体的实际温度。测量的方法是:在气瓶充装即将结束时,以半导体温度计,或别的电子温度计直接测量已充装气瓶瓶壁温度,温度计上的读数即近似地反映所充装气体的温度。

四、充装操作要点及注意事项

(一)操作要点

(1)压缩气体充装操作人员必须经专业技术培训考核合格,持有气瓶充装作业项目的《特种设备作业人员证》,同时必须严格遵守气体充装工艺规程和安全操作规程。

(2)操作人员必须穿戴符合要求的防护用品,操作前,检查充装设备、管道、阀门、仪器、仪表、工卡器具是否齐全、完好,是否安全、灵敏、可靠。确认后,方可进行下一步工作。

(3)充装前气瓶应由专人负责逐只进行检查,检查内容及要求至少应包括:

①气瓶应由具有“特种设备制造许可证”的单位生产。

②进口气瓶应经特种设备安全监督管理部门认可。

③充装的气体应与气瓶制造钢印标志中充装气体名称或化学分子式相一致。

④警示标签上印有的瓶装气体的名称及化学分子式应与气瓶钢印标志一致。

⑤气瓶应是本充装站自有产权气瓶或其他充装站托管的气瓶。

⑥气瓶外表面的颜色标志应符合 GB/T 7144 的规定,且清晰易认。

⑦气瓶瓶阀的出气口螺纹形式应符合 GB/T 15383 的规定,即可燃气体用的瓶阀,出口螺纹应是左旋的;其他气体用的瓶阀,出口螺纹应是右旋的。

⑧气瓶外表面应无裂纹、严重腐蚀、明显变形及其他严重外部损伤缺陷。

⑨气瓶应在规定的检验有效期内。

⑩气瓶的安全附件应齐全并符合安全要求。

⑪充装氧气或其他强氧化性气体的气瓶，其瓶体、瓶阀不得沾染油脂或其他可燃物。

(4)对送检充气瓶进行复查，看充前检查是否有漏检的问题，当一切均符合充装规定后，方可将气瓶与卡具连接牢固、可靠，然后打开各气瓶瓶阀，观察是否漏气。

(5)缓慢开启充装排的总阀门，并与压缩间联系准备充气。一般要求，充装间与压缩间应有可靠而准确的联系信号。

(6)气瓶充装气体时，应严格遵守下列各项规定：

①充装前应检查确认气瓶是经过检查合格的(应有记录)。

②用防错装接头进行充装时，应认真仔细检查瓶阀出气口的螺纹与所装气体所规定的螺纹形式是否相符，防错装接头各零件是否灵活好用。

③开启瓶阀时应缓慢操作，并应注意监听瓶内有无异常音响。

④禁止用扳手等金属器具敲击瓶阀和管道。

⑤在瓶内气体压力达到 7 MPa 以前应逐只检查气瓶的瓶体温度是否一致，在瓶内气体压力达到 10 MPa 以前应逐只检查气瓶的瓶阀及各连接部位的密封是否良好，发现异常时应及时妥善处理。

⑥气瓶的充装流量不得大于 8 m^3/h(标准状态下)。

⑦用充气汇流排充装气瓶时，禁止在充装过程中插入空瓶进行充装。

(7)从充气开始，应随时观察压力的变化情况。在瓶内气体压力达到 7 MPa 以前，应逐只检查气瓶的瓶体温度是否大体一致，在瓶内气体压力达到 10 MPa 时，应检查瓶阀的密封是否良好。发现异常时应及时妥善处理。

(8)在检查中若发现有的气瓶不进气(手摸气瓶壁无升温)或漏气，应及时处理。不进气时，检查瓶阀是否打开；漏气时，应处理好漏气。

(9)充装压力高于 12.5 MPa 时，不宜进入充装间，待总阀关闭后，方可进入充装间继续工作。

(10)气体充装时，每排的气水分离器应排水 1～2 次(应在最低压力下排水)。

(11)气体充装终了的气瓶压力应按气体种类、充装温度、公称压力，从表 5-2 中选取确定。为防止超压，应安装电接点压力表，保证超压时报警。

(12)每一排气瓶充装结束后，关闭总阀以前，应稍微打开另一排总阀，再关闭此排总阀，并及时全开另一排总阀，充装另一排气瓶(切记应缓慢，以避免因总阀进出口压差的影响，使出口端管道瞬间内产生绝热压缩而出现事故)。然后，将此排充装结束的每个气瓶的瓶阀关好，缓慢打开回气阀，待管道压力降至 2 MPa 以下时，从充装排上卸下气瓶，用皂液等对瓶阀与瓶口连接处、安全装置、瓶阀出口等处进行密封试验。检查合格后，戴好瓶帽。必须在每只充气的气瓶上粘贴符合 GB 16804—2011《气瓶警示标签》的警示标签和充装标签，送到仓库指定地点。

(二)注意事项

(1)下列气体严禁装瓶:①氧气中的乙炔、乙烯及氢的总含量达到或超过2×10^{-2}(体积分数,下同)或易燃性气体的总含量达到或超过4×10^{-2}者;②氢气中的氧含量达到或超过0.5×10^{-2}者;③其他易燃性气体中的氧含量达到或超过4×10^{-2}者。

(2)充装前必须确认待充气瓶已经检验合格。

(3)定期检验充装排上的阀门(含安全阀)、压力表、充装气体用的连接卡子以及管道,以确保安全可靠。

(4)用卡子连接代替螺纹连接进行充装时,必须认真确认瓶阀出气口的螺纹与所装气体的规定的螺纹形式是否相符。应尽量采用螺纹连接形式的卡具,以防错装。

(5)操作任何阀门时,操作人员必须站在其侧面,缓慢进行且必须一次开足或关严,但亦不应太紧,以免产生过大的摩擦热或气流冲击产生静电而使可燃气体或助燃气体气瓶发生燃烧爆炸。

(6)向盛装可燃气体的气瓶内充气,一般充装流量不得大于8 m^3/h(标准状态下),充装时间不应少于30 min。为限制气流速度,防止产生过大的气流摩擦热,在充装可燃性或助燃性气体过程中,特别在充装排压力达到充装压力10%以后,禁止插入空瓶进行充装,也不准任意减少每排的充装瓶数。

(7)充气过程中,在瓶内压力达到7 MPa前,应逐只检查瓶体温度是否正常。如发现瓶壁温度异常时,则应及时查明原因,妥善处理。除手摸瓶温外,还应注意监听瓶内有无异常音响,并查看瓶阀密封是否良好。

(8)充装可燃气体或助燃气体的操作过程中,严禁用扳手等金属器具敲击瓶阀或管道。

(9)充气过程中,如遇到瓶阀燃烧,应立即关闭燃烧着的瓶阀及其相连接的充装支管阀门。对有蔓延趋势的火势,应同时发出“紧急关停压缩机”的信号,打开放空阀,关闭来气总阀,燃烧即可停止。

(10)高压输气管道主汇流排的材质应与充装气体相适应。压力大于3.0 MPa的输氧管道必须采用铜管或铜基合金管或不锈钢管,且管道内不得有积炭和金属粉末;阀门、垫片等均应符合GB 50030《氧气站设计规范》的有关规定。

(11)充装可燃气体或助燃气体的充装台,应采取可靠的防静电接地装置,接地电阻应小于10 Ω。电器照明均需采用防爆型产品。充装操作人员不得穿戴化纤质地的衣帽以及带钉子的鞋。在充装场所严禁吸烟,禁绝一切火源。检修需动火时,必须采取可靠的措施,并应经批准,领取动火证后方可动火。

(12)凡与氧或强氧化介质接触的人员,其双手、服装、工具等均不得沾有油脂,也不得使油脂沾染到阀门、管道、垫片等一切与氧气接触的装置物件上。因油脂遇3 MPa以上高压氧气时会发生自燃。

(13)采用两种或两种以上充装压力制度的单位,应严格区分气瓶的压力等级,并分区存放,分批充装。

(14)对于无余气的气瓶、新投入使用或经内部检验后首次充装的气瓶,应进行抽真空或以氮气置换处置,将瓶内的残余气体处置干净,经确认合格后方能充装。

(15)充装可燃性气体、氧化性气体的气瓶,如没装设余压保持阀,重复充装前应进行抽真空处理。可燃性气体气瓶抽真空至 −80 kPa 以下,氧化性气体气瓶抽真空至 −50 kPa 以下。

(16)在检验有效期内的气瓶,如外观检查发现有重大缺陷或对内部状况有怀疑的气瓶、瓶阀及其附件,应先送检验机构,按规定进行技术检验与评定,检验合格后方可重新使用。库存和停用时间超过一个检验周期的气瓶,启用前应进行检验。

(17)国外进口的气瓶及境外使用的气瓶,要求在我国境内充气时,应先由特种设备安全监督管理部门认可和检验机构检验合格。

(18)经检验不合格(包括待处理)的气瓶,应与合格气瓶隔离存放,并做出明显标记,以防止相互混淆。

五、充装后的检查

气体充装后的瓶装气体产品应由专人负责逐只检查,不符合要求的禁止出厂,并进行妥善处理。检查内容如下:

(1)瓶内压力(充装量)和质量是否符合安全技术规范及相关标准的要求。

(2)瓶阀及其与瓶口连接的密封是否良好。

(3)气瓶充装后是否出现鼓包变形或泄漏等严重缺陷。

(4)瓶体的温度是否有异常升高的迹象。

(5)气瓶的瓶帽、防震圈、充装标签和警示标签是否完整。

(6)产品合格证是否填写正确、清晰和规范。

六、充装记录

(1)充气单位应由专人负责填写气瓶充装记录,记录的内容至少应包括充气日期、瓶号、室温、充装介质、充装压力、充装起止时间、充装人、有无发现异常情况等,必要时,说明不明剩余气体的气瓶是如何处理的。

(2)充装单位应负责妥善保管气体充装与分析记录,保管时间根据技术规范要求确定记录保存年限,保存时间不少于 1 年。

七、压缩气体充装工艺流程及充装记录

压缩气瓶充装工艺流程见图 5-2。

压缩气体气瓶充装前、中、后检查应逐瓶检查,并做好记录。记录可按批进行,批量记录格式见表 5-3。

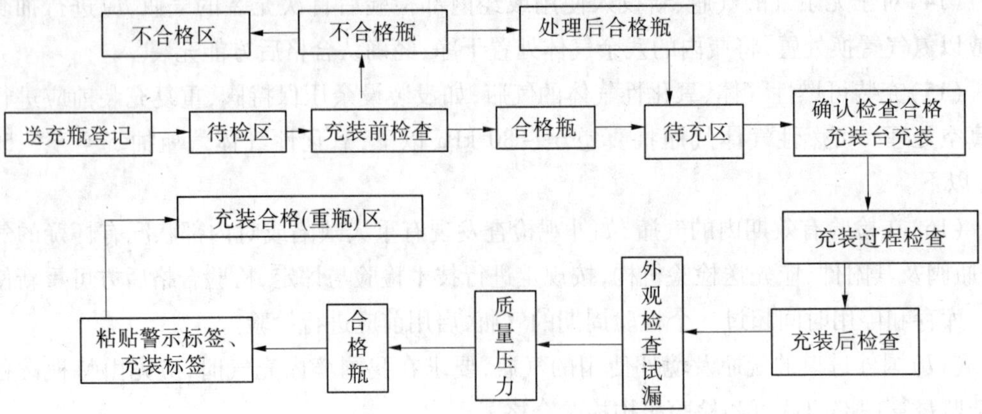

图 5-2 压缩气体充装工艺流程

表 5-3 气瓶充装检查批量记录表

充装日期：　　　　　　　　　　　　　　　　充装批号：

气瓶产权编号	充装前检查	充装过程检查	充装后检查
	检查项目应包括： 1. 余气性质； 2. 气瓶合法性和检验有效期； 3. 瓶体外观、安全附件； 4. 其他异常情况	检查项目应包括： 1. 充装操作压力及充装速度； 2. 瓶体温度； 3. 瓶体外观、安全附件； 4. 泄漏性； 5. 其他异常情况	检查项目应包括： 1. 充装量复查； 2. 泄漏性； 3. 瓶体外观、安全附件； 4. 标识； 5. 其他情况
	不合格气瓶瓶号及存在问题记录：	不合格气瓶瓶号及存在问题记录：	不合格气瓶瓶号及存在问题记录：
气瓶数量：共______只	合格瓶数：　　只	合格瓶数：　　只	合格瓶数：　　只
	不合格瓶数：　　只	不合格瓶数：　　只	不合格瓶数：　　只
责任人签字			

注：1. 气瓶检查必须逐瓶检查，可按本表成批记录。

2. 国家有关规定应逐瓶记录时，应另行制定附表。

八、压缩气体液态充装与储运

(一)压缩气体液态储运的意义

压缩气体液态输送和气态充瓶输送比较,有如下优点:

(1)不需要数量较多的钢质无缝气瓶。

(2)不需要压缩机之类价格昂贵的设备。

(3)降低运输气体的成本。

(4)气体的质量提高。

(5)大幅度节约能源。

(6)储存、充装、运输和使用方便、经济。

(7)扩大了压缩气体的使用范围。

(8)压缩气体的液态输送,不但有很大的经济效益,而且有着很大的社会效益。

(二)液态输送简介

压缩气体中常以液态输送的工业气体有氧、氩、氢、氦、氖,以及天然气(LNG)、甲烷和二氧化碳。运输方式有移动式深冷液体气瓶、深冷拖车、卡车和铁路槽车以及深冷槽船。深冷的温度从 -153 ℃到接近绝对零度(-269 ℃),液体气瓶的容积从 4 L 到 240 L 为最多。

所有的深冷液体在蒸发后产生大量的气体,如在 101.325 kPa 下,在沸点温度的 1 个体积液氮,当加温到室温(20 ℃)时会蒸发出 696.5 个体积的氮气。若深冷液体在气瓶中全部被蒸发,则会产生很大的压力,如在 101.325 kPa 下,1 个体积的液氮在全封闭的气瓶中加热至 20 ℃,气体的蒸发会产生超过 99.9 MPa 的压力。因此,安全阀及其安全保护是非常重要的。表 5-4 所示是几种常用深冷液态气体的物理性质。

表 5-4 几种常用深冷液态气体的物理性质

项目	氯 Cl_2	甲烷 CH_4	氧 O_2	氩 Ar	一氧化碳 CO	氮 N_2	氖 Ne	氢 H_2	氦 He
101.325 kPa 压力下沸点(℃)	-153	-161	-183	-186	-192	-196	-246	-253	-268
101.325 kPa 压力下熔点(℃)	-157	-182	-219	-189	-207	-210	-249	-259	①
在沸点和 101.325 kPa 压力下的密度(kg/m^3)	2 418.8	416.6	1 137.3	1 393.6	784.9	800.9	1 201.4	70.5	124.9
在沸点下的气化热(kJ/kg)	107	509.4	214	162.8	228	197.7	86.1	448.9	23.3
在 101.325 kPa 压力和沸点下的液体加热到 101.325 kPa、21 ℃的体积膨胀率	693	625	860	842	680	696	1 445	860	755
可燃性	否	是	否②	否	是	否	否	是	否

注:①氦在 101.325 kPa 压力下不固化。

②氧不燃烧但可以助燃。

(三)深冷液体气瓶的构造及工作原理

1. 构造

气瓶由内壳、外壳、升压系统、液体出入阀、气体流量控制阀、液位计以及安全装置组成,内外壳之间采用特殊的绝热方式且保持真空度。图5-3为深冷液体气瓶示意图,其主要部件有以下几种:

(1)液位计。采用浮标式液位计指示瓶内液体的概略量。为了防止破损,在刻度标示的外面安装保护罩。为解决由于液体的种类不同而产生的浮力差值,多采用“差压式液位计”(哈普逊液位计),其原理是利用气液两相压差反映在二次仪表上而呈现液位的标示。用得较广泛的还有“电容式液位计”,其原理是利用气液两相密度上的差异而产生的电容值不同,用二次仪表将其液面指示出来。容重较轻的液氢宜采用电容式液位计。

(2)压力表。用弹簧管式压力表指示内壳中的压力,测量范围为0~3.0 MPa。

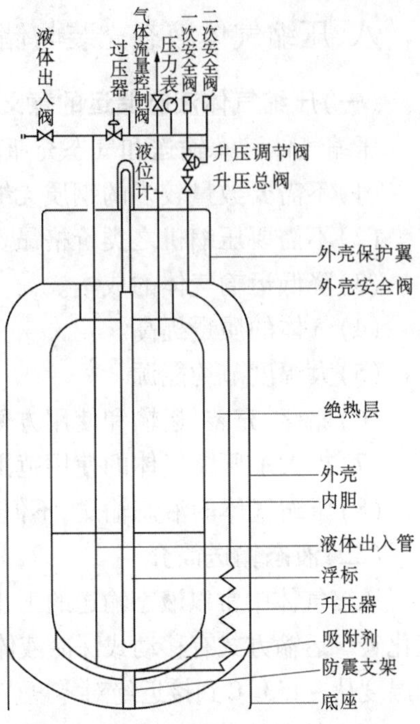

图5-3 深冷液体气瓶示意图

(3)安全阀。为了防止液体气瓶因长时间存放而出现的压力异常升高,应采用安全阀进行超压排放,保持压力的相对稳定。一次安全阀排放压力1.16 MPa或1.76 MPa;二次安全阀排放压力2.0 MPa。

(4)升压调节阀。其作用是提高瓶内的压力,使之达到设计值并自动地保持其压力。即瓶内压力比设计压力低时,升压调节阀自动开启,达到设计压力后,阀便自动关闭,调节阀的调整靠顶部螺纹在0.6~0.7 MPa范围内定压,标准压力应定为0.6 MPa。

(5)降压调节阀。气瓶不用时,瓶内的压力会缓慢上升,如超过设计压力,降压调节阀就会开启。如果开始使用瓶内介质,气瓶内的气体经阀门和液体一起流出,气瓶内压力开始下降,当低于设计压力时,降压调节阀就要关闭。其阀的调压也是靠其顶部螺纹在0.7~0.9 MPa范围内进行,标准压力应定为0.7 MPa。

(6)升压器。放置在气瓶内外壳之间的真空部分,是提高内压的热交换器。

(7)液体出入阀。用于液态气体充装和输出,是使用操作中唯一的手动法。

(8)气体流量控制阀。在液态气体充装时,为了防止其压力上升而设置此阀。在此阀与内壳相接处安装一短管,如超过规定充装量,液体即从气体流量控制阀泄出,从而判断充装结束。

(9)升压总阀。在液态气体充装时使用。因为升压调节阀调整压力时一般是0.6 MPa,所以开启它进行充装时,气瓶内压可达0.6 MPa以上。可是若充装时间较长或液体来源压力较低,则不可能在此压力下进行充装。所以,在充装时必须关闭升压总阀,待充装结束后再开启,一般在使用中无须开启。

(10)外壳安全阀。气瓶内部的管路一旦发生液体或气体泄漏,真空部分的压力就会增加,为了防止外壳的破坏,故安装了外壳安全阀。但要注意,在使用中绝对不要触动外壳安全阀。

2. 工作原理

深冷液态气体充装后，关闭气体流量控制阀，开启升压总阀，液体便从内壳的底部通过内藏的升压器变成气体返回内壳上部的气态空间。当气瓶的压力达到升压调节阀的设计压力时，升压调节阀就会自动关闭，此时开启液体出入阀，液体便可从瓶内流出。如果需要气体时，要另接蒸发器，开启液体出入阀，液体通过蒸发器气化，便可得到一定压力和规定流量的气体。

(四)深冷液体气瓶操作要点

1. 液体充装

1)充装操作

因为深冷液体气瓶出厂时，瓶内要注入 19.6 kPa 经过洗涤、干燥的氮气。所以，新瓶在充装液体时，要先开启气体流量控制阀放入氮气。正常的液体充装操作要领如下：

(1)用衡器测定其质量，确认液体的剩余量。

(2)关闭升压总阀，开启气体流量控制阀。

(3)把液体源(加压容器或小型液体泵)接入液体出入阀的前端接头上(管路尽可能短)。

(4)再次称重，确定由于接管而增加的质量。

(5)开始充装。

(6)到达规定质量立即关闭液体出入阀和气体流量控制阀，摘下接管。如充装过量，从气体流量控制阀放出超量液体。

(7)戴上瓶帽。

2)充装时间

(1)液体充装需要的时间由于条件的不同，有着很大的变化，具体的条件有：液体源的加压容器或液体泵的种类和压力等级；充装管路的粗细和长短；待充气瓶的温度是常温状态还是低温状态；气瓶内液体剩余量的多少。

(2)充装时间最短、蒸发损失最少的条件为：加压容器的压力约为 0.5 MPa；充装管路内径为 12 mm，长度在 3 m 以内。一般地，第一次充装(气瓶为常温状态)约需 10 min，再次充装(气瓶为低温状态)约需 6 min。

3)充装损失

根据上述条件的不同，损失量各异。如果加压容器的压力为 0.25～0.5 MPa，充装管路内径 12 mm，长度 2 m，在充装液氧时，其损失一般为 12%～15%。为了把损失减小到最低，充装最快的条件是：

(1)液体加压容器的压力为 0.29～0.5 MPa 时最好，0.2 MPa 以下或 1.0 MPa 以上，其损失大幅度增加。

(2)充装管路内径为 12 mm 最好，长度尽量短(3 m 以内)，材质是铜、不锈钢或软管最好。

(3)如用大型泵充装，其损失会增加。

4)液体充装的要点

(1)充装量根据充装系数来确定。

(2)观察液位计,以重量决定充装量。

(3)充装终了时,迅速松开接管上的螺母,放出残气,防止压力上升而导致事故。

2. 升压

1)升压操作

液体充装结束,开启升压总阀时应注意,压力升至升压调节阀的设计压力是正常的,但由于此时液体还没有完全平稳,在数小时以内升压调节阀压力比设计值要高0.1~0.2 MPa,因此不能在充装后立即开启升压总阀。随着液体的稳定,这种自然升压量会减少。

2)升压时间

升压时间(升压速度)受以下条件影响:

(1)何时开启升压总阀。如果液体充装结束,随即开启升压总阀,数分钟就回升到0.6 MPa;如果充装以后开启气体流量控制阀,放出残余气体,升压就需要很长的时间。

(2)气瓶内液体量少,升压速度慢,如为一半量,升压时间要长3倍。

(3)液体种类不同,升压时间不同。比如,液氮比液氧升压时间约长30%。

3. 液体的输出

在液体出入阀上接上软管或适当的金属管,开启液体出入阀,液体流出。

4. 气体的输出

在液体出入阀上接上蒸发器,开启液体出入阀,液体流经蒸发器达到完全气化,此时供应的气体近似常温。气瓶内压约为0.59 MPa时,以10 m^3/h的速度提供气体,内压没有变化。如果不使用气体,关闭液体出入阀和升压总阀即可。如长时间不用,由于液体缓慢地自然蒸发,内压将上升,因而再次使用时,要用降压调节阀使其内压还原到设计压力,并保持稳定。

(五)压缩气体液态输送注意事项

(1)气瓶内的液体能够迅速冷冻人体组织并且使许多材料,如碳钢、塑料和橡胶变脆,甚至失去强度;绝热不好的气瓶和管路中的液体能冷凝周围的空气使其成为液体;极冷的液体(氦、氢、氮)甚至能够直接固化周围空气。因此,绝对不允许没有防护的身体的任何部位与储存深冷液体的不绝热的管子接触。当从事可能与深冷液体相接触的任何工作时,必须戴绝热手套、安全镜,裤腿应留在工作鞋的外面。如果有可能产生喷溅的,应戴上面具或化学护目镜。如果意外地出现皮肤和眼睛冻伤,在等待医生时,不要揉擦冻伤部位,最好将身体处于40~60 ℃的温室或温水浴盆中,不要迅速加温,加温时可用镇静剂减轻痛苦。

(2)在液氧操作中,阀门的开启与关闭要缓慢地进行,突然地开闭,氧流会使该系统内任何污染物燃烧。被溅上液氧的衣服应立即脱掉,且至少风吹1 h,在液氧储存或操作区域内应严禁吸烟,并须有"严禁吸烟"的醒目标志。

(3)除了液氧以外,所有的液体蒸气都可以使人窒息。大多数深冷液体是无色无味的(液氧为微蓝色),如果没有仪器,一般是察觉不了这些蒸气的,特别是一氧化碳气体,既有毒性又具有可燃性。所以，使用者必须确保自己处于良好的通风环境中。

(4)在可燃的液态气体储存或操作区域内，不许吸烟或有明火存在，工作服应防静电，所有固定的设备均应正确接地，室内或建筑物内应有良好的通风。

(5)一氧化碳的操作至少应由两人承担，相互监护，防止发生意外。

第四节　液化气体的充装

液化气体气瓶同压缩气体气瓶的显著区别，就是压缩气体气瓶内的介质只有单一的气相存在，在气瓶适用温度范围内(-40 ~ 60 ℃)，这类气体在充装、储存、运输和使用过程中，不会发生气液相变。液化气体气瓶充装量的确定原则也与压缩气体气瓶大不一样，而且液化气体中的高压液化气体和低压液化气体也不相同。高压液化气体的充装量是用规定的公称工作压力下的充装系数乘以气瓶实际容积所得的乘积来表示的；低压液化气体的充装量是以规定的充装系数乘以气瓶实际容积所得乘积来表示的。

一、充装系数

所谓充装系数，是指每升气瓶容积充装液化气体的质量(kg)，且按下式计算：

$$F = W/V \tag{5-1}$$

式中　F——充装系数，kg/L；

V——气瓶容积，L；

W——液化气体充装质量，kg。

常见的高压液化气体充装系数，应符合表5-5的规定。低压液化气体充装系数，应符合表5-6的规定。

表5-5　高压液化气体的充装系数

序号	气体名称	化学式	气瓶在不同公称工作压力(MPa)下的充装系数(kg/L)，不大于		
			20.0	15.0	12.5
1	氙	Xe			1.23
2	二氧化碳	CO_2	0.74	0.60	
3	一氧化氮(笑气)	N_2O		0.62	0.52
4	六氟化硫	SF_6			1.33
5	氯化氢	HCl			0.57
6	乙烷	C_2H_6	0.37	0.34	0.31
7	乙烯	C_2H_4	0.34	0.28	0.24
8	三氟氯甲烷	CF_3Cl			0.94
9	三氟甲烷	CHF_3			0.76
10	六氟乙烷	C_2F_6			1.06
11	偏二氟乙烯	$C_2H_2F_2$			0.66
12	氟乙烯(乙烯基氟)	C_2H_3F			0.54
13	三氟溴甲烷(F-13Bl)	CF_3Br			1.45
14	硅烷	SiH_4		0.3	
15	磷烷	PH_3		0.2	
16	乙硼烷	B_2H_6		0.035	

表5-6　低压液化气体的充装系数

序号	气体名称	化学式	充装系数(kg/L),不大于
1	氨	NH_3	0.53
2	氯	Cl_2	1.25
3	溴化氢	HBr	1.19
4	硫化氢	H_2S	0.66
5	二氧化硫	SO_2	1.23
6	四氧化二氮	N_2O_4	1.30
7	碳酰二氯(光气)	$COCl_2$	1.25
8	氟化氢	HF	0.83
9	丙烷	C_3H_8	0.41
10	环丙烷	C_3H_6	0.53
11	正丁烷	C_4H_{10}	0.51
12	异丁烷(1-甲基丙烷)	C_4H_{10}	0.49
13	丙烯	CH_3H_6	0.42
14	异丁烯(2-甲基丙烯)	C_4H_8	0.53
15	1-丁烯	C_4H_8-[1]	0.53
16	1,3-丁二烯	C_4H_6-[1,3]	0.55
17	六氟丙烯(全氟丙烯)	C_3F_6	1.06
18	二氯二氟烷(R-12)	CF_2Cl_2	1.14
19	二氯氟甲烷(R-21)	$CHFCl_2$	1.25
20	二氟氯甲烷(R-22)	CHF_2Cl	1.02
21	二氯四氟乙烷(R-114)	$C_2F_4Cl_2$	1.31
22	二氟氯乙烷(R-142b)	$C_2H_3F_2Cl$	0.99
23	1,1,1-三氟乙烷(R-143b)	$C_2H_3F_3$	0.66
24	偏二氟乙烷(R-152a)	$C_2H_4F_2$	0.79
25	二氟溴氯甲烷(R-12Bl)	CF_2ClBr	1.62
26	三氟氯乙烯(R-1113)	C_2F_3Cl	1.10
27	氯甲烷(甲基氯)	CH_3Cl	0.81
28	氯乙烷(乙基氯)	C_2H_5Cl	0.8
29	氯乙烯(乙烯基氯)	C_2H_3Cl	0.82
30	溴甲烷(甲基溴)	CH_3Br	1.50
31	溴乙烯(乙烯基溴)	C_2H_3Br	1.28
32	甲胺	CH_3NH_2	0.60
33	二甲胺	$(CH_3)_2NH$	0.58

续表 5-6

序号	气体名称	化学式	充装系数(kg/L),不大于
34	三甲胺	$(CH_3)_3N$	0.56
35	乙胺	$C_2H_5NH_2$	0.62
36	甲醚(二甲醚)	C_2H_6O	0.58
37	乙烯基甲醚(甲基乙烯基醚)	C_3H_6O	0.67
38	环氧乙烷(氧化乙烷)	C_2H_4O	0.79
39	(顺)2-丁烯	C_4H_8	0.55
40	(反)2-丁烯	C_4H_8	0.54
41	五氟氯乙烷(R-115)	C_2F_5Cl	1.03
42	八氟氯乙烷(RC-318)	C_2F_8Cl	1.31
43	三氯化硼(氯化硼)	BCl_3	1.20
44	甲硫醇(硫氢甲烷)	CH_3SH	0.78
45	三氟氯乙烷(R-133a)	$C_2H_2F_8Cl$	1.18
46	硫酰氟	SO_2F_2	1.00
47	液化石油气	混合气体(符合 GB 11174)	0.42 或按相应国家标准

二、低压液化气体气瓶充装量的计算

因为低压液化气体的临界温度(t_c)高于气瓶最高工作温度($t=60$ ℃),所以低压液化气瓶在充装、储存、运输和使用规程中都不会发生相变。只要充装适量,不出现“满液”,瓶内始终是气液二相共存,两者之间有着非常明显的界面,液相是饱和液体,气相是饱和蒸气。若充液过量,气相容积不够,甚至消失,气瓶达到“满液”,这时如果温度升高,致使液体无法膨胀,瓶内压力就会骤然增高,直至气瓶爆破。

(一)气相空间

为了防止瓶内液化气体因受热膨胀而导致发生事故,应使气瓶在最高工作温度下,液相不要“充满”气瓶全部容积,要留有一定的气相空间。这一空间就是瓶容与液容之差。即

$$V_G = V - V_L \tag{5-2}$$

式中 V_G——瓶内气相空间,L;

V——瓶内有效容积,L;

V_L——瓶内液相容积,L。

(二)充装质量

液相容积 V_L 与液化气体在充装时的定压比容 v_p 的比值就是气瓶的充装质量。即

$$W = V_L / v_p \tag{5-3}$$

式中 W——气瓶的充装质量,kg;

υ_p——液化气体的定压比容,L/kg。

（三）定压比容

对于低压液化气瓶,液化气体虽然在加压状态充装,但进入瓶内就处于饱和状态,所以可用饱和状态下的比容代替液化气体的定压比容,即

$$W = V_L/\upsilon \tag{5-4}$$

式中　υ——饱和状态下的液体比容,L/kg。

又因饱和液体密度与饱和状态下的液体比容互为倒数,所以

$$W = V_L d \tag{5-5}$$

式中　d——饱和液体密度,kg/L。

如果把式(5-2)代入式(5-5),则

$$W = (V - V_G)d \tag{5-6}$$

以上所述均属理想状态,即 $V_G = 0$ 是在没有任何误差的情况下才成立的,但在生产实践中理想状态是不存在的。

（四）充装系数

如果把生产中某些可以预计到的误差叠加起来,称为空余量,其值与瓶内有效容积之比即为安全系数,并赋予符号 Σ_n,并使其最终在气相容积 V_G 上得到反映的话,那么,$\Sigma_n = V_G/V$,在气体充装工作中经常使用的是充装系数 F,因此式(5-6)可变为:

$$F = W/V = (1 - \Sigma_n)d \tag{5-7}$$

式中　F——充装系数,kg/L。

根据我国目前的实际条件,对 Σ_n 的选取,应考虑以下两种情况:

(1)物性数据误差(n_1):主要指液化气体饱和液体密度 d 值的误差。无论是采用推算数据还是采用实测数据,数据误差总是客观存在的。一般情况下,密度数据误差为 ±(0.5% ~1%),为安全起见,取 $n_1 = 1\%$。

(2)衡器称重误差(n_2)。气瓶容积大都采用同体积水重法,气瓶在充液时也须称重控制,因此称重误差也须考虑。称重误差一般不超过 ±0.1%。假定在称重过程中,累计误差约为正误差的6倍,即 $n_2 = \pm 0.6\%$,由此得出 n_1 和 n_2 之和为1.6%,为安全起见,取 $\Sigma_n = 2\%$,所以低压液化气体的充液量在60 ℃时所占的体积,必须小于气瓶有效容积的98%,即还有2%以上气相容积作为安全系数。

【例1】 确定液氯的充装系数是多少?

解:查60 ℃时液氯的饱和液体密度为1.278 9 kg/L,其气相空间应为2%,所以

$$F = (1 - 2\%) \times 1.278\,9 = 1.25(\text{kg/L})$$

三、高压液化气体气瓶充装量的计算

因为多数高压液化气体的临界温度(t_c)低于气瓶的最高工作温度($t = 60$ ℃),所以高压液化气体在充装时为液态,此时瓶内的压力就是液体界面上的饱和蒸气压,这与低压液化气体没什么差别。但在高压液化气体的储存、运输和使用过程中,由于环境温度的影响,当液体温度达到 t_c 时,则发生液体向气体的相变。其结果是气瓶内压由于大量气体产生而骤然上升,此时表征气瓶的压力状况,实际上就和压缩气体一样。因此,对于高压

液化气体气瓶，一方面和压缩气体气瓶一样，在 20 ℃时内压不应超过气瓶的公称工作压力，在 60 ℃时的压力不应超过其水压试验压力的 0.8 倍（液化二氧化碳和液化氧化亚氮除外）；另一方面又和低压液化气瓶一样，按表选择充装系数。

高压液化气体的 $p\sim V\sim T$ 关系，服从真实气体状态方程式，即 $pVM=Z_nRT$。表 5-5 所列充装系数是采用偏心因子法计算出来的，其中对于临界温度（t_c）小于气瓶最高工作温度（$t=60$ ℃）的高压液化气体，在计算充液量时，安全系数（Σ_n）可以不予考虑（很小）；对于临界温度（t_c）介于气瓶最高工作温度 t 和 70 ℃（高压液化气体的定义上限温度）之间的高压液化气体（例如 $t_c=67$ ℃的三氧溴甲烷），因其相态与低压液化气体完全一样，即在气瓶正常使用温度范围内，瓶内介质始终为液相，故应考虑安全系数，而且其液态密度的计算误差要比低压液化气体略高，所以在充液量计算时，Σ_n 取 2.5%，即在 60 ℃时，此类高压液化气体的充液量必须小于气瓶有效容积的 97.5%，留有 2.5% 的气相空间。

四、充装操作要点及注意事项

（一）液化气体充装安全要点

（1）待充装的气瓶必须是经省市级特种设备安全监察机构技术培训合格取得“气瓶充装”作业项目的专职检查员检验合格，并粘贴有检查员印记的合格标签的气瓶。未经专职检验员检查的气瓶不得充装。

（2）待充气瓶必须是经瓶内残液检验及处理过的。

（3）认真做好充装记录，液化气体充装记录内容至少应包括气瓶编号或充装使用编号、气瓶所属单位、气瓶容积、标准规定充装量（kg）、实际充装量、充装操作人及班长（或充装站复检人员）签字等。

（4）所有液化气体均必须严格按照《气瓶安全监察规定》《气瓶安全技术监督规程》（TSG R004）及相关技术标准规定的充装系数进行充装。例如，液氯的充装系数为 1.25 kg/L；液氨的充装系数为 0.53 kg/L，20 MPa 级气瓶的充装系数为 0.74 kg/L，15 MPa 级气瓶的充装系数为 0.60 kg/L。

（5）液体气体充装量必须精确计量，充装量不得大于气瓶容积与充装系数乘积的计算值，也不得大于气瓶产品规定的充装量；充装量应包括余气在内的瓶中全部介质，即气瓶充装量应为气瓶充装后的实重与空瓶重之差值。充装后液化气体钢瓶，必须逐只进行复秤检查，超充部分液体应予处理，并做好复秤检查记录。

液化气体的充装量必须严格控制，发现充装过量的气瓶，必经将超装的液体妥善排出。

（6）充装前的气瓶应由专人负责，逐只进行检查，检查内容至少应包括：

①国产气瓶是否是由具有“气瓶制造许可证”的单位生产，并有监督检验标记的。

②进口的气瓶是否经安全监督机构批准，并经产品安全性能检验合格。

③将要充装的气体是否与气瓶制造钢印标记中充装气体名称或化学分子式相一致。

④警示标签上所印的气体名称及化学分子式是否与气瓶制造钢印标记中的相一致。

⑤气瓶是否是本充装站的自有气瓶。

⑥气瓶外表面的颜色标志是否与所装气体的规定标志相符。

⑦气瓶瓶阀的出气口螺纹形式是否符合 GB 15383 的规定,即可燃气体用的瓶阀,出口螺纹应是内螺纹(左旋),其他气体用的瓶阀,出口螺纹应是外螺纹(右旋)。

⑧气瓶内有无剩余压力,如有剩余压力,应进行定性鉴别。

⑨气瓶外表面有无裂纹、严重腐蚀、明显变形及其他严重外部损伤缺陷。

⑩气瓶是否在规定的检验期限内。

⑪气瓶的安全附件是否齐全和符合安全要求。

(7)气瓶充装液化气体时,必须严格遵守下列规定:

①充气前必须检查确认气瓶是经过检查合格的。

②用卡子连接代替螺纹连接进行充装时,必须认真检查确认瓶阀出气口螺纹与所装气体所规定的螺纹形式相符。

③开启阀门应缓慢操作,注意充装速度和充装压力,并应注意监听瓶内有无异常音响。

④充装易燃气体的操作过程中,应使用不产生火花的操作及检修工具。

⑤在充装过程中,应随时检查气瓶各处的密封情况,瓶体温度是否正常;发现异常时应及时妥善处理。

(8)充装后的气瓶,应由专人负责,逐只进行检查,不符合要求时应进行妥善处理。检查内容应包括:

①充装量是否在规定范围内。

②瓶阀及其与瓶口连接的密封是否良好。

③瓶体是否出现鼓包变形或泄漏等严重缺陷。

④瓶体的温度是否有异常升高的迹像。

⑤气瓶是否粘贴警示标签和充装标签。

(9)必须在每只充气气瓶上粘贴符合 GB 16804—2011《气瓶警示标签》的警示标签和充装标签。

(二)充装操作与故障处理

现将液氯、液氨、二氧化碳充装操作要点,充装操作中可能出现的反常情况的处理及注意事项叙述如下。

1. 液氯的充装

1)充装前的检查

(1)待充气钢瓶应符合有关标准规定。

(2)检查各阀门是否处于关闭状态,并检查压力表及其对接铜管是否好用。

(3)检查防毒面具是否好用,并准备好专用工具、记录表等。

(4)检查磅秤,使其好用且计量准确。

(5)通知液化岗位送液、氯气泵岗位开泵。

2)开车操作

(1)把待充钢瓶放置在磅秤上并卸下瓶帽,将两个瓶阀一上一下放好。

(2)称好皮重(含附件)并记录。

(3)确定毛重(皮重加充装量)并打开称重的自动报警装置。

(4)先开抽氯总阀,且按顺序打开分配台上各抽氯阀,使液氯总阀至钢瓶阀和抽氯总阀至钢瓶下阀之间的管道保持负压。

(5)关闭抽氯分配台上的与钢瓶下阀连接的抽氯阀和液氯分配台上的与钢瓶上阀连接的液氯阀,并打开液氯总阀。

3)正常操作

(1)开始充装时,一边从气相管抽瓶内余气,一边用液相管充氯。余气置换后,先关闭抽氯分配台与钢瓶下阀连接的抽氯阀,打开液氯分配台与钢瓶上连接的液氯阀,然后从钢瓶两个口同时充装。

(2)充装开始要观察(手摸)瓶壁温度是否正常,并用氨水检查各接口、瓶阀和易熔合金塞是否漏气。如果漏气,应停止充装,待妥善处理后再进行充装。

(3)注意观察液氯充装速度和充装压力(0.78~1.08 MPa)。

4)停车操作

(1)充装至规定数量(500^{0}_{-5} kg 或 1 000^{0}_{-5} kg)时,报警铃响,应及时关闭报警铃,同时关闭钢瓶上下阀和液氯分配台的各个液氯阀。

(2)打开抽氯分配台的抽氯阀,抽除对接管内的存氯至没有为止。

(3)卸下对接管,填写记录。

(4)用氨水检查瓶阀和易熔合金塞处是否泄漏。如无泄漏,戴上瓶帽,卸下气瓶。

(5)如不继续充装,通知液化岗位充装完毕,倒回液氯管中液氯,关闭液氯总阀。

打开液氯分配台上的各液氯阀,抽尽液氯总阀与各液氯阀之间管内的存氯以后,再关闭液氯分配台上的各液氯阀。

将待充钢瓶放置在磅秤上,并连接好连接管,待液氯总管压力降至 0.5 MPa 以下时,方可离开岗位,并用粉笔注明所连接空瓶的日期和状况。

5)紧急停车操作

(1)立即停止充装,并将钢瓶的上下阀门关闭。

(2)若超装,则应用氯气泵从钢瓶上阀处抽出至规定重量。

(3)如泄漏,则应立即上紧或用卡具堵漏,如仍不能止漏,应推到碱池处理。

(4)发现瓶体发热,立即卸下钢瓶,打开瓶阀推到碱池内。

6)充装失常现象及其原因分析和处理方法

(1)如因误将操作砝码定错,或衡器误差过大,或皮重不对,使液氯充装过量,应从抽氯管倒出至规定充装量。

(2)如充装速度过慢,其原因可能是充装压力低,或分配台有堵塞物。处理方法是提高充装压力,或卸下对接管或分配台用蒸气吹扫。

(3)充装时瓶体发热,表明瓶内已产生化学反应,处理方法同第5)项中第(4)条。

(4)如有氯气味,说明有泄漏的地方,应立即停止充装,找出泄漏处,并按规定进行处理。

7)对停电、机械故障等停车的处理

因停电、机械故障或发生事故紧急停车时,应立即切断电源,然后按第5)项紧急停车操作处理,待查清原因且排除后,方可再开车操作。

2. 液氨的充装

1) 充装前的检查

(1) 待充钢瓶应经过充装前的认真检查,并符合有关标准规定。

(2) 严格检查一切充装设备管路、阀门以及称重衡器是否正常好用。

(3) 与上道工序负责人联系送氨。

(4) 检查总管压力是否达到充装要求,检查防毒面具以及工器具是否齐全。

(5) 用磅秤测定钢瓶重量,并根据钢瓶型号确定充装量。首次在本单位充装的钢瓶一定要将瓶内介质处理干净,标定空瓶重量,并按实际容积确定充装重量。

2) 正常操作

(1) 将充装卡具与瓶阀压紧接好。

(2) 打开瓶阀和排气阀门,将瓶内气体排除干净后关闭排气阀门。然后,打开进氨阀门进行充装,如充不进去,则应关闭进氨阀门,再次排除瓶内气体,确认排净后,再打开进氨阀门进行充装。

(3) 液氨充到预定重量(以 kg 计)时,关闭进氨阀门和瓶阀,然后打开排气阀门,将管路中的气体全部排出。

(4) 充装过程中,随时注意充装压力不得大于 1.6 MPa。

(5) 经常检查管路与阀门是否漏气。

3) 充装后检查

(1) 充装完毕时,关闭进氨阀门和排气阀门,并通知上道工序停止送氨。

(2) 对充装重量进行复检,如过量,应严禁出厂,并将超装部分抽出。

4) 故障处理

(1) 充装中发现卡子漏气,可关闭进氨阀门和瓶阀,打开排气阀门将其介质全部排出,然后关闭排气阀门,对充装卡具进行修理,并需戴好防毒面具。

(2) 充装管路和阀门漏气时,应戴好防毒面具,关闭进氨总阀,打开排气阀,再关闭瓶阀后进行修理,如总阀关闭后仍然漏气,则应及时联系停止送氨。

(3) 如出现液氨瓶阀摔断或由于别的原因大量喷氨时,所有人员应立即撤出危险区,由操作人员戴好防毒面具后及时进行处理。

3. 二氧化碳的充装

1) 充装前的检查

(1) 认真检查设备状况,检查压力表、充装卡具、称重衡器的灵敏度。如有失常现象,应立即修复或更换,否则严禁充装。

(2) 认真检验待充钢瓶是否符合有关标准规定,不符合标准规定者不予充装。

(3) 保持充装间通道畅通,室内钢瓶放置(空瓶与实瓶)不得过多。

(4) 认真确认气瓶重量、容积等数据,然后按二氧化碳法定充装系数计算充装量,定秤充装。

2) 正常操作

(1) 气体充装时,严密监视压力表,将充装压力控制在 7 ~9 MPa 范围内,严禁超压充装。

(2) 在监视压力表的同时,应随时观察称重衡器和超装警报装置,做到量准秤足,及时卸瓶。

(3)充装过程中,应随时保持与压缩机间的信号联系,以便开车、停车和处置紧急情况。

(4)气体充装过程中,应细心观察气瓶(含阀)有无渗漏或异常变形等情况,如有,应立即停止充装,妥善处理。

(5)卸下充装卡具时,操作人员应该站在瓶阀出口处的侧面,其面部应与瓶阀出气口保持90°,以防止瓶阀或附件飞出伤人。

(6)气体充装完毕时,应认真填写“充装记录”,签名备查。

3)充装后检查

(1)充装后的气瓶,应及时运到站台上,并将瓶放稳,防止倾倒砸人。

(2)应用不同的衡器进行重量复核,超量充装的气瓶应予以处理,未加处理的不得出厂。

4)注意事项

(1)未经培训及未经考试获得证书的操作人员不准上岗工作。

(2)非充装操作人员严禁启动一切充装设备。

(3)维修气瓶或检修设备时,应事先排除气瓶内或管道内的剩余压力,严禁带压检修。

五、液化气体过量充装的危险性

液化气体过量充液后,爆炸危险性极大,其中低压液化气瓶尤为严重。气瓶爆炸事故中,由于过量充装导致气瓶物理性爆炸的比例很大,这些气瓶在爆炸前大都处于静止状态,未受撞击或震动,而且处于常温,甚至是在雪天,爆炸后的瓶体均存在明显的变形,破口很大,有的几乎碾成平板。这些迹象充分说明,爆炸事故的直接原因,不是由于气瓶本身存在严重缺陷,而是由于瓶内超压,即瓶内的压力已远远超过液化气体正常温度下的饱和蒸气压,气瓶承受不了这样高的压力而发生爆炸。表5-7以液氯钢瓶为例,说明0 ℃满量充装以后随温度上升的增压情况(假定瓶容不变),以此告诫人们过量充装的危险。之所以会有这么高的压力,是因为气瓶的容积是一定的,而且又是封闭的。瓶内的液化气体随着温度的升高,其体积必然膨胀,但它又必须受气瓶容积的限制,一旦液体胀满了气瓶内全部空间以后,膨胀即转为压缩。由于液体的压缩性很小,以致反作用于瓶壁的压力剧烈增高。也就是说,液化气瓶“满瓶”后,随温度变化的压力值与盛装介质的膨胀系数成正比,与压缩系数成反比。正因为液体的压缩系数很小,而膨胀系数相对比较大(相差一个数量级),所以瓶内压力的升高是很惊人的。

六、充装工艺流程及充装记录

液化气体充装工艺流程见图5-4。

充装单位应由专人负责填写气瓶充装记录。记录内容至少应包括:充装日期、气瓶编号、室温、气瓶标记容积、质量、充装后总质量、有关发现异常情况、充装员和检查人员。液体气体钢瓶充装前后检查及充装记录见表5-8。

对于液氯、液氨等大容积钢瓶,应逐瓶记录检查情况,记录内容应包括气瓶检验有效期、实际重量、充装后总重量等项目。

表5-7　液氯钢瓶在0 ℃满量充装后随温升增压数据

温度(℃)	饱和液体密度 d (kg/L)	饱和蒸气压 P_V (MPa)	压力增量 ΔP (MPa)	平均每升高1 ℃的增压 (MPa)	最高压力 $P_{max}=P_V+\Delta P$ (MPa)	增加倍数 P_{max}/P_V
0	0.468 5	0.27	—	—	—	—
5	1.454 5	0.33	7.09	1.42	7.42	22.5
10	1.440 2	0.40	13.88	1.39	14.28	35.7
15	1.425 7	0.48	20.35	1.36	20.83	43.4
20	1.410 8	0.56	26.53	1.33	27.09	48.4
25	1.395 5	0.66	32.10	1.28	32.76	49.6
30	1.379 9	0.77	37.40	1.25	38.17	49.6
35	1.364 0	0.89	42.25	1.21	43.14	48.5
40	1.347 7	1.03	46.58	1.16	47.61	46.2
45	1.331 1	1.17	50.75	1.13	51.92	44.4
50	1.334 1	1.33	54.70	1.09	56.03	42.1
55	1.296 7	1.50	57.82	1.05	59.32	39.5
60	1.278 9	1.68	60.40	1.01	62.08	37.0

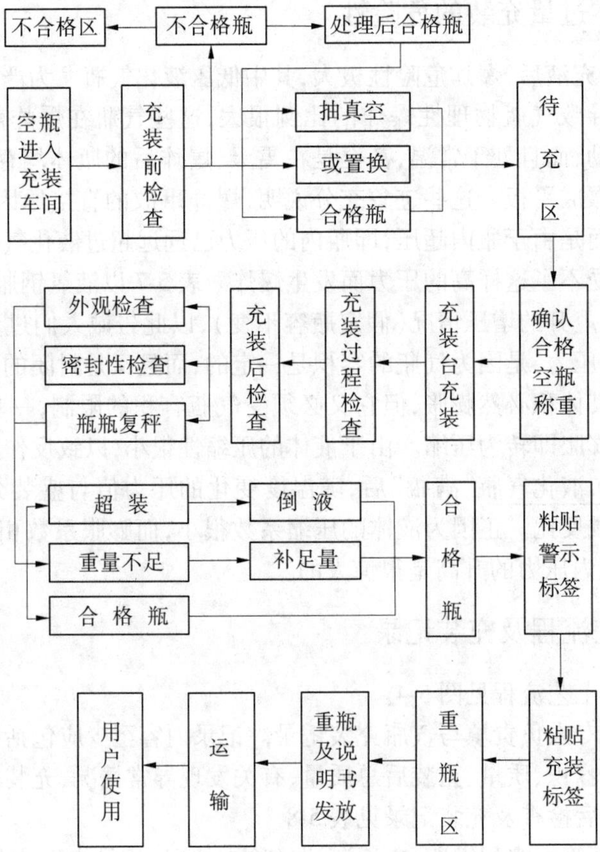

图5-4　液体气体充装工艺流程

表 5-8　液化气体钢瓶充装前后检查及充装记录

室温：　℃　充装日期：　　年　月　日

批次	钢瓶产权编号	气瓶标记容积	充装前检查		充装过程检查			充装后检查			不合格瓶	
			检查结果	检查员	检查结果	充装重量(kg)	充装员	复秤重量(kg)	检查结果	检查员	不合格原因	处理结果
1												
2												
3												
4												
5												
6												
7												
8												
9												

注：1. 充装前检查项目：钢印标记、色标、外观、检验周期、附件、余压。
2. 充装中检查项目：衡器、有无异常音响、密封性、壁温。
3. 充装后检查项目：充装量、外观、密封性、壁温、标签（警示标签、充装标签）。
4. 检查项目和检查结果无问题打“√”，有问题时打“×”，具体内容在不合格原因中写明。
5. 外观检查项目：包括有无裂纹，变形、凹坑、凹陷、腐蚀、热损伤、机械损伤等是否超标。

第五节　液化石油气的充装

一、充装量

一只液化石油气瓶充装量的多少，也与其他液化气体一样，取决于充装系数与气瓶容积的大小。液化石油气的使用最高温度与其他液化气体一样，也是 60 ℃，所以液化石油气的充装系数就是其液体饱和密度。众所周知，液化石油气不是单一的组分，而是由 C_3、C_4 以及少量的 C_1、C_2 和 C_5 组成的烃类混合物，其主要组分是丙烷。几种烷烃和烯烃在不同温度时的液体饱和密度见表 5-9。

表 5-9　几种烷烃和烯烃在不同温度时的饱和液体密度　（单位：kg/L）

温度(℃)	丙烷	正丁烷	异丁烷	丙烯	丁烯
-40	0.581	—	—	0.599	0.670
-35	0.575	—	—	0.594	0.664
-30	0.565	—	0.619	0.589	0.565
-25	0.559	—	0.610	0.582	0.647
-20	0.553	—	0.606	0.574	0.641
-15	0.543	0.615	0.600	0.569	0.634
-10	0.542	0.611	0.594	0.561	0.629
-5	0.535	0.605	0.588	0.552	0.624
0	0.528	0.600	0.582	0.545	0.619

续表 5-9

温度(℃)	丙烷	正丁烷	异丁烷	丙烯	丁烯
5	0.521	0.596	0.576	0.538	0.612
10	0.514	0.591	0.570	0.531	0.531
15	0.507	0.583	0.565	0.524	0.600
20	0.499	0.578	0.560	—	—
25	0.490	0.573	0.553	—	—
30	0.483	0.568	0.546	—	—
35	0.474	0.562	0.540	—	—
40	0.464	0.556	0.534	—	—
45	0.451	0.549	0.527	—	—
50	0.446	0.542	0.520	—	—
55	0.437	0.536	0.513	—	—
60	0.427	0.532	0.505	—	—

从表5-9中查得丙烷在60 ℃时的液体饱和密度为0.427 kg/L,这就是液化石油气的充装系数,按GB 5842—2006《液化石油气钢瓶》制造的也是常用的YSP26.2、YSP35.5、YSP118三种液化石油气瓶的容积分别为26.2 L、35.5 L、118 L,这三种规格的液化石油气瓶的最大允许充装量G分别为

$$G_{10}=0.427\times 23.5=10.0345(\mathrm{kg})$$

$$G_{15}=0.427\times 35.5=15.1585(\mathrm{kg})$$

$$G_{50}=0.427\times 118=50.3860(\mathrm{kg})$$

将乘积的小数部分舍去,得到三种液化石油气瓶的充装量,即分别为10 kg、15 kg、50 kg。

由于液化石油气的临界温度t_c远远高于环境温度,所以在使用过程中始终是气液两相共存的,立放时,上部为饱和气相空间。钢瓶内能达到的最大压力就是最高温度时介质的饱和蒸气压,而气瓶下部则为饱和的液体。由于温度的不同,其密度也不同。以YSP35.5型瓶为例,其容积V为35.5 L,充装量为15 kg。先看看0 ℃时,液态气体所占气瓶的体积,表5-9显示,丙烷0 ℃时的液体饱和密度为0.528 kg/L。

因为1 L=0.528 kg,所以1 kg=1.894 L。计算如下:

$$1.894\times 15=28.4(\mathrm{L})\text{(液相气体所占体积)}$$

$$28.4\ \mathrm{L}/35.5\ \mathrm{L}\times 100\%=80\%\text{(液相气体在瓶内所占体积比)}$$

当温度上升至20 ℃时,以上的计算方法得出液相气体所占气瓶的体积比为85%;当温度上升到30 ℃时,为87.4%;当温度上升到50 ℃时,为94.7%;而温度上升到最高使用温度60 ℃时,则为98%以上,仅留不到2%的气相空间。

二、残液处理

所谓残液，就是液化石油气在使用温度下，不易气化而残留于气瓶内的那部分液体。残液的多少主要与液化石油气的组分及使用温度有关。在液化石油气燃烧过程中，要求其瓶内保持一定的供气压力，以克服减压器、瓶阀及输气管路的阻力，保持向炉具正常供气。瓶内的压力一般不能低于 20 kPa（表压），否则将难以维持炉具的连续燃烧。

液化石油气中，由于丙烷的挥发性好，所以会先气化，而剩下丁烷、戊烷和丁烯等。如其使用温度下的饱和蒸气压低于最小供气压力，则瓶内气体不能通过瓶阀及减压器进入炉具燃烧，而留在气瓶内。例如，丁烷在 0 ℃时的饱和蒸气压力为 17 kPa，低于 20 kPa，所以在 0 ℃以下使用，瓶内的丁烷将被剩下。液化石油气的 C_4 和 C_5 等组分的含量越多，其残液也就越多。

残液的处理方法是在密闭的系统内将其回收到残液罐内，再作为工业炉窑的燃料，或进一步加工成其他工业原料。回收残液的装置见图 5-5。

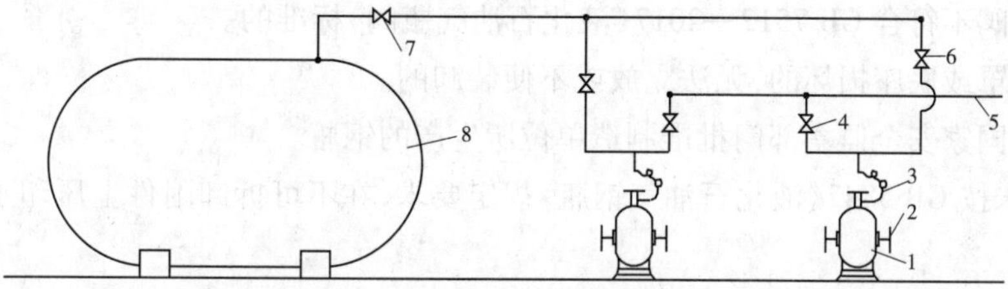

1—钢瓶；2—翻转架；3—胶管；4—气相控制阀；5—管线；6、7—倒残液控制阀；8—残液储罐

图 5-5 液化石油气钢瓶回收残液装置

回收残液的操作顺序如下：

(1)将回收残液胶管 3 与钢瓶 1 相连接。

(2)打开气相控制阀 4 和钢瓶上的角阀，通过管线 5 向钢瓶内充入较高压力的液化石油气（由压缩机或液化石油气储罐中来）。

(3)待听不到气体流动的声音时，关闭气相控制阀 4。

(4)操作翻转架 2，将钢瓶倒置。

(5)打开倒残液控制阀 6 和 7，钢瓶内的残液便被气相压力顶入残液储罐 8。

(6)待听不到液体流动的声音（说明瓶内残液已经倒完）时，关闭倒残液控制阀 6 和 7。

(7)操作翻转架 2，恢复钢瓶正常位置。

(8)关闭瓶阀，卸下胶管 3，操作完毕。

用上述方法倒残液速度较快，还可以并联多个钢瓶同时作业。在倒残液的同时，压力较高的液化石油气将同时进入残液储罐 8，当罐中气相压力逐渐升高到与管线中的压力相平衡时，残液就不能继续进入。此时应采取措施，将罐内气相抽去，使压力降低，当罐内最高液面达到全部容积的 90% 时，应停止进液，用管道或槽车将残液抽出去方可恢复使用。

三、充装前检查及充装时注意事项

(一)充装前检查

钢瓶充装之前必须由地市级特种设备安全监察机构考核合格并取得气瓶充装作业项目的“特种设备作业人员证书”的专职检查员检查合格,发现有下列情况之一的钢瓶不得充装:

(1)超过检验期限或检验标记特别是自重标记不清的。

(2)表面漆色标记不符合《气瓶颜色标志》要求的。

(3)表面腐蚀严重和腐蚀面积较大的。

(4)外表明显变形或机械损伤严重,如其划伤深度有0.4 mm以上的。

(5)钢瓶已被检验不合格,并作报废处理的。

(6)瓶阀无法关严或手轮损坏不起作用的。

(7)瓶阀不符合GB 7512—2017《液化石油气瓶阀》标准的。

(8)护罩或底座损坏的,无法立放或不便装卸的。

(9)非国家安全监察部门批准制造单位所生产的钢瓶。

(10)未按GB 5842《液化石油气钢瓶》规定要求,在不可拆卸附件上压印永久钢印标志的钢瓶。

有下列问题时,必须妥善处理,否则不准充装。

(1)自重标记不清或明显不准时,必须重新准确称重,并按规定位置重新标记。

(2)瓶内残液超过规定值时,应予处理。

(3)新瓶或经检验第一次充装时,必须抽真空(真空度不低于80 kPa)或用氮气置换处理。

(二)充装时注意事项

(1)严禁从大瓶往小瓶分装。

(2)每只钢瓶充装后,均必须逐只进行质量复秤,发现超装的,应及时查明原因,并用导管将超重部分导出处理,超装气瓶不准出站。

(3)充装站的计量仪表、衡器、安全阀等应按规定周期,由有资格的部门校验。

(4)站内的防雷装置、导除静电装置必须按规定的周期进行检测。

(5)液化石油气充装站的安全保护设施必须符合GB 27550—2011《气瓶充装站安全技术条件》。

(6)液化石油气钢瓶充装量,应符合表5-10之规定。

表5-10 液化石油气钢瓶充装量

钢瓶型号	充装量及充装允许偏差(kg)
YSP4.7	1.8±0.1
YSP12	4.8±0.2
YSP26.2	10.7±0.3
YSP35.5	14.5±0.4
YSP118,YSP118-Ⅱ	49.0±0.5

四、充装操作方法、流程及操作要点

（一）充装操作方法

液化石油气充装分为自动化充装、机械化充装和手工充装。

（1）自动化充装。自动化充装从空瓶卸车、残液处理、充前气瓶检查识别、充装、复秤直至实瓶装车的全过程，都形成了自动化流水作业，只需 2～3 人操作控制，充装能力可达 1 500 瓶/h 以上。国外普遍采用自动化充装，而国内只有少部分液化石油气钢瓶集中、使用量又大的充装单位采用。

（2）机械化充装。机械化充装使用运输带搬运钢瓶，采用气动充装接头和自动定量秤。用机械化代替手工操作，计量准确，卫生条件好，充装效率高，很适合较大型液化石油气充装站。国内不少较大型的充装站普遍采用机械化充装，如北京、上海、郑州等大中城市液化石油气充装站很多都采用机械化充装，充装能力最高可达 1 000 瓶/h。

（3）手工充装。手工液化石油气充装使用简易的充气枪和普通台秤，单秤单人操作，劳动强度较大，生产效率较低，充装一只 YSP35.5 型气瓶，需 40 s～1 min，特别是液化石油气漏失较多，计量误差大。但手工充装所使用的设备简单，操作容易，适合小型的、日充装量在 1 000 瓶以下的充装站。

（二）充装流程

（1）液化石油气手工充装流程见图 5-6。

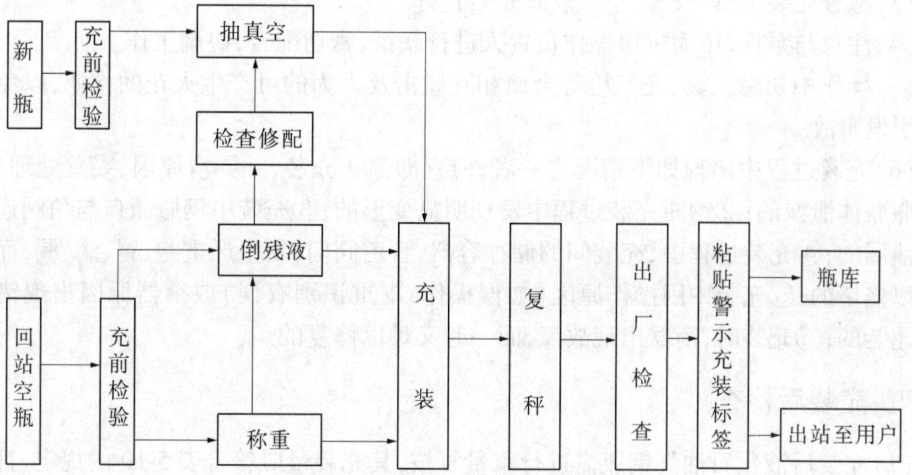

图 5-6　液化石油气手工充装流程

（2）液化石油气机械化充装流程见图 5-7。

（三）充装操作要点

（1）充装操作人员着装必须符合劳动保护及安全防火要求，如应穿防静电或不易产生火花的工作服；严禁穿带铁掌的工作鞋；进入充装间前，应触摸静电接地棒，导除身上的静电。

（2）检查充装衡器的静电接地是否良好；充装间可燃气体的浓度是否在 1% 以下；是否采用不发火地面。

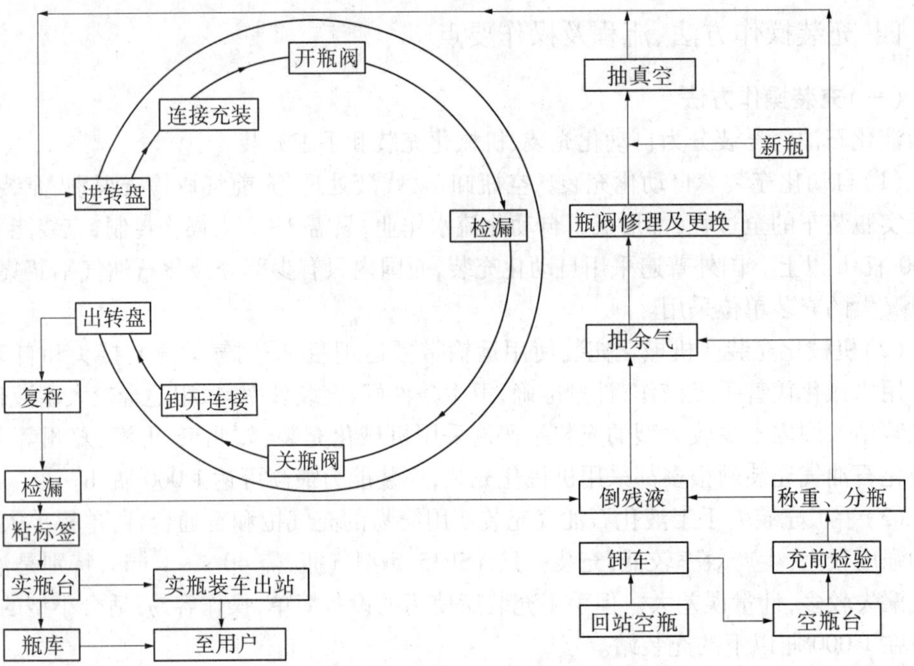

图5-7　液化石油气机械化充装流程

(3)检查充装卡具、胶管、空气软管是否良好。

(4)注意与泵房、压缩机房操作负责人进行联系,密切配合,协调工作。

(5)操作中切忌工具、充气枪等金属相互碰击及人为的可产生火花的作业,以免产生火源引发事故。

(6)充装过程中出现如下情况之一者,应立即停止充装,并弄清原因,妥善处理:①出现钢瓶瓶体泄漏的;②钢瓶充装过程中发现明显变形的;③充装中钢瓶瓶口与角阀连接处明显泄漏的;④充装过程中,充装间的储存容器、管道阀门,发生严重跑、冒、滴、漏,而一时又难以修堵的;⑤充装中因操作原因(如误操作、皮重识别有误)或衡器原因出现错称而造成超装的;⑥充装时,衡器出现故障,而一时又难以修复的。

五、充装后检查

(1)充装后液化石油气钢瓶需进行重量复核,其充装量应符合表5-10的规定,且不得大于所充钢瓶型号中用数字表示的公称容积。

(2)应进行“出厂检查”,检查瓶体、角阀是否泄漏;气瓶是否出现鼓包变形或泄漏等严重缺陷;角阀(含角阀手轮)等安全附件是否完好等。

(3)瓶体的温度是否有异常升高的迹象。

(4)气瓶是否粘贴警示标签和充装标签。

气瓶的充装前后检查记录和充装记录格式参照表5-8,充装记录应妥善保管,保存时间不应少于两年。

六、突发事故的应急处理

在充装过程中若出现局部着火燃烧，应按充装单位制订的“灭火方案”，有序地组织扑救和灭火，灭火要点如下：

(1)切断气源，若钢瓶瓶阀处着火，在可能条件下，应尽快关闭角阀，以防止火势蔓延。

(2)尽可能将着火处的实瓶转移到安全地方。

(3)切断不必要的电源，疏散人员，报火警。

(4)用“干粉”等灭火剂灭火。

(5)为防止万一，液化石油气充装单位应成立应急机构，进行防火灭火知识的培训教育和灭火等反事故模拟演习，以备发生火警时能有序地进行扑救。

第六节　溶解乙炔气的充装

一、乙炔充装的特殊性

(一)阻止乙炔分解爆炸和传播

1. 隔爆作用

溶解在丙酮中的乙炔被填料中的无数细孔隔离，分解反应难以形成，使乙炔分解爆炸的连锁反应中断，起到阻止乙炔分解爆炸传播的作用。

2. 灭火作用

乙炔的分解爆炸并非是分子间的直接作用，而是由于外界能源的激发，使分子间受到破坏，产生自由基，然后产生一系列连锁反应的结果。如果产生的自由基等于消失的自由基，反应就会中止。而多孔性固体填料可使乙炔瓶受到外界能源的激发作用而产生的自由基通过细孔壁时不断消失，使形成自由基的反应中断，达到灭火的作用。

3. 冷却作用

由于填料细孔壁和丙酮有良好的导热性，使乙炔瓶内局部发生聚合分解时产生的热量及时导出，阻止乙炔分解爆炸的产生。

(二)均匀的吸附作用

因多孔填料中均匀地分布着大量的细孔，增加了填料的表面积，使得丙酮和乙炔易被吸收。由于表面积的增大，在一定的温度和压力条件下，可增大乙炔的充装量，提高乙炔的经济指标。另一方面当减压使用时，乙炔可很快地从瓶中释放出来。

压缩充装过程中加压的作用是增加乙炔的充装量，因为加压下的乙炔溶解度比常压下的溶解度要大得多(见表5-11)。因此，乙炔气的充装过程实质上就是乙炔气在加压的条件下溶解于丙酮的过程。

二、工艺流程及其充气装置

典型的乙炔充装工艺流程如图5-8所示。如与此装置系统不同，应符合相应系统的充装标准规定。

表5-11　乙炔在丙酮中的溶解度

温度(℃)	不同总压(MPa)(绝压)下的溶解度(g/10 g)								
	0.1	0.2	0.3	0.5	1.0	1.5	2.0	2.5	3.0
0	58.0	109.5	158	241	526	912	—	—	—
5	48.7	95.3	137	208	447	754	1 157	—	—
10	41.1	83.0	122	182	384	636	958	—	—
15	34.0	72.0	107	161	335	546	811	1 146	—
20	27.9	62.4	94	142	293	472	689	960	1 279
25	22.4	53.6	82	126	259	413	597	822	1 099
30	17.9	45.7	72	113	230	364	521	710	940

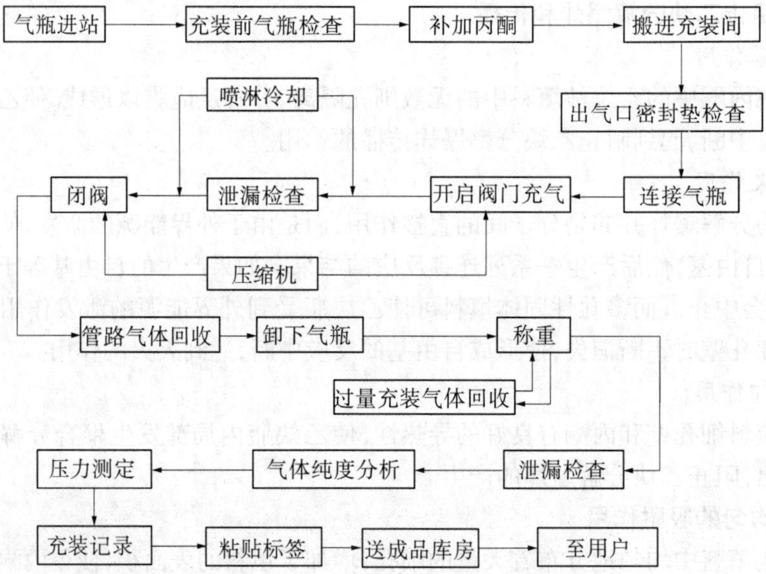

图5-8　乙炔充装工艺流程

三、乙炔充装操作要点

乙炔充瓶装置,除应符合GB 50031《乙炔站设计规范》和GB 27550—2011《气瓶充装站安全技术条件》的要求外,还要符合下列基本要求:

(1)乙炔充装排上的管道、阀门、附件及乙炔等的连接处,均应保证不渗漏。

(2)充装管道中不得有铁锈或者其他颗粒状机械杂质。

(3)充装排的全部管路系统应有导除静电的可靠接地。

(4)充装排上的乙炔瓶充装的容积流速,应尽量采取较小值。一般应小于 0.015 $m^3/(h \cdot L)$。

(5)充装排的高压放散管应装设阻火器。

(6)充装排上的充气支管,宜设置自动启闭装置,以防止空气混入管内。

(一)充装前的检查

1. 充气瓶检查

乙炔瓶在充气前,充气单位应由经过专业培训、持证的专人对乙炔瓶进行逐只检查,合格后方可进行充装。检查项目如下:

(1)外观检查。外观检查时,如发现易熔合金塞上的合金流失,瓶阀出气口有炭黑或焦油等异物,应卸阀进行内部检验。

(2)剩余压力的检查。乙炔瓶在充装前,应逐只检查瓶内是否存有压力,检查前乙炔瓶应在室内静置 8 h 以上。

(3)对无剩余压力或经内部检查后首次充装的乙炔瓶,必须按下列规定进行置换:①用于置换的乙炔气,应符合 GB 6819《溶解乙决》要求;②置换时乙炔气压力宜小于 0.2 MPa;③置换后的乙炔瓶,应按 GB 6819 规定的试验方法和技术要求测定乙炔纯度。

对于混入空气或其他非乙炔气体的乙炔瓶,应先用符合 GB/T 3864《工业氮》中一等品要求的氮气进行置换;置换后分析,瓶内气体中的氧气体积百分数低于 3% 时,再按本条中①、②、③的规定用乙炔气进行置换。

在气瓶检查中,经常发现的问题有:①瓶阀碰坏的较多,其原因是不使用专用扳手和不戴瓶帽;②瓶体撞伤损坏的较多,其原因是运输装卸和使用中抛、滑、滚、碰;③易熔合金塞因回火而造成合金流失,却加以伪装;④剩余压力不足;⑤外表面被喷上其他颜色的油漆;⑥有烧伤的痕迹,有时被涂上油漆进行掩盖;⑦丙酮严重不足,这是由于未按工艺要求补加,以及市场上恶性竞争而在管理上混乱造成的;⑧超检验期限,甚至超过几个检验周期;⑨非自有产权气瓶。

2. 补加丙酮

乙炔瓶在使用过程中,随着乙炔气的释放,瓶内的丙酮要流失一些。按 GB 11638《溶解乙炔气瓶》规定,当新乙炔瓶在环境温度 15 ~ 25 ℃的范围内,以不小于 2 m^3/h 的流量连续放气,丙酮损失率应不大于 50 g/kg(丙酮/乙炔气)。为了保证乙炔瓶的安全性,在充装乙炔气以前,应逐只检查其丙酮损耗情况,以确定丙酮补加量。

1)确定丙酮补加量

逐个测定乙炔瓶的实际重量(以下简称实重)和瓶内剩余压力(乙炔瓶应在室内静置 8 h 后,再测定剩余压力)并求出瓶内剩余乙炔量,按下式计算:

$$G_S = 0.38\delta VB \tag{5-8}$$

式中　G_S——乙炔瓶内剩余乙炔量,kg;

δ——填料孔隙率(%);

V——乙炔瓶实际容积,L;

B——乙炔在丙酮中的质量溶解度,kg/kg。

其中δ、V的数值可以从瓶肩原始标志中查出,B可按表5-12选取。

表5-12 乙炔在丙酮中的质量溶解度B

温度(℃)	不同容器压力(MPa)下的质量溶解度(kg/10 kg)				
	0.1	0.2	0.3	0.4	0.5
-20	0.116 5	0.169 29	0.248 59	0.342 86	0.428 57
-15	0.096 5	0.147 86	0.221 43	0.286 43	0.371 43
-10	0.080 5	0.128 57	0.172 86	0.257 14	0.321 43
-5	0.067 5	0.114 28	0.171 43	0.221 48	0.278 58
0	0.057 24	0.108 07	0.156	0.189	0.237 85
5	0.048 06	0.094 05	0.135 21	0.174 9	0.205 28
10	0.040 56	0.081 90	0.120 4	0.152 5	0.179 6
15	0.033 56	0.071 06	0.105 8	0.131 5	0.158 9
20	0.027 54	0.061 6	0.093 0	0.118 5	0.140 44
25	0.022 1	0.052 8	0.081 13	0.104 2	0.124 9
30	0.017 67	0.045 1	0.071 16	0.088 5	0.111 52
35	0.013 9	0.038 5	0.061 5	0.081 5	0.099 5
40	0.010 26	0.032 57	0.053 3	0.073 5	0.091 3

在实际操作中,40 L乙炔瓶的剩余乙炔量一般通过查表求得(见表5-13),然后根据乙炔瓶皮重、实重和剩余乙炔量,确定丙酮补加量。

$$丙酮补加量(m_F) = 乙炔瓶皮重(T_m) + 剩余乙炔量(G_S) - 充装前乙炔瓶实重(T_{A1}) \tag{5-9}$$

称量结果保留一位小数。补加丙酮时,要戴好防护眼镜,防止丙酮溅入眼内。补加后必须对丙酮补加量进行复检。对公称容积大于等于40 L的乙炔瓶,如实重减去剩余乙炔量后,其值大于乙炔瓶皮重0.5 kg或小于乙炔瓶皮重1.5 kg,则该瓶应做处理,否则严禁充装。

表 5-13　40 L 乙炔瓶不同温度、压力下剩余乙炔量

温度(℃)	不同容器压力(MPa)下的剩余乙炔量(kg)							
	0.05	0.10	0.15	0.20	0.25	0.30	0.35	0.40
-20	1.9	2.5	2.8	3.5	4.3	5.0	5.2	6.0
-15	1.6	2.1	2.5	3.1	3.7	4.2	4.5	5.2
-10	1.4	1.8	2.2	2.7	3.2	3.6	4.1	4.5
-5	1.2	1.6	2.0	2.4	2.7	3.1	3.5	3.9
0	1.0	1.4	1.7	2.1	2.4	2.7	3.1	3.4
5	0.9	1.2	1.5	1.8	2.1	2.4	2.7	3.0
10	0.8	1.0	1.3	1.6	1.8	2.0	2.3	2.6
15	0.7	0.9	1.1	1.4	1.6	1.8	2.0	2.3
20	0.6	0.8	1.0	1.2	1.4	1.6	1.7	2.0
25	0.5	0.7	0.9	1.0	1.2	1.4	1.5	1.7
30	0.5	0.6	0.8	0.9	1.1	1.2	1.4	1.5
35	0.4	0.5	0.7	0.8	0.9	1.1	1.2	1.3
40	0.3	0.4	0.5	0.7	0.8	1.0	1.1	1.2

2)补加丙酮的方法

乙炔瓶补加丙酮的方法一般有以下两种：

(1)氮气加压法。这是国内传统补加丙酮的方法，其操作程序如下：①将丙酮倒入扬液器内，盖好顶盖，用氮气将扬液器内的丙酮压至丙酮计量罐内；②将待补加丙酮的乙炔瓶放在精密秤上，并用丙酮计量罐出口连接软管上的瓶卡紧固在乙炔瓶阀上；③打开与丙酮计量罐相连接的氮气瓶阀，然后调节减压阀，将压力调至 0.8 MPa；④打开乙炔瓶阀，再打开丙酮计量罐的出口阀，此时，丙酮在氮气压力的作用下注入乙炔瓶；⑤按规定量补加好丙酮后，先关丙酮计量罐的出口阀，然后关好乙炔瓶阀；⑥当所要求补加丙酮的乙炔瓶全部灌好后，关闭氮气瓶阀和减压器阀，打开放空阀，使丙酮计量罐内的余气排向大气，打开放空阀时要缓慢，以免将丙酮带出。

(2)丙酮泵加压法。采用丙酮泵加压补加丙酮，其工作原理是由空气压缩机的空气压力驱动气动泵，经气动泵将容器内的丙酮抽出，输送至流量计，经流量计定量控制注入乙炔瓶内。此种方法操作简便，安全可靠，计量准确。

通常使用的丙酮泵为 QFYB－46/880 型空气动力泵，是消化吸收美国气动泵秤机后，我国自行设计制造的产品，目前已投入使用，并取得了令人满意的效果。

3)补加丙酮应注意的问题

(1)严格按标准补加。少加,瓶内气态乙炔增加,瓶内压力将会不正常,易发生事故;多加,安全空间减小,气瓶容易产生“液压”现象,也容易发生事故。故称量衡器的最大称量值应为乙炔瓶充装后质量的 1.5~3.0 倍。衡器应保持准确,其检验期不超过 3 个月,并每天至少用四等砝码校正一次。电子衡器应符合乙炔的防爆要求。

(2)丙酮的品质应符合 GB/T 6026 中一等品的要求。严格控制丙酮中的含水量。丙酮中含水,将会明显地影响乙炔在丙酮中的溶解度,降低乙炔瓶的充气量。同时,瓶内含水量增加,还会降低气瓶的寿命,影响乙炔气的质量,间接地对焊割的质量有着明显的副作用。

(3)补加丙酮如用氮气加压,应严格控制加压氮气的压力小于 0.8 MPa,氮气品质应符合 GB/T 3864 中一等品的要求。如用丙酮泵则应注意,先把泵的气阀打开,将调压器调到0.40 MPa;把手轮和连接管对准乙炔瓶,慢慢打开球阀并排出空气,直到丙酮稳定地从连接管流出;关闭球阀,停泵(如果继续运转,管路中仍然会有空气);把丙酮软管接到乙炔瓶阀上,打开阀,用球阀操纵泵,加入足够量的丙酮。

(4)补加丙酮后,必须静置 8 h 以上方可充气,否则在使用中容易造成乙炔瓶喷丙酮。

(5)首次充装丙酮的乙炔瓶,应先抽真空。

3. 密封垫检查

搬进充气间以后,要认真检查瓶阀出气口密封垫是否完好。如发现损坏或有疑问时,应及时更换。密封垫不规矩,是充装时漏气的主要原因。

4. 确定每台压缩机充装气瓶数

每台压缩机充装气瓶数,应根据压缩机的排气能力,按下式计算:

$$N = Q/v \tag{5-10}$$

式中 N——每次充装乙炔瓶的最低数,只;

Q——乙炔压缩机的排气量,m^3/h ;

v——充气时容积流速,$m^3/(h \cdot 只)$。

充气时的容积流速与充气方式有关,两次充气时,不宜超过 $0.015\ m^3/(h \cdot L)$。

5. 其他检查项目

(1)检查各管线、阀门、仪表、阻火器以及消防器材等是否完好。

(2)充气前管道内必须用乙炔气体进行吹扫,绝对防止管道内的空气进入瓶内。在长期停车或检修后再次开车前,应用氮气吹扫设备管道,合格后再用乙炔气吹扫。

(3)确实将气瓶与充气管路连接好,不然,就可能造成泄漏和事故隐患。

(4)在没有开启瓶阀的状态下,应对瓶阀密封部分检查有无泄漏,如有,应妥善处理。

(5)开启所有乙炔瓶阀门和充装支管切换阀后,也应在瓶阀的密封部分检查是否有泄漏现象,如有,应及时处理。

(二)气体充装

(1)与压缩机操作人员联系,通知充装准备工作完毕。

(2)接到送气通知后,缓慢开启充装排总管的切换阀。

(3)向充装中的气瓶均匀地喷淋冷却水(喷水的目的除冷却乙炔瓶、防止充气超温引起乙炔分解外,还可以防止静电产生,提高最小点火能量,加快乙炔在丙酮中的溶解速度）。其喷淋量约为 20 L/（m^2 · min）。如喷水不均匀，应立即检查并清除喷淋口处的水垢和杂质。

（4）充气中每隔一定时间，必须检查气瓶间出气口、阀杆、易熔合金塞等部位是否有泄漏。

（5）如发现出气口有泄漏，应将其充装卡具拧紧。如仍泄漏，应关闭瓶阀和支管总阀，卸下泄漏乙炔瓶上的充装卡具，更换密封垫。

（6）如发现瓶阀漏气，应关闭支管总阀，且拧紧瓶阀，压紧螺帽下的密封垫。如仍未消除或瓶阀颈部以及易熔合金塞漏气，则应视为不合格气瓶，送检验站修理。

（7）对再次充气的乙炔瓶，事先要调查其来历，确无过量充装的危险时，才可以接收。

再次充气的乙炔瓶和正常充装的乙炔瓶同时连接时，必须在充装管路压力与再次充气的乙炔瓶压力相等时，方可开启瓶阀。为了防止和正常充装乙炔瓶混批，应在再次充气的瓶上做好标记。

（8）随时比较压缩机末段压力表与充装台上压力表的示值差，其误差不得大于 0.05 MPa。

（9）无论采用几次充装，第一次充装后，乙炔瓶的静置时间不应少于 8 h。

（10）对于乙炔瓶的充气流速，间歇充气时，不宜超过 0.015 m^3/（h · L）。

（11）根据预测充装时间，进行充装终了时间的比较，观察压力上升的快慢。

过快时，检查充气乙炔瓶的阀门是否全开，充装支管是否堵塞；如怀疑有空气混入，应分析乙炔气的纯度、室内温度以及冷却水效果等。

过慢时，检查充装管道系统有无泄漏；观察压缩机各段压力表指针的读数、振摆情况，从而判断其压缩的状态是否正常；检查充装排回流阀或排空阀是否有泄漏现象等。

（12）充气过程中，应随时测试瓶壁温度是否在规定范围以内，如发现个别乙炔瓶发热异常或已超过 40 ℃，应果断将其从充装台上卸下，推到室外，做出标记，交技术人员分析处理。

（13）充装中随时巡检，发现泄漏及时处理。若发觉室内有乙炔气味，应立即采取通风措施，且必须查清气味来源。凡发现充装系统中有泄漏之处（如法兰、管路阀、瓶阀、充气支管……）应立即修复。

（14）在预定结束充装时间以前，从同一充装台上抽取数只气瓶进行称重检查，以确定充装终了的时间。

（15）在任何情况下，最高充装压力不得超过 2.5 MPa。

（16）充装结束时，在与压缩机操作等有关人员联系后，关闭充装管路的切换阀，然后关闭瓶阀（在关闭瓶阀时，应同时检查阀杆部位有无泄漏）。

（17）通过回收气体系统，将充装总管和支管内的乙炔气回收，然后关闭支管总阀。

（18）从气瓶上卸下充气卡具，并垂直放置。

（19）从充装台上搬走气瓶，运到静置场所静置，并不得少于 8 h。

溶解乙炔气瓶充装工艺流程见图 5-9。

（三）充装后检查项目及其合格标准

充装结束后，应用肥皂水或其他合适的方法检查瓶阀、易熔塞的密封部位及它们与钢

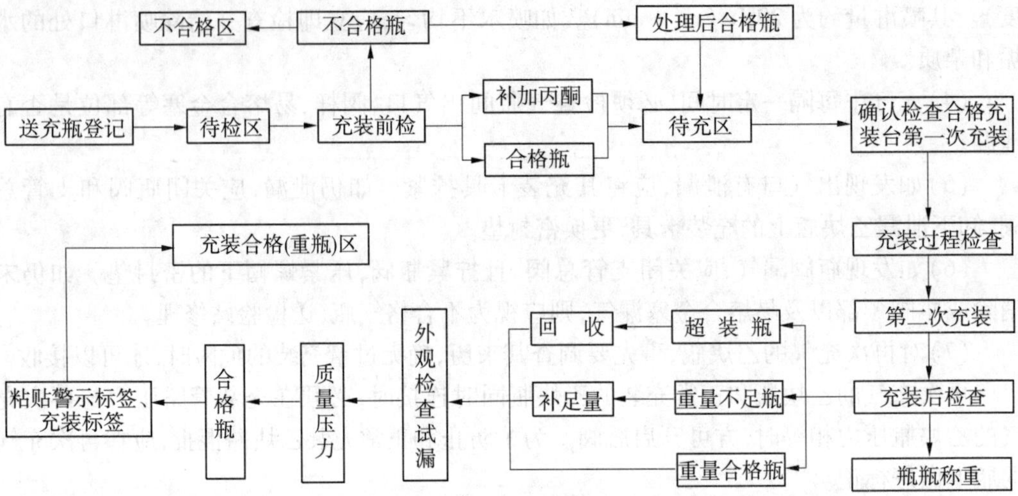

图5-9　溶解乙炔气瓶充装工艺流程图

瓶的连接部位的气密性,以保证无泄漏。对于发现有泄漏的气瓶,应用安全的方法将瓶内乙炔排空,送有检验资质单位处理,在泄漏未完全排除之前,严禁重新充装。

(1)称重。逐只称重测定瓶内乙炔充装量是否合格。

①气瓶称重前,其表面应处于干燥状态。

②称重衡器应符合有关标准要求,允许误差为±0.1 kg。

充装后的乙炔瓶,应逐只置于符合有关要求的衡器上称重,测定瓶内乙炔充装量。乙炔瓶内乙炔充装量按以下公式计算:

$$m_{A1} = T_{A2} - T_m \tag{5-11}$$

乙炔瓶内乙炔充装量应小于等于该瓶的最大乙炔充装量。乙炔瓶的最大乙炔充装量按以下公式计算:

$$m_A = 0.20 \cdot \delta \cdot V \tag{5-12}$$

式中　m_A——乙炔瓶的最大乙炔充装量,kg;

m_{A1}——乙炔瓶内乙炔充装量,kg;

T_{A2}——乙炔瓶充装后实重,kg;

T_m——乙炔瓶皮重,kg。

超过最高充装量时,应将其置于衡器上,用回收装置使乙炔充装量回收至合格范围之内;低于最低充装量时,应查明原因,如情况允许,可再次充装。

乙炔瓶单位容积充装量小于0.12 kg/L时,按不合格气瓶处理。将瓶内乙炔回收后,送至有检验资质单位处理。

(2)乙炔瓶充装后,应按GB 6819《溶解乙炔》规定的验收规则、试验方法、技术要求分析瓶内乙炔质量并验收。不合格的应妥善处理,严禁出厂。

(3)压力测定。从同一充装台充装的气瓶中,任意抽取10%气瓶(不少于2只瓶),进行充装压力测定,其结果应符合表5-14的要求。

表 5-14　不同环境温度下乙炔瓶限定压力

环境温度(℃)	-20	-15	-10	-5	0	5	10	15	20	25	30	35	40
静置后压力(MPa)	0.50	0.60	0.70	0.80	0.90	1.05	1.20	1.40	1.60	1.80	2.00	2.25	2.50

抽取的气瓶中,如有 1 只气瓶压力不合格,则应对该批气瓶逐只测定压力。压力不合格的气瓶不允许出厂。

(4)气密性试验。用洗洁精溶液逐瓶检查乙炔瓶阀(含压紧螺帽密封处和易熔合金塞)及其与瓶口连接处、瓶肩上的易熔合金塞处是否漏气。如发现泄漏,必须妥善处理,否则严禁出厂。

(5)磷化氢、硫化氢检验。从同一充装台充装的气瓶中,任意抽取 5% 气瓶(不少于 3 只),进行磷化氢、硫化氢含量检验。

用浸有 10% 硝酸银的试纸试验,其结果在 10 s 以内不变色的为合格(使用后的试纸,一定要收集起来放入水中稀释后,再扔到安全场所,特别是硝酸银溶液,不要与乙炔瓶接触,因乙炔和硝酸银反应生成的乙炔银是爆炸性物质)。如果该瓶气体经检验不合格,应逐只进行检验,不合格产品不得出厂。

(四)气瓶充装前后检查及充装记录

乙炔气瓶充装前后检查及充装记录,均应按工艺要求及时准确地做好记录。

充装和充装后检查记录,其内容至少包括充装日期、充装间环境温度、乙炔瓶制造厂代号、乙炔瓶编号、实际容积、乙炔瓶皮重、乙炔瓶实重、剩余压力、剩余乙炔量、丙酮补加量、乙炔充装量、静置后压力、发生的问题、处理结果、检查员和操作者签章等。记录至少保存两年。

充装单位应建立所充装乙炔瓶的档案,其内容至少应包括乙炔瓶的原始资料、技术参数和历次充装、检验实况等。

溶解乙炔气瓶充装前后检查及充装记录见表 5-15。

四、乙炔充装中的注意事项

乙炔在充装过程中,由于流速快、压力高,很容易发生火灾和爆炸事故,为了确保安全充装,应注意如下问题。

(一)防止乙炔与空气混合发生爆炸

(1)要始终保持整个工艺设备系统乙炔纯度不低于 98%。如果充装气体以前,系统内的局部必须打开,则之后整个管路必须经氮气置换,再经乙炔置换直至合格,方准开车充气。

(2)管路维修、更换阀门等工作进行前后也要切实做好气体置换工作。充气过程中,严禁更换仪表、安全阀等装置,以防止空气串入系统。

(3)严格进行充气前的气瓶检查,绝对避免氧气、空气混入空瓶。

(4)系统内的乙炔经取样分析合格后,才能充入乙炔瓶。

(5)及时检查和排除系统各部位的乙炔泄漏。室内应设置乙炔报警仪。厂房内要做好通风换气工作,以确保室内乙炔含量不超过标准要求。

表 5-15　溶解乙炔气瓶充装前后检查及充装记录

充装时间：　　年　　月　　日　　室温：　℃

序号	气瓶编号	充装前检查	公称容积(L)	皮重 T_m (kg)	充装前实重 T_{A1} (kg)	剩余压力 (MPa)	剩余乙炔量 G_S (kg)	丙酮补加量 m_F (kg)	充装中检查	充装后重量 T_{A2} (kg)	乙炔充装量 m_{A1} (kg)	充装后检查	静止后压力 (MPa)	充装员签字	检查员签字	备注
1																
2																
3																
4																
5																
6																
7																
8																
9																
10																
11																
12																
13																
14																

注：1. 充装前逐项检查内容：制造、颜色标记、钢印标记、附件、易熔合金、检验周期、回火迹象、填料、外观和腐蚀、机损、热损等气瓶缺陷及处理措施。

2. 充装中逐项检查内容：冷却水、瓶温、瓶阀和易熔合金密封性、充装压力。

3. 充后逐项检查内容：外观、充装重量、乙炔质量、静置后压力、瓶阀和易熔合金密封性试漏。

4. 乙炔瓶的最大充装量按 $m_A = 0.20 \cdot \delta \cdot V$ 计算。

5. 三种检查合格打“√”，如有不合格或存在问题及时处理，处理后不合格瓶送检，超重瓶回气合格后出厂。以上有关问题，需在备注中说明。

技术负责人审核签字：　　　年　　月　　日

（二）杜绝激发能源

（1）要保持良好冷却，避免绝热压缩。

（2）操作工具材质应为铝合金或不锈钢材料，禁止用铁器敲击管道和设备。

（3）启闭阀门速度要慢，系统泄压或乙炔放空的流速切忌太快。

（4）禁止把乙炔瓶放置在绝缘材料上充气。

（5）充气过程中，瓶壁温度严禁超过 40 ℃。

（6）设备、电器、仪表等检修，应符合防爆技术要求，并应保持下去。

（7）乙炔管道冻结，宜用 40 ℃以下的温水解冻，不要使用其他热源。

（8）保持乙炔管道、设备的良好接地，以利于导去静电。

（9）禁止各种火源进入生产区域。

（10）任何人不准穿带铁钉的鞋进入厂房，进入前必须导除人体静电。

（11）经常向地面洒水，以保持室内具有较高的湿度。

（12）操作人员要穿戴防静电的劳动保护用品，充气过程中，不得更换衣服、乱跑、打闹。其他人员经批准进入厂房，也应照此办理，防止人体静电引起火灾。

（三）重视预防措施

（1）充装工艺设备中，必须设阻火器、逆止阀、安全阀等装置，并保持良好的工作状态。

（2）喷淋冷却水是导除静电的有效措施，所以即使在冬季也应正常使用。如水量太小或喷水不均匀，应及时修好。

（3）严格控制工艺参数，有效控制压力与温度，防止因超温超压造成事故。

（4）配置良好有效的消防器材。

（5）认真控制保险装置、安全连锁、报警信号等，出现险情应立即发出警报，使操作人员及时采取措施，消除隐患，保证安全。

（6）充装中如出现着火燃烧，应立即停止充装，并切断气源，完全停止乙炔气进入燃烧区，使火源孤立，用冷却法和隔离法扑灭火源。

（四）注意乙炔充装失常而造成危害

乙炔瓶充装失常的主要原因如下：

（1）瓶内丙酮量没有达到标准要求，造成丙酮不足或过量。这里除操作上的原因外，还有计算和称重误差等因素的影响。

（2）乙炔纯度低，氮气等不溶性气体含量高，使杂质气体的分压上升，使静置的气瓶内的总压升高。

（3）丙酮或乙炔中含水量增加，使乙炔的溶解度系数下降，致使乙炔充装量剧减。

（4）乙炔瓶本身质量好坏，也会直接影响丙酮和乙炔的充装。

乙炔瓶充装中，超温充装、乙炔丙酮装量超装，会对乙炔瓶带来危险。乙炔瓶允许承受最高温度 40 ℃，压力 2.45 MPa。若超温使压力超高，瓶内填料阻爆性能降低，瓶处于危险状态。若超温又超重，则会造成“液压”或高压乙炔分解，均会引起爆炸。另外，压力高，瓶中安全空间减少，有可能产生“液压”，使瓶体承受不了而产生爆炸。当压力高、温度低形成液态乙炔时，只需轻微震动或撞击就会发生爆炸。因此，为保证安全生产，并满足乙炔气的充装量的要求,必须按不同的环境温度限定充装压力。乙炔瓶的限定充装压力在15 ℃时,为1.52 MPa以下。不同环境温度下充装的乙炔瓶静置压不应超过表5-14的规定。

第七节　车用压缩天然气的充装

一、压缩天然气的特性

压缩天然气主要用做车用燃料,它的主要成分是甲烷(CH_4),最高压力达25 MPa,具有易燃易爆的特性。爆炸极限为5% ~15%,天然气和空气混合后,浓度在爆炸极限范围内时,遇火源即会发生燃烧和爆炸。由于压缩天然气在加工过程中经过脱水、过滤、脱硫等工艺,比普通天然气更纯净。

二、车用压缩天然气充装工艺流程

压缩天然气的充装主要指对车用气瓶的充装,其充装工艺流程见图5-10。

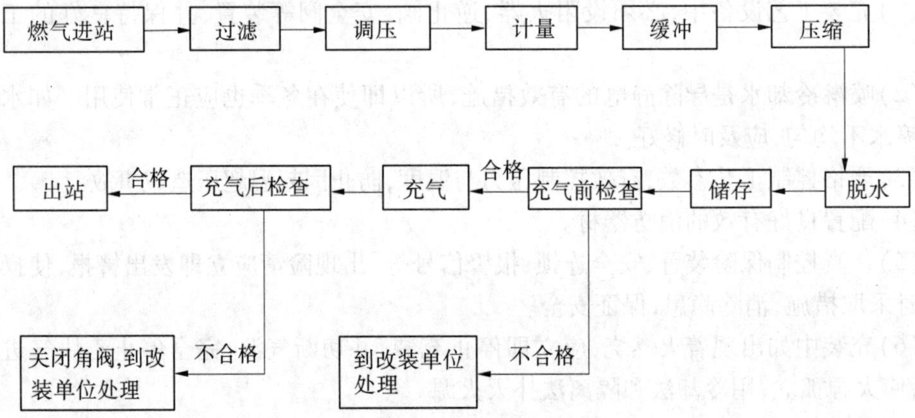

图5-10　车用压缩天然气充装工艺流程

在图5-10中,天然气经过压缩后的压力最高为25 MPa,经过加气站储气设施(储气瓶组、储气罐或储气井)储存后,通过加气机向车用气瓶充装。目前常用的车用气瓶有两种:钢瓶和钢质内胆环向缠绕气瓶,公称压力为20 MPa。依据国家标准GB 19533—2004《车用压缩天然气钢瓶定期检验与评定》的规定,车用压缩天然气钢瓶要定期到有检验资质的部门进行检验,其中出租车钢瓶的检验周期为2年,使用寿命为5年,公交车和其他车辆钢瓶的检验周期为3年,使用寿命为10年。

三、车用压缩天然气充装检查

(一)充装前检查项目

车用气瓶充装前,充装单位应当由专人对车用气瓶进行严格检查并做好记录。凡具有下列情况之一的车用气瓶,严禁充装:

(1)气瓶非“特种设备制造许可证”的单位生产的。

(2)未经使用登记或者与使用登记证不一致的。

(3)对气瓶及其燃气系统安全性有怀疑的。

(4)使用期限超过设计寿命的。

(5)气瓶内无剩余压力的。

(6)气瓶上钢印标记、颜色标记不符合规定,对瓶内介质未确认的。

(7)外观检查,存在明显损伤,需要进一步检验的。

(8)存在其他危及安全的情况。

(9)气瓶的安全附件不齐全,且不符合安全要求。

(10)超过检验期限的。

(11)定期检验不合格的或者报废的。

(12)新瓶或者定期检验后的气瓶首次充装,未经置换或者抽真空处理的。

(13)燃气汽车司乘人员尚未离开车辆或者存在其他危及安全情况的。

(二)充装过程中检查项目

气瓶充装过程中操作人员要严格监控气瓶状况,发现下列情况要立即停止充装,并查出原因,妥善处理:

(1)气瓶变形。

(2)气瓶内有异响。

(3)气瓶瓶体泄漏或与之相连的管道或阀门漏气。

(4)气瓶压力超过规定值 20 MPa(基准温度 20 ℃时)

(5)加气机、加气车辆突然出现异常情况影响安全充装。

(三)充装后检查

充装后要认真进行检查,发现有下列异常情况后要立即将充装车辆转移到安全区域,请专业人员进行处理:

(1)气瓶发生异常变形。

(2)气瓶泄漏或与之相连的管道、阀门泄漏。

(3)气瓶压力超过 20 MPa。

以上所述充装前后检查要由专职检查人员操作,认真填写检查记录并由检查人员签名。充装单位应当做好充装记录,内容至少包括车牌号、气瓶使用登记编号、充装前后的检查结果、充装量、充装人员、充装时间等。充装记录的保存期限不少于 1 个月。

CNG 车用气瓶充装前后检查及充装记录见表 5-16。

四、充装过程中的突发性事件及处理办法

压缩天然气充装过程中最常见的突发性事件有两种:

(1)充气车辆突发性火灾。

处理办法:①立即向上级领导报告有关情况,并根据火势大小决定是否向 119、110 报警;②充装人员立即关闭加气机;③在条件允许时立即关闭车用气瓶瓶阀;④用加气站内灭火器灭火;⑤在站内设立警戒线,严禁无关车辆和人员进入,同时疏散站内现有车辆和

人员。

表5-16　CNG车用气瓶充装前后检查及充装记录

年　月　日　室温　℃

序号	车号	气瓶使用证号	充装前检查	检查员	充装量		充装员	充装后检查	检查员	备注
					压力(MPa)	容积(L)				
1										
2										
3										
4										
5										
6										
7										
8										
9										
10										
11										
12										
13										
14										
15										

注:1. 气瓶充装前检查项目:资质、钢印、标记、检验周期、外观、余压、固定、气瓶使用证、安装合格证、燃气系统安全性。

2. 气瓶充装后检查项目:外观、密封性、压力、瓶温。

3. 检查合格打“√”,不合格打“×”,在备注中说明。

4. 其余项目按要求填写。

(2)与气瓶相连的管道或阀门突然发生大面积泄漏。

处理办法:①充装人员立即关闭加气机,同时关闭汽车用气瓶角阀;②抢险人员迅速关闭加气站储气装置的出口阀门,切断加气机气源;③将消防器材集中到燃气泄漏点周围,现场进行监控,随时处理可能发生的火灾事故;④在泄漏点周围设立警戒线,严禁无关人员和车辆进入,严禁现场打手机、出现明火和其他可能产生火花的操作。

压缩天然气充装单位应建立本部门的突发事故应急抢险预案,并针对各种典型事故经常对本部门员工进行抢险演练,提高处理突发性事故的能力和安全意识。

五、充装

（一）做好充装前的安全检查及准备工作

（1）检查充装设备是否正常，气瓶有无结露、结霜、支架松动的情况，有无漏气情况。

（2）气瓶是否有余压，气瓶是否有损伤，焊接情况，缠绕带是否破损。

（3）充装设备是否正常。

（4）IC 卡信息是否与车辆相符。

（5）车辆是否熄火，驾驶员及乘客是否下车，接地线是否完好连接。

（二）充装过程中注意事项

（1）充装时能听到天然气流动的声音，说明加气正常。

（2）注意观察售气机、加气枪及加气车辆管路是否有结露、结霜、异常响声、异常味道等现象，发现异常现象，应立即停止加气；待查明原因，排除故障后方可恢复加气。

（3）充装过程中，当听到气瓶有异常响声时，应立即停止充装。关闭售气机进气阀，打开充装车辆充气阀放散，现场人员疏散到安全地带观察。

（4）在加气工未拔出枪头前，严禁驾驶员上车启动汽车。

（5）插枪时必须听到“咔嚓”声，说明枪头连接到位。

（6）拔枪前一定要放散、泄压，防止个别情况（枪头带压拔出弹伤人员及车辆）发生。

（7）注意观察售气机显示是否正常，如加气量、加气金额、加气速度等。

（三）其他注意事项

（1）枪口不得对人。

（2）加气软管不得相互缠绕。

（3）充装时人员不得离岗。

（4）充装中发现的异常情况要做好详细的记录，尤其是车牌号，便于下次加气时，其他班组人员对该车辆进行重点检查和防范。

（5）对待态度蛮横的司机，要表现出良好的职业道德风范，用温馨得体的语言，做好耐心细致的解释工作，做到有理、有据、有节，严禁发生争吵和肢体冲突。

（6）对首次充装的气瓶，只允许充装 6 m^3 压缩天然气。

（四）充装前检查重点

（1）检查气瓶充装证、月检记录、钢瓶号是否与车辆相符。

（2）检查气瓶外观，是否有变形、划痕、脱漆现象。

（3）检查气瓶安装是否牢固可靠，是否有局部出汗、结露现象。

（4）检查压力管线、管件、部件是否完好、无泄漏。

（5）车辆充气阀开关是否灵活到位，防尘塞“O”形密封圈是否完好可靠。

（6）检查气瓶是否有余压。

（7）以上任一项检查不符合规范要求，不得对气瓶进行充装。

（五）充装后检查重点

（1）气瓶充装完成后，检查气瓶外观有无异常。

（2）检查管路、管件、气瓶阀有无泄漏，必要时使用检漏仪。

(3)检查车辆充气阀是否完全关闭,防尘塞是否安装到位。

(4)检查一切正常后,填写相关记录,履行签字确保手续。

第八节　混合气体气瓶充装

一、混合气体的充装量

混合气体的充装量是指气瓶内充装的气体重量。

二、混合气体的分类

混合气体可分为:①可燃性混合气体;②氧化性混合气体;③毒性混合气体;④腐蚀性混合气体;⑤不燃混合气体。

三、充装前准备

(一)混合气体充装的方法

1. 静态方法

通过直接向气瓶内充入定量的组分气体,从而生产混合气体。

混合气体气瓶混合充装的方法通常有压力法和称重法两种,在向气瓶内充装所需混合气体时,可联合使用这些方法,这些静态方法如下。

(1) 压力法。

按照 GB/T 14070《气体分析 校准用混合气体的制备 压力法》的要求,将组分气体按照计算的压力充入气瓶中,每次充气后测量气瓶内静置压力。

混合气体的浓度以压力表示,它等于充入该组分气体的分压与混合气体的总压力之比。计算的压力应考虑到组分的压缩因子,以及气瓶充装后的温度变化,以确保在混合气体充装过程中及以后使用时,所有组分气体不会发生液化现象。

(2)称量法。

按照 GB/T 5274《气体分析 校准用混合气体的制备 称量法》的要求,在向气瓶内充入一定已知浓度的组分气体的前后称量气瓶,由两次称量的质量读数之差确定充入气瓶内气体组分的质量。按此方法充入各种组分气体,便完成混合气体充装。

混合气体中每各组分的质量浓度(摩尔浓度),为该组分气体的质量(摩尔数)与所有组分气体质量(摩尔数)总和之比。这些计算的质量应确保准确,以确保在混合气体充装期间及其以后使用时,所有组分气体不会发生液化现象。

2. 动态方法

按照 GB/T 5275《气体分析 动态体积法制备校准用混合气体》的要求,在介质充装到气瓶之前,通过准确计算结果,以动态的方式进行混合气体的充装。

一般情况下,动态的混配是在低压下进行的,然后再通过加压方式充装到气瓶内。系统中应有保证在流量控制失效的情况下不可能继续配置、充装的措施,以确保在混合气体加压后组分气体不会发生液化现象,以及加压后混合气体的产品质量不发生变化。

（二）作业指导书编制、审批

1. 作业指导书的内容

混合气体气瓶充装作业指导书至少包括以下内容：

（1）气瓶和瓶阀的详细资料以及其他的准备工作（包括处理和检查）。

（2）要充入气瓶的气体组分的分量以及充入顺序的确定。

（3）充入气瓶气体组分的测量方法、质量要求和所使用的充装设备。

（4）与组分充入气瓶速度相关的任何特殊限制条件（如尽可能减少温度的提升）。

（5）混合各种气体组分的方法。

（6）任何中间分析要求。

（7）质量控制方法。

（8）审核意见，确认作业指导书的合理、正确、安全性。

2. 作业指导书批准

作业指导书可采用手写格式或计算机辅助格式。

（1）作业指导书编制人员应具备相关专业的技术经验，且应掌握混合气体气瓶充装中遇到的相关理化性质及工作原理、安全操作。

（2）充装单位技术负责人负责作业指导书的审核，负责人负责作业指导书的批准。

3. 作业指导书的调整修改

作业指导书应根据实际情况进行定期调整修改，以确保其安全性和有效性。

（三）确认充装设备、设施、仪器等

按批准的作业指导书，对充装现场的充装设备、设施、仪器等进行确认，同时确认安全系统符合要求。

四、充装前的检查与处理

（1）充装前的气瓶应有专人负责，逐只进行检查。

（2）混合气体气瓶有下列情况之一的，严禁充装：

①气瓶不具有“特种设备制造许可证”的单位生产。

②进口气瓶未经特种设备安全监督管理部门认可。

③充装的气体与气瓶制造钢印标志中充装气体名称或化学分子式不一致。

④根据 GB/T 16804《气瓶警示标签》规定制作的警示标签上印有的瓶装气体的名称及化学分子式与气瓶钢印标志不一致。

⑤将要充装的气瓶不是本充装站自有产权气瓶。

⑥气瓶外表面的颜色标志不符合 GB/T 7144《气瓶颜色标志》的规定，且不清晰易认。

⑦气瓶瓶阀的出气口螺纹型式不符合 GB/T 15383《气瓶阀出气口连接型式和尺寸》的规定，即可燃气体用的瓶阀，出口螺纹不是左旋；其他气体出口螺纹不是右旋。

⑧气瓶外表面有裂纹、严重腐蚀、明显变形及其他严重外部损伤缺陷。

⑨气瓶不在规定的检验有效期内。

⑩气瓶的安全附件不符合安全要求。

⑪充装氧化性混合气体的气瓶，其瓶体、瓶阀沾染油脂或其他可燃物。

⑫超过气瓶使用年限。

(3)颜色标志以及瓶阀出口螺纹与所装气体的规定不相符及有不明剩余气体的气瓶,除不予充气外,还应查明原因,进行妥善处理。

(4)有余压的气瓶在汇流装置上,先对汇流装置用合格气体置换或抽空处理,再对瓶内的剩余气体进行放空。

(5)无剩余压力、新投入使用。或经内部检验后首次充气的气瓶,充装前应按规定进行抽真空或用合格气体置换处置,除去瓶内的空气及水分,经分析合格后方能充装。

(6)在检验有效期限内的气瓶,如外观检查发现重大缺陷或对内部状态有怀疑的气瓶、发生交通事故车上运输的气瓶、瓶阀及其他附件,应先送经有关部门许可的检验机构,按规定进行定期检验。

(7)国外进口的气瓶,要求在我国境内充气时,应先由特种设备安全监察机构认可的检验机构进行检验。

(8)经检查不合格(包括待处理)的气瓶应与合格气瓶隔离存放,有明显标记。

五、混合气体的充装操作要点和注意事项

(1)瓶装混合气体中的组分或杂质含量应符合相应气体标准的要求。

(2)充装混合气体时,应严格遵守下列各项规定:

①充装前应确认气瓶是经过检查合格并有记录。

②充装混合气体的各种不相容原料气体应有足够的安全距离和隔离措施。

③用防错装接头进行充装时,应认真检查瓶阀出气口的螺纹与所充装气体所规定的螺纹型式应相符,防错装接头零部件应灵活匹配。

④开启瓶阀时应缓慢操作,并应注意监听瓶内应无异常音响。

⑤禁止用扳手等金属器具敲击瓶阀和管道。

⑥气瓶的充装流量,不得大于 8 m^3/h(标准状态气体)。

⑦气瓶充装过程中,禁止插入空瓶进行充装。

(3)气瓶的充装量应严格控制,禁止超量充装。

应按下列方法准确确定各类气体的充装量:

①气-气混合气体的充装量应确保气瓶充装后在基准温度(20 ℃)下,瓶内气体压力不超过气瓶的公称工作压力。充装时,按不同的充装气体温度确定其最终充装压力。

②液化气混合气体的充装量不得大于气瓶容积与气瓶充装系数的乘积,也不得大于气瓶产品规定的充装量,高压液化混合气体的充装系数应按有关计算确定其最大极限值。

(4)液-液混合气体的充装量不得大于气瓶总容积与充装系数乘积的计算值,也不得大于气瓶产品规定的充装量。

(5)充装前应确认本次充装的混合气体应在混合气体的充装作业指导书中。

六、充装记录

(1)充装人员应填写混合气体气瓶充装记录。

①气-气混合气体记录的内容至少应包括:充装日期、瓶号、产品名称、充装介质、各

组分含量、各组分充装起止压力(或重量)、公称工作压力、充装起止时间、充装温度、室温、容积、气瓶充装后复称总重、有无异常情况、充装及检验者。

②液-液混合气体记录的内容至少应包括充装日期、瓶号、产品名称、充装介质、气瓶净重、各组分含量、各组分充装起止重量、充装时间、室温、容积、气瓶充装后复称总重、有无异常情况、充装及检验者。

(2)充装单位应负责妥善保管混合气体气瓶充装记录,保存时间不应少于1年。

七、充装后检查

(1)充装后应逐只检查气瓶,检查内容至少应包括以下几方面:

①充装量(压力或质量)应符合安全技术规范及相关标准的要求。

②瓶阀及其瓶口连接的密封应良好。

③气瓶在充装后应不出现鼓包变形或泄露等严重缺陷。

④气瓶的温度应无异常升高的迹象。

⑤气瓶的安全附件应完整齐全。

⑥气瓶的充装标签、警示标签应完整。

(2)如发现不符合要求,应迅速查明原因,制定纠正措施。

八、验证分析

(1)瓶装混合气体应以一次连续充装的产品或一个操作班生产的产品为一批,瓶装混合气体应以产品批量的2%随机抽样进行检验,抽样数量不应少于2瓶也不多于5瓶。当检验结果有任何一项不符合要求时,应自该批产品中重新加倍抽样检验,若仍有任何一项不符合要求,则该批产品不合格,有产品标准的,依据产品标准的规定的抽样要求抽样。

(2)气瓶集束装置充装的混合气体应逐架检验。当检验结果有任何一项不符合要求时,则该产品不合格。

(3)在气体分析间,根据气体的特性,宜设置可燃气体、有毒气体或其他气体浓度报警装置,并设有效的通风装置。

(4)混合气体样品分析时的尾气,应经安全处理后,方可排放到大气中。

(5)产品分析前应对气体采用合适的混合均匀处理,待混合均匀后再进行分析。

九、应急管理

(1)充装前应制订符合本单位实际情况的混合气体气瓶充装事故应急救援预案,确定应急处置技术方法。明确应急救援的指挥和协调机构、应急救援人员分工和职责划分、应急设备设施、紧急处置、人员疏散、抢险、医疗等急救措施、社会支持救助、应急救援预案的训练和演习等。

(2)应急预案应按规定定期演练,并认真对演练的效果进行评价和总结,应保存演练相关记录和文件。

(3)应及时修订和完善应急预案,保证应急预案的有效性和可操作性。

十、包装、标志及运输

(1)混合气体的充装及运输,应符合 GB 190《危险货物包装标志》、TSG R0006《气瓶安全监察规定》和《危险货物运输规则》的相关规定。

(2)包装混合气体的气瓶应符合 GB/T 5099《钢质无缝气瓶》或 GB/T 11640《铝合金无缝气瓶》的规定,瓶阀出气口连接型式应符合 GB/T 15383《气瓶阀出气口连接型式和尺寸》的规定,气瓶标签应符合 GB/T 16804《气瓶警示标签》规定的要求。

(3)应防止瓶口被污染和泄露。

(4)包装混合气体的气瓶颜色应符合 GB/T 7144《气瓶颜色标志》的规定要求。

(5)瓶装混合气体在 20 ℃时,最高压力不应超过气瓶的公称工作压力;返厂待充气瓶的余压不应低于 0.2 MPa,用于测量的压力表精度应不低于 1.6 级或使用数字显示压力表。

(6)混合气出厂时应附有质量合格证,其内容至少应包括产品名称、各组分含量、成品压力(MPa,20 ℃)(或重量)、生产厂名称、地址、生产日期或批号、执行的标准编号、充装人员号和检验员号等。

第九节　气瓶的运输

气瓶在运输过程中由于缺乏安全教育,有的无规可循,有的定了制度却得不到贯彻执行,因此曾发生过多起气瓶爆炸事故,给国家和人民生命财产带来了损失。为避免类似事故的重复发生,各有关单位(运输、供应、使用等部门)应制定相应的安全管理制度(包括事故应急处理措施)和负责对从事气瓶搬运、装卸、押运和驾驶的工作人员进行专业安全技术教育(含气体、气瓶安全知识、消防器材和防毒面具用法等)。

一、短途搬运和装卸气瓶的注意事项

(1)气瓶搬运以前,操作人员必须了解瓶内气体的名称、性质和安全搬运注意事项,并备齐相应的工器具和防护用品(如介质为有害、有毒、腐蚀、放射性和自燃气体时,应在组织管理、技术措施、个人防护、卫生保健等方面制定相应措施)。

(2)三心凹底气瓶在车间、仓库、工地、装卸场地内搬运时,可用徒手滚动,即用一手托住瓶帽,使瓶身倾斜,另一手推动瓶身沿地面旋转,用瓶底边走边滚;也可用两手各握一只气瓶的瓶帽,使两只气瓶在胸前交叉滚动,这要根据其熟练程度而定。但不准拖曳,随地平滚,顺坡竖滑或用脚蹬踢。

(3)方型底座气瓶最好是使用稳妥、省力的专用小车(衬有软垫的手推车),单瓶或双瓶放置,并用铁链固牢。严禁用肩扛、背驮、怀抱、臂挟、托举或二人抬运的方式搬运,以避免损伤身体和摔坏气瓶酿成事故。

(4)气瓶应戴瓶帽,最好是戴固定式瓶帽,以避免在搬运距离较远或搬运过程中瓶阀因受力而损坏,甚至瓶阀飞出等事故的发生。

(5)气瓶运到目的地后,放置气瓶的地面必须平整,放置时将气瓶竖直放稳,方可松

手脱身，以防止气瓶摔倒酿成事故。

(6)当需要用人工将气瓶向高处举放或需把气瓶从高处放落地面时，必须两人同时操作，并要求提升与降落的动作协调一致，姿势正确，轻举轻放，严禁在举放时抛、扔，在放落时滑摔。

(7)装卸气瓶应轻装轻卸，不应用抛、滑、摔、滚、碰等方式装卸气瓶，以避免因野蛮装卸而发生爆炸事故。

(8)气瓶搬运中如需吊装时，不应使用电磁起重设备。用机械起重设备吊运散装气瓶时，必须将气瓶装入集装箱、坚固的吊笼或吊筐内，并妥善加以固定。不应使用链绳、钢丝绳捆绑或钩吊瓶帽等方式吊运气瓶，以避免吊运过程中气瓶脱落而造成事故。

(9)严禁使用叉车、翻斗车或铲车搬运气瓶，叉车搬运时应将气瓶装入集装格或集装篮内。

(10)在搬运过程中发现气瓶漏气、燃烧等险情时，搬运人员 应针对险情原因，进行紧急有效的处理。

(11)装卸氧气及氧化性气瓶时，工作服、手套和装卸工具、机具上不应沾有油脂。

二、长途运输气瓶的注意事项

长途运输气瓶应做到文明装卸，妥善固定，分类装运，禁止烟火，防晒防雨，悬挂标志。

(1)气瓶是有爆炸危险的容器，所以气瓶在长途运输装卸时，首先要确认其瓶阀无泄漏和瓶体无损伤，其次要求气瓶应戴瓶帽和防震圈，且在车厢装卸气瓶的部位垫橡胶垫子，以免使气瓶受到撞击或擦伤。

(2)装卸的气瓶在确认其瓶阀不泄漏和瓶体无损伤后，为了防止气瓶在途中移位和撞碰，底层气瓶的下面应放置带凹槽的底垫或塞上制动垫木。如果途中道路不平或需要经过山道和坡度较大的桥梁，则还必须用绳索捆绑。

(3)气瓶在车上除直径较大、瓶身较短(车厢高度应在瓶高的2/3以上)的外，一律顺车厢横向卧放，瓶帽均应朝向一方，但不得朝向汽车油箱的一侧。气瓶在车上摆放的高度不得超过车厢挡板，且不准超过5层(马车运输摆放不准超过3层)。

(4)运输小容积气瓶应将其装入带有松软填充物的箱里运输。

(5)运输可燃性、助燃性压缩气体的气瓶容量超过300 m^3，毒性气体的气瓶容量超过100 m^3，运输同类化学性质液化气体的气瓶容量分别为3 000 kg或1 000 kg，必须有押运人员押运。

(6)运输可燃性、助燃性或毒性气体的运输里程超过400 km时，除配备一名押运员外，还必须配备两名司机轮换驾驶，以防因疲劳驾驶酿成交通事故，危及气瓶安全。

(7)化学性质相抵触的气体(如氧气或氯气与氢气、乙炔气和液化石油气)不得同车运输，氧化或强氧化性气体气瓶不准和易燃品、油脂及沾有油脂的物品同装在一辆车上，以防止着火爆炸。

(8)运输气瓶的车上严禁烟火，并要配备相应的灭火器材和防毒面具。运输可燃性气体的车辆排气口应戴有阻火器，且保证排气管不出明火。

(9)夏季运输气瓶时，为避免阳光照射，车上必须具有遮雨遮阳设备。炎热地区应遵守当地政府关于夏令季节装运气瓶的有关安全规定,避免白天运送气瓶(特别是二氧化碳气瓶)。

(10)气瓶属于化学危险品,运输的车辆应在车前悬挂《包装储运指示标志》规定的标志,还应在车上明显位置插上交通安全管理部门规定的装载危险品的警告标志旗,以引起过往的其他车辆注意,保持安全距离。

(11)严禁使用自卸汽车、挂车或长途客运汽车捎带气瓶,同时也不允许装运气瓶的货车载客。

(12)车辆启动与停车应缓慢,行进中要避免紧急刹车和急转弯。运送气瓶的车辆还应遵守公安、交通部门有关危险品运输的安全规定,例如沿指定路线行车,在首脑机关、居民密集处不准停留等。停靠时,司机和押运人员不得同时离开。

(13)司机与装卸和押运人员均须明确所运气体的性质、安全注意事项和紧急处置措施。

(14)如用马车运输气瓶,途中遇到下坡路、叉路口和闹市时,驭手应下车步行。

(15)到达运输目的地后,要确认打开车厢板或解开绳索后气瓶不会坠落时,方可卸车。

(16)装有液化石油气的钢瓶不应长途运输。

(17)气瓶经铁路、水路和航空运输时,应遵守交通部发布的《危险货物运输规则》以及铁路、水路、民航部门的有关规定。

第十节　气瓶的储存与保管

瓶装气体品种多,性质复杂,有的压力高达30 MPa,有的瓶内气体具有可燃性,或氧化性,或窒息性,或毒性,或腐蚀性,或爆炸性。在储存过程中,装有这些气体的气瓶如遇到不标准的储存条件,常有可能引起灾害性的事故。因此,应重视瓶装气体库房的建设要求,努力提高管理人员的素质,建立健全并认真落实气瓶储存的各项规章制度。

一、对气瓶库房的要求

(1)气瓶库房的建设必须经环保、公安、消防和安全监察部门的批准。

(2)库房的建筑必须按国家有关规范、标准的要求进行,其中气瓶库房的耐火等级、层数和面积,应严格执行《建筑设计防火规范》的有关规定。属于爆炸危险的甲乙类和高压气瓶的库房,不应设在建筑物的地下室和半地下室内;易燃、可燃液化气体气瓶的库房,应设置防止液态气体流散的设施,库房内不应有地沟暗道。

(3)气瓶库房的安全出口不得少于两个(面积小的库房可只设一个),库房门窗均须向外开,以便人员疏散和泄爆;门窗上的玻璃应采用毛玻璃,或在透明玻璃上涂上白漆,或挂上白色窗帘,以防止气瓶被阳光直射后增加其压力,或催化其他化学反应。

(4)库房应有足够的泄压面积,以减少爆炸事故发生时的损失。氢气等甲类火灾危险的气瓶库房,其泄压面积与库房容积之比应达到0.05~0.1 m^2/m^3。

(5)储存气瓶的库房必须是单层建筑,其高度不应低于4 m,屋顶应为轻型结构,并应有天窗或自然排风筒。对于可燃或有毒气体的气瓶库房,应采用强制通风换气装置,其风量应以事故排气量为基数,每小时换气量应为基数的 7 倍以上,必要时应配备喷淋冷水的装置。

(6)库内地面应平坦而不打滑。储存可燃气体的气瓶库房,其地面可采用铝板、沥青、水泥或木砖,但从导电情况和防止撞击火花方面考虑,采用铝板更合适一些。屋墙的间壁及房顶应用防火或半防火材料建造。

(7)储存可燃气体气瓶的库房,其照明、换气装置等电气设备,均须采用防爆型的;电气开关和熔断器应装在房外,应定期对库房内外用电设备、安全防护设施进行检查。

(8)库房内温度应根据气瓶内的介质确定。一般应在 5 ℃以上、35 ℃以下,高于 35 ℃时,应采取降温措施。冬季严禁使用煤炉、电热器或其他明火取暖设施。

(9)储存可燃气体气瓶的库房如不在避雷装置保护区域内,则必须装设避雷装置。

(10)对于有毒、可燃或窒息性气体的气瓶库房,其内要装设与之相适应的自动报警装置。

(11)气瓶库房最大存瓶数不得超过 3 000 只。如库房用密闭防火墙分隔成单室,则每室存放可燃、有毒气体气瓶不得超过 500 只;存放不燃无毒气体气瓶不应超过 1 000 只(以 40 L 气瓶计)。

(12)气瓶库房与其他建筑物应保持一定的安全距离。

(13)为了便于气瓶装卸和减少气瓶损伤,一般应设置装卸平台,其宽度为 2 m,高度按气瓶主要运输工具的高度确定。

二、对气瓶库房管理员的要求

(1)应经过安全技术培训,熟悉气体的性质,能够识别气瓶盛装气体的种类。

(2)了解气瓶及其安全附件的结构与操作要领。

(3)懂工器具原理,会使用,能够定期检查和维护。

(4)对消防器材能够根据瓶内气体的性质准确使用,熟练操作。

(5)工作认真负责,并有保管各类气瓶的技能和经验。

(6)熟悉库房各项及其有关规章制度,并能认真贯彻执行。

(7)真实准确而工整地做好工作记录。

三、气瓶库房的管理

(一)气瓶入库前的验收

气瓶入库前,应由专人负责,逐只进行检查,检查内容至少包括:

(1)气瓶应有具有“特种设备制造许可证”的单位生产的。

(2)进口气瓶应经特种设备安全监督管理部门认可。

(3)对入库的气瓶,必须细致地逐瓶检查其外表面的瓶色、字样、字色、色环是否与入库单据相符。

(4)气瓶的安全附件应齐全,应在规定的检验有效使用期内并符合安全要求,瓶帽、防震圈是否完整,气瓶外表面有无影响气瓶安全使用的缺陷,例如严重的腐蚀、机械损伤、凸起变形等。

(5)检查瓶阀有无泄漏。对于非特殊危害性气体气瓶可用感官或试验液测试,对于盛装特殊危害性气体的气瓶必须用气体测漏仪或用试验液测试。有的工厂用经过氨水处理的棉花团去检验氯气或氯的化合物气体泄漏(产生白雾),用试纸检验氨、砷烷、磷烷(试纸变色)也很有效。

(6)气瓶应在规定的检验有效使用期内。

(7)应认真仔细检查瓶阀出气口的螺纹与所装气体所规定的螺纹形式相符,防错装接头各零件应灵活应用。

(二)气瓶入库储存

(1)气瓶的储存应有专人负责管理。气瓶入库后应按照气体的性质、公称工作压力及空、实瓶,严格分类存放,最好将其直立于指定的栅栏里,用可移动的铁链将栅栏拦住。性质相抵触的气瓶必须分隔存放,以防泄漏和性质抵触的气体相遇引起火灾、爆炸和中毒。因此,盛装可燃性气体的气瓶,不准与氧化性气体气瓶同库储存;氯、氧、氯化氢、氯甲烷、氧化氮、二氧化硫、六氟化硫气瓶,不准与氨气瓶同库储存;甲烷、一甲胺、二甲胺、三甲胺、氟化硼气瓶,不准同氯气瓶同库储存;氢、氨、氯乙烷、环氧乙烷、乙炔气瓶,不准与一氧化二氮气瓶同库储存;氟磷化氢(磷烷)、硫化氢,不准与一甲胺、二甲胺、三甲胺气瓶同库储存等。要防止气瓶倒地,并应挂上标有气体名称和入库日期的标牌。

(2)无底座的凸形底气瓶可水平地横放在带有衬垫的槽木上,以防气瓶滚动,瓶帽应朝向一侧。如需堆放,则堆放层数不应超过5层。小容积气瓶应放在特制的带有凹槽的托垫上。

(3)为使先入库或临近检验期限的气瓶优先发出,应尽量将这些气瓶储存在一起,并在栅栏的牌子上注明。

(4)对于限期储存的,如光气(3个月)、溴甲烷、二氧化硫(6个月)以及不宜长期存放的氯乙烯、氯化氢、甲醚等气体,均应注明储存期限。对于容易起聚合反应或分解反应的气体气瓶,除应远离电磁波、振动源外,还必须规定储存期限,并予以注明。这类气瓶还不能存放在有放射线的场所,以免射线促使其(例如四氟乙烯)发生聚合或分解反应。因此,限期存放到期后,及时处理非常重要。

(5)可燃性气体气瓶不能放在绝缘体上存放,以防静电引起事故。

(6)气瓶在储存期间,除每日一次定期检查外,应随时查看有无漏气腐蚀和堆垛不稳等情况。发现泄漏要及时消除,发现腐蚀倾倒应妥善处理。检查毒性气体气瓶库房时,应对库房首先进行换气,而后穿戴好防毒用具,方可入库。

(7)气瓶在储存期间还应定期测试库内温度和湿度,并做出记录。库房最高允许温度应根据储存气体性质而定,必要时,可设温控报警装置,例如储存乙胺,库温应低于10 ℃;储存光气、氯甲烷、溴甲烷、氯乙烯、乙烷、甲醚、丁烯、丁二烯、一甲胺、二甲胺、三甲胺等气体,库温应低于30 ℃;储存环氧乙烷、库温应低于32 ℃;储存氯乙炔、氟化氰、二氧化硫气体,库温应低于35 ℃。库房的相对湿度,应控制在80%以下。

(8)有毒气体或可燃气体的库房和氧气及惰性气体的库房,在3天内应定时测定库内气体浓度,如浓度超过规定值,则应强制换气,并将泄漏气瓶挑出;如3天内测定值在允许范围内,可改为定期测定。最好设置相应气体危险性浓度检测报警装置。

(9)气瓶在库房内应摆放整齐,并留有适当宽度的通道。库房应有明显的"禁止烟火""当心爆炸"等各类必要的安全标志。

(10)库房还应有运输和消防通道,设置消防枪和消防水池,在固定地点备有专用灭火器、灭火工具和防毒用具。

(11)气瓶库房周围 10 m 范围内禁止存放任何易燃物品,也禁止进行任何有明火的作业。

(三)气瓶出入库注意事项

(1)应建立并执行气瓶出入库制度并做到瓶库账目应清楚,数量应准确,并应按时盘点,做到账物相符,做到先入先出。

(2)实瓶的储存数量应有必要的限制,尽量满足当天的使用量和周转量,以减少储存量。

(3)库房管理员必须认真填写气瓶发放登记表,内容包括:①序号;②气体名称;③气瓶编号;④入库日期;⑤气瓶检验日期(年月);⑥验收者姓名;⑦气瓶出库日期(年、月、日);⑧出库者姓名;⑨领用单位;⑩领用人签字;⑪备注。

第十一节 压缩气体的安全使用

一、对从事气体操作与管理人员进行专业培训

(一)培训对象

(1)气焊气割及气体作业直接操作人员。

(2)从事瓶装气体工作的所有人员,含安全管理专(兼)职干部、装卸搬运人员、汽车司机等。

(3)瓶装气体经营、销售、采购、押运等管理人员。

(二)培训目标

通过专业培训,使操作与管理人员达到如下要求:

(1)了解和掌握自己所操作和管理的气体的性质、危害与防护方法。

(2)基本了解自己操作与管理钢质气瓶的大致结构,瓶阀及瓶阀安全装置的结构与要求。

(3)了解和掌握一旦发生紧急情况的处理方法,如可燃和氧化性着火,有毒气体泄漏等应急处理。

(4)了解和掌握国家有关安全监督管理部门对气体、气瓶的基本法规与技术规范标准。

二、压缩气体的供气方式

对压缩气体用气单位供气有如下四种方式:

(1)管道直接输送供气。适用于用气量大的使用点,如大的"空分"制氧单位向炼钢车间供气。

(2)液态气体储运现场气化供气。如从大的"空分"造气厂把液氧、液氮、液氩用低温槽车运至使用现场气化供气。

(3)汇流排管道供气。

(4)单瓶连接供气。

三、汇流排管道供气装置

(一)适用范围

汇流排管道供气适用于有一定规模的生产工艺用气、金属切割焊接用气、中小规模金属冶炼用气甚至医院病房及高压氧舱用氧等用气(用氧)点。因为是管道输送,可用管道接至高层楼房或其他不便运送钢瓶的用气点。

(二)汇流供气装置流程

压缩气体汇流供气装置与流程见图5-11,图中反映的规模是"5×2",即5瓶一组,共2组,轮番使用,连续不断向外供气。根据用气规模,也可以是"10×2""20×2""30×2""40×2",甚至是"80×2",还可以用若干个"80×2"串联使用。

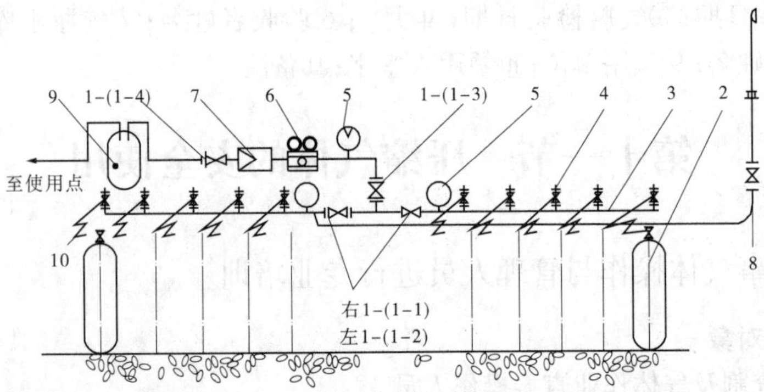

1—高压截止阀;2—气瓶;3—高压汇积管;4—小截止阀;5—压力表;6—减压器;
7—止逆阀(单向阀);8—紧急放散阀;9—缓冲器;10—连接管($\phi 8\times1.5$ 铜管)

图5-11 压缩气体汇流供气装置示意图

图5-11汇流供气装置适用氧、氮、氩、空气、氢等压缩气体。减压器6可选用企标"YQY-14"型减压器。该型号减压器 $P_1\geqslant15$ MPa;而 P_2 为0.5~4.0 MPa,流量可达1 000 m^3/h,非常适合。为了使用气点用气压力平衡,设置了一只缓冲器9,其水容积不小于100 L,标号7单向阀,可选用型号为企标"QD200-25"型,缓冲器起止逆作用,若汇流的是可燃气体,在单向阀后还应设置阻火器。

(三)操作程序

(1)瓶装气体就位,气瓶的出口螺纹与连接管10连接,接头可用专用卡具,也可用G5/8″管螺纹接头紧固。

(2)两组气瓶连接好后,可任意选择一组使用,若选择右边一组使用,则首先关闭高压阀(1-2)打开高压阀(1-1),再打开右边标号4的小截止阀(其小截止阀型号为"QJG 15-4"),然后打开右边5只瓶阀,此时右组的压力表上可见气体的压力读数。

(3)若此时用气点需要用气,应打开高压截止阀(1-3),在减压器(6)出口压力(P_2)达到0.8~1.5 MPa时即可。

(4)右边的一组气体使用到最低点时(0.5 MPa以下),可关闭高压阀(1-1),打开高压阀(1-2),其他程序按(3)进行,就这样轮番使用,连续供气。

（四）安全要点

（1）汇流排系统管道，一直到标号为高压截止阀（1－4），均为公称工作压力 15 MPa 的高压管道，在选用管材及配件时，必须满足这一强度要求。

（2）汇流排的设计、安装、焊接质量的检测必须符合《压力管道安全管理与监察规定》。

（3）汇流排瓶组间应有防止雷电和静电的导除设施，其接地电阻分别不得大于 10 Ω，并每年检测一次。

（4）汇流间其他安全要求必须符合 GB 17264《压缩气体充装站安全技术条件》。

（5）当汇流供气是可燃或助燃气体而出现局部燃烧时，应迅速关闭这一发生燃烧的瓶组或这一只气瓶阀门，当火势凶猛，无法关闭时，则应迅速打开事故紧急放散阀 8，向大气排放可供燃烧的气体，以防事故蔓延。

（6）汇流系统压力表应按规定校检周期校验。

四、单瓶供气使用的安全注意事项

（1）为了避免气瓶在使用中发生气瓶爆炸、气体燃烧、中毒等事故。所有各种瓶装气体的使用单位，应根据不同气体的性质和国家有关规范标准，制定瓶装气体的使用管理制度，以及安全操作规程。

（2）使用单位应做到专瓶专用。严禁不加清洗和专门处理，将一种气体气瓶充当另一种气体气瓶使用。

用户违规改装、擅自改变气瓶外表颜色标志、混装气体，造成事故的，必须追究改装者责任。

（3）使用中若出现气瓶故障，例如，阀门严重漏气、阀门开关失灵等毛病，应将瓶阀的手轮开关转到关闭的位置，再送气体充装单位或专业气瓶检验单位处理。未经专业训练、不懂得其瓶阀结构及修理方法的人员不得修理。

（4）使用氧气或其他氧化性气体时，接触其气瓶及其瓶阀（尤其是其出口接头）的手、手套、减压器、工具等，不得沾染油脂。因为油脂与一定压力的压缩氧或强氧化剂接触后能产生自燃。

（5）使用气瓶时，操作者必须遵守以下各点：①禁止敲击、碰撞；②阀冻结时，不得用火烘烤；③气瓶不得靠近热源，可燃、助燃气体瓶与明火的距离一般不小于 10 m；④不得用电磁起重机搬运；⑤夏季要防止日光暴晒；⑥压缩气体气瓶使用时应注意不得将瓶内气体用尽，必须留有 0.05 MPa 以上剩余压力的气体；⑦盛装易起聚合反应的气体气瓶，不得置于有放射线的场所；⑧气瓶在工地使用或其他场合使用时，应把气瓶放置于专用的车辆上，或竖立于平整的地面，用铁链等物将其固定牢靠，以避免因气瓶放气倾倒坠地而发生事故。

（6）当开启气瓶阀门时，操作者应特别注意缓慢，如果操之过急过猛，有可能引起因气瓶排气而倾倒坠地（卧放时起跳）及可燃、助燃气体气瓶出现燃烧甚至爆炸的事故。

由于瓶阀开启过急过猛，压力高达 15 MPa 的气体瞬间内从瓶内排至有限的胶质气带内，因速度快，形成了“绝热压缩”，导致高温、引燃胶质气带的燃烧甚至爆炸。此外，由于猛开瓶阀,气流速度快,因摩擦静电能引发可燃及助燃气体的燃烧(助燃气体的燃烧往往是因有可燃物的存在而发生的)。

第十二节　液化气体的安全使用

一、液氯使用安全技术

氯属卤族元素,化学性质很活泼,可以与大多数元素直接化合,也能和许多化合物起反应。与水发生反应,生成盐酸和次氯酸并放出热量。

$$Cl_2 + H_2O = HCl + HClO$$

在以往液氯钢瓶爆炸和中毒的恶性事故中,不少事故原因是使用不当,在使用终结时,在钢瓶内倒入自来水、石蜡等而发生的。

(一)基本安全规定

(1)氯属于Ⅱ级(高度危害)物质,直接接触氯气生产、使用、储运等的作业人员,必须经专业培训、考试合格、取得特种作业合格证后方可上岗操作。

(2)氯气生产、使用、储运车间(部门)负责人(含技术人员),应熟练掌握工艺过程和设备性能,并能正确指挥事故应急处理。

(3)液氯生产、使用、储运等现场,都应配备抢修器材,见表5-17。常备防护用品及消防器材见表5-18。

表5-17　常备抢修器材

器材名称	常备数量	器材名称	常备数量
易熔塞	2~3个	铁丝	20 m
专用扳手	1把	铁箍	2个
活动扳手	1把	橡胶垫	2条
六角螺帽	2~3个	密封用带	1盘
手锤	1把	氨水(10%)	200 mL
竹签、木塞、铅塞	5个,$\phi 6$		

(4)氯气生产、使用、储存等厂房结构,应充分利用自然通风条件换气,在环境、气候条件允许下,可采用半敞开式结构,不能采用自然通风的场所,应采用机械通风,但不宜使用循环风。

(5)生产、使用氯气的房间,空气中氯气含量最高允许浓度为1 mg/m³,大于此值,应采取通风措施。

(6)氯气系统管道必须完好,连接紧密,无泄漏。

(7)使用液氯钢瓶,必须遵守《气瓶安全技术监察规定》中的有关规定。

(8)使用液氯罐车,必须执行《液化气体铁路罐车安全管理规程》和《液化气体汽车罐车安全监察规程》中的有关规定。

表 5-18　常备防护用品及消防器材

名　称	种　类	常用量	备用数
防毒面罩	防毒面具	与作业人员数相同	
	防毒口罩		
隔离式防毒面具	送风隔离式面具	与从事紧急作业人员数相同	10 个操作工备 3 个
	隔离式氧气面具		
防护眼镜、防护手套、防护靴	橡胶或乙烯材料	与作业人员数相同	

(二)使用时的安全要求

(1)充装量为 50 kg 的钢瓶使用时，应直立装置，并有防倾倒措施，充装量为 500 kg、1 000 kg的钢瓶，使用时应卧式旋转，并牢靠定位。

(2)使用钢瓶时，必须有称重衡器，并有膜片压力表(如采用一般压力表，应采取硅油隔离措施)、调节阀等装置，操作中应保持钢瓶内压力大于使用侧压力。

(3)严禁使用蒸汽、明火直接加热钢瓶。可采用 45 ℃以下温水加热。

(4)严禁将油类、棉纱等易燃物和与氯气易发生反应的物品放在钢瓶附近。

(5)应采用经过退火处理的紫铜管连接钢瓶，紫铜管应经耐压试验合格。

(6)不得将钢瓶设置在楼梯、人行道口和通风系统吸气口等场所。

(7)应有专用钢瓶开启扳手，不得挪作他用。

(8)开启瓶阀要缓慢操作，关闭时也不能强力关闭。

(9)钢瓶出口端应设置针型阀调节氯流量，不允许使用瓶阀直接调节。

(10)瓶内液氯不能用尽，必须留有余压，充装量为 50 kg 的钢瓶应保留 2 kg 以上余氯；充装量为 500 kg、1 000 kg的钢瓶应保留 5 kg 以上的余氯。

(三)使用装置与流程

使用液氯的装置与流程见图 5-12。

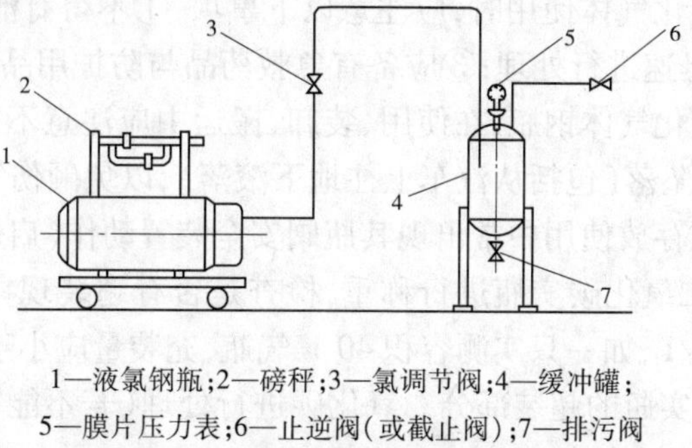

1—液氯钢瓶；2—磅秤；3—氯调节阀；4—缓冲罐；
5—膜片压力表；6—止逆阀(或截止阀)；7—排污阀

图 5-12　使用液氯的装置与流程

(四)液氯钢瓶的储存安全

(1)钢瓶严禁露天存放，也不准使用易燃可燃材料搭设的棚架存放，必须存放在专门的库房内。

(2)空瓶与充装后的实瓶必须分开放置,严禁混放。

(3)钢瓶存放期不超过3个月。

(4)充装量500 kg、1 000 kg的实瓶,应横向卧放,防止滚动,并留出吊运间距通道,存放高度不得超过两层。大容积氯瓶卧放时,应用三角木头塞牢,防止滚动伤人。

(五)液氯钢瓶泄漏时的应急措施

(1)转动钢瓶,使泄漏部位位于氯的气体空间。

(2)瓶阀泄漏时,拧紧六方螺帽;瓶体焊缝泄漏时,应用内衬橡胶垫片的铁箍箍紧。凡泄漏钢瓶应尽快使用完毕,返回液氯生产厂。

(3)严禁在泄漏的钢瓶上喷水。

(4)在运输途中钢瓶泄漏又无法处理时,应将载氯瓶车辆开到无人的偏僻处,使氯气危害降到最低程度;钢瓶泄漏严重时,应抛入水池、水坑内。

(六)急救及防护用品的使用

(1)防护用品应定期检查,定期更换。

(2)生产、使用储存岗位必须配备两套以上的隔离式用具,操作人员必须每人配备一套过滤式面具 ,并定期检验,以防失效。

(3)岗位上应备有一定数量的药品,吸氯者应迅速撤离现场,严重时及时送医院救治。

二、其他液化气体安全使用要求

除液氯之外的液化气体仍有数十种之多,其安全使用要求各不相同,但其共同的安全要求与安全注意事项如下:

(1)已充装好的实瓶液化气瓶不得在烈日下暴晒,不得放置于明火热源处,更不得以明火烘烤。

(2)使用操作可燃性液化气体时应注意防火,实瓶存放间不得有火源产生(含电火花),其场所照明等电气装置应选用防爆型,不得从事产生有火花的作业。

(3)有毒或剧毒液化气体使用时,应注意以下事项:①不得有泄漏;②一旦出现泄漏,应在有防护的条件下迅速进行处理;③应备有急救药品与防护用品。

(4)对已充装的液化气体钢瓶,在使用、装卸、搬运中应注意不得有过分撞击震动、坠地,更不得使之从高处坠落(包括从汽车上往地下滚落),以免砸伤气瓶甚至发生爆炸。

(5)二氧化碳瓶在存放使用中常出现其瓶阀安全装置动作(启爆),必须引起注意。

①对同批充装的二氧化碳实瓶进行称重,检查是否有超装现象。15 MPa级瓶,法定的充装系数为0.60 kg/L,如一只实测容积40 L气瓶,充装量应小于等于24 kg,若大于此值即为超装,应将此批实瓶的超装部分二氧化碳进行处理(若不能回收,则排出超装部分二氧化碳)。

②若不是超装原因引发安全装置启爆,则应测量其存放处室温,若温度高于35 ℃,应采取降温措施。

(6)所有液化气体使用中,不得用尽,应有剩余压力与气体。保留量为该气瓶规定充装量的0.5%～1.0%，如500 kg和1 000 kg充装量的液化气瓶，应分别保留2.5～5 kg和5～10 kg以上的剩余气体。

第十三节　液化石油气的安全使用

一、液化石油气供气方式

液化石油气的供气方式，一般有单瓶供气、瓶组供气和加热蒸发供气三种。

（一）单瓶供气

单瓶供气是将液化石油气在贮罐站灌入钢瓶内，然后用汽车运送到各供应站向用户发售。用户取回钢瓶安放在安全可靠的地方，接好减压器和耐油胶管。使用时，只需打开钢瓶瓶阀，瓶内的液化石油气便经过瓶阀、减压器和胶管向炉具供气。单瓶供气适合家庭使用。

（二）瓶组供气

用气量较大的单位，如集体食堂、餐厅及工业用气单位，若采用单瓶供气很难满足需要，因而大多采用瓶组供气系统供气，如图5-13所示。

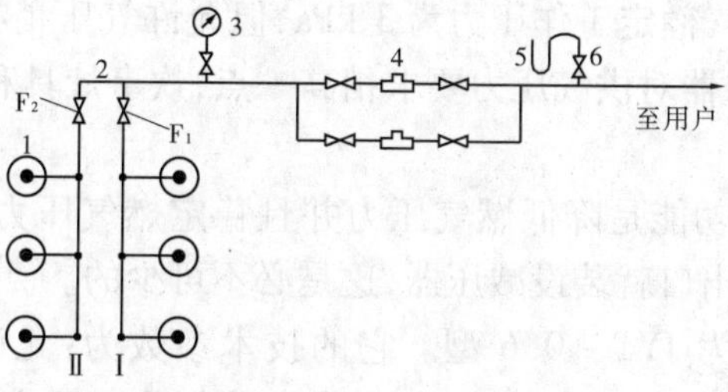

1—钢瓶；2—集气管；3—高压侧弹簧压力表；
4—减压器；5—低压侧U形管压力计；6—供气管

图5-13　瓶组供气

该系统是将灌装后的多只钢瓶1用集气管2并联成组，并在集气管入炉具处安装减压器4。使用时，打开钢瓶角阀和炉具阀门，钢瓶内的液化石油气便经过集气管、减压管和供气管向炉具供气。为了保证连续供气和便于更换减压器，瓶组和减压器都应并联设置双套，其中一套作为备用。如图5-13中，当第Ⅰ组工作时，关闭F_2，Ⅱ组备用；第Ⅰ组气体用完后，关闭F_1，开启F_2，转入第Ⅱ组工作。

（三）加热蒸发供气

该系统的流程是：将钢瓶倒置，使液化石油气在流经蒸发器内螺旋管的同时，吸收管外热量而加速气化，产生的石油气再经减压器和供气管向炉具供气。

这种供气方式的优点是：①由于加热蒸发，液化石油气供气速度快；②由于气瓶倒置，瓶内原不易气化的C_5等难挥发的残液，也可气化用以燃烧使用。

二、常用的燃气器具

(一)气瓶

液化石油气瓶型号有 YSP4.7、YSP12、YSP26.2、YSP35.5、YSP118、YSP118－Ⅱ型等规格,以 YSP35.5 为最多。YSP35.5 瓶水容积 35.5 L,按丙烷 60 ℃的饱和密度 0.427 kg/L 计算,可装液化石油气(14.5±0.4) kg。若以四口之家使用,每日用气量 0.5 kg 计算,一瓶可用一个月左右。

(二)瓶阀

瓶阀是气瓶的主要附件之一,使用时人们总离不开它。

按 GB 7512《液化石油气瓶阀》规定,液化石油气瓶阀在最大工作压力下,关闭力矩不大于 4.9 N·m (0.5 kgf·m)。因此,当每次停止使用时,不应使用过大力量去关闭瓶阀。用力过大,反而会使阀内密封面受损坏而起不到密封作用。

(三)减压器

充装后的液化石油气钢瓶内气体的压力通常高达 0.4～1.0 kPa,如果不进行减压就直接输往燃烧器具,则火焰窜得非常高,既浪费,又不便于进行燃烧控制,并且十分危险。所以,使用液化石油气必须将气体压力降低到能使燃烧器具正常燃烧的使用压力范围。一般燃烧器具规定的燃气额定工作压力为 3 kPa,但允许气压稍有偏高或偏低,但不可偏差太大。一般来说,热水器对供气压力要求稍高一点,炊事灶具和烤火炉对供气压力要求稍低一点。

减压器(减压阀)的功能是降低燃气压力并且稳定燃气压力。家庭用液化气通常在液化石油气钢瓶的角阀出口就装设减压器,这是必不可少的。

常用减压器的型号为 JYT－0.6 型。它的技术参数为:允许燃气入口压力 0.02～1.0 MPa,出口压力 2.5～3.2 kPa,出口关闭时减压室最高压力为 3.4 kPa;额定流量为 0.6 m^3/h,使用温度为－20～50 ℃。减压器能降压稳压,能为燃烧器具提供所需压力的气态石油气。只有当钢瓶内液化气的压力低于 0.02 MPa 以后,减压阀也就无能为力了。但这时钢瓶内的液化石油气也基本用尽,按规定瓶内也应留有一定余压,应该停止用气了。由此可见,减压器是使用液化石油气时不可缺少的器具。

减压器安全使用常识有如下几点:

(1)减压器的阀体上开设了一个小的呼吸孔口,目的是让阀体内薄膜上的空腔与大气连通,使薄膜上下动作时与腔里的空气能通过呼吸孔自由出入,避免薄膜运动受阻导致减压器使用失灵。因此,在使用中应经常检查减压器的呼吸孔是否被污物堵塞。如有堵塞,则应立即挑出污物,确保呼吸畅通。

(2)减压器在出厂时都已经调试好,调节螺丝由制造厂家拧在了合适的位置,保证减压器出口压力在额定参数之内。用户不可再随心所欲拧动调节螺丝改变弹簧的松紧程度,否则会变动减压阀的出口压力,使燃烧器不能正常燃烧。

(3)家用液化石油气减压器是安装在钢瓶的瓶阀出口上的,在安装减压器之前应检查瓶阀出口上是否有污物。

(4)当发现减压器失灵或者漏气时,应更换新的,或者送到液化石油气储配、供应站或专业维修站去维修。因为用户要么是不懂技术，要么是没有配件，所以不应自行拆修。

（四）胶管

1. 对胶管的要求

胶管是连接减压器出气口与炉具进气口之间的输气管。由于液化石油气对普通橡胶管（天然橡胶制品）有溶解作用，即能够缓慢侵入橡胶内部，使其溶解而软化，从而降低胶管的强度，天长日久容易发生漏气。因此，输送液化石油气的胶管必须具有良好的耐油和耐老化的性能。

液化石油气虽然经过减压器减压，但在进入炉具之前仍带有一定的压力。因此，输送液化石油气的胶管应具有耐压性和气密性，即胶管在承受压力的状况下不会漏气。

根据上述要求，通常选用丁腈橡胶管作为输送液化石油气的专用胶管，其温度适应范围为 $-17 \sim 120$ ℃。

2. 胶管使用要点

（1）胶管长度以 $1 \sim 1.5$ m 为宜。胶管太长，容易被其他物体挤压，造成突然断气；胶管太短，使钢瓶与炉具的距离太近，很不安全。

（2）若安装新胶管有困难时，可将其套接的一端置于开水内稍加浸泡，然后趁热迅速套入接头，并旋转到一定深度。若同时在接头上涂抹肥皂，加强润滑，则效果更佳。胶管安装后，最好再用细铁丝或卡子扎紧，以防脱落跑气。

（3）严禁将胶管穿过墙壁、楼板，或由一个房间接至另一个房间，以防胶管折断、脱落造成事故。

胶管应放在便于检查的地方，并在每次更换钢瓶后，在检查角阀和减压器的同时，认真检查胶管是否漏气。检查方法，是向胶管充入一定量的气体，然后浸入水中，若有漏气，则产生气泡上升。如果仅是管端漏气，可将漏气部分剪掉，当剩余长度在 1 m 以上时仍可继续使用。

（五）炉具

1. 对炉具的要求

液化石油气是通过炉具燃烧放热的。因此，炉具质量的好坏直接影响燃烧的经济效果。民用液化石油气炉具应满足下列要求：

（1）保证燃烧完全。在燃烧液化石油气时，烟气中的有害成分尽量少，特别是一氧化碳含量不应超过 0.05%，以符合卫生要求。

（2）具有一定的热负荷。热负荷表示炉具燃烧液化石油气在单位时间内所能释放出来的热量。炉具在额定供气压力下所具有的热负荷，称为额定热负荷，其单位是 J/h。一般单眼炉具的额定热负荷为 $9.2 \sim 10.5$ MJ/h（$2\,200 \sim 2\,500$ kcal/h）。

（3）在额定热负荷下具有较大的稳定范围。当液化石油气的组分、热值及供气压力发生变化时，不发生回火、脱火现象，不产生黄焰，保持燃烧稳定。

（4）具有较高的热效率。热效率表示液化石油气燃烧后，所产生的热量被有效利用的程度。民用炉具的热效率应不低于 55%。

2. 炉具的型号

目前，国内民用液化石油气炉具主要有单眼与双眼两种。单眼炉具的型号有 YZ－1

型,其结构如图5-14所示。炉具上只有一个火眼,搪瓷、铸铁、铸铝灶面,移动灵活,使用方便,不易发生故障。额定热负荷为9.2 MJ/h(2 200 kcal/h),额定耗气量为0.09 m^3/h。

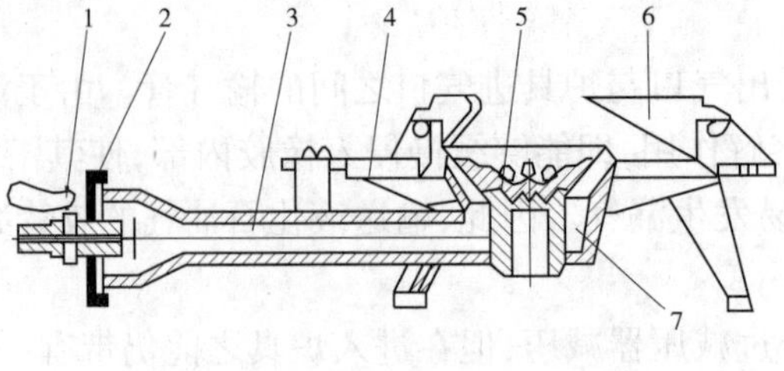

1—开关和喷嘴;2—调风板;3—混合管;4—灶面;
5—火孔;6—锅支架;7—燃烧器

图5-14 YZ-1型炉具

双眼炉具的型号有YZ-2型,分多种型式。其结构与YZ-1型大致相同,有两个火眼,可同时或单独使用,额定热负荷和额定耗气量均为YZ-1型炉具的2倍。

三、液化石油气使用安全常识

液化石油气是一种可燃的危险介质,且大部分是居民生活用气,接触和使用的人多,如不了解它的基本常识和安全使用方法,是很容易发生事故的。因此,必须做到以下几点:

(1)液化石油气的使用单位或服务部门应根据液化气瓶安全使用常识和液化石油气的主要特点,制定《液化石油气安全使用手册》或《使用须知》,并对使用人员进行这方面的专门安全教育。

(2)钢瓶使用前的检查。新充装后的钢瓶,在第一次使用前应检查瓶体与其附件角阀、减压器各部分的连接处是否有漏气。检查的方法通常是涂刷肥皂溶液,如有漏气即出现鼓包现象。若有较大的泄漏,当接触时,即可发觉,并能听到"咝咝"的响声。出现漏气的原因可能有:①角阀与瓶嘴的连接密封不好,角阀上的六角螺母没有拧紧,或螺母内密封垫损坏等;②减压器与角阀的连接处没有拧紧或垫片不合适;减压器失灵或其密封性能不好;③连接胶管老化破裂,接口处不严密;④瓶体上的焊缝泄漏,瓶阀与瓶口因锥度或丝扣磨损及密封材料老化等原因而漏气。

处理方法:局部微小的漏气,如瓶阀嘴出口与减压器连接处松动而漏气,瓶阀上的六角螺母因松动而漏气等,稍加拧紧即可处理好的,用户可以自行修理。但若是气瓶焊缝漏气、瓶口漏气、角阀漏气等难度稍大的修理工作,则应送充装站或检验站由专业单位检修和处理。

(3)液化石油气瓶阀开启使用中不应离人。特别是用小火或瓶内气体将近用完,以及烧开水、煮稀饭时更不能无人看管。因为小火容易被风吹熄;当一瓶气将近用完时,火焰也会很快变小直至熄灭;当沸水或饭汤溢出时更易把火浇灭。此时炉具继续冒出液化石油气,既造成浪费,更容易发生火灾。当发现火焰熄灭,室内充满石油气时,不应开(关)电灯、开抽排气扇等电器设施,以免不防爆的电器产生火花引发爆炸。而应赶紧关闭阀门,迅速打开门窗通风换气,在通风一段时间确认室内没有积存液化石油气时方可重新点火使用。

(4)气瓶不得靠近热源。在正常情况下，一只 YSP35.5 型气瓶的标准气化量为 $0.5\ m^3/h$，而一只双眼炉具的实际耗气量仅为 $0.2\ m^3/h$，所以在常温下满足气化所需要的热量是足够的，无须利用其他热源来加热。当瓶内积存残液多，炉具点不着火时，决不能采用明火烤、热水烫等加热办法来强制气化。因为用火烤时，一旦气瓶漏气即可引起火灾等事故，严重时，会促使瓶内压力急剧上升，超越其极限强度而爆破。

(5)使用液化石油气的厨房应注意通风，门窗不宜密封。液化石油气燃烧，属于氧化反应过程，燃烧后生成二氧化碳和水。以丙烷为例，其燃烧反应式为

$$C_3H_8 + 5O_2 = 3CO_2 + 4H_2O$$

从上式可看出，1 个丙烷分子与 5 个氧分子反应，生成 3 个二氧化碳分子和 4 个水分子；也可以近似地表明，$1\ m^3$ 丙烷与 $5\ m^3$ 氧气反应，生成 $3\ m^3$ 二氧化碳和 $4\ m^3$ 水蒸气。由于空气含有氧约 21% 和氮约 78%，而氮不参加反应，因此上列化学反应式可写成为

$$1\ m^3 C_3H_8 + 24\ m^3\ \text{空气} \rightarrow 3\ m^3 CO_2 + 4\ m^3 H_2O + 19\ m^3 N_2$$

从上式可看出，$1\ m^3$ 丙烷气燃烧需要 $24\ m^3$ 空气，这就是燃烧的理论空气需要量。但为了使燃烧进行得更完全，实际向炉具提供的空气量要高于上述理论值。一般大约 $1\ m^3$ 液化石油气完全燃烧需空气约 $30\ m^3$。通常，一户日耗液化石油气约 0.5 kg，而 1 kg 液态丙烷在标准状况下气化体积为 $0.549\ m^3$，这样，0.5 kg 的丙烷全部燃烧耗用的空气量为

$$0.549 \times 0.5 \times 30 = 8.2(m^3)$$

随着室内空气中氧气的大量消耗，相应地二氧化碳和水蒸气不断增加，此时，人在密闭的室内将会感到不舒适，严重时，将会使人窒息。特别是冬季，更应该注意室内的通风换气，将燃烧所产生的废气及时排掉。一旦有人被熏，应迅速将受害者移到室外空气新鲜的地方急救。

此外，由于密闭的室内随着燃烧时间的增长，室内空气中的氧含量逐渐降低，致使燃烧不能完全进行，结果产生大量的一氧化碳。由于一氧化碳易与血液中的血红蛋白结合，使血液失去输送氧气的能力。当空气中一氧化碳含量达到 0.04% ~0.16% 时，就会使人中毒，甚至死亡。

(6)钢瓶必须直立使用，不得倒置和卧放使用。如果倒置或卧放，打开瓶阀时，液态石油气通过减压器流向炉具。当液态石油气从炉具喷出变成气态时，体积将迅速膨胀 250 倍，也就等于突然把炉具的喷嘴面积扩大了 250 倍，致使火焰窜得很高，根本无法使用，甚至因此而引起火灾。

(7)使用过程中，一旦发生液化石油气着火，如胶质导管某一处或与灶具等连接处出现着火时，应首先注意切断气源，将气瓶瓶阀关闭。如是减压器或瓶阀处着火，应采用隔氧方法，一般可将湿毛巾或湿棉被等将着火点盖上，使之与空气隔绝，火焰便会熄灭。大面积着火或火势大，无法接近气瓶时，则要先设法将火扑灭，如用砂土覆盖，或使用其他灭火器材。

使用液化石油气的住户，最好能备一些干粉灭火剂，放置在醒目位置(让家庭成员都知道其使用方法)，一旦发现火灾即可使用。

干粉灭火剂使用方法是：用手抓把干粉，猛力撒向漏气部位，也就是火源的根部。干粉遇火燃烧后迅速产生大量 CO_2，起到隔绝氧气的作用而将火熄灭。

四、液化石油气使用中常见故障原因及处理方法

民用液化石油气使用中常见的故障,有炉具开关拧不动、漏气、点不着火、回火等多种,其原因及处理方法见表5-19。

表5-19 液化石油气使用常见的故障原因及处理方法

故障	原因	处理方法
漏气	1. 旋塞阀体与塞子间不严密 2. 钢瓶瓶阀内O形密封圈损坏;密封垫损坏 3. 瓶阀内活门垫与阀座有污物 4. 瓶阀内活门垫损坏 5. 减压器手轮接头在角阀上未拧紧 6. 减压器与角阀间的螺纹损坏 7. 减压器手轮接头上的密封圈丢失或损坏 8. 减压器上,上壳体间薄膜的垫圈部分损坏 9. 胶管损坏 10. 胶管与各接头之间连接太松 11. 液化气器具内气管接头间密封圈损坏	1. 修理;清洗塞子再抹润滑油 2. 拆除更换O形密封圈;更换密封垫 3. 在通风无火源环境开阀吹除污物 4. 送专业单位更换活门垫和活门 5. 再用手拧紧 6. 送专业单位修理或更换阀门 7. 另配新密封圈 8. 送专业单位更换薄膜或重新紧固 9. 换新胶管 10. 将专用卡子或铁丝再拧紧一下 11. 更换密封圈
燃气点火联动阀拧不动	1. 旋钮中心、连杆、旋塞阀塞子不同轴 2. 旋塞阀塞子外润滑油失效而卡阻 3. 旋钮方孔变圆;旋钮破裂损坏 4. 旋塞阀阀体损坏	1. 将各零件调整在同一轴线上 2. 取出塞子,清洗,加润滑油 3. 另换好旋钮 4. 换新阀
点不着火	1. 燃气点火联动阀不同步,电极棒产生火花时气未送到 2. 点火电极棒被污染或间距太大,不放电 3. 高压导线断路 4. 压电陶瓷失效或干电池失效 5. 气喷嘴堵塞 6. 减压阀堵塞 7. 胶管被扭曲、压扁 8. 钢瓶内液化气用完	1. 送专业单位检修 2. 擦去污染物或将间距调至3~5 mm 3. 予以接通或换导线 4. 更换新压电陶瓷或干电池 5. 以细钢丝捅通 6. 送专业单位拆修 7. 将胶管调直调圆 8. 另换实瓶
回火	1. 钢瓶内混有空气 2. 长期未用胶管,点火前空气没被置换干净 3. 红外线辐射器内表面温度大于1 050 ℃ 4. 红外线辐射器因刮得太大而朝里燃烧	1. 立即关角阀,请专业人员处理 2. 立即关旋塞阀,熄火后,开阀不点火,以气压驱走空气(时间为1~2 s)后关阀,过一段时间再点火 3. 关闭燃气旋塞阀,稍等一会再点火使用 4. 关闭燃气旋塞阀,挡风后再点火使用

续表 5-19

故 障	原 因	处理方法
热水器长明小火点着,但开启阀门后不燃大火,不产热水	1. 电磁阀不能正常吸合 2. 水气联动阀推拉杆被卡住 3. 水气联动阀推拉杆弹簧失效 4. 水气联动阀推拉杆活动腔被污物堵塞	1. 拆下电磁阀前端密封胶垫检修 2. 送专业单位拆修 3. 更换弹簧 4. 清洗,除去污物
热水器水龙头关闭而大火不熄	1. 水气联动阀压力腔内胶膜损坏 2. 水气联动阀推拉杆被卡住 3. 水气联动阀推拉杆弹簧失效	1. 换新胶膜或以自行车内胎剪制代替 2. 拆修,消除卡阻故障 3. 更换弹簧
用气时钢瓶内有"沙沙"声	钢瓶内比较轻的固态颗粒随着液态气的沸腾而上下翻滚时碰撞瓶壁	用完气后,请储配站倒掉残液,并请留意别让颗粒物残留在瓶阀阀座上
用气时钢瓶内有"噗噗"声	钢瓶内油渍浮在液态气表面,液态气沸腾气化时需冲破油渍层,故"噗噗"作响	用完气后,请储配站倒尽残液

第十四节 溶解乙炔气的安全使用

一、溶解乙炔使用安全规定

(1)使用前,应对气瓶的钢印标记、乙炔气的合格标签、颜色标记及安全状况进行检查,凡是不合规定的乙炔瓶不准使用。

(2)乙炔瓶的放置地点,不得靠近热源和电气设备,与明火的距离不得小于 10 m(高空作业时此距离为在地面的垂直投影距离)。

(3)乙炔瓶使用时,必须直立,并应采取措施防止倾倒,严禁卧放使用。

(4)乙炔瓶严禁放置在通风不良或有放射能源的场所使用。

(5)乙炔瓶严禁敲击、碰撞,严禁在瓶体上引弧,严禁将乙炔瓶放置在电绝缘体上使用。

(6)应采取措施防止乙炔瓶受暴晒或受烘烤,严禁用 40 ℃以上的热水或其他热源对乙炔瓶进行加热。

(7)移动作业时,应采用专用小车搬运,如需乙炔瓶和氧气瓶放在同一小车上搬运,必须用非燃料隔板隔开。

(8)气瓶出口处必须配置专用的减压器和回火防止器。正常使用时,减压器指示的放气压力不得超过 0.15 MPa,放气流量不得超过 0.05 $m^3/(h \cdot L)$。如需较大流量,应采用多只乙炔瓶汇流排供气。

(9)乙炔瓶使用过程中,开闭乙炔瓶瓶阀的专用扳手,应始终装在瓶阀上。暂时中断使用时,必须关闭焊、割工具的阀门和乙炔瓶瓶阀,严禁手持点燃的焊、割工具调节减压器或开、闭乙炔瓶瓶阀。

(10)乙炔瓶使用过程中,发现泄漏要及时处理,严禁在泄漏的情况下使用。

(11)乙炔瓶气体严禁用尽,应留有不低于0.05 MPa的剩余压力。

二、溶解乙炔使用中可能发生的事故

由于乙炔气瓶采用了新型的固体填料和溶剂,对极不稳定的乙炔在瓶内起到了阻隔的作用,从而大大提高乙炔瓶充装、运输、使用的安全性能,使乙炔瓶本身的爆炸事故基本上得到控制。但乙炔瓶在使用过程中的火灾和爆炸事故仍时有发生。经统计分析,大致分为以下10种状况,这10种状况都会引起乙炔燃烧和爆炸:

(1)乙炔瓶、减压器、胶管等处漏气。

(2)减压器安装不良,胶管连接处漏气。

(3)胶管老化或被烧坏、脱离引起漏气。

(4)未控制火源(如烟头乱扔、焊割时的火花飞溅到乙炔瓶上使易熔塞熔化,乙炔气体喷出,或火花将胶管烧破使乙炔气体外泄)。

(5)未装回火防止器致使回火。

(6)不按规定的方法操作和维护,操作失误。

(7)乙炔瓶阀未关或关闭不严。

(8)对漏气瓶处理的方法错误。

(9)野蛮装卸乙炔瓶。

(10)报废乙炔瓶未做余气处理而直接用火焰切割瓶体致使瓶内乙炔产生分解引起爆炸。

因此,在使用操作与管理中,应针对上述出现的10种情况,采取相应安全防范措施,防止事故发生,特别应防止爆炸等恶性事故发生。

习题

一、名词解释

1. 基准温度 2. 许用压力 3. 充装温度 4. 水容积 5. 充装系数 6. 公称工作压力 7. 最高温升压力 8. 残液

二、判断题

(　　)1. 无剩余压力的气瓶不须进行处理就可以直接充装。

(　　)2. 易燃气体气瓶的首次充装或定期检验后的首次充装,应进行置换或抽真空处理。

(　　)3. 充装后应逐只检查气瓶,发现有泄漏或其他异常现象,应妥善处理。

(　　)4. 许用压力是气瓶在充装、使用、储运过程中允许承受的最低压力。

(　　)5. 充装量是指气瓶内充装气体的质量。

(　　)6. 压缩气体是通过控制气瓶充装终了时的质量来控制气体的充装量的。

(　　)7. 实瓶质量是气瓶充装气体后的质量。

三、选择题

1. 气瓶最高使用温度是气瓶使用温度范围(　　)的上限温度。

A. －40～70 ℃　　B. －40～60 ℃

C. －10～70 ℃　　D. －10～60 ℃

2. 液化石油气的供气有(　　)方式。

A. 1 种　　B. 2 种　　C. 3 种　　D. 4 种

3. 对压缩气体用气单位供气有(　　)方式。

A. 1 种　　B. 2 种　　C. 3 种　　D. 4 种

4. 液氯钢瓶的储存，钢瓶存放期不超过(　　)。

A. 1 个月　　B. 2 个月　　C. 3 个月　　D. 4 个月

四、填空题

1. 气瓶内最高工作温度对气瓶的安全是一个很重要的因素，根据我国的气候条件，气瓶最高工作温度定为______℃，基准温度为____℃。

2. 压缩气体气瓶充装量确定的原则是：气瓶内气体的压力在基准温度下(20 ℃)应不超过其________，在最高工作温度下(60 ℃)应不超过水压试验压力的____倍。

3. 乙炔瓶在充气前应逐只检查，检查项目有：________、________。

4. 气瓶按充装介质划分，可分为______气瓶、______气瓶和______气瓶。

5. 气瓶在______、______、______过程中允许承受的最高压力称为许用压力。

6. 公称工作压力对于盛装压缩气体的气瓶，是指在基准温度时(一般为 20 ℃)所盛装气体的限定________；对于盛装液化气体的气瓶，是指温度为 60 ℃时瓶内气体压力的________。

7. 标准规定的气瓶单位水容积允许充装的最大气体质量叫作______。

8. 液化石油气的供气方式，一般有______、______和______三种。

五、问答题

1. 气体充装前，为什么要对待充气瓶进行检查，检查的项目有哪些？

2. 压缩气体液态储运的优点是什么？

3. 液化气体过量充装有什么危险？

4. 溶解乙炔充装的原理是什么？

5. 乙炔在充装过程中为什么要对气瓶喷淋冷却水？

第六章 气瓶的定期检验

第一节 常用术语

变形 金属材料在外力作用下所引起的尺寸和形状的变化。

计算壁厚 按有关标准规定的计算方法计算所求得的新瓶所需壁厚。

设计壁厚 经圆整的计算壁厚值,以 mm 为单位时,保留 1 位小数;设计壁厚不包含腐蚀裕度、工艺减薄量和选材厚度的负偏差。

名义壁厚 根据设计壁厚并综合考虑腐蚀裕度、材料厚度负偏差及制造等因素,由设计图样规定的气瓶壁厚。

实测最小壁厚 是指瓶体壁厚的最小测量值。

容积变形试验 用水压试验方法测定气瓶容积变形的试验。

外测法容积变形试验 用水套法从气瓶外侧测定容积变形的试验。

内测法容积变形试验 从气瓶内侧测定容积变形的试验。

容积全变形 气瓶在水压试验压力下瓶体的总容积变形,其值为容积弹性变形与容积残余变形之和。

容积弹性变形 瓶体在水压试验压力卸除后能恢复的容积变形。

容积残余变形 瓶体在水压试验压力卸除后不能恢复的容积变形。

容积残余变形率 瓶体容积残余变形对容积全变形的百分比。

安全性能试验 为检验气瓶安全性能所进行的各项试验的统称。

气瓶宏观检查 泛指内外表面宏观形状、形位公差及其他表面可见缺陷的检验。

音响检验 按照有关标准规定敲击气瓶,以音响特征判别瓶体品质的检验。

凹陷 气瓶瓶体因钝状物撞击或挤压造成壁厚无明显变化的局部塌陷变形。

凹坑 由于打磨、磨损、氧化皮脱落或其他非腐蚀原因造成的瓶体局部壁厚减薄、表面浅而平坦的凹坑状缺陷。

鼓包 气瓶外表面凸起,内表面塌陷,壁厚无明显变化的局部变形。

磕伤 因尖锐锋利物体撞击或磕碰,造成瓶体局部金属变形及壁厚减薄,且在表面留下底部是尖角、周边金属凸起的小而深的坑状机械损伤。

划伤 因尖锐锋利物体划、擦造成瓶体局部壁厚减薄,且在瓶体表面留下底部是尖角的线状机械损伤。

裂纹 瓶体材料或焊接接头因金属原子结合遭到破坏,形成新界面而产生的裂缝,它具有尖锐的缺口和较大长宽比的特点。

夹层 泛指重皮、折叠、带状夹杂等层片状几何不连续。它是由冶金或制造等原因造成的裂纹性缺陷,但其根部不如裂纹尖锐,且其起层面多与瓶体表面接近平行或略成倾斜,亦称之为分层。

皱折　无缝气瓶收口时因金属挤压在瓶颈及其附近内壁形成的径向(或略呈螺旋形)的密集皱纹或折叠;焊接气瓶封头直边段因冲压抽缩沿环向形成的波浪式起伏亦称皱折。

环沟　位于瓶体内壁,因冲头严重变形引起的经线不圆滑转折。

偏心　气瓶筒体的外圆与内圆不同心形成壁厚偏差。

歪底　瓶底歪斜偏离筒体中心线的变形。

底部颈缩　气瓶筒体下部沿圆周形成环状凹陷的变形。

胖头　气瓶筒体上部沿圆周形成环状鼓包的变形。

尖头　气瓶筒体上部约1/4高度一段的外径小于筒体下部的变形。

尖肩　气瓶筒体与瓶肩未形成圆滑过渡而出现棱角的变形。

瓶底漏　瓶底因钢坯中缩孔未切尽在反挤时未能熔合、钢管收底温度低未焊合或夹有氧化皮、瓶底裂纹扩展、凹坑锈串等造成的泄漏缺陷。

瓶口裂纹　瓶口内部形成的裂纹缺陷。

结疤　气瓶外表被氧化皮碎渣黏附或氧化皮脱落形成的坑疤等缺陷。

外壁纵裂　瓶体外壁沿纵向出现深度不同的纵向裂纹或底部裂纹缺陷。

内壁纵裂　瓶体内壁沿纵向或斜向出现深度不同的纵向裂纹或底部裂纹缺陷。

纵向皱折　由于制造工艺等原因在气瓶外表面形成的纵向直线状的深痕。

直线度　气瓶筒体弯曲的程度。

垂直度　气瓶直立时与地平面的垂直程度。

圆度　气瓶筒体偏离正圆的程度。

腐蚀　金属和合金由于外部介质的化学作用或电化学作用而引起的破坏。

腐蚀产物　金属与外部介质互起作用时形成的化合物。

初锈(微锈)　金属光泽消失,仅呈现灰暗迹象。

浮锈(轻锈)　表面呈现黄色、淡红色或细粉末状的锈迹。

迹锈(中锈)　表面呈现红褐色或淡赭色或黄色,为堆粉末状。

层锈(重锈)　表面呈现黑色、片状锈层或凸起锈斑。

点腐蚀　腐蚀表面长径及腐蚀部位密集程度均未超过有关标准规定(通常指长径小于壁厚,间距不小于10倍壁厚)的孤立坑状腐蚀。

线状腐蚀　由腐蚀点连成的线状沟痕或由腐蚀点构成的链状腐蚀缺陷。

斑腐蚀　腐蚀面呈现斑疤密集坑状腐蚀缺陷。

晶间腐蚀　沿金属晶粒间的边缘向深处推进而使金属的机械性质(强度和塑性)剧烈降低,且不引起金属外形变化的腐蚀缺陷。

表面下腐蚀　从金属表面开始,向金属面下蔓延的穴状腐蚀缺陷。表面下腐蚀常使金属鼓起和脱层。

局部腐蚀　腐蚀表面平坦且腐蚀面面积未超过有关标准规定的小面积腐蚀缺陷。

普遍腐蚀　腐蚀表面平坦且腐蚀表面面积超过有关标准规定的大面积腐蚀缺陷。这种腐蚀是在腐蚀性介质作用下整个金属表面的腐蚀损坏,所以亦被称为全面腐蚀。

大面积均匀腐蚀　瓶体表面覆盖面积较大且较平整的腐蚀。

热损伤　泛指气瓶因过度受热而造成的材质内部损伤或遗留的外伤痕迹,如涂层烧损、瓶体烧伤或烧结、瓶变形、电弧烧伤、高温切割的痕迹等。

填料溃散 乙炔瓶内填料部分出现的散乱缺陷。

填料疏松 乙炔瓶内填料呈现疏密不均的缺陷。

填料裂缝 乙炔瓶内填料结合遭到破坏,形成新界面而产生的裂纹或断裂的缺陷。

填料下沉 乙炔瓶内填料上表面与钢瓶上封头内壁之间缝隙宽度扩大的缺陷。

火焰反击痕迹 乙炔瓶内填料上部、活性炭、过滤层、瓶阀底部存有被回火烧灼的迹象。

护罩 保护瓶帽、瓶阀或易熔合金塞免受撞击而设置的敞口屏罩式零件,亦可兼作提升零件。

瓶耳 连接护罩与瓶体并起定位作用的零件。

复合缺陷 由两种或两种以上缺陷叠加在一起的缺陷为复合缺陷。

第二节 定期检验的目的及检验周期

一、定期检验的目的

气瓶的定期技术检验,是指气瓶在使用过程中,每间隔一定时间对气瓶(包括瓶阀和超压泄放装置)进行必要检查和试验的一种技术手段,目的是借以早期发现气瓶存在的缺陷,以防止气瓶在运输和使用中发生事故。

二、各类气瓶定期检验周期

(一)钢质无缝气瓶、钢质焊接气瓶(注1)、铝合金无缝气瓶

(1)盛装氮、六氟化硫、惰性气体及纯度大于等于99.999%的无腐蚀性高纯气体的气瓶,每5年检验1次。

(2)盛装对瓶体材料能产生腐蚀作用的气体的气瓶、潜水气瓶以及常与海水接触的气瓶,每2年检验1次。

(3)盛装其他气体的气瓶,每3年检验1次。

盛装混合气体的前款气瓶,其检验周期应当按照混合气体中检验周期最短的气体确定。

注1:不含液体石油气钢瓶、液化二甲醚钢瓶、溶解乙炔气瓶、车用气瓶及焊接绝热气瓶。

(二)溶解乙炔气瓶、呼吸器用复合气瓶

每3年检验1次。

(三)车用液化石油气钢瓶、车用液化二甲醚钢瓶

每5年检验1次。

(四)液化石油气钢瓶、液化二甲醚钢瓶

每4年检验1次。

(五)车用纤维缠绕气瓶

按照GB 24162《汽车用压缩天然气金属内胆纤维环缠绕气瓶定期检验与评定》的规定。

（六）车用压缩天然气钢瓶

按照 GB 19533《汽车用压缩天然气钢瓶定期检验与评定》的规定。

（七）焊接绝热气瓶（含车用焊接绝热气瓶）

每 3 年检验一次。检验或者使用中发现存在影响绝热性能等问题时，应当送到具有相应资质的制造单位或原制造单位委托的单位进行维护或者修理。

三、超过设计使用年限的处理

气瓶使用期超过其设计使用年限时，一般应当报废。出租车安装的车用压缩天然气瓶使用期达到 8 年应当报废；车用气瓶应当随出租车一同报废。对焊接绝热气瓶（含焊接绝热车用气瓶），如果绝热性能无法满足使用要求且无法修复的，应当报废。对设计使用年限不清的气瓶，应当将规定的设计使用年限作为气瓶报废处理的依据。

对设计使用年限为 8 年的液化石油气钢瓶，允许在进行安全评定后延长使用期，使用期只能延长一次，且延长使用期不得超过气瓶的一个检验周期。对未测定设计使用年限的液化石油气钢瓶，使用年限达到 15 年的，应当予以报废并且进行消除使用功能处理。

四、提前检验

使用过程中，发现气瓶有下列情况之一的，应当提前进行定期检验：

（1）有严重腐蚀、损伤或者对其安全可靠性有怀疑的。

（2）缠绕气瓶缠绕层有严重损伤的。

（3）库存或者停用时间超过一个检验周期后使用的。

（4）机动车发生可能影响车用气瓶安全使用的交通事故后重新投用的。

（5）气瓶检验标准规定需提前进行定期检验的其他情况以及检验人员（或者充装人员）认为有必要提前检验的。

五、气瓶检验前处理

气瓶进行定期检验前，应当对瓶内残余气进行回收和处理。回收和处理至少符合以下要求：

（1）盛装毒性、可燃气体气瓶内的残余气体采取环保的方式回收处理，不得向大气排放。

（2）确认气瓶内压力降为零后，方可卸下瓶阀。

（3）盛装可燃气体的气瓶须经置换；盛装液化石油气等可燃液化气体的气瓶需经蒸汽吹或者采用其他不损伤瓶体材料、不降低瓶体材料性能的方法进行内部处理，达到规定的安全要求，否则，严禁用压缩空气进行气密性试验。

六、各类气瓶附件（阀门）的定期检验

气瓶附件（阀门）的定期检验应按 TSG RF001—2009《气瓶附件安全技术监察规程》中第八条的规定进行，即：气瓶附件的定期检验应当与本体同时进行，并且符合气瓶有关

的检验规定。不满足安全使用要求的气瓶附件应当更换,禁止拆解更换零件(气瓶瓶阀上的手轮除外)。因特殊原因气瓶附件必须进行拆解更换时,应当由该气瓶附件的制造单位或者授权的单位进行。

第三节　钢质无缝气瓶检验

钢质无缝气瓶的定期检验与评定工作应按照 GB/T 13004—2016《钢质无缝气瓶定期检验与评定》的规定进行。

一、国内典型无缝气瓶的识别与辨认

(1)1961 年 7 月以前的国产气瓶,因处在试制阶段,又无法规可遵循,制造的气瓶参数表里曾使用过俄文、英文、中文和汉语拼音等标示。

(2)国家劳动部、公安部、化工部于 1961 年 7 月 12 日,联合颁布了《气瓶安全管理暂行规定》,此后的国产无缝气瓶原始标志统一使用中文,如图 6-1 所示。

(3)1965 年 12 月 7 日,劳动部颁发《气瓶安全监察规定》后,国产气瓶的原始标志如图 6-2 所示,统一改用文字标示。

(4)国家劳动总局在 1979 年 4 月 25 日公布修订的自 1980 年 1 月 1 日实施的《气瓶安全监察规定》中规定的气瓶原始标志图与 1965 年规定的原始标志图基本相同。不同的是,如图 6-3 所示增加了一项“不包括腐蚀裕度在内的筒体壁厚”——“S”,一直延续到 1986 年 2 月 1 日,实施 GB 5099—85《钢质无缝气瓶》时,才改用图 6-4 所示的英文原始标志。

(5)实施 GB 5099—85《钢质无缝气瓶》后制造的气瓶原始标志,见图 6-4。

图 6-1　1961 年气瓶原始标志

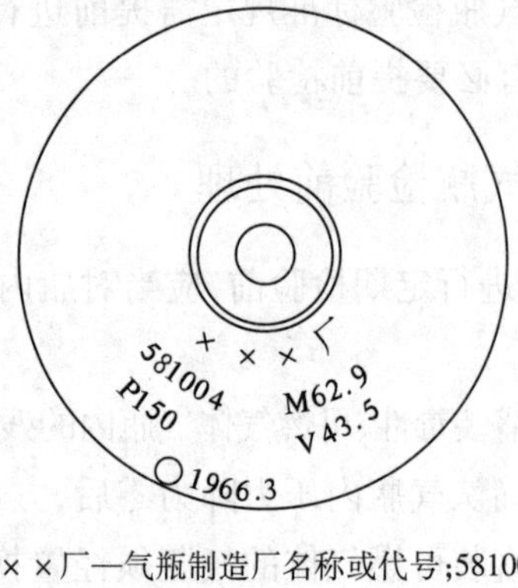

图例:×××厂—气瓶制造厂名称或代号;581004—气瓶编号;P150—气瓶工作压力(kgf/cm^2);M62.9—气瓶实际重量(kg);V43.5—气瓶实际容积(L);○—制造厂检验印章;1966.3—制造日期(年.月)

图 6-2　1965 年气瓶原始标志

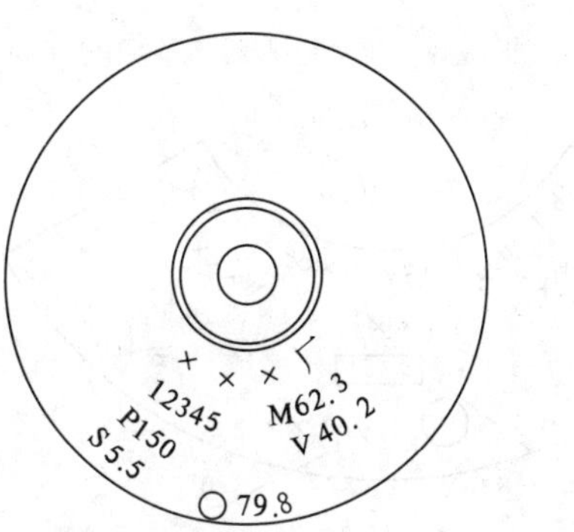

图例:×××厂—气瓶制造厂名称或代号;12345—气瓶编号;P150—气瓶工作压力(kgf/cm²);S5.5—不包括腐蚀裕度在内的筒体壁厚(mm);M62.3—气瓶实际重量(kg);V40.2—气瓶实际容积(L);○—制造厂检验印章;79.8—制造日期(年.月)

图 6-3　1979 年气瓶原始标志图

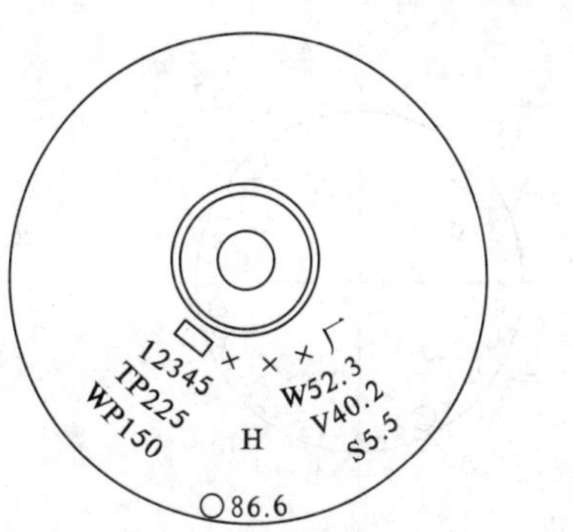

图例:×××厂—气瓶制造厂名称或代号;□—安全监察部门的监检印章;12345—气瓶编号;TP225—水压试验压力(kgf/cm²);WP150—公称工作压力(kgf/cm²);S5.5—不包括腐蚀裕度在内的筒体壁厚(mm);W52.3—实际重量(kg);V40.2—实际容积(L);○—制造厂检验印章;86.6—制造日期(年.月)

图 6-4　1985 年法定气瓶标志图

(6)1989 年 12 月 22 日,劳动部再次修订公布了自 1990 年 7 月 1 日实施的《气瓶安全监察规定》,其中明确规定在气瓶原始标志中,必须采用法定计量单位。因此,在气瓶原始标志中(见图 6-5),把水压试验压力(TP)和公称工作压力(WP)的单位,由 kgf/cm^2 改为 MPa。同时,还规定原始标志也可按图 6-6 所示的格式,在瓶肩部沿一条圆周线排列。

图例:ABC—气瓶制造厂代号,其他与图 6-4 相同

图 6-5　1989 年气瓶原始标志图(一)

图 6-6　1989 年气瓶原始标志图(二)

(7)《气瓶安全技术监察规程》(TSG R0006—2014)和 GB/T 5099—2017《钢质无缝气瓶》修订颁布实施后,规定钢瓶的钢印标记应打在瓶体的弧形肩部,排列方式如图 6-7 所示。

二、检验前的准备

检验前的准备主要是指对待检气瓶内原装气体的辨别及其安全排放,此外,还包括瓶阀的拆卸及其他检验前的准备工作。

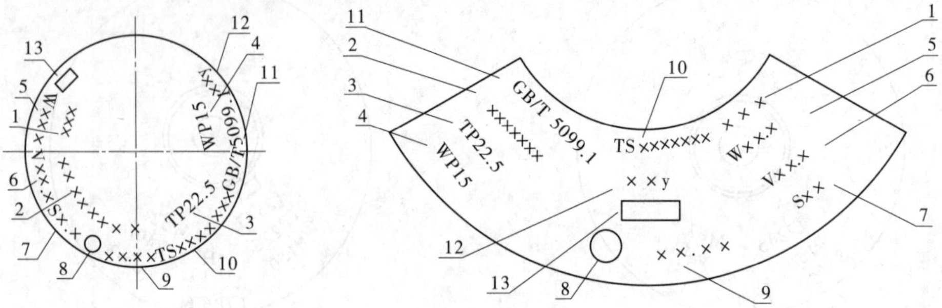

1—充装气体名称或化学分子式;2—钢瓶编号;3—水压试验压力,MPa;4—公称工作压力,MPa;5—实测空瓶质量(不包括瓶阀、瓶帽),kg;6—公称水容积,L;7—钢瓶筒体设计壁厚,mm;8—单位代码(与在发证机构备案的一致);9—制造年、月;10—钢瓶制造单位特种设备制造许可证号;11—产品标准号;12—设计使用年限;13—监督检验标记

图6-7 2017年气瓶标志图(淬火后回火处理的抗拉强度小于1 100 MPa的钢质无缝气瓶)

注:钢瓶钢印标记应打在瓶体的弧形肩部。

(一)瓶内的剩余气体的处理

当待检气瓶确定以后,检验人员首先应对每一只待检气瓶瓶内原装气体认真辨别,确切知道原装气体后,根据瓶内不同气体,采取相应的方法,排除瓶内的剩余气体。

(1)辨别瓶内原装气体的方法,除根据气瓶外表漆色标志、文字标示外,还可采取看、嗅等感官检查。如微开二氧化碳气瓶,可看到白色雾状气体排出,即可认定此瓶原装是二氧化碳气体等,对于瓶内气体不明的或无法证明有余压的气瓶,应与待检瓶分开存放,以待另行妥善处理。

(2)气瓶盛装有毒、可燃气体时,必须采取不污染环境的妥善办法回收处理,如采用"化学吸收"或通过专门装置将瓶内残液排入残液贮罐,不得向大气排放。

(3)排放氧气等助燃气体及强氧化剂时,应注意排气阀门及其周围不得沾有油脂,排放场地(室)内不应存放油脂,以免引起燃烧。

(4)排放大量的氮或氩等惰性气体时,应注意采取通风措施,以防止操作者窒息危险。无论排放何种气体,阀门均不可开启过大,以防排放的气流的反作用力推倒气瓶和发生事故,而且排气时操作者必须立于瓶阀出口的两侧,以免气流中夹杂的砂粒等物伤人。有毒气体排放处理时,操作者应穿戴防毒面具和其他防护用品。

(5)严禁在同一场所同时排放两种性质相抵触的气体。如同一时间同一场所排放氢气又排放氧气等,应避免化学反应或燃烧爆炸。

(二)检查瓶内余气的方法

阀门虽已打开,但无气排出,对阀门通道有疑点,但无法确定瓶内有无余气。此时可采用图6-8的检验装置。即以化验室常用的胶囊(洗耳球),对准已经打开的阀门入口,向瓶内压入0.5 kPa以上压力的空气。

阀门确已打开,当向瓶内压气时,胶囊的气体出口是没有阻力的,此时可连续向瓶内压气数次,当胶囊从阀门抽出时,可听到气体从瓶口排出的响声。这样既证实阀门畅通,

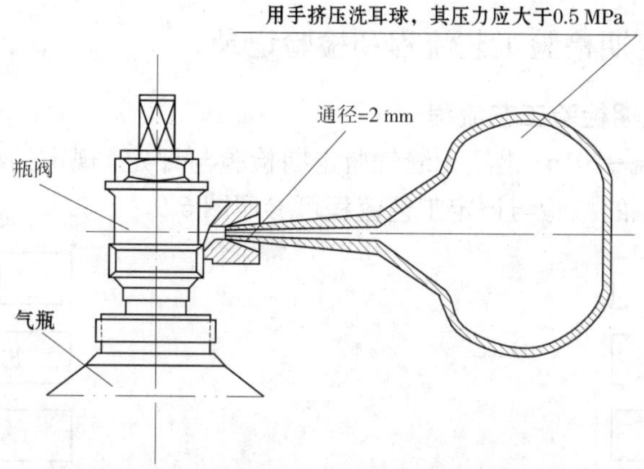

图 6-8 瓶内是否有余气存在的检验方法示意图

也说明瓶内确无带有压力的余气存在，可以放心卸拆瓶阀。

（三）瓶阀损坏的气瓶的余气排除方法

如果气瓶阀门因故障，无法把瓶内剩余气体排出，或者是阀门开关失灵，无法开启，此时也不知道瓶内有无余气或有多少余气。一般可采用下列方法排放瓶内余气：

（1）对无毒不燃的气体气瓶，如其瓶阀带有安全泄压装置，则可采取略松安全泄压帽的方法，放出瓶内剩余气体。采用此法时，应注意采取防止安全泄压帽脱出伤人的措施，如拆泄压帽，操作者应立于其泄压装置的侧面，还应注意泄压出口方向不应朝向有人及重要设施的地方，以防造成人员伤害与设备破坏。

（2）查核气瓶的原始重量和测定气瓶的现有实重，可以证实液化气体气瓶内有无剩余气体（或残液）以及瓶内余气的数量，以便采取对策。

对于瓶内余气甚少或无余气的液化气体气瓶，如其阀门泄压装置是易熔合金塞，则可用直径略小于合金浇筑孔的钻头，将其钻通，使瓶内气体从此孔放出。采取此法时，应把气瓶卧放在地面上，操作者必须事先戴好防护眼镜等防护用品，特别应注意防止钻屑和瓶内气体伤人。

（3）如瓶内装有有毒气体，必须采用特制的带钻头的密闭泄压卡具，当合金塞钻通后，瓶内气体沿卡具上的泄气管流入回收装置。

（四）拆卸瓶阀与防震圈

待检气瓶经余气排除处理后，必须逐只以洗耳胶囊探试，确定测验气瓶内压力与大气压力一致时，方可拆卸瓶阀和防震圈。气瓶上的两道防震胶圈必须取出。

当瓶阀、防震胶圈卸除后，进行瓶内瓶外清洗处理工作。

（五）内外表面除锈情况

（1）清洗除锈以不损伤气瓶金属的适当方法进行，可用擦洗、喷水清扫、喷射热水、蒸汽吹除、化学清洗等方法，将气瓶内外表面的污垢、腐蚀产物、沾染物等有碍表面检查的杂物清除干净。

（2）可选用目前气瓶检测设备厂制造的除锈机进行除锈。

三、无缝气瓶定期检验工艺流程和检验记录

(一)无缝气瓶定期检验工艺流程

根据GB/T 13004—2016《钢质无缝气瓶定期检验与评定》规定的检验项目与各项操作要求,钢质无缝气瓶的检验与评定工艺流程可参照图6-9。

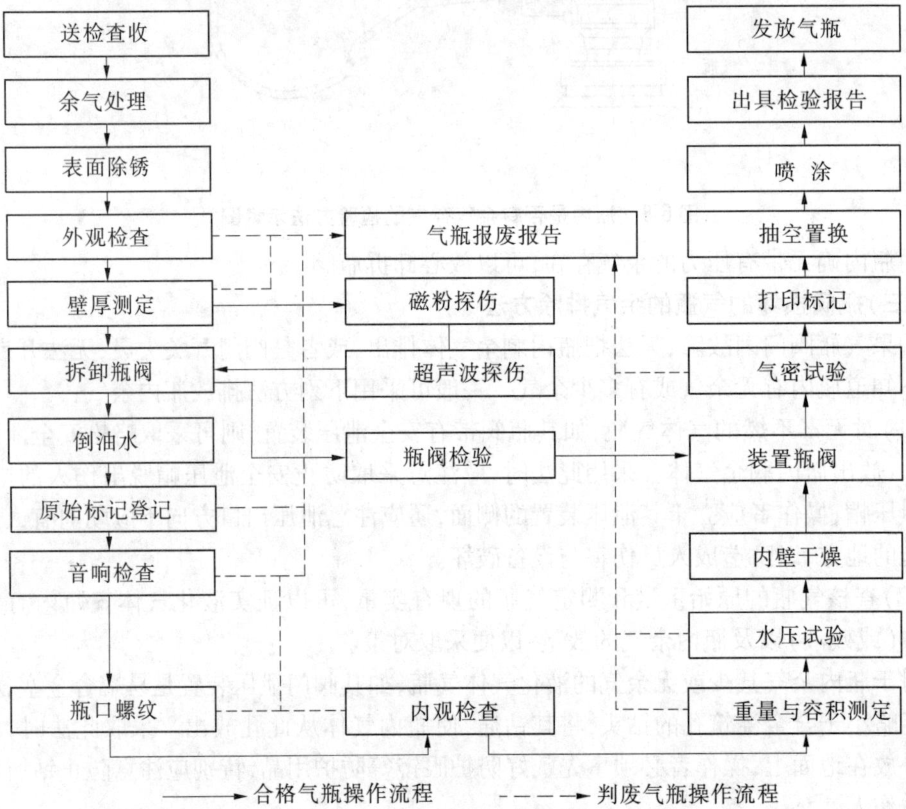

图6-9 钢质无缝气瓶定期检验工艺流程图

按照《气瓶安全监察规定》、《气瓶安全技术监察规程》及GB/T 13004—2016的规定内容和要求进行检验并记录(样表见附表)。

三、瓶口螺纹检查

(一)检查方法与检查内容

1. 检查方法

用直接目测或借助低倍放大镜观察其状况,逐只检查瓶口螺纹有无裂纹、变形、磨损、腐蚀或其他机械损伤。采用锥螺纹塞规进行测量。

2. 检查内容

(1)瓶口螺纹不允许有裂纹或裂纹性缺陷,但允许有不影响使用的轻微损伤。

(2)螺纹外表面不准有严重锈损、磨损或明显的跳动波纹。牙根要清晰,无损坏变

形。螺纹连续完整数:对大容积和中容积气瓶不少于5牙,对小容积气瓶不少于4牙;其有效螺纹牙数:对大容积和中容积气瓶不少于8牙,对小容积气瓶不少于7牙。

(3)对于瓶口螺纹基面位置的轴向变动量,应用符合标准的气瓶专用量规进行检查,其变动量应符合±1.5 mm的规定。

(4)瓶口螺纹有轻微腐蚀、磨损或其他损伤时,允许用符合GB/T 10878《气瓶锥 螺纹丝锥》标准锥螺纹丝锥进行修整,但修整后应保证与瓶阀连接牢固不泄漏。在修整螺纹过程中,要随时注意不得使铁屑、填料屑、锈粒、锈粉等杂物落入瓶内。必要时,应将气瓶固定在倒水架上并使其倒置,用无油的水或气体冲刷或吹除。

(5)英、美、法、日四国的气瓶,其瓶口螺纹的尺寸不同于我国和其他国家的气瓶,见表6-1,上述量规和丝锥不能用于这些国家或按其标准制造的其他国家的气瓶,而必须使用适应其需要的专用量规和丝锥。

表6-1　各国气瓶用圆锥螺纹对照

国别	中国	日本	苏联	德国	美国	法国	英国
圆锥螺纹规格	19.2 27.8	20 28	19.2 27.8	19.2 27.8	19.05 25.4	19.2 27.8	25.4 (小端)
螺距(mm)	1.814	1.814	1.814	1.814	1.814 2.208	1.814	1.814
锥度	3/25	3/26	3/25	3/25	1/16	3/25	1/8
牙型角	55°	55°	55°	55°	60°	55°	55°
牙型角平分线	垂直于锥体母线	垂直于锥体母线	垂直于锥体母线	垂直于锥体母线	垂直于锥体母线	垂直于锥体母线	垂直于锥体母线
基面距(mm)	16 17.67	13 17	16 17.667	16 17.67	9.611 10.16	16 17.76	0
螺纹中径加工精度(mm)	±0.18	±0.209	±0.18	±0.12	1螺距或0.132	±0.12	±0.1
螺纹长度(mm)	20 26	20 24	24 24	20 26	28.6 25.4	25	25.5

(二)执行标准

(1)我国各类钢质气瓶的瓶口与瓶阀连接的圆锥螺纹,从1988年7月1日起,已经有了统一的技术标准GB 8335—2011《气瓶专用螺纹》,其基本牙型与尺寸见表6-2。

(2)测量和修整瓶口螺纹用量规和丝锥,必须分别符合GB/T 8336—2011《气瓶专用螺纹量规》和GB/T 10878《气瓶锥螺纹丝锥》两项国家标准的规定。

表6-2　圆锥螺纹的基本牙型和尺寸

螺纹代号	n	P	基面上直径			螺纹长度			牙型高度(h)	r	a
			$D(d)$	$D_2(d_2)$	$D_1(d_1)$	L_1	L_2	L_3			
		mm									
PZ39	12	2.117	39.000	37.643	36.286	17.67	26	21	1.355	0.291	55°
PZ27.8	14	1.814	27.800	26.636	25.472				1.162	0.249	
PZ19.2			19.200	18.036	16.872	16.00	22	19			

四、外观检查

气瓶内外表面检查的目的,是要查明瓶壁腐蚀状况、裂纹、弧疤、孔洞、夹层、划痕、凸起、凹陷、烧伤、圆度、直线度、垂直度及其他损伤状况,以确定气瓶能否继续使用。

(一)气瓶外部检查

(1)应逐只对气瓶进行目测检查。检查其外表面是否有凹陷、凹坑、凸起、损伤、裂纹、腐蚀或烧伤等缺陷。

(2)筒体存在凹陷时,应测量最大凹陷深度。直尺应沿气瓶轴线放置,弧形样板应沿圆周放置。用直尺测量时,直尺长度应大于凹陷最大直径的3倍。用弧形样板测量时,样板弧长应大于气瓶周长的2/5。

凹陷最大深度超过2 mm或大于凹陷短径1/30的气瓶应报废。

(3)瓶壁有损伤、凹坑或线状腐蚀时,应先将缺陷边缘的翻边磨去,使其与周围壁面齐平,用直尺和千分表测量损伤、凹坑或腐蚀的深度。若缺陷处剩余壁厚小于设计壁厚,该气瓶应判废。

对未达到判废条件的缺陷进行修磨,使其边缘圆滑过渡,但修磨后的剩余壁厚应不小于设计壁厚。

如受检气瓶属GB 5099—1994实施前制造的或国外进口的气瓶,其剩余壁厚应不小于相应规范、标准所求设计最小壁厚。此规定亦适用于剩余壁厚大于设计壁厚规定的各款要求。

(5)瓶体有肉眼可见裂纹的气瓶,应报废。

(6)瓶体存在弧疤、焊迹或受明火烧伤等而使金属受损的气瓶,应报废。

(7)瓶体存在孤立的点腐蚀缺陷时,应测定腐蚀深度,其剩余壁厚小于设计壁厚的气瓶,应报废。

(8)瓶体存在线腐蚀和面腐蚀缺陷时,应测定腐蚀深度,其剩余壁厚小于设计壁厚,气瓶应判废。

(9)测量筒体,有下列情况之一的气瓶应报废:①同一截面最大与最小直径差超过该截面平均外径的3%;②直线度超过0.4%,且弯曲深度大于5 mm;③垂直度超过瓶体直线长度的 1%。

(10)颈圈松动且无法加固的气瓶，或颈圈损伤且无法更换的气瓶，应报废。

(11)底座松动、倾斜、破裂，或底座与瓶体结合处严重腐蚀、磨损或其支撑面与瓶底最低点之间的距离小于 10 mm 的气瓶，应报废。

(二)气瓶内部检查

(1)应用电压不超过 24 V 具有足够亮度的安全光源，逐只对气瓶进行内部目测检查。必要时可使用内窥镜或其他辅助设备进行检查。

对盛装毒性和可燃性气体的气瓶，确认瓶内残气已经用水或氮气置换过，方可通入灯具进行检查。灯具必须妥善绝缘，严防产生火花。

(2)如瓶内有落入的泥沙、锈粉、锈块、麻丝、布片等杂物，必须用水冲洗，除掉杂物后再进行检查。

(3)氧气瓶或其他盛装氧化性介质气瓶的瓶口和瓶内有油，则可用下列方法进行脱脂处理：

①用溶剂溶解法除油。根据瓶内油垢情况，向瓶内灌入适量的四氯化碳或二氯乙烷(容积 40 L 氧气瓶灌 4 ~ 5 L，小氧气瓶灌 0.5 ~ 1 L)，并用木塞将瓶口堵住。

气瓶灌妥溶剂后，将其卧放在除锈机上，使其旋转 25 ~ 30 min，然后将气瓶取下倒置 10 min，以便使瓶肩得以除油。

把瓶内溶剂放入废溶剂桶(瓶)后，从瓶口插入专用金属管至距瓶底 100 ~ 150 mm 处，通过清水冲洗残液，直至从瓶口流出的水无溶剂气味。医用气瓶还需用蒸汽吹除处理。

经过除油的气瓶，如其内部仍然不符合技术要求，则必须进行再次清洗。

②用碱液煮沸法除油。将气瓶直立固定后，向瓶内加入适量的(容积 40 L 气瓶加 2 kg)苛性钠颗粒，而后加半瓶清水，把金属蒸气管插至距瓶底 100 ~ 150 mm 处，然后通入蒸汽进行煮沸。当瓶口有碱液溢出时，再煮 10 min 停止，并将瓶内碱液放出。然后用水冲洗瓶内残液，再向瓶内灌入半瓶清水，通蒸汽直至瓶口有水溢出。放掉热水后，用水再冲洗 2 ~ 3 min，用试纸浸水无碱性反应，冲洗即结束。

接触苛性钠及其溶液时，必须根据其性质采取适当的预防措施。因它们能严重腐蚀人体和衣服。

(4)对瓶内锈蚀，根据实际情况，按下列方法处置：瓶内除用喷砂或酸洗外，一般是把气瓶放在卧式除锈机上使其旋转，借事先装入瓶内的马铁块、棱砂石、钢珠、钢屑或六角螺帽等磨除。

除锈机的转数，一般都控制在 4 r/s 左右，每处理一次的时间为 20 ~ 40 min(视技术要求和锈蚀程度而定)。

气瓶经过除锈后，必须用带有压力的水将其内部冲洗处理干净。

(5)内表面有裂纹、皱折、夹层及瓶肩内有明显沟痕或皱折，内表面存在任何腐蚀缺陷的气瓶，应进行壁厚测定，并按“(一)气瓶外部检查”的腐蚀部分规定进行评定的气瓶，应报废。

五、音响检查

(一)音响检查机制

完好的气瓶,金属结构优良,富有弹性,敲击时,由于金属的振动,发出一种清脆而响亮的乐声。其特点是声音宏亮、悦耳、声频较高,声响持续时间较长。

反之,气瓶若存在缺陷,特别是气瓶金属出现晶间腐蚀时,材料晶粒连续破坏,结构改变,组织松弛,失去了弹性,敲击时,发出的是一种沉闷的声音,俗称“破缺罐子声音”。这种声音的特点是低沉、声频低,声强和振幅也小。

总之,运用音响的原理,即金属在空气中的振动来检验钢质气瓶的质量。

(二)音响检查的操作要求与合格标准

(1)音响检查属易操作难判断的检查项目,必须由有经验的检验员负责从事这项检查。因为这种通过音响判断气瓶优劣的技术,不易用文字或语言阐述清楚,必须经过一定的锻炼,长期的经验累积,方能获取得心应手的熟练技术。

(2)外观、外表面检查合格的气瓶,应逐只进行音响检查,判断瓶壁有无隐患和内部、内表面腐蚀状况。

(3)气瓶在没有附加物或其他妨碍瓶体震动的情况下,用重约250 g的小铜锤轻击瓶壁,如发出的音响清脆有力、余韵轻而长,且有旋律感,则此项检验合格。

(4)对音响浑浊低沉,余韵重而短,且无旋律感的气瓶,应结合内表面检查的结果加以综合评定。

(5)对音响十分浑浊低沉,余韵重而短,并伴有破壳音响的气瓶,应报废。音响与腐蚀的关系,可参考表6-3。

六、重量与容积测定

(一)气瓶重量损失率测定

气瓶应逐只进行重量测定,其目的在于进一步检验气瓶的腐蚀程度,并以重量损失率为依据,检查气瓶强度是否符合标准要求。

重量测定需注意以下三个问题:

(1)衡器的最大称量值为常用称量值的1.5~3.0倍,衡器的检定周期不得超过3个月。

(2)重量测定必须在清除气瓶内外表面的锈蚀物以后进行,以免造成测定误差。

(3)气瓶重量应不包括瓶帽、瓶阀、防震圈和非制造时安装底座的重量。

若实测重量小于气瓶制造钢印标记重量,且钢印标记重量与实测重量的差值大于钢印标记重量的5%时,应测定瓶壁最小壁厚,最小壁厚小于设计壁厚的气瓶应报废。

(二)气瓶容积增大率测定

对重量测定合格的气瓶,应测定气瓶容积有两个目的:一是为气瓶容积变形试验中计算受试瓶的容积残余变形率做测定数据的准备;二是测定气瓶的实际容积,也是检验气瓶质量的一个很重要的参考数据。

表 6-3　音响以及内表面腐蚀状态分类

类别		音响	内部腐蚀状况
音响正常		音响清彻有力，伴随着较长的回音，其音响余韵的旋律有轻快的感觉	因潮湿，全部内表面只呈现一层薄薄的红锈，表面平滑
音响异常	A	音响有些浑浊，也有较弱的余韵，但不长，没有旋律	内膛全部生成红锈，表面有点粗涩，呈现鲨鱼表皮样粗糙程度，在锈的局部也有腐蚀样程度的凹坑的地方
	B	音响有些浑浊，有些圆滑的感觉，但余韵短	比 A 的锈蚀严重，由于腐蚀，在 A 程度的鲨鱼表皮样粗糙表面上锈蚀比豆粒大，相当于核桃仁大的凹凸
	C	音响和 B 相同，但余韵更短	因为内表面的腐蚀，各处有剥落现象，其直径 10～50 mm 程度的麻点状凹坑，像碎石打击的凹点
	D	音响更浊，宛如木鱼音色，添加了几分余韵	腐蚀更深，表面剥落程度严重，点状腐蚀面的凹凸在整个内表面像方格花纹
	E	比 D 音响的余韵更微弱，金属音响声的遗痕没有了，敲打空瓶时感觉几乎没有余韵	腐蚀最严重，内表面剥落的地方，面积都大且深，10～30 cm^2 的凹凸面，遍及整个内表面，犹如鳄鱼皮一样

气瓶容积测定需要注意三个问题：

（1）气瓶容积的测定必须在清除瓶内锈蚀物和油垢之后进行，以免造成误差。

（2）空瓶重量测定以后，要将气瓶瓶口朝上置于检验室的地坪上，向瓶内灌满清水，静置 8 h（注入瓶内的清水应已在试验用水槽内静置 24 h），并将瓶内下降的水补满（最好用木锤敲击瓶壁，以排除气瓶内壁附着的气泡），直至瓶口水面不再下降，然后移至衡器上称出“瓶水总重”再减去空瓶重量，即得出气瓶容纳的水重。

（3）瓶内容纳的水重乘以称重时瓶内水温下每千克水的体积数（见表 6-4），即得出气瓶的现容积值。

气瓶现有容积测定后，将其准确记录下来，以便用于气瓶水压试验时计算容积全变形值。但对于容积值大于制造钢印标记容积 10% 的气瓶应予报废。

计算容积增大率 ζ 的公式为：

$$\zeta = \frac{V' - V}{V} \times 100\% \tag{6-1}$$

式中　ζ——容积增大率（%）；

　　　V——气瓶原始容积，L；

V'——气瓶实际容积,L。

表6-4 不同水温下每千克水的体积

温度(℃)	体积(L)	温度(℃)	体积(L)	温度(℃)	体积(L)	温度(℃)	体积(L)
5	1.000 00	14	1.000 73	23	1.002 24	32	1.004 97
6	1.000 03	15	1.000 87	24	1.002 69	33	1.005 30
7	1.000 07	16	1.001 03	25	1.002 94	34	1.005 63
8	1.000 12	17	1.001 20	26	1.003 20	35	1.005 95
9	1.000 19	18	1.001 38	27	1.003 47	36	1.006 33
10	1.000 27	19	1.001 57	28	1.003 75	37	1.006 69
11	1.000 37	20	1.001 77	29	1.004 05	38	1.007 06
12	1.000 48	21	1.001 99	30	1.004 35	39	1.007 43
13	1.000 60	22	1.002 21	31	1.004 66	40	1.007 82

在测定国外气瓶或尚未使用的气瓶容积时,若发现测得的容积与原始实际容积不符,应检验称重衡器的灵敏度,并再次进行称重。

七、水压试验与容积残余变形率测定

气瓶定期检验中,必须对受检瓶逐只进行水压试验,同时做容积残余变形的测定。水压试验与容积残变率的测定装置和方法,应符合 GB/T 9251—2011《气瓶水压试验方法》的规定。

为什么规定在做水压试验的同时,还要做容积残变率测定呢?容积残余变形测定,目的就是考核气瓶的强度。气瓶的强度固然可以通过测厚,再用强度计算公式进行检验,但用公式校核强度的前提是气瓶具有均匀的壁厚、理想的形状,然而,定检气瓶存在着几何形状的圆度偏差、壁厚偏差、轴向弯曲,以及由于使用环境造成的局部缺陷;再就是强度计算公式所使用的机械性能数据是抽样试验得来的,它虽有代表性,但毕竟与瓶体的实际性能有一定的差异。总之,要考虑瓶体力学性能的不一致性、计算方法的误差与局限性,以及被测气瓶实际存在的缺陷等,对在用气瓶做容积变形试验,以验证其可否继续使用是完全必要的,也是直观可信的。

容积残余变形率测定(试验)就是用比较简单而又精确的方法,反映瓶体产生塑性变形(永久变形)的程度,故以残余变形率的大小,作为评定气瓶合格或报废的标准之一。

(一)水压试验的目的

水压试验在气瓶定期的技术检验中是关键的检测项目。

水压试验是检验气瓶的耐压强度、容积残余变形、局部缺陷等综合安全性能。

我们知道,气瓶经实际载荷反复充装使用,加之运行使用中磨损、震动、腐蚀等,强度会逐渐减弱。而水压试验,是超设计压力进行的,如果气瓶强度不够,那么,在水压试验时就会发生变形,甚至破裂,使问题得到暴露,而不至于在使用过程中由于强度不够而发生爆破事故。

在做气瓶定期耐压强度试验时,为什么要用水作试验介质呢?这是因为水具有无毒、易流动、不易蒸发、不可燃烧和低压缩性等特点,且地球表面分布最多。故用作试验介质是经济、方便、安全的。

(二)试验压力及试验用水要求

1. 试验压力

试验压力为公称工作压力的1.5倍,如公称工作压力15 MPa气瓶,试验压力为22.5 MPa。各种压力系列气瓶的试验压力见表3-4。

2. 试验用水的要求

(1)试验用水必须是洁净的淡水。如果气瓶是用含铬合金材料制造的,则试验水中的氯离子含量应不大于25 mg/L。对于氧气瓶或氧化性气体气瓶,注入或压入其中的试验用水严禁受到油脂的沾染。

(2)设置在试验装置室内的盛装试验用水的水槽,必须在试验前将其注满水,并敞口静置24 h后方可使用。

(3)从水槽向准备进行水压试验的气瓶(简称待试瓶)内注入试验用水,必须在设有试验装置的室内进行。待试瓶注水后,必须在同室内静置8 h以上方可进行试验。

(4)待试瓶注水静置期间,每隔一段时间,用木锤或胶锤沿瓶外壁自下而上进行敲击,将附着在待试瓶内壁的气泡赶出,而后再从水槽向瓶内补满水。这项敲击瓶壁和补加试验用水的工作,应断续地进行至待试瓶进行实际容积测定时为止。

(5)试验时,瓶内水温不得低于5 ℃,与试验环境温度之差不宜大于5 ℃。

(6)对于外测法试验,测试前后受试瓶内水温的变化及受试瓶内外水温之差均应不大于2 ℃。

对于内测法试验,待试瓶内的水温与试验时即将压入瓶内的水温之差应不大于2 ℃。

(三)试验方法

耐压试验:此方法仅对受压气瓶进行耐压试验,而不测量其容积变形。对于受试瓶,当其充装介质相同且试验压力相同时,可以对多只受试瓶同时进行试验,其装置见图6-10。

其操作步骤按GB/T 9251—2011《气瓶水压试验方法》进行。

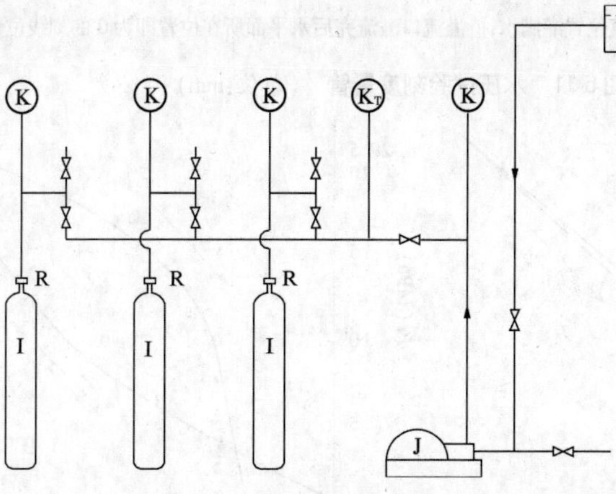

说明:W—试验用水槽;K—压力测量仪表(读取试验压力用);

K_T—精密压力表;I—受试瓶;J—增压装置;R—专用接头

图6-10　耐压试验装置流程

(四)水压试验合格标准

(1)在耐压试验中及保压时间内,未出现鼓包、变形、瓶体与瓶体渗漏、明显变形或保压期间压力有回降现象(非因试验装置或瓶口泄漏),经计算,容积残余变形率未超过规定范围,水压试验与容积变形测定为合格。

(2)试验压力保压时间不少于2 min。

(3)经计算,容积残余变形率(η)超过10%的气瓶报废。

(4)经计算,容积残余变形率(η)超过6%的气瓶,应测定瓶体的最小壁厚S_{min},不得小于设计壁厚。

(五)水压试验时的注意事项

(1)受试瓶不准戴有防震胶圈,更不准将受试瓶紧固在试验架上。

(2)图6-11中,"H"量管各段内径应一致,精确度达到1%,其顶部0~20 mL处,每0.1 mL应有刻度。装置时,其刻度"0"部应高于试验管路的最高点。图6-11所示为编著者设计的一种刻度量管,可供参考。

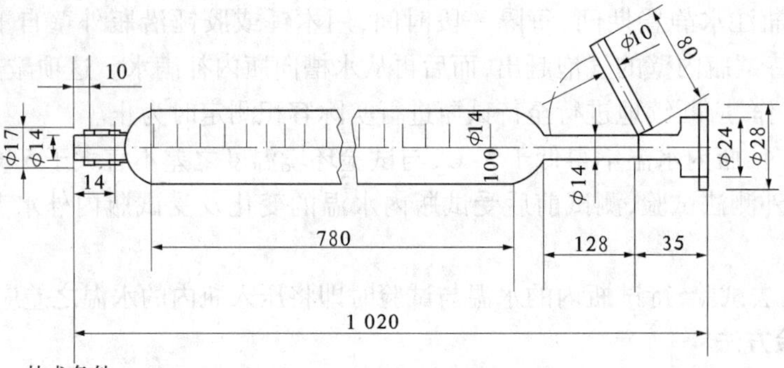

技术条件:

1. 容积为1 000 mL,厚度$S=2$ mm。
2. 要求128颈部0~10 mL处,每0.1 mL应有刻度,每1 mL应用数字标示。其余每2 mL应有刻度,每10 mL有数字标示。
3. 将量管放在铅直位置灌满水,待溢流口溢流完后水平面所在位置即为0的刻线位置。

图6-11 水压试验刻度量管 (单位:mm)

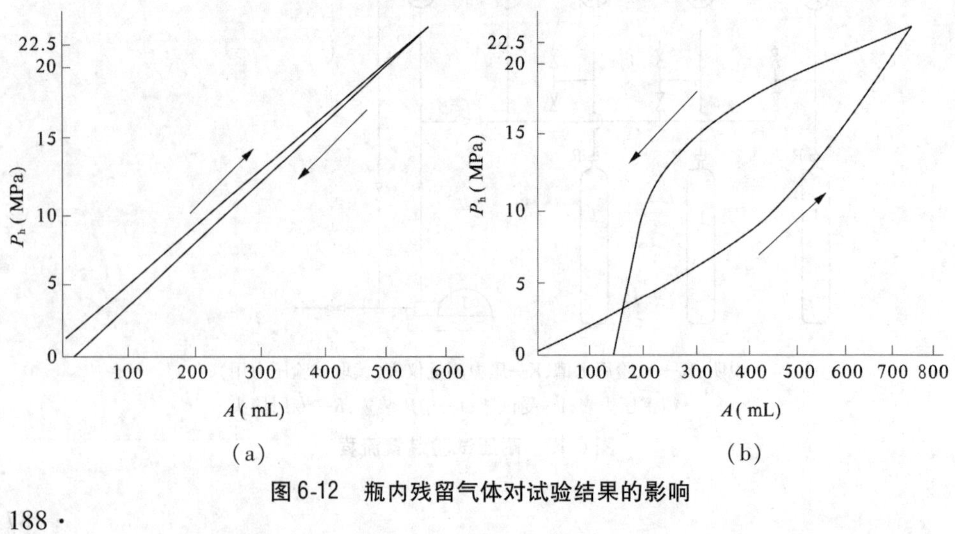

图6-12 瓶内残留气体对试验结果的影响

(3)在进行水压试验的实际操作中,另一个需引起操作者注意的问题是排除被试验气瓶中残留的气体。应该清楚,影响水压试验数据准确性的一个重要原因,是瓶内及试验装置、管道内存留的气体。为了更清楚地说明排除残留气体的重要意义,不妨看看图6-12和表6-5瓶内存留气体对试验数据准确性的影响。

图6-12(a)为瓶内无残留气体的图像。其特点是:试验压力(P_h)与进(回)水量(A)成正比,进水量和回水量均成一直线;容积残余变形值$\Delta V'$极小,仅0.1 mL。

图6-12(b)所示为瓶内留有残存的气体,当压力为5 MPa时,进水量已达286 mL,最高试验压力时,A值为784 mL,“回零”时,$\Delta V'$值为154 mL,显然,瓶内残留有空气,这154 mL只是瓶内残留的气体被压缩的体积,并非真实的残余变形值$\Delta V'$。图6-11和表6-5数据,是根据两只气瓶对照试验所取得的结果绘制记录的。由此得出,在水压试验时,将瓶内气体排除,对保证水压试验结果的准确性十分重要,每个操作者务必予以注意。

表6-5 瓶内有残留气体试验结果对比

加压过程	试验压力 P_h(MPa)		5.0	10	15	20	22.5		
	进水量(mL)	有残留气体时	286	410	590	700	784		
		无残留气体时	130	256	560	524	584		
卸压过程	试验压力 P_h(MPa)		22.5	20	15	10	5	0	$\Delta V'$
	回水量(mL)	有残留气体时	784	564	500	380	264	154	154
		无残留气体时	584	520	382	250	110	0.10	0.10

(4)在正常情况下,开启回水阀应缓慢。

(5)当水压超过气瓶公称工作压力后,操作人员必须采取防护措施内侧观察气瓶情况。

(6)水压试验结果以一次试验为准,不准进行二次复试,更不准多次试验取其平均值。

(7)水压升至气瓶试验压力90%以上时,如试验系统发生无法继续试验的故障(管道破裂、阀门漏水、试压泵漏水、管道接头漏水或压力表爆破等),则应立即停止试验,将受试瓶内的水倒净,待事故处理后并且符合水压试验条件30日后再进行试验。

(8)试压泵启动后,操作人员绝对不准脱离岗位,必须注意压力表和量管内水位的升降情况,发现异常现象,应找出原因及时排除。

(9)在保压期间,压力控制不住时,如果试验系统无渗透或其他缺陷,则可能是受试瓶发生异常变形,必须采取措施,立即开启回水阀卸压。卸压后,应检查瓶体有无发生变形并测量其外径有无变化。

(10)受试瓶内压力超过公称工作压力后,不准使受试瓶受到撞击。

(11)水压试验是一项关键性的检验项目,操作人员必须认真负责,精确测量和记录试验数据。

(12)压力表示值未降为“零”时,严禁拆卸管道上一切承压件和拆卸受试瓶,严禁旋紧泵压管道上的接头。

(13)容积残余变形超过标准的气瓶,应评定为报废并予破坏处理。

(14)试验装置上的压力测量仪表的精度不得低于1.5级,精密测量仪表不低于0.4级,且定期校验周期不得超过1个月。

(15)卸压时应使压力缓慢下降。

(16)一般情况下,试验装置应接受试瓶的充装介质分类使用或专用。如用同一试验装置试验充装介质不同的受试瓶时,应注意受试瓶内未除净的残留物可能彼此产生影响,必要时应更换试验用水。

(17)若发现试验前准备或试验过程中某一环节有失误,而可能影响试验结果的正确性时,则该次试验无效。对于试验无效的受试瓶,若试验中已将压力升到受试瓶试验压力的90%以上,应将试验压力提高0.7 MPa,或提高至原试验压力的1.1倍重新进行试验,如需计算容积残余变形及容积残余变形率,则按提高后的压力进行计算。

(六)外测法测定气瓶容积变形的程序

1.测试装置流程

外测法测试装置有称量型和量管型。

称量型外测法装置流程见图6-13。

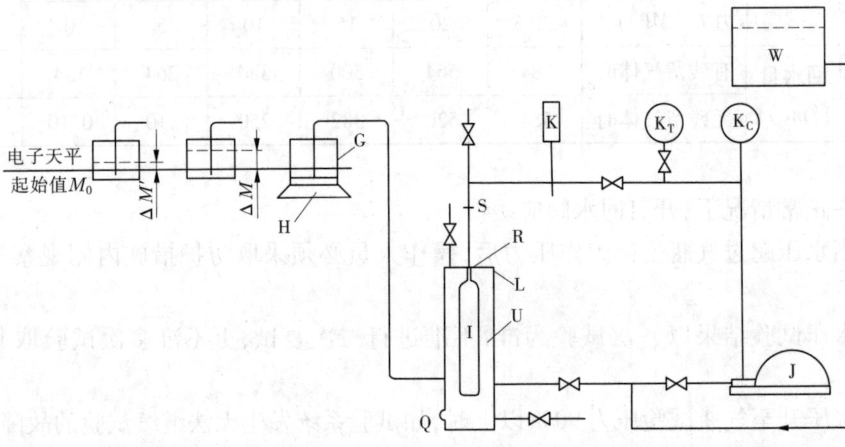

说明:W—试验用水槽;J—增压装置;R—专用接头;S—活接头;U—水套;L—水套盖;I—受试瓶;

K_C—压力测量仪表(指示、控制泵出口压力用);K—压力测量仪表(读取试验压力用);

K_T—精密压力表(校验其他压力测量仪表用);H—电子天平;G—量杯;Q—安全泄放口

图6-13 称量型外测法测试装置流程

2.测试操作守则

(1)受试瓶加压前,应把专用水套及连接管路内的空气排尽。

(2)测试专用水套应经过校准瓶的校验。校准瓶的大小应与专用水套相适应。校验应按附录A的规定进行。

(3)受试瓶装入水套后,应先静置30 s,在此期间,电子秤的示值应稳定无飘移。

(4)调整电子秤的起始示值,确保其起始示值、量杯重量和受试瓶全变形值之和应在电子秤量程范围内。

(5)受试瓶内的压力升至公称工作压力时,应暂停升压,进行检查。电子秤的示值不应继续上升,压力测量仪表指示的压力值不应下降。

(6)试验升压速度应满足标准的规定。

(7)受试瓶在试验压力下至少保持 30 s,压力不应下降,电子天平的指示值也应稳定。

3. 受试瓶容积残余变形率的计算

受试瓶容积残余变形率按式(6-2)计算:

$$\eta = \frac{\Delta V'}{\Delta V} \times 100\% = \left(\frac{M' - M_0}{M - M_0}\right) \times 100\% \tag{6-2}$$

式中　M_0、M、M'——试验前、试验压力下和卸压后电子秤指示值,g。

(七)内测法测定容积变形的程序

1. 测试装置流程

内测法测试装置流程见图 6-14。

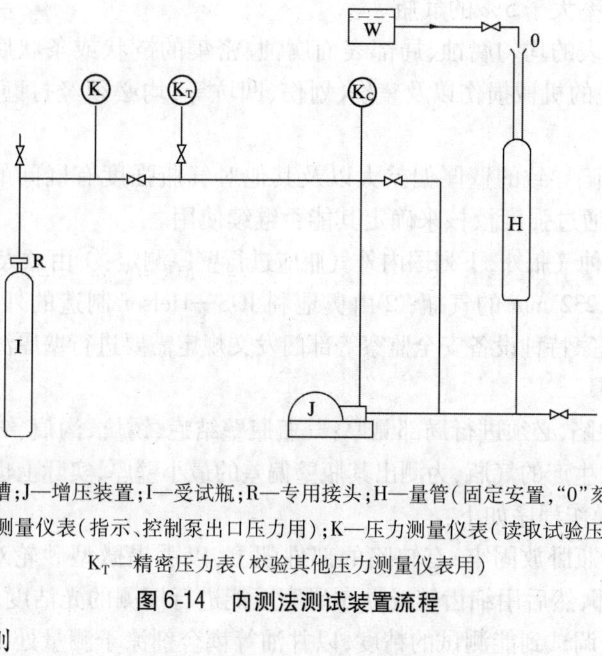

说明:W—试验用水槽;J—增压装置;I—受试瓶;R—专用接头;H—量管(固定安置,"0"刻度线位于上端);

K_C—压力测量仪表(指示、控制泵出口压力用);K—压力测量仪表(读取试验压力用);

K_T—精密压力表(校验其他压力测量仪表用)

图 6-14　内测法测试装置流程

2. 测试操作守则

(1)试验用水禁止从自来水管直接灌入受试瓶内进行试压。

(2)受试瓶在测试前应用木槌轻击瓶体,排尽附着于瓶内壁的气泡,并用水补满。瓶体外表面应彻底擦干。

(3)受试瓶加压前,应把瓶内及承压管道内的空气全部排尽。应在公称工作压力范围内反复加压、卸压,直至在量管中完全没有气泡浮出。

(4)受试瓶内的压力升至公称工作压力时,应暂停升压,进行检查。瓶体及各连接接头不得有泄漏、压力测量仪表指示的压力值不应下降。

(5)试验升压速度应满足标准的规定。

(6)受试瓶在试验压力下至少保持 30 s,压力不应下降,量管水位稳定不变。

3. 受试瓶容积残余变形率的计算

按式(6-3)和式(6-4)计算受试瓶的全变形值和残余变形率:

$$\Delta V = A - B - (V + A - B) \times P_h \times \beta_t \tag{6-3}$$

$$\eta = \frac{\Delta V'}{\Delta V} \times 100\% \tag{6-4}$$

承压管道在试验压力下的压入水量 B 由测试装置的实际测定值确定。

试验用水在试验压力和试验温度下的压缩系数 β_t 的计算参见 GB/T 9251—2011《气瓶水压试验方法》附录 B。

八、壁厚测定

(一)壁厚测定的范围

在进行气瓶的定期技术检验中,有下列情况之一者应测定气瓶最小壁厚:

(1)容积残余率(η)大于6%、小于等于10%的气瓶。

(2)重量损失率大于5%的气瓶。

(3)气瓶内外表的均匀腐蚀、局部表面腐蚀、密集的链状或条状腐蚀、沟痕腐蚀特别是线性缺陷或尖锐的机械损伤以及磕伤、划伤、凹坑等,均必须经打磨后进行最小壁厚测定。

(4)因制造缺陷导致的壁厚偏差大以及其他对气瓶强度有疑问的情况,必须进行气瓶最小壁厚测定,通过强度校核来确定其能否继续使用。

(5)除上述四种气瓶外,下列国内外气瓶应进行壁厚测定:①由意大利 Dalmie 公司制造的外径 203 mm 及 232 mm 的气瓶;②由奥地利 JOS—Helser 制造的外径 208 mm 的气瓶;③气瓶制造厂或国家特种设备安全监察等部门发文规定需要进行壁厚测定的在役气瓶。

(二)局部测厚

下述情况和缺陷,必须进行局部测厚:气瓶瓶壁结疤、锈坑、沟痕、皱折、线痕,以及其他的缺陷。以拉伸法生产的气瓶,为测出其瓶壁偏差的最小壁厚,实际上也应做局部测厚。

局部测厚的操作程序如下:

(1)将被测气瓶卧放固牢,有缺陷的部件朝上,以手提微型砂轮对缺陷的局部打磨,直磨到缺陷的底部,然后用细齿锉或砂布研磨至能进行探测的光洁度。

(2)将测厚仪调试到能测试的精度,以甘油等耦合剂涂于测量处,测出其厚度数值。

(3)当仪器厚度数字显示后,再将探头在标准试块上校正,重新对缺陷部件测试,所得的数据为该缺陷的最小壁厚,将测试数据准确记录。测厚工作结束后,再依照标准公式进行校核。

(4)另外,还有一种经验做法。拉伸法制造的无缝气瓶,因制造工艺、操作和设备(模具)等问题,往往出现壁厚偏差很大,如设计壁厚不小于6 mm的气瓶,因上述操作和工艺问题,可能出现很大的壁厚偏差,厚的一边可能是8 mm,而薄的一边可能只有4 mm。对这种气瓶进行测厚时,不必进行定点测厚,而用一经验做法,即可在瞬间内找出最薄壁厚的大致位置。其做法是:在钳工平台上或经校平的钢板上,将待测气瓶放在上面,轻轻推滚一周,当气瓶停止滚动后,朝上的一侧即为气壁最薄的一侧;然后,将其一侧选3~5点,擦磨干净，涂上耦合剂测厚，几分钟内即可找出该瓶的最小壁厚。

（三）定点测厚

下述情况和缺陷，适合于定点测厚：需了解气瓶普遍均匀腐蚀状况；做气瓶爆破试验或做气瓶的应力应变试验，分析应力分布情况等。

定点测厚的操作程序如下。

1. 选定测厚点

（1）以气瓶原始数据标志位置中心点为中心，做一基准直线，然后顺时针方向每 90°做一条平行于基准直线的纵向直线，如图 6-15（a）所示。

（2）将瓶身做三条横线，即瓶肩以下 150 mm 处为上线；瓶底以上 100 mm（有座瓶的为 200 mm）处为下线；上、下两线之间中心位置为中线。如图 6-15（b）所示。所有线条均以粉笔标示。

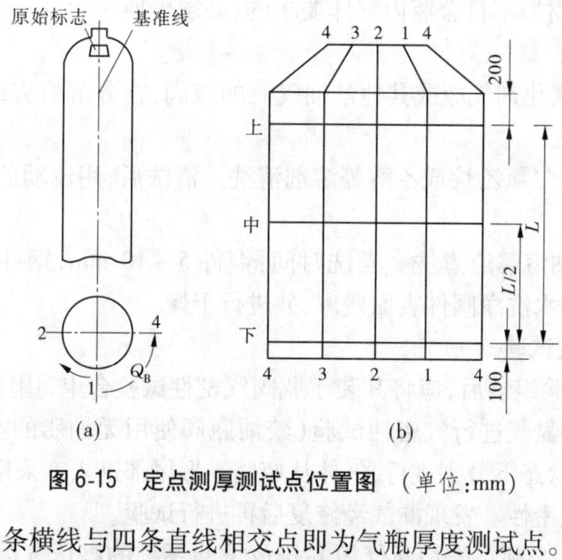

图 6-15　定点测厚测试点位置图　（单位：mm）

（3）上、中、下三条横线与四条直线相交点即为气瓶厚度测试点。图 6-15（b）为 12 个测试点的展开图（4×3）。根据情况和需要可将被测试的气瓶分成更多的纵线和横线，测试点分为 16 点（4×4）、24 点（4×6）、36 点（6×6）、64 点（8×8）等。

2. 操作程序

（1）将测试点去漆层，研磨到能测试的光洁度，进行测试。

（2）详细记录测试点各数据，必要时绘制展开图标注，与其他检测数据存入气瓶档案。

（3）在进行去漆层、研磨光洁度时，应注意如气瓶表面较光洁，就不必过多地去掉金属层，以免人为地减薄气瓶壁厚，影响气瓶强度。

九、瓶阀检验与装配

瓶阀是气瓶的主要附件，用以控制瓶内气体的出入和封存，要求瓶阀不但坚实耐用，而且严密不易漏气。瓶阀的好坏不仅是关系到是否浪费气体、操作方便不方便的问题，而且是关系到国家财产和人身安全的大问题。因此，在气瓶进行定期技术检验的同时，必须逐只逐件进行检验、清洗、更换损坏的阀件。

(一)瓶阀的检查

(1)阀体有变形、弯曲和裂纹等缺陷时,必须更换新阀。

(2)瓶阀锥形尾部螺纹的最小有效牙数,必须符合下列要求:大容积和中容积气瓶,其最少有效牙数不得少于8牙;小容积气瓶,其最少有效牙数不得少于7牙。

连续完整的牙数:大、中容积气瓶不得少于5牙,小容积气瓶不得少于4牙。

螺纹不允许有贯通裂纹、倒牙、平牙、双线牙、平底牙、牙尖或牙阔以及明显的跳动波纹,但允许有不超过螺纹高度1/3和长度不超过螺纹圆周1/6的局部小缺口。

(3)瓶阀出气口、泄压嘴、泄压帽、六角帽、螺纹阀杆、螺纹阀芯以及与六角帽、阀杆结合处的螺纹,不允许有超过总扣数1/3的局部小裂口或缺口,而这种缺陷在长度上不超过圆周的1/3,在深度上不超过1/3螺纹牙高。

(4)阀内各阀件变形、断裂、磨损或失效,必须更换。

(5)瓶阀型号和材质不符合瓶内气体要求的,必须更换。

(二)瓶阀的清洗

对于氧气瓶、强氧化剂气瓶或其他禁油气瓶的瓶阀,在分解检查或更换新阀件时,必须进行脱脂处理。

(1)用四氯化碳、二氯乙烷或乙醇等溶剂清洗。清洗后,用流动的水冲洗阀件表面残剂,并进行干燥。

(2)用5%苛性钠溶解液煮洗。煮洗时间:铜件5~10 min,钢件10~20 min。煮洗后,用80~90 ℃的热水洗净阀件表面残碱,并进行干燥。

(三)瓶阀气密性试验

(1)瓶阀分解检验组装后,应将其装于瓶阀气密性试验台上,用压力等于气瓶公称工作压力的压缩空气或氮气进行气密性试验(禁油瓶阀使用无油脂的空气)。试验应在开启、关闭状态和任意状态下分别进行,气体从瓶阀锥形尾部进入。采用浸水法或用肥皂水检查瓶阀各部件的气密性。发现漏气经修复后再进行试验。

(2)卸下瓶阀前,必须首先切断气源并排放试验系统的高压气体。在试验过程中严禁敲击、拧动或拆卸承压的部件。

(3)瓶阀试验合格后,必须按其编号将修复的部位和更换的阀件准确做好记录。

(四)瓶阀的装配

原则上应将瓶阀装回到原气瓶上。装配时,应采用瓶阀自动装卸机,匀速安装,以瓶阀锥形螺纹外露2~3扣为宜,并将瓶阀与瓶口连接好,保证有效螺纹牙数和密封性能,其外露螺纹数不得少于1~2牙。否则,应更换瓶阀,以保证装配质量。瓶阀和阀座间的密封填料应与瓶内气体性质相适应,一般采用聚四氟乙烯生料带。

十、内部干燥

(一)水分对钢质气瓶及瓶装气体的危害

气瓶干燥的目的是清除瓶内残留的水分,保证气瓶在使用时不致因水导致内壁腐蚀、瓶壁应力腐蚀产生残留物、气体聚合或分解或气体质量下降。这些危害因瓶内介质不同,而表现在不同的气瓶上。例如:

(1)氧气瓶内存在残留水分,在高压氧的作用下,会加速内壁腐蚀。

(2)一氧化碳气瓶内存在残留水分,就会促使一氧化碳及其所含微量二氧化碳对瓶壁产生应力腐蚀。

(3)氯化氢气瓶内残留水分,氯化氢便对内壁产生极度强烈的腐蚀。

(4)三氟化硼气瓶内残留水分,会使三氟化硼分解成硼酸和氟化氢,而后形成氟硼酸,对瓶壁有很强的腐蚀性。

(5)乙硼烷气瓶内残留水分,会助长乙硼烷着火。

(6)氩气瓶内残留水分,氩气与水能形成结晶络合物 $Ar \cdot 6H_2O$。

(7)当氢气瓶内残留水分,若氢气中混入氧气而形成爆鸣气体时,水分加剧了氢和氧的化合反应,促进了爆鸣气体的爆炸。

(8)对瓶装气体含水量有一定要求的气瓶内存在残留水,不仅会降低气体质量,还会由于气体质量不符合要求而引起其他事故。

从上述列举的情况不难看出,凡经水压试验并被评定为合格的气瓶,在安装瓶阀之前,都必须进行干燥,清除其内部的水分。

何种气瓶需要干燥到何种程度,以气体性质和用途而定,即使盛装同种气体的气瓶,因用途不同,其干燥程度亦不同。对于一般工业气体气瓶,如氧气瓶、氢气瓶、空气瓶、二氧化碳瓶,只要进行一般干燥即可,即借流动热气或烘箱干燥即能达到干燥的目的。但对特殊用途的气瓶,如电子工业特殊用途的稀有气体和特种气体气瓶及含有 0.04% 水分即能生成盐酸的光气瓶,就得在经过一般干燥并安装瓶阀后,借助烘箱或红外线和真空泵进行加热真空处理,使其干燥程度达到露点 -40 ℃或 -40 ℃以下。

(二)干燥方法和要求

经水压试验合格的气瓶,应逐只进行内部干燥。对盛装介质露点有特殊要求的气瓶,应根据充装介质对露点的具体要求,再对气瓶进一步干燥。气瓶一般采用干燥空气吹扫、内加温、外加温或其他适当的方法进行内部干燥。用加强方法进行内部干燥时,温度应当不超过 200 ℃,时间应足够长,以保证瓶内完全干燥。

(三)一般工业气体气瓶的干燥

一般工业气体气瓶的干燥有如下三种方法:

(1)氮气源充足的造气企业的瓶检站,将空分出来不含油脂的氮气接至检测现场,用一根已弯曲的、能进入瓶口的金属管(铜管最好),在受试后倒水的同时,将金属管伸入瓶内开启控制阀,用氮气吹扫,直至瓶内无明显水分。氮气的压力应为 0.5 ~ 0.8 MPa,吹扫时间不少于 3 min。

(2)有条件的瓶检站用蒸汽加热瓶体进行干燥。具体操作是:当水压试验结束倒完水后,钢瓶立放,瓶口朝上,此时通入蒸汽 2 ~ 3 min 后,瓶壁温度在 50 ℃以上(以烫手为准),关闭蒸汽,随即将瓶内少量水倒出,若此时用氮气吹扫一下效果更佳。敞开瓶口立放 1 h 后,气瓶已经十分干燥。

(3)气瓶水压试验结束放水后,使其瓶口朝下静置一段时间,待瓶内残留的水流尽,如图 6-16 所示,将金属细管 5 插入瓶内距瓶底约 150 mm 处。

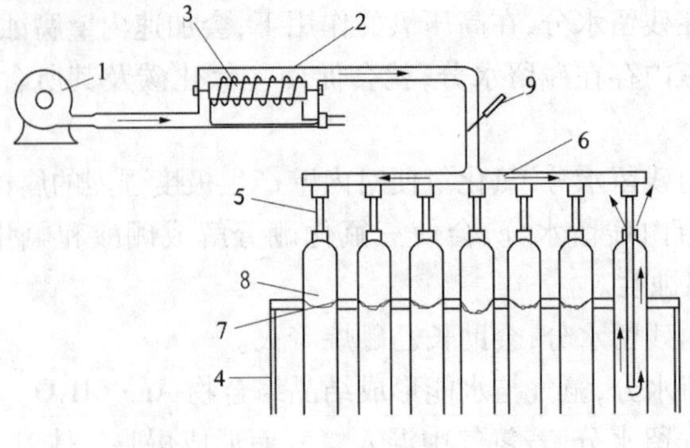

1—鼓风机;2—加温炉;3—电热器;4—气瓶固定架;
5—金属管;6—分流管;7—铁链;8—气瓶;9—温度计

图6-16 气瓶简易干燥装置示意图

接通鼓风机1和电热加温炉2的电源。从加温炉2出来的加热空气温度,一般控制在80~90 ℃即可。当温度过高时,应把加温炉2的电源切断,待温度降低后再行接通。每干燥一批气瓶需20~30 min。

从干燥架上卸下气瓶后,借助小灯泡从瓶口检查干燥情况。如瓶壁已呈干燥状态便可安装瓶阀。

(四)特种气体气瓶的干燥

特种气体气瓶的干燥,通常称为加热抽空处理。加热抽空处理是在气瓶经过上述一般干燥合格并安装瓶阀后进行的一种干燥,主要目的是脱除气瓶内壁吸附的水分和其他杂质气体。

对于特种气体气瓶,上述干燥处理只能视为预处理。经过预处理合格的气瓶,在其装妥瓶阀之后还需要把瓶阀接到真空泵上,并在瓶外用电加热或红外线烘烤,使气瓶在加热90~120 ℃的情况下进行真空脱气处理,使吸附在内壁的水分和杂气脱除。

常见的特种气体气瓶电加热炉如图6-17所示,一次能处理6只气瓶,炉体周围装有蛭石绝热保温层,炉的后壁均布12只1 kW的电热元件,通过电触点温度计进行温升自控。开启加热的柜门,将气瓶推进去并固定到固定架上,接上抽空管道接头,便可加热进行真空脱气处理。

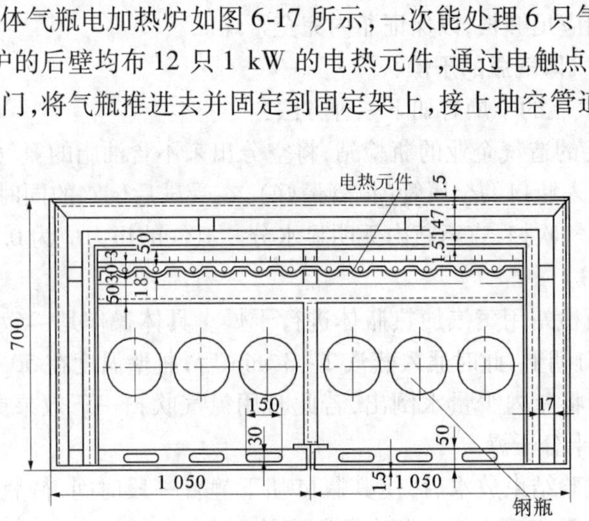

图6-17 气瓶电加热炉 (单位:mm)

有的特种气体气瓶定期检验站，采用煤气加热陶瓷辐射板式的红外线加热装置，可节省用电20% ~50%，特别在一次处理气瓶数量较多时，水分蒸发强度比一般加热方式的对流干燥要强几十倍。

远红外线加热与干燥技术是一项新技术。它是利用远红外辐射器发出的远红外线为被加热物体所吸收，直接转变为热能而达到加热干燥的目的。红外线的波长范围为0.75 ~100 μm(介于可见光和微波之间)，而其中4 μm以上就被称作远红外线。

(五)加热抽空处理

加热抽空处理是将气瓶接于真空系统，并在瓶外用电炉或红外线烘烤。气瓶的加热温度一般不高于90 ℃，以防止瓶阀内的密封垫损坏。若需要提高温度至90 ℃以上，则阀内密封垫需要换为聚三氟乙烯材料。系统的真空度为10^{-2} Torr，一般在此条件下脱气2 h，然后停止加热，使气瓶的温度在真空状态下降至常温。

气瓶经过加热抽气处理后，必须充入一定量的纯产品(称为底气)，压力为0.05 ~0.2 MPa，封闭静置2天后，分析瓶内的水分和杂质气体含量，如有变化，则需用纯产品重新置换，一直到稳定。

加热抽空处理不仅用于水压试验后的特种气体气瓶，也用于用户返回的余压的特种气体气瓶，其方法与上述基本相同，不同之处在于抽空15 min后，再行接通热源实施加热抽空。

(六)真空度

在对特种气瓶进行干燥等处理时要对受试瓶抽真空，“绝对真空”是不存在的，我们只能通过不同办法来达到各种程度的“相对真空”，在计量真空度时，常把“毫米汞柱”称为Torr(托)来作为真空度的计量单位。

$$1\ \text{Torr} = 1\ \text{mmHg} = 1/760\ \text{atm}$$

真空度的划分大致如下：760 ~10 Torr为粗真空，10 ~10^{-3} Torr为低真空，10^{-3} ~10^{-8} Torr为高真空，10^{-8} Torr以下为超高真空。

压力在10 Torr以上的空气，其性质和常压下差不多；10 Torr左右，气体电离导电现象开始显现；10^{-3} Torr是一般机械真空泵能达到的极限；10^{-8} Torr是扩散泵能达到的极限；而使用离子泵可以达到10^{-12} Torr的超高真空。

十一、气瓶气密性试验

气瓶气密性试验是气瓶定期检验中的重要项目之一，其目的是通过试验检查瓶体、瓶阀、易熔塞以及瓶体与这些附件装配的气密性，以防气瓶在充装、储存、运输和使用时因漏气酿成事故。气瓶水压试验合格后，应逐只进行气密性试验。试验装置和方法应符合GB/T 12137的要求。

气密性试验用的介质可用经过干燥处理的空气、氮气或其他与瓶内盛装介质不相抵触的、对人体无害的、无腐蚀的非可燃性气体。

对于氧气瓶和氧化性气体气瓶，试验用的气体绝对不准含有油脂。

进行气瓶气密性试验，必须符合下列要求：

(1)气密性试验的环境温度应不低于5 ℃。

(2)受试瓶必须是经水压试验合格的。

(3)必须分清气瓶公称工作压力的级别,并按压力级别分别存放和充气。

(4)受试瓶的试验压力应等于气瓶的公称工作压力,不准超压试验。

(5)试验系统不允许有泄漏缺陷存在。

气密性试验方法分为浸水法试验和涂液法试验两种。

盛装可燃气体或毒性气体的气瓶以及盛装高纯或混合气体的气瓶,应用浸水法进行气密性试验。浸水法试验的操作程序如下:

(1)将充气软管接于受试瓶上,并将其浸入无油脂的清水试验槽内,受试瓶距水面不小于50 mm。

(2)向瓶内充气至受试瓶公称工作压力。

(3)缓慢地转动受试瓶,观察其各部有无流动气泡出现。发现有固定不动的气泡应将其抹去,继续观察该部位是否还出现气泡。如发现继续出现气泡,则认为该瓶试验不合格。

受试瓶在水中的保压时间不少于2 min,保压期间不得有泄漏或压力回降现象。

(4)受试瓶达到保压时间后,缓慢地将瓶内气体排出,而后将受试瓶提出水槽,根据试验结果对受试瓶分别处理:试验合格的,转入下道工序;瓶阀、易熔塞、盲塞及其瓶体连接部位漏气的,经过适当处理再行试验;瓶体漏气的,将漏气部位用油漆做出记号,送至报废气瓶存放处。

盛装其他气体的气瓶,允许用涂液法进行气密性试验。涂液法试验比较简单。在充到气密性试验压力的受试瓶待查部位上涂上试验液,观察有无气泡连续逸出。带液保压时间不少1 min,不允许有气泡逸出。

用于氧气瓶和氧化性气体气瓶的试验液,应用无油脂的试验液。

试验结束后,在泄漏处做好记号,然后缓慢地开启瓶阀将瓶内气体放出,擦干气瓶上所涂的试验液,把受试瓶按合格、待修、报废分别处理。

十二、综合评定与检验结论

(一)综合评定的重要意义

气瓶的定期检验有多项检测内容,无缝气瓶的定期检验不少于10项,这些检验操作不可能由一个人自始至终去完成,而需要一个检验群体来做。检验群体包括检验人员、服务性操作人员多人,根据技术难度、工作量的多少,有所分工,各自对自己检测的项目负责,必要时应签字认可。但必须把多人操作的检测结果,如内外部检查、音响检查、水压试验、容积残变率测定、测重测容结果、测厚与强度校核结果、瓶口检测与瓶阀检查结果,以及原始钢印数据记录与换算计算结果等,加以综合总结,给予科学的、符合规范与技术标准的评定,对这一批或者一只受检气瓶做出合格、报废等结论。

(二)综合评定与检验结论由谁来做

气瓶的定期检验站可能是企业的一个组,或者是一个班、一个工段、一个车间,也可能是专业锅炉压力容器检验所的一个室。综合评定与检验结论可以由这些持气瓶检验员证的组长、班长、工段长或室主任来做,可以由持证的检验员来做。不管由谁来做,必须是一个经专业培训有资格,且有检验实践经验的持证的检验员。

综合评定是气瓶定期检验的最后一道工序，执行与控制的好坏，对气瓶定期检验全过程的质量至关重要，务必引起检验单位及检验员重视。

在进行综合评定过程中，遇到某些疑难的或者把握不准的问题时，处理的办法如下：

(1)对这只受检气瓶的检测结果全面核查，必要时，与该项检测操作的检验员共同审核该检测结果的正确性。

(2)综合评定者亲自对单项检测进行复验。例如，在检测外部缺陷，对单项检测定性判断有疑问时，在综合评定时应重新进行测量与计算，得出符合受检瓶实际的正确的结论。

(3)某些疑难问题，应及时与技术负责人联系，求得技术负责人的帮助。

(三)检验结论

定检后的气瓶若绝大部分合格，可继续投入使用，经各项检测全部无问题的气瓶，其检验结果是“合格”。对不合格瓶，甚至报废瓶的结论做得规范正确是不太容易的，故在做检验结论时，有如下要求：

(1)结论应准确。

(2)应规范化，结论均必须符合 GB 13004—2016《钢质无缝气瓶检验与评定》及相关法规与标准。能使用定量的词则不用定性的词来表达。例如“腐蚀严重”，这只是一个定性的词，而“腐蚀处剩余壁厚 3 mm”才是定量的词。

(3)结论的用词应简练、明了、表达清楚。

总之，综合评定与检验结论水平的高低，反映了检验员与检验单位人员素质、技术和管理水平。

十三、检验后的工作

(一)检验钢印标志

经检验合格的气瓶，应按 TSG R0006—2014《气瓶安全技术监察规定》要求，在气瓶肩部或检验环上打检验钢印标志，内容包括：检验机构代号；本次检验日期及下次检验日期。在检验钢印标志上应按标准涂上检验色标(检验色标颜色、形状见表 3-19)。

(二)涂敷漆色标志

经检验合格的气瓶按照 GB 7144—2016《气瓶颜色标志》的要求，重新喷涂外表漆色、字样与色环。

(三)气瓶检验记录

各地无缝气瓶定期检验中的检验记录主要有如下问题：

(1)记录项目不全。一些检验记录上，有“漏项”的现象，如从记录上看不到“音响检查”“瓶口螺纹检查”，甚至气瓶原始钢印设计太坏力(公称工作压力或试验压力)在记录上均无反映。

(2)记录不规范，检验责任人不到位。例如，检验员不签字，即使签了字也只签个姓而不留名，检验员不下综合评定结论，技术负责人审核不签字等。

(3)少数检验单位，不做重量测定与容积测定。从记录上去看，气瓶的原始重量与实测重量完全一致，原始容积与实测容积也完全一致。

(四)出具检验报告

检验合格和报废的气瓶检验应及时出具气瓶定期检验报告,应由产权单位存档的技术资料,经整理后,由技术负责人审核签字后存档(保存期至少为检验有效期)。

(五)报废气瓶处理

列出报废气瓶"明细表",其表上应有检验员及技术负责人的签字,并存档。

(1)报废气瓶处理应消除其使用功能,采用压扁或将瓶体解体等不可修复的方式,不得采用钻孔或者破坏瓶口螺纹的方式。

出具"判废通知书",交产权单位。

(2)对报废气瓶及时销毁,销毁的方式由检验单位自定,以防止废瓶再次流通使用。

废瓶未及时销毁,流通使用造成恶性事故的,检验单位法人及检验员应承担法律责任。

第四节　钢质焊接气瓶检验

钢质焊接气瓶的定期检验与评定工作应按照 GB/T 13075—2016《钢质焊接气瓶定期检验与评定》的规定进行。

一、检验前的准备工作

(1)检验前应逐只检查气瓶制造和检验标志(瓶色、字样、字色)和技术档案资料,确认后,按介质类别进行检验。提前送检的要查明原因,以确定检验重点。对未取得特种设备制造许可的制造企业生产的气瓶、制造标志模糊不清或项目不全而又无据可查的气瓶、特种设备安全监督管理部门规定不准再用的气瓶,登记后不予检验按报废处理,对超过设计使用年限的气瓶,登记后不予检验按报废处理。

(2)对于瓶内气体不明的或无法证明有无余压的气瓶,应与待检瓶分开存放以待另行妥善处理。确认瓶内气体后,根据气体的不同性质,在保证安全、卫生和不污染环境的条件下,采用与瓶内气体相适应的方法将瓶内气体排出并妥善处理。

(3)确认瓶内压力与大气压力一致时,用不损伤瓶体金属的器械卸下瓶阀和防震圈等。对于瓶阀无法开启的气瓶,应与待检瓶分开存放,以待另行妥善处理。用对瓶体金属不产生损伤和腐蚀的方法,将气瓶内外表面的污垢、腐蚀产物、沾染物等有碍表面检查的杂物清除干净。

二、检验工艺流程和检验记录

(一)焊接气瓶定期检验工艺流程

钢质焊接气瓶定期检验与评定的工艺流程见图6-18。

(二)焊接气瓶定期检验记录

各焊接气瓶定期检验站检验记录无统一的格式。部分瓶检站记录不规范,从记录上见不到某些必检内容,如见不到容积测定等。又如,某焊接气瓶定检站一只气瓶定检记录多达4~5张,不仅造成纸张浪费,也给检验员带来多余的工作量。根据检验与评定的现

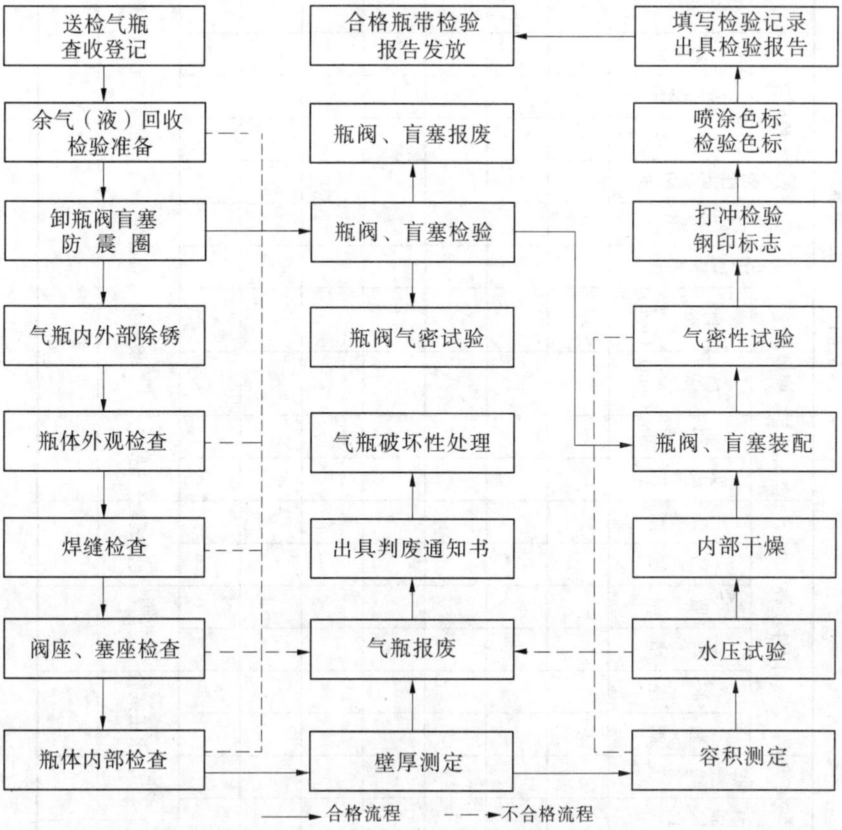

图6-18　钢质焊接气瓶定期检验工艺流程

行标准，即GB 13075—2016规定的检验项目与要求，设计了焊接气瓶定期检验记录（见表6-6），供参考。

三、外观（内外表面）检查

（1）内部检查应用内窥镜或电压不超过24 V、具有足够亮度的安全灯逐只对气瓶进行检查。①盛装氧化性介质的气瓶，瓶内不得沾染油污，发现油污，应进行脱脂处理；②内表面有裂纹、结疤、皱折、夹杂凹坑等缺陷的气瓶应报废；③内部线腐蚀或面腐蚀处的剩余壁厚小于设计壁厚的气瓶应报废。

（2）应逐只对气瓶进行目测检查，检查外表面及其焊缝是否存在凹陷、凹坑、鼓包、划伤、磕伤、裂纹、夹层、皱折、腐蚀、热损伤及焊缝缺陷。①瓶体存在裂纹、鼓包、结疤、皱折、夹层缺陷及肉眼可见容积变形的气瓶应报废；②瓶体磕伤、划伤、凹坑处的剩余壁厚小于气瓶设计壁厚的气瓶应报废；③瓶体凹陷深度大于或等于6 mm或大于凹陷短径1/10的气瓶应报废；④瓶体凹陷深度小于6 mm，若凹陷中带有划伤或磕伤缺陷，且缺陷处的剩余壁厚小于设计壁厚的气瓶应报废；⑤瓶体存在弧疤、焊迹或明显火焰烧灼迹象等热损伤而使金属受损的应报废；⑥气瓶上孤立点腐蚀处剩余壁厚小于设计壁厚的气瓶应报废；⑦瓶体线腐蚀或局部腐蚀处剩余壁厚小于设计壁厚的气瓶应报废；⑧护罩或底座因破裂、脱

表 6-6　焊接气瓶定期检验记录

室温：　　℃；水温：　　℃

气瓶产权单位	检验日期	气瓶编号	充装介质	原始钢印数据								外观检查	内部检查	焊缝检测	附件检查						容积测定		壁厚测定		水压试验结果	内部干燥	气密性试验结果	检验结果			档案号
				制造厂或代号	瓶号	制造日期	试验压力(MPa)	公称工作压力(MPa)	实际重量(kg)	实际容积(L)	设计壁厚(mm)				瓶阀	阀座	丝堵	瓶帽	易熔塞	防震圈	实测容积(L)	测定结果	筒体 S_{min}(mm)	封头 S_{min}(mm)				结论	允充介质	有效期	

检测项目	外观检测	焊缝检查	内部检查	附件检查	容积测定	壁厚测定	水压试验	装瓶阀丝堵	气密试验	记录	检验员综合评定	质保工程师审核
责任人签字												

焊、磨损、严重变形，造成瓶体站立不稳或底座支撑面与瓶底最低点之间距离小于 10 mm 的气瓶应报废；⑨因腐蚀严重对腐蚀深度和范围无法确定的气瓶应报废。

(3)外表面损伤的检测方法。对外表面凹陷深度采用高度游标卡尺和直尺，以凹陷的弦为基准测量深度，测量方法如图 6-19 所示。对外表面划伤深度的测量方法有两种：

①划伤深度值以最深处为准。具体测量方法如图 6-20 所示，卡板的型面曲率半径与钢瓶外廓相符合，千分表下的针尖插入划伤中，测量其深度。测量过程中要定期校核千分表读数，以清除由于针尖磨损造成的误差。

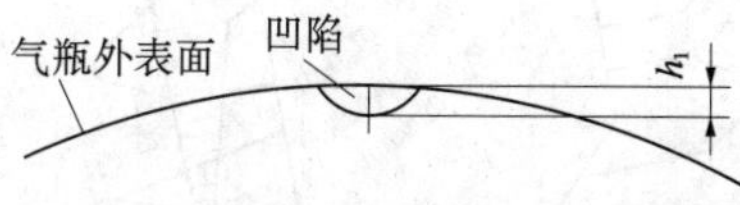

图 6-19 凹陷深度测量方法示意图

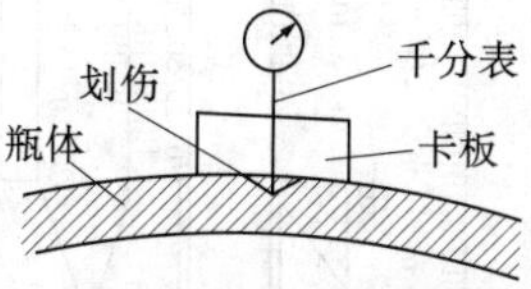

图 6-20 划伤深度测量方法示意图

②将软铅锤满划伤之中，取出软铅，用卡尺量得最大软铅高度，即为划伤深度。

对未达到报废条件的缺陷，特别是外表面线性缺陷或尖锐的机械损伤，应进行修磨，使其边缘圆滑过渡，但修磨后的壁厚不应小于设计壁厚。

四、焊缝检查

主体焊缝不符合下列规定的气瓶应报废：

(1)焊缝不允许咬边，焊缝和热影响区表面不得有裂纹、气孔、弧坑、凹陷和不规则突变。

(2)纵、环焊缝上的划伤、磕伤或凹坑经修磨后，焊缝不得低于母材。

(3)纵、环焊缝热影响区的划伤或磕伤处修磨后剩余壁厚不得小于设计壁厚。

(4)纵、环焊缝及其热影响区的凹陷最大深度不得大于 6 mm。

对焊接接头缺陷的类型和严重性有怀疑时，应由检验员确定无损检测部位、方法和检测比例，无损检测方法按 NB/T 47013 标准进行。

HJ40 型焊接检验尺如图 6-21 所示，它是由主尺 1、游标尺 2、活动尺 3、测角尺 4 和紧固螺钉 5 组成的。

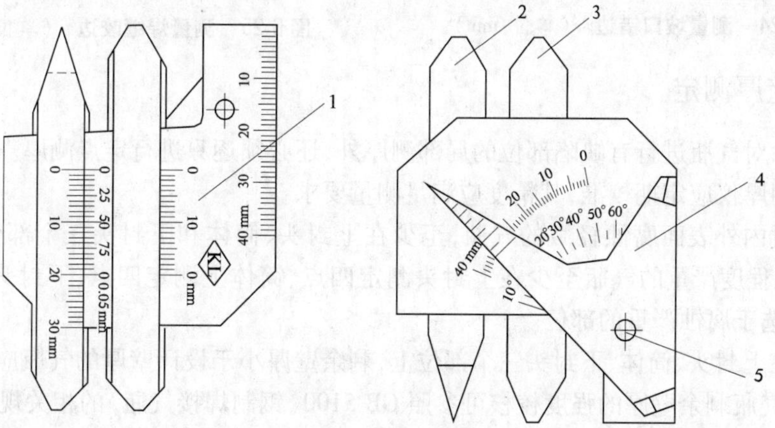

图 6-21 焊接检验尺

焊缝外部缺陷检查,除肉眼或借助于低倍数放大镜观察外,对于焊缝高度、宽度、坡口错位和咬边深度,可采用30型和40型焊接检验尺进行测量(见图6-22~图6-25)。

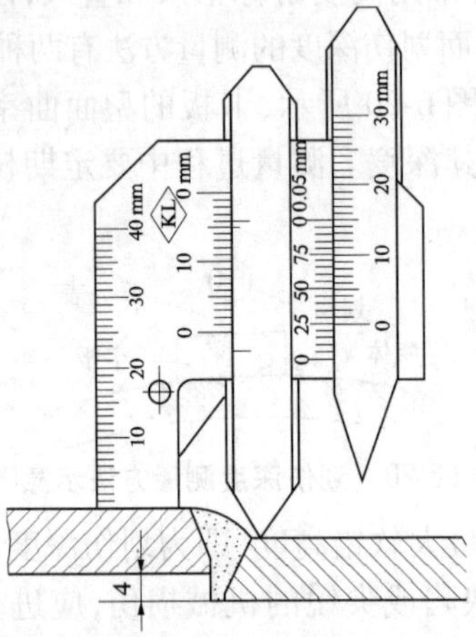

图6-22　测量焊缝高度　(单位:mm)

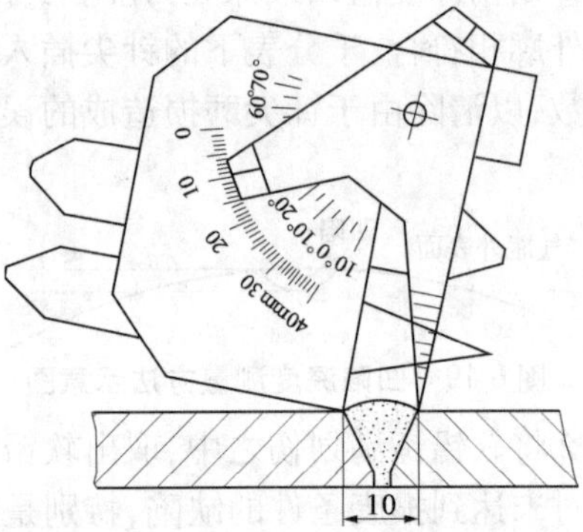

图6-23　测量焊缝宽度　(单位:mm)

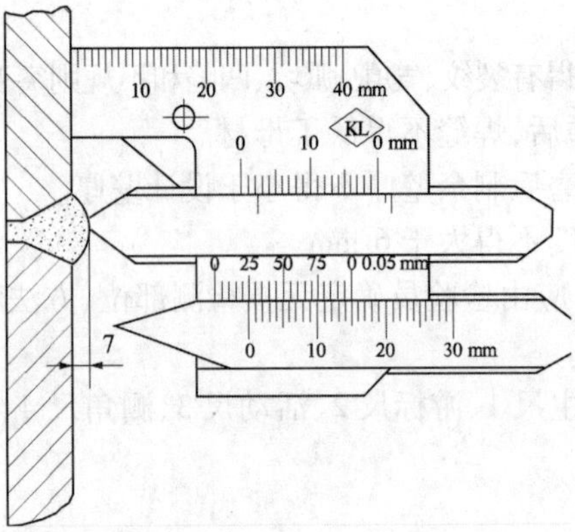

图6-24　测量坡口错边　(单位:mm)

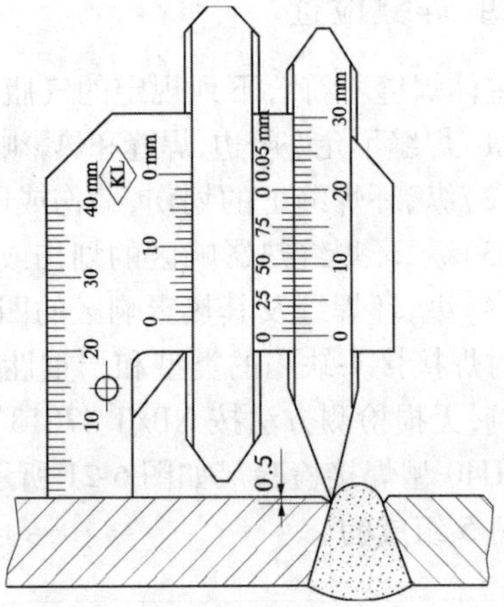

图6-25　测量焊缝咬边　(单位:mm)

五、壁厚测定

(1)除对气瓶进行有缺陷部位的局部测厚外,还必须逐只进行定点测厚。

(2)测厚仪应定期校准,其精度应满足测量要求。

(3)对内外表面腐蚀轻微的气瓶,至少在上封头、筒体和下封头三个部位各测定一点;对腐蚀程度严重的气瓶至少在上封头测定四点、筒体上测定四点、下封头测定两点。各测点应选于腐蚀严重的部位。

(4)在上封头、筒体、下封头三个部位上,剩余壁厚小于设计壁厚的气瓶应判废。

焊接气瓶剩余壁厚的强度校核可参照GB 5100《钢制焊接气瓶》的相关规定进行。

六、容积测定

首次检验时，应逐只进行容积测定，其测定必须在清除瓶内锈蚀物、残液等污染物之后进行。现容积小于标准规定值的气瓶应报废。非首次检验时，若检验人员对气瓶的容积数值有怀疑时，应对该气瓶进行容积测定。容积测定方法如下。

(1)向检验室内试验专用水槽补注清洁的淡水，并敞口静置一昼夜。

(2)将经空瓶称重的气瓶直立于检验室内地上，向瓶内注满引自试验专用水槽的清水，静置8 h注入瓶内的清水应已在试验用水槽内静置24 h)。其间应断续用木槌自下而上轻敲瓶壁数次，并将瓶内每次下降的水补满，直至瓶口水面不再下降。

(3)确认瓶内气泡排除，瓶口液面不再下降时，称量出瓶与水的总重量。

(4)以“瓶水总重”减去该瓶实测的重量得出该瓶内容纳的水重，再乘以称重时瓶内水温下每千克水的体积数即得气瓶现容积值。

七、水压试验

(1)焊接气瓶的定期检验中，必须逐只进行耐压试验。试验方法应符合GB/T 9251—2011《气瓶水压试验方法》。

(2)试验压力 P_h 为公称工作压力的1.5倍，在试验压力下的保压时间不少于3 min。例如，公称工作压力为3 MPa的液氨钢瓶，其试验压力为4.5 MPa。

(3)气瓶水压试验时，瓶体出现渗漏、明显变形或保压期压力表有回降现象(非因试验装置的原因)的气瓶应报废。

八、附件检查

(一)阀座与塞座检查

(1)目测或用低倍放大镜逐只检查阀座或塞座以及螺纹有无裂纹、变形、腐蚀或其他机械损伤。阀座或塞座有裂纹、倾斜、塌陷的气瓶应报废。

(2)阀座或塞座螺纹不得有裂纹，但允许有轻微不影响使用的损伤，即允许有不超过3牙的缺口，缺口长度不超过周长的1/6，缺口深度不超过牙高的1/3。

(二)瓶阀检验

瓶阀应逐只拆洗检查、维修或更换损伤的阀件，保证开闭自如不泄漏。阀件和其他部件不允许有严重变形，螺纹不允许有严重变形。操作如下：①检查瓶阀型号是否和有关标准相符；②检查阀体外观有无变形、弯曲、裂纹等缺陷；③检查瓶阀锥尾端和侧接头螺纹有无磨损倒牙现象；④阀体及零部件材质检查；⑤瓶阀上各零件结构、规格检查；⑥瓶阀锥螺纹检查，所用气瓶专用螺纹量规应符合GB 8335—2011《气瓶专用螺纹》规定；⑦用瓶阀气密性试验装置对瓶阀进行开启、关闭以及任一状态下的气密性试验，要求开闭自如、不泄漏，当瓶阀或安全阀损坏或泄漏时，应更换瓶阀或安全阀。

(三)易熔合金塞检验

易熔合金塞螺纹及易熔合金塞应完好，如有损坏，应予修复或更新。其装配应符合《气瓶安全技术监察规定》的有关规定及相应技术标准。

(四)其他附件检验

气瓶其他附件应齐全完好,如有损坏,应予修复或更新。

需要说明的是,气瓶的附件可以进行修理或更换,但这种修理或更换是不允许对瓶体进行焊接或火焰加热的,除非由气瓶制造厂进行并加以焊后热处理。

九、气瓶内部干燥

(一)气瓶内部干燥

气瓶容积大,瓶内残留水分是不易清除干净的。

残留的水分不仅对焊接气瓶的内壁产生强烈腐蚀,影响瓶内气体质量,严重时还会引起气瓶事故。例如:

(1)液氯气瓶内存在残留水分,溶于其中的氯气会生成盐酸和次氯酸,并放出大量热量,会加速钢瓶内壁和易熔塞中合金堵的腐蚀。

(2)三氯化硼气瓶内残留水分,三氯化硼直接水解成硼酸和盐酸,对瓶壁有极强的腐蚀性。

(3)四氯化硅气瓶内残留水分,会使四氯化硅分解析出硅酸并随之放热,对瓶壁有腐蚀性。

(4)三氟化砷气瓶内残留水分,会使三氟化砷分解析出亚砷酸并放出氟化氢,对瓶壁有很大的腐蚀性。

(5)三氯硅烷气瓶内残留水分,会使三氯硅烷分解生成硅甲酸和盐酸,对瓶壁有极强的腐蚀作用。

(6)三氯化砷气瓶内残留水分,会使三氯化砷生成氢氧化砷和盐酸,对瓶壁有极强的腐蚀性。

(7)硒化氢气瓶内残留水分,会使硒化氢分解为元素成分。

(8)光气瓶内存在残留水分,溶于其中的光气会生成盐酸,对内壁有腐蚀作用。光气遇水还会分解生成氯化氢。

(9)氰化氢气瓶内残留水分,会使氰化氢在长期储存时发生聚合。聚合为放热反应,其聚合物有自催化作用,有时会发生爆炸。

由此可见,焊接气瓶内部干燥是十分必要的。

(二)气瓶干燥的一般要求

(1)经水压试验合格的气瓶,必须逐只进行内部一般干燥,对盛装介质露点有特殊要求的气瓶,充装单位应在瓶检站进行的一般干燥的基础上,根据充装介质对露点的具体要求,再对气瓶内部进行特殊干燥。

(2)气瓶经水压试验合格后,将瓶口或塞口朝下倒立一段时间,待瓶内残留的水沥净,采用内加温或外加温方法进行内部一般干燥。

(3)内部采用干燥空气吹扫,内加温、外加温或其他适当的方法进行内部干燥,一般干燥的温度通常控制在不超过200 ℃,干燥时间应足够长,以保证瓶内完全干燥。

(4)从干燥装置上卸下气瓶后,借助内窥镜或低压安全照明观察瓶内干燥状况,如内壁已全面呈干燥状态,便可安装瓶阀。

十、气密性试验

(1)气瓶水压试验合格后,应逐只进行气密性试验。试验装置和方法应符合 GB/T 12137 的要求,试验压力应为气瓶公称工作压力。盛装可燃气体或毒性气体的气瓶以及盛装高纯或混合气体的气瓶,应用浸水法进行气密性试验。气瓶浸水保压时间不少于 2 min,保压期间不得有泄漏或压力回降现象。

盛装其他气体的气瓶,允许用涂液法进行气密性试验。气瓶带液保压时间不少于 1 min,不允许有气泡逸出。

(2)试验介质。气瓶在水压试验合格后,用干燥无油的空气、氮气或其他与气瓶盛装气体性质不相抵触的、对人体无害的、无腐蚀和非可燃性气体进行气密性试验。

十一、浸水法操作步骤

(1)检验气密性试验装置,安全附件是否安全可靠,符合要求。

(2)向气瓶内充气,达到气瓶的公称工作压力后,将气瓶浸入水槽中,使气瓶任何部位离水面最小深度大于 5 cm,且应缓慢转动气瓶,在保压时间不小于 1 min 时间里,观察有无气泡连续逸出(如用涂液法,也需保压不少于 1 min,观察有无气泡产生)。

(3)试验结束后,应缓慢将气体从瓶内排出,将气瓶表面清理、擦干或干燥。

对于检验工作量比较少的检验单位,气瓶的气密性试验也可采用在瓶体、瓶口螺纹、焊缝等位置处涂抹皂液的操作方法进行检查。但操作上应认真细致。

十二、综合评定与检验结论

焊接气瓶,大多是大容积气瓶,公称水容积大的到 800 L 以上,常用的也是 400 L。与中小气瓶比较,真是“庞然大物”,故定期检验中都是由多人检验与操作,检验操作中,有所分工。每个检验操作者必须对自己所负责的检测项目负责,所有检测项目完成后,应有人对整个检测试验结果,根据标准与规定综合进行评定,对受检气瓶做出科学合理的结论。

综合评定,一般是由有检验员资格的、有权威的检验组(班)长或检验员进行。综合评定必须对全部检测数据进行综合分析、计算、审核评定,必要时对气瓶进行复检。综合评定中遇到疑难技术问题,应与技术负责人,甚至检验站长取得联系,求得帮助与解决。

十三、检验后的工作

(1)按《气瓶安全技术监察规定》附录 B 的格式要求与内容在检验合格的气瓶肩上或设置的金属检验环上打检验钢印标志,其内容包括:检验单位钢印代号,本次检验日期及下次检验日期,并涂检验色标。

(2)按 GB 7144—2016 重新漆色标志。

(3)检验合格的气瓶资料,包括新瓶的出厂合格证、各检测记录、数据等,应整理后由技术负责人签字后存档,至少保存一个检验周期。

(4)向用户出具检验(报告),按《气瓶安全技术监察规程》附录D出具气瓶定期检验报告,报告包括安全性能符合要求的气瓶和判废气瓶。

(5)对报废气瓶,气瓶检验单位可单独列报废"明细表(判废气瓶台账)",保存在检验单位备查。同时,及时对已报废气瓶进行销毁。销毁方式由检验单位自定。

报废气瓶没有及时进行销毁,再次流入使用环节而造成严重恶果的,应追究检验站法人(或其委托人)以及当事检验员的法律责任。

第五节 液化石油气瓶检验

液化石油气瓶定期检验与评定工作应按照GB/T 8334—2011《液化石油气钢瓶定期检验与评定》的规定进行。

一、检验前的准备

(一)接收受检瓶

接收气瓶时,应在送检人在场的情况下,做好下列工作:

(1)逐只检查记录钢瓶的制造标志和检验标志,记录送检钢瓶型号规格、制造厂名、出厂日期(或上次检验日期、检验单位和检验编号)及气瓶重量、容积和送检的数量等相关内容。

(2)查看瓶阀、护罩、底座等附件的完好情况。

(3)对未到期限提前送检的气瓶,应查清提前送检原因,并做特殊标记,指出重点检查的部位。

(4)查看气瓶外观,看有无明显变形、凹陷、鼓包、火烧、裂缝、严重腐蚀、不规范修理等缺陷。

(5)登记用户要求喷涂的标志编号。

(6)对判定不能继续使用的钢瓶以及使用超过设计使用年限的任何类型液化石油气钢瓶按报废处理,登记后不予检验。

(7)对于未取得特种设备制造许可的制造厂家生产的气瓶,应予判废;对于带有纵向焊缝的YSP26.2型或YSP35.5型气瓶,应予判废。

(8)检验登记,安排检验。将有关内容登记在检验流转卡上(登记至少包括制造厂家、出厂日期或上次检验日期和气瓶重量),与气瓶一并转下道工序。

(二)残液残气回收

检查前清理气瓶内部是保证检验工艺操作正常进行的前提。因此,受检气瓶应进行残液和残气回收,并有回收处理装置。

对于无法证明有无余压的钢瓶,应与待检瓶分开存放,以待另行妥善处理。在保证不泄漏、不污染环境、不影响操作人员健康的前提下,采取适当方法,逐只回收瓶内残液和残气。经外观检查报废的钢瓶,亦应逐只回收瓶内残液和残气。

1. 正压法回收

(1)将液化石油气残液回收装置上的接头与气瓶瓶阀连接好。

(2)采用液化石油气循环压缩机对钢瓶进行加压后,使气瓶内压力高于残液储罐内压力,造成压差回流,进行残液回收,加压后钢瓶倒置排残液。

(3)残液回收后,对气瓶内的残气进行回收。

(4)外观初检判废的气瓶,亦应进行残液、残气回收。

2. 负压法回收

(1)将液化石油气残液回收装置的接头与气瓶连接好。

(2)确认连接好后,打开瓶阀,倒置气瓶,并启动真空泵。

(3)真空表达到 -0.06 MPa,且真空管内无液体流动时,关闭瓶阀,卸下连接接头。

(4)抽残液为连续作业,待同批受检气瓶抽完后一次性关机。

(5)连接接头不允许与大气接通,以免空气进入气瓶内。

(三)卸瓶阀

卸瓶阀时应注意以下事项:①瓶体、瓶阀分别做好标记以便复原;②开启瓶阀前,确认瓶内无余压;③将气瓶放在瓶阀装卸机上,对好瓶阀卡头,紧固瓶体;④启动瓶阀装卸机,且留有 2~3 圈螺纹时停机,改用手工旋下,不得操作瓶阀、瓶体;⑤从瓶阀装卸机上卸下瓶体。

(四)蒸汽吹扫

卸瓶阀后,气瓶应立即进行内表面蒸汽吹扫。这是因为国内液化石油气内含有重组分气体,有些类似沥青的物质粘在气瓶的内壁上,由于其挥发很慢,用冷水浸泡无法将其除掉。如不除掉,即使放置很久,瓶内的混合气体仍可达到爆炸极限,一旦使用压缩空气进行气密性试验,就会发生爆炸。

蒸汽吹扫后的瓶内残气浓度(体积浓度)不得高于 0.4%,否则必须用氮气作为气密性试验的介质。操作方法如下:

(1)将气瓶放置在蒸汽吹扫的固定托架上,蒸汽吹扫管从瓶口插入,插入高度应大于 1/3 气瓶高度。插入时不得损伤阀座螺纹。

(2)按蒸汽吹扫压力—时间工艺评定参数选择蒸汽吹扫的压力和时间(如汽源有保证,则可以固定的压力和时间进行实际操作),一般情况下,蒸汽压力应≥0.2 MPa,且持续吹扫时间应≥3 min。选择的吹扫工艺参数,应满足吹扫后瓶内残气浓度不大于 0.4% 的要求。

(3)开启蒸汽入口阀门,用蒸汽吹扫钢瓶内表面。

(4)吹扫完毕后,气瓶应倒立静置。

(五)瓶内残气浓度测定

测定方法之一:

(1)对静置后的气瓶,按 50%(且不少于 2 只)抽取瓶内气体试样。

(2)用奥氏分析法对气体试样进行可燃气体含量分析。

测定方法之二:

(1)调整可燃气体检测仪。

(2)逐只测量瓶内可燃气体的浓度。

(3)外观初检判废气瓶亦应进行残气浓度测定,并应合格。

(4)检测仪应定期校验,且报警浓度应大于 0.4% 可燃气体浓度指标。

(5)对可燃气体浓度高于 0.4% 的气瓶应重新进行蒸汽吹扫,直至符合要求。

二、工艺流程与检验记录

(一)工艺流程

液化石油气钢瓶定期检验工艺流程见图6-26。图中的实线连接为检验工作流程,虚线连接为判废钢瓶处理流程。

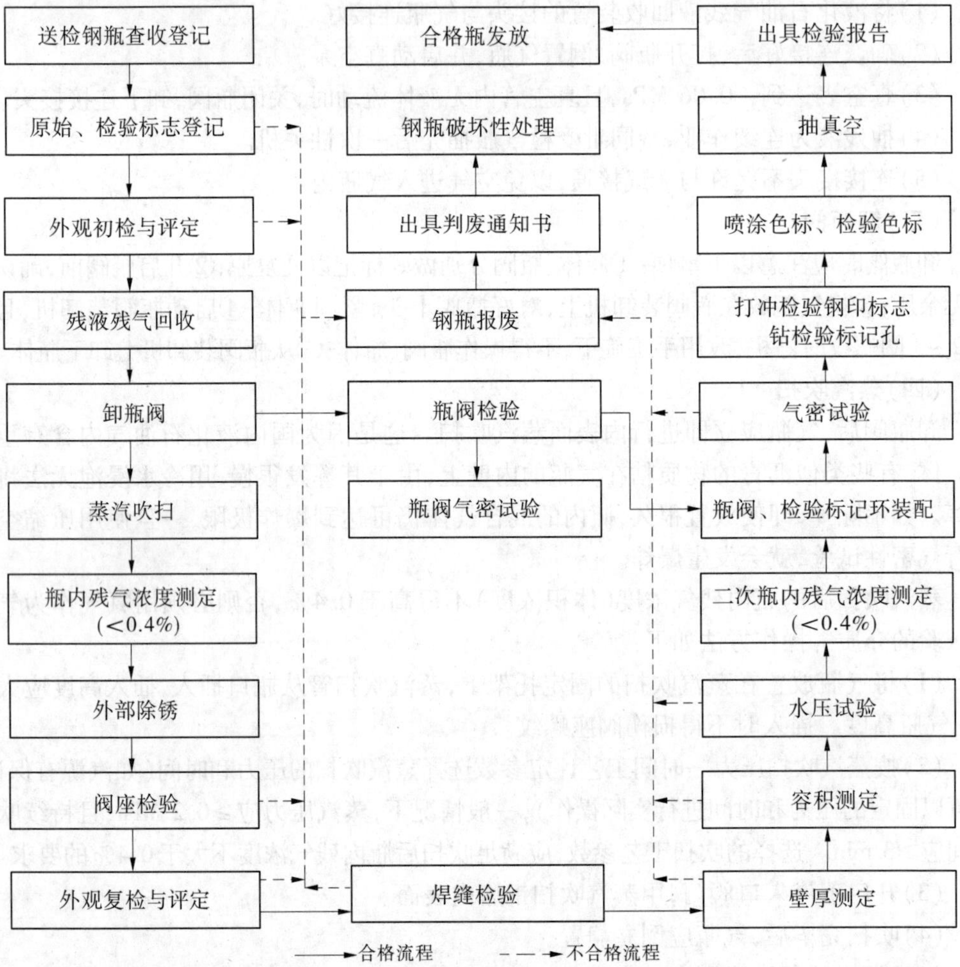

图6-26 液化石油气钢瓶定期检验工艺流程图

(二)检验与评定记录

受检的液化石油气瓶经残液处理、卸阀、内部蒸汽吹扫、内外清洗后,经瓶内残气浓度检测合格,正式进入检验程序,并按表6-7认真做好记录。

三、外观检查

外观初检一般在查收登记时进行(残液回收之前),主要逐只目测检查易于发现的外观缺陷,如制造标志、护罩、瓶体的焊接接头、底座脱落、明显的凹坑、变形、严重的腐蚀、破裂电弧损伤、火焰烧伤、肉眼可见的瓶体变形、显而易见的划痕和封头直边的纵向皱褶等。

表 6-7　液化石油气瓶定期检验记录

室温：　　　　水温：

序号	检验编号	气瓶产权编号	检验日期	原始钢印标志								外观检查	焊缝检查	阀座检查	瓶阀等附件检查	壁厚测定			容积测定		水压试验		内部干燥或抽真空	气密性试验			检验结果		档案号
				制造厂	瓶号	制造年月	公称工作压力(MPa)	试验压力(MPa)	瓶重(kg)	容积(L)	设计壁厚(mm)					筒体 S_{min}(mm)	封头 S_{min}(mm)	测定结果	实测容积(L)	测定结果	P_h(MPa)	试验结果		试验介质	试验压力(MPa)	结果	结论	有效期	

检测项目	外观检查	壁厚测定或称重	耐压试验或 η 测定	瓶阀检测装配	气密性试验	记录	检验员综合评定	质保工程师审核
责任人签字								

经外观检查不合格的气瓶,一定要进行残液、残气处理,卸去瓶阀进行蒸汽吹扫,再经残气浓度测定合格后方可判废。如不这样,在报废处理时,气瓶也极易发生爆炸事故。

四、缺陷的检查与试验

(1)应逐个检查瓶阀的结构、参数、制造质量是否符合 GB/T 7512《液化石油气瓶阀》有关标准要求,将瓶阀进行解体清洗、检修,且应更换密封圈,以及已损坏的阀芯、连接片及阀杆等易磨损零件。阀体不允许有严重变形。

(2)瓶阀螺纹不允许有严重损伤,阀体螺纹及其测量量规等应符合 GB/T 7512、GB 8335 及 GB/T 8336 等有关标准要求。

(3)检修后的瓶阀应在专用气密性试验装置上进行气密性试验。由连接瓶口充入氮气或空气,在加压到2.1 MPa 状态下,浸入水中的试验时间不得少于1 min,对瓶阀的任意开启(堵住瓶阀出口)和关闭状态进行检查,瓶阀不得有泄漏或其他异常现象。操作程序如下:①将手轮旋紧关闭瓶阀,充气后,观察阀口与阀杆是否泄漏;②瓶阀半开状态下,观察阀杆处有无泄漏;③堵住阀口,缓慢开启阀杆至开启状态,观察阀杆处有无泄漏。

(4)记录。应准确记录检修瓶阀日期、易损件检验结果、阀体是否严重变形、螺纹检验结果、瓶阀在开启和关闭状态下是否漏气。达不到上述技术要求的瓶阀,应予更新。

五、瓶阀座检验

目测或用低倍放大镜逐只检查阀座以及螺纹有无裂纹、变形、腐蚀或其他机械损伤。

(1)应逐只对瓶阀座进行检验,瓶阀座不允许有塌陷和裂纹及裂纹性缺陷。

(2)用螺纹量规对瓶阀座螺纹进行检验,其基面的轴向变动量为 ±1.5 mm。瓶阀座螺纹不允许有变形和毛刺,不允许存在倒牙、平牙、牙双线、牙尖、牙阔等现象,螺纹的有效部分不应少于8牙,局部损坏不得超过螺纹高度的1/3,长度不得超过螺纹圆周的1/6,缺口不得超过3牙。

(3)如螺纹有轻度腐蚀、磨损或其他损伤时,应用符合 GB/T 10878 规定的螺纹丝锥进行修复。修复后的螺纹应用符合 GB/T 8336 规定的量规检查,保证与瓶阀连接牢固,气密性试验合格。

(4)量规和丝锥应符合 GB/T 7512、GB 8335、GB/T 8336 及 GB/T 10878 等标准的要求。

六、容积测定

经外观检验,对钢瓶容积有怀疑时,应进行容积测定。

液化石油气钢瓶的充装系数是以容积为基础计算出来的。气瓶制造厂多数用理论容积,少数实行抽查容积,因此在用气瓶中容积不准(小于标准容积)的占有一定比例。

气瓶容积测定采用水容积测定法。对空瓶和注满水后的实瓶分别称其重,后者减去前者乘以容积系数即为气瓶实际水容积,YSP26.2 型水容积应大于等于 26.2 L;YSP35.5 型水容积应大于等于 35.5 L;YSP118 型水容积应大于等于 118 L。称重衡器应保持准确,其检定周期不得超过3个月,量程应是被测重量的1.5~3倍。

七、耐压试验(或残余变形率测定)

气瓶的残余变形测定数据的准确性受外界影响极大,操作人员的技术熟练程度、试验装置精度、测试方法和手段、几何形状的改变等因素都严重地影响残变数据的准确性。大量的非系统误差远大于残变数据,并且这些非系统误差极难消除,故对于液化石油气钢瓶来说,在水压试验中测定钢瓶的残余变形率并无多大意义,既可以测定残变,也可以用耐压试验来代替,目前大部分是选用耐压试验,代替的办法是比较切合实际的。

耐压试验装置、方法及安全措施应符合国家标准 GB/T 9251《气瓶水压试验方法》的规定。

(一)试验操作方法

(1)将装满清水的钢瓶置于水压试验装置上,装置上应安装两块经校验合格的压力表(其中应有一块控制试验压力的电接电压力表)。

(2)初步压紧瓶口,启动试压泵,排除装置中的空气,再压紧瓶口。

(3)启动水压泵,当压力表的示值升至 2.1 MPa 时,停止水压泵,检查各瓶是否有泄漏。若发现某只受试瓶泄漏,则关闭相应的进水阀和开启相应的卸压阀,中止该受试瓶的试验,在该瓶体上做出泄漏标记,将泄漏情况记入记录。

(4)在无泄漏的情况下,启动水压泵,使其压力升至 3.2 MPa 后关闭试压泵保压,保压时间不少于 1 min,且仔细观察压力表有无下降,瓶体有无渗漏等异常现象。

(5)达到规定时间后,卸掉压力,检查瓶体有无可见变形、裂纹和渗漏。

(6)从试验装置上卸下受试瓶。

(二)耐压试验合格标准

试验压力为 3.2 MPa,保压时间不得小于 1 min,在保压过程中压力表没有回降现象,气瓶没有渗漏和肉眼可见的变形,水压试验才算合格。

(三)试验注意事项

(1)压力表的量程应为试验压力的 2 ~ 3 倍,表盘直径应大于或等于 100 mm,精密等级应不低于 1.5 级。

(2)每个月应对压力表进行校验一次。

(3)试验用水的温度不得低于 5 ℃,且与环境温度之差不宜大于 5 ℃。

(4)严禁超压试验,也不允许连续进行超过公称工作压力的试验。

(四)试验后的处理

将水压试验合格后的气瓶倒置,把水倒净,并使用压缩空气或氮气将气瓶内壁进行吹扫处理,直至瓶内干燥。因为如将微量水留在了瓶内,这种微量水,无论是液化石油气的液相还是气相,只要处于低温,水便可以析出生成白色结晶状的烃类水化物。如果温度和压力条件适宜,而且有较为充足的水分,固态水合物就会不断地生成,直至将阀和调压器入口堵死。因此,钢瓶必须干燥。另外,干燥以后气瓶上的不牢固的漆膜容易起层,这给瓶体除锈创造了有利条件。

八、外表面除锈

(1)将气瓶的各种标记、瓶阀座选用适当方法加以保护(可以用专用丝堵保护瓶阀座,用胶皮保护标牌),以免损伤气瓶的各种标记及瓶阀座螺纹。

(2)采用除锈机对气瓶逐只进行外表面除锈,将气瓶外表面的油污、浮锈及残存的油漆清除至露出金属光泽,除锈过程中严禁损伤钢瓶瓶体。

(3)除锈机使用的钢丸直径选用0.5～1.0 mm。

九、外观复检与焊缝检验

(一)外观复检

(1)外表面宏观检验,瓶体不允许有裂纹、电弧损伤、火焰烧伤及其他肉眼可见的容积变形。

(2)凹陷检测。凹陷深度不大于6 mm,且不大于凹陷宽度的1/10。

(3)划痕深度检验。

方法一:划痕深度值以最深处为准,测量用的专用量具及测量方法如图6-20中所示,卡板的型面曲率半径与气瓶外廓相符,千分表下的针尖插入划痕中测量其深度,针尖的楔角应小于等于30°,半径应小于等于0.25 mm,测量过程中要定期校核千分表的零点,以消除由于针尖磨损造成的误差。

方法二:将软铅锤满划痕之中,取出软铅,用卡尺量得其最大凸起高度,即为划痕深度。

长度小于等于75 mm的划痕,最大深度不大于0.7 mm;长度大于75 mm的划痕,最大深度不大于0.6 mm。

(4)点状腐蚀深度检测。检测方法同(3),点状腐蚀深度不得大于1 mm。

(5)测量线状腐蚀和局部斑点腐蚀。测量方法同(3),线状腐蚀和局部斑点腐蚀长度小于等于75 mm时,最大腐蚀深度不大于0.9 mm;腐蚀长度大于75 mm时,最大腐蚀深度不大于0.7 mm。

(6)复合缺陷的检验:测量凹陷及大面积均匀腐蚀区域的线状腐蚀深度。

测量方法:凹陷深度值以最深处为准,测量用的专用量具与方法可选用GB/T 8334—2011附录A中的方法进行。

大面积均匀腐蚀区域中的线状腐蚀,腐蚀长度小于等于75 mm时,深度不大于0.6 mm;腐蚀长度大于75 mm时,深度不大于0.5 mm。

测量凹陷深度、划痕的方法同(2)和(3)。

大面积均匀腐蚀区域内的凹陷深度不大于6 mm。大面积均匀腐蚀区域内的划痕深度不大于0.4 mm,深度小于6 mm的凹陷内的划痕深度不大于0.4 mm,深度大于等于6 mm凹陷内不允许有划痕。

(7)封头直边纵向皱折的测量。纵向皱折深度不得大于0.25% D_g。

(8)记录。应准确记录外观初检中检验的各种缺陷。

应逐只对钢瓶进行目测检查,检查其外表面是否存在裂纹、鼓包、皱折、夹层、凹坑、磕伤、划伤、凹陷、热损伤、腐蚀等缺陷,还应对底座和瓶体形状进行检查。对外观检查发现有凹坑、磕伤、划伤、腐蚀缺陷的部位,应采用超声波测厚仪器测量缺陷处瓶壁的最小壁厚。

(1)瓶体存在裂纹、鼓包、皱折、夹层和肉眼可见的容积变形等缺陷的钢瓶应报废。

(2)瓶体磕伤、划伤、凹坑处的剩余壁厚小于设计壁厚的钢瓶应报废。

(3)瓶体凹陷深度不小于6 mm或大于凹陷短径的1/10的钢瓶应报废。

(4)瓶体凹陷深度小于6 mm,若凹陷中带有划伤或磕伤缺陷,且缺陷处的剩余壁厚小于设计壁厚,则该钢瓶应报废。

(5)对未达到报废条件的缺陷,特别是线形缺陷或尖锐的机械损伤,应进行修磨,使其边缘圆滑过渡,但修磨后的剩余壁厚应不小于设计壁厚。

(6)瓶体存在弧疤、焊迹或存在可能使金属受损的明显火焰烧灼迹象的钢瓶应报废。

(7)瓶体上孤立的点腐蚀、线腐蚀、局部腐蚀及普遍腐蚀处的剩余壁厚小于设计壁厚的钢瓶应报废。因腐蚀严重,难以确定腐蚀深度和范围的钢瓶应报废。

(二)焊缝表面缺陷检查

(1)焊缝或热影响区不得有裂纹、气孔、弧坑、夹渣和未熔合等缺陷。

(2)纵、环焊缝不允许咬边,与瓶体焊接的附件的焊缝在瓶体一侧不允许咬边。

(3)焊缝表面不得有凹陷或不规则突变。

(4)纵、环焊缝上的划伤、磕伤或凹坑经修磨后,焊缝不允许低于母材,划伤或磕伤经修磨后,剩余壁厚不得小于设计壁厚。

(5)纵、环焊缝热影响区的凹陷深度不得大于等于6 mm。

对于YSP118、YSP118-Ⅱ、气瓶的纵焊缝和与其环缝交接处的外观质量,尤其应该重点检验。

如对焊缝质量有怀疑,即认为有必要时,可进行无损探伤复验,由检验员确定无损检测的部位、比例、方法。按NB/T 47013进行射线、磁粉或渗透检测。

十、壁厚测定

进行壁厚检验时,筒体和封头的壁厚应分别测定,尤其应检验瓶底和严重腐蚀部位。具体测厚操作方法如下:

(1)测厚仪在使用前必须用接近气瓶厚度的标准试块进行校核,测厚仪误差应不大于±0.1 mm。

(2)测厚点应选择在气瓶上下封头圆弧过渡区域内各1点。筒体部分应选择在距环焊缝两侧50 mm各1点,瓶底和严重腐蚀部位作为测量重点(上下封头各测2点,筒体选择3点);YSP118和YSP118-Ⅱ型钢瓶筒体下部和下封头圆弧过渡区应增测2点。经测定确认剩余壁厚小于设计壁厚的应报废。

(3)测厚点应除去油漆、浮锈。

(4)测厚并记录其数据。

十一、瓶阀检验和装配

应逐只对瓶阀进行外观检验和清洗,保证开闭自如、不泄漏。在装配前应逐只按GB 7512的要求进行瓶阀气密性试验。瓶阀的装配步骤如下:

(1)将检验合格的瓶阀的锥螺纹部分缠上阻燃的聚四氟乙烯生料带,套上相对应的检验标记环,用手工旋在瓶阀座上。

(2)将气瓶放在瓶阀装卸机上,对好瓶阀卡头,紧固气瓶。

(3)启动瓶阀装卸机,注意瓶阀旋转方向和上紧力矩、瓶阀出口方向正对护罩缺口处,使瓶阀与瓶阀座之间有足够的预紧力,在螺纹处密封,瓶阀螺纹根部应按规定至少留出1~2牙,不得损伤瓶阀及瓶阀座螺纹。套入瓶阀上的检验标记环应转动自如。

(4)确认瓶阀安装合格后,卸下气瓶。

十二、气密性试验

气密性试验必须安排在耐压试验之后、喷漆之前进行。前者是为了检验工作的安全,避免发生物理性爆炸;后者是为了有效地进行检漏。有些缺陷,例如焊缝上的针孔泄漏,漆层覆盖以后再进行气密性试验,其泄漏处就难以发现。

受检气瓶应采用水浸法逐只进行气密性试验,气密试验装置、试验条件、方法等应符合 GB/T 12137 的规定。经残液回收及蒸汽吹扫后合格的气瓶,其气密性试验介质可选择干燥、洁净的空气、氮气(氮气应符合 GB 3864《工业用气态氮》中Ⅱ类二级的要求)。试验压力为2.1 MPa,保压时间不少于1 min。在保压过程中压力表不允许有回降,气瓶不允许有泄漏。气密性试验装置要考虑安全防护问题,应在水槽中充气,以免发生事故。水槽内壁应呈白色并应保持清洁透明,气密性试验的环境温度应不低于5 ℃,压力表的要求同水压试验中的技术要求。具体操作如下:

(1)将气瓶与气密性试验系统相连接并将气瓶放于水槽中,使气瓶任何部位离水面最小深度大于50 mm。

(2)向气瓶内缓慢充入压缩空气至2.1 MPa,保压时间1 min,并缓慢地转动气瓶,观察瓶壁各部有无气泡出现。发现有固定不动的气泡,应将其抹去,观察是否继续出现气泡,如发现继续出现气泡或连续冒气泡,则认为该瓶试验不合格。

(3)试验结束时,缓慢放气使钢瓶内表压力为零,并将不合格气瓶瓶体渗漏处做好明显标记并记入记录。

(4)做好记录并将气瓶表面擦干。记录内容应包括实际试验压力和实际保压时间、瓶体有无泄漏或变形,保压过程中压力表显示有无压力下降现象。

十三、检验后的工作

(一)表面涂装

涂装前应检查气瓶外表面是否干燥,有无浮锈以及污垢,若气瓶外表干燥并露出了金属光泽,则可先喷一遍面漆(瓶色为棕色)。漆层应均匀,不应有气泡、流痕、龟裂和剥落等缺陷,气瓶的涂敷除应符合 GB/T 3181《漆膜颜色标准》、GB 7144《气瓶颜色标志》的规定,还应按下列规定进行涂敷:

(1)“液化石油气”红色字样的高度为60~80 mm的仿宋体。

(2)涂层应均匀,不得出现气泡、流痕、龟裂或剥落等缺陷。

(3)在涂敷钢瓶漆色的同时,应在滚压或打印检验标记的部位喷涂检验色标;使用检验环时，应喷涂在护罩上。

若气瓶表面漆采用喷塑，则应按有关喷塑工艺操作技术要求进行。

(二)称重、喷标记、抽真空

(1)检验合格的气瓶应逐只进行称量，称重结果记录在气瓶登记卡片上，并在瓶上醒目标记。

(2)采用真空泵逐只抽真空，使真空度不低于 -0.06 MPa。真空表应定期检定。

(三)检验标记

(1)凡经检验合格的气瓶，必须在气瓶上留下不易损坏的、不易失落的、清晰的检验标记。其内容包括检验单位代号、本次和下次检验日期(年、月)。

(2)具有滚压装置的检验单位，可将检验标志滚压在钢瓶上封头肩部适当部位上，对上封头瓶肩焊有金属标志牌的钢瓶，应将其检验标志用专用机械或人工方法打印在标志牌规定的部位上；对原设计无护罩或护罩属于可卸式的旧式钢瓶，应将其检验标志用专用机械或人工方法打印在套于瓶阀锥形尾部上的检验标志环上，见图 6-27。对护罩焊在瓶肩上的新式钢瓶，应将其检验标志用专用机械打印在护罩上。

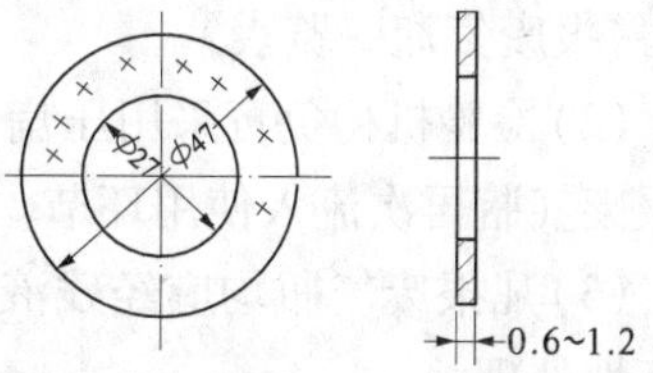

图 6-27 检验标记环 (单位：mm)

(3)除按上述第(2)条规定打印检验标志外，还必须在下列规定部位上钻一个直径为 5 mm 的检验标记圆孔。对于无护罩或可拆卸护罩钢瓶，其检验标记圆孔应钻在底座上，并在圆孔左侧打上本次检验的年份钢印，对于护罩焊在瓶肩上的钢瓶，其检验标记圆孔应钻在本次检验年月的末端。

(四)总检

总检除检验漏检缺陷外，还可以对在检验过程中因操作不当而造成的钢瓶损伤、由于漆色而显露出的疵病，以及对表面漆的质量、气瓶的颜色标记(瓶色、字样、字色)、真空度进行检验。

总检合格的气瓶，按与其他类瓶相同的方法涂检验色标。

(1)检查各工序是否有漏检缺陷。

(2)检查是否有由于检验操作不当而造成的气瓶损伤。

(3)检查漆色以后露出的疵病。

(4)对表面漆的质量、钢瓶颜色标记、真空度等进行检查。

(5)对上述检查无问题的气瓶按表 3-19 规定涂检验色标。

(6)总检合格的气瓶成品入库并记录，记录内容应与检查项目对应。

(五)钢瓶检验记录、报告

(1)对外观检验、焊缝检验、容积测定、瓶阀座检验、残气浓度测定、水压试验、瓶阀试验、气密性试验、称重、抽真空等各检验项目填写综合检验记录。填写的记录中技术参数及试验结果字迹要清楚，数据要准确，检验员要签字认可。

(2)检验人员应当根据检验记录，并按照《气瓶安全技术监察规程》的规定对检验合格或报废的钢瓶及时出具钢瓶检验报告。

钢瓶检验报告至少应包括以下内容:

①产权单位名称;

②制造单位和钢瓶使用登记号;

③钢瓶出厂编号;

④检验钢印代号;

⑤检验结果;

⑥下次检验日期。

(六)钢瓶的报废处理

(1)经检验不合格的钢瓶,应按照《气瓶安全技术监察规程》的规定,出具检验报告,填写《报废气瓶一览表》。

(2)检验机构负责采用压扁或锯切瓶体解体的方式对报废气瓶进行破坏性处理,严防报废气瓶再次流入使用环节。

(3)凡报废气瓶均应经残液和残气回收、蒸汽吹扫及残气浓度测定合格后,方可进行破坏性处理。

(4)应报废的气瓶,不及时做销毁处理,再次流入使用环节重新使用而在充装、使用中出现恶性事故的,检验站的法人(或法人委托人)及经手的检验员应承担法律责任。

第六节　溶解乙炔气瓶检验

溶解乙炔气瓶的定期检验与评定工作应按照 GB 13076—2009《溶解乙炔气瓶定期检验与评定》的规定进行。

一、典型的溶解乙炔气瓶的辨认与识别

溶解乙炔气瓶上的制造钢印标志与无缝气瓶、焊接气瓶和液化石油气瓶上的制造钢印标志有所不同。它有“皮重”“孔隙率”“限定充装压力”等区别,气瓶不同的钢印数据,详见图 3-23。

国内及部分进口的溶解乙炔气瓶的制造厂名称与钢印代号见表 6-8。

国外溶解乙炔气瓶标准有:①日本 JIS B 8234—1988《焊接钢制溶解乙炔气瓶》;②美国 DOT—8《充有合格多孔填料的乙炔气瓶》;③英国 BS 6061—1981《可运输的溶解乙炔气瓶》;④澳大利亚 AS 2527—2006《溶解乙炔气瓶》。

二、工艺流程与检验记录

(1)溶解乙炔气瓶定期检验与评定综合记录见表 6-9。

表 6-8　部分国内外乙炔气瓶制造厂名称与钢印代号

国别	制造厂钢印代号	气瓶制造厂名称
中国		国营东北机器制造厂(沈阳)
	宇航 HT	国营长征机器厂(南昌)
	工	沈阳乙炔气瓶厂
	LA	山东高压容器厂(济南)
	HP	黑龙江石油化工机械总厂(哈尔滨)
	JP	北京高压气瓶厂
		常州飞机制造厂
	甬 NB	宁波机械总厂
		上海高压容器厂
		自贡机械一厂
		宏图飞机制造厂(湖北省荆门市)
	LD	德州化工机械厂
韩国	**K⁻** **COYNE**	科因株式会社
澳大利亚	**CIG**	联邦气体工业有限公司
英国	**ATB**	ATB 有限公司
瑞典	**AGB**	阿嘎气体工业公司
日本	K K	填料:关东乙炔工业株式会社 钢瓶:关东高压容器制作所
		填料:高压气体工业株式会社 钢瓶:川铁容器株式会社

表6-9　溶解乙炔气瓶定期检验与评定综合记录

检验单位：　　　　　　　送检单位：　　　　　　　　　　编号：

序号	瓶号(或厂编瓶号)	制造厂名(代号)	制造(上次检验)年月	下次检验年月	实重(kg)	外观								焊缝	塞座	阀座	填料					壁厚(mm)						附件				改正皮重(kg)	气密性试验	评定结论	履历表编号
						裂纹	划伤	凹陷	鼓包	烧伤	腐蚀						裂缝溃散	火焰反击	疏松柔软	间隙(mm)		上封头	下封头	筒体	其他			瓶阀	易熔塞	瓶帽	标记环				
											点	线	大面积							径向	轴向														

注：评定结论填写：通过——允许继续使用；报废——不准使用；待修——暂停使用。　　填表＿＿＿＿　审核＿＿＿＿　检验日期＿＿＿＿

（2）溶解乙炔气瓶定期检验与评定工艺流程见图6-28。

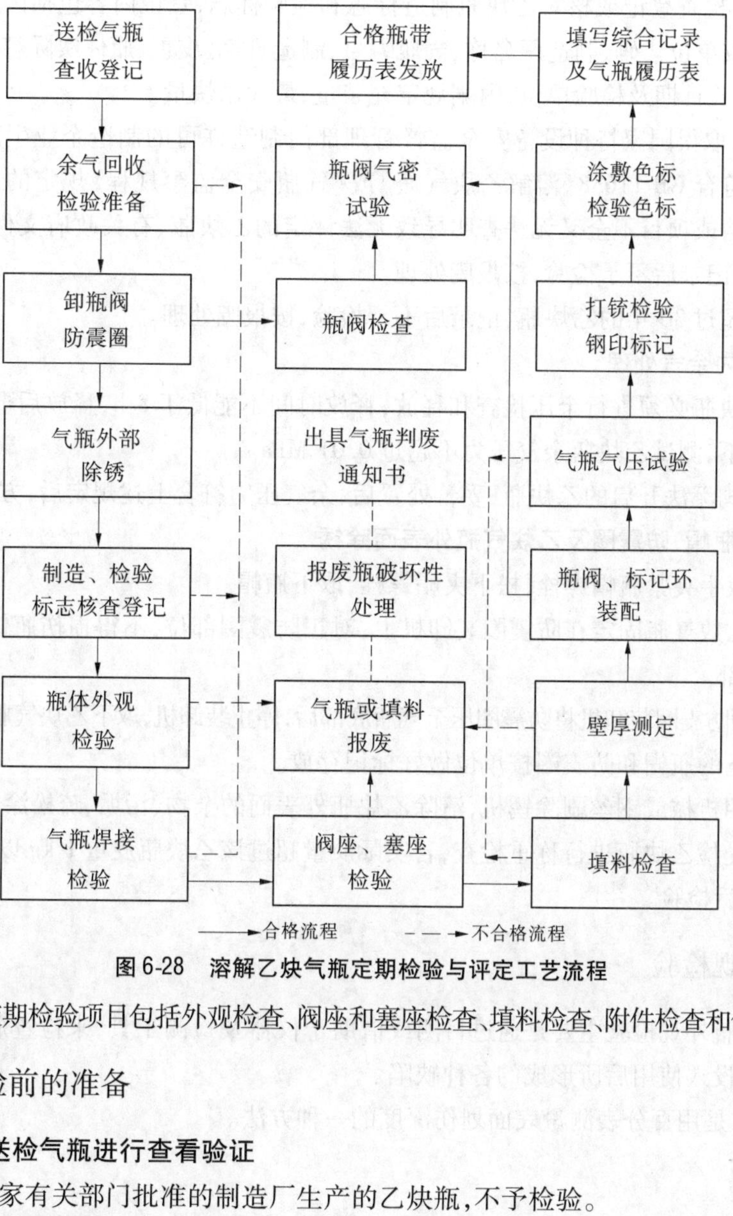

图6-28　溶解乙炔气瓶定期检验与评定工艺流程

乙炔瓶定期检验项目包括外观检查、阀座和塞座检查、填料检查、附件检查和气压试验。

三、检验前的准备

（一）对送检气瓶进行查看验证

（1）非国家有关部门批准的制造厂生产的乙炔瓶，不予检验。

（2）对未到检验期限而送检的应查明是属下列哪一种情况：①瓶体外观有严重损伤、腐蚀。②充气时在正常喷淋冷却条件下，瓶壁温度超过40 ℃。③正常充装条件下，溶剂和乙炔的充装量达不到规定值，对填料和溶剂的质量有如下怀疑时：单位容积的乙炔充装量达不到0.12 kg/L，即乙炔气瓶充气静置后，压力已达到甚至超过“按基准温度15 ℃时限定充装压力为1.52 MPa的换算值”，但单位容积的乙炔充装量达不到0.12 kg/L，这时，通常应怀疑乙炔气瓶内的填料（丙酮）含水率大大增加，超过了标准的规定；在搬运过程中，感觉填料晃动，则通常应怀疑填料的整体性受到了破坏或填料肩部间隙超标，或填料已存在贯穿性裂缝。④有明显烧灼和回火迹象。

(3)逐只检查登记或核对乙炔瓶制造标志和检验标志,登记内容包括国别、制造单位许可证编号或单位代码、制造厂名称、气瓶编号、制造日期、皮重、瓶体实际容积、瓶体设计壁厚、上次检验日期及检验单位、丙酮规定充装量、最大乙炔量。

(4)对未取得国家特种设备安全监督管理部门制造许可的制造企业生产的乙炔瓶、制造标志不符合 GB 11638《溶解乙炔气瓶》或《气瓶安全监察规程》规定的乙炔瓶、制造标志模糊不清或项目不全又无法查明导致无法评定的乙炔瓶、有关政府文件规定不准再用的乙炔瓶,记录后不予检验,按报废处理。

使用期超过30年的乙炔瓶,记录后不予检验,按报废处理。

(二)瓶内余气处理

待检乙炔瓶必须进行余压检查和释放,释放时间不能低于8 h,释放后要求在检验场所环境温度下,测试乙炔瓶余气压力不超过0.01 MPa。

对于瓶阀无法开启的乙炔瓶,妥善处置后,余气压力符合上述规定后,方可投入检验。

(三)卸瓶帽、防震圈及乙炔气瓶外表面除锈

(1)用扳手夹紧瓶帽螺栓,松下夹帽螺栓,取下瓶帽。

(2)将乙炔气瓶固定在防震圈装卸机上,对正防震圈部位,不得损伤瓶体。卸下防震圈至瓶最底部。

(3)启动防震圈装卸机将防震圈压至气瓶底部后,停止装卸机,取下乙炔气瓶防震圈。

(4)取下的瓶帽和防震圈按单位做好标记存放。

(5)采用机械或钢丝刷除锈机,清除乙炔瓶外表面的杂物、污垢、疏松涂层和锈蚀。

(6)对受检乙炔瓶进行称重检查,若实际质量超过该乙炔瓶皮重1 kg以上,则考虑进行干燥处理后检验。

四、外观检验

乙炔气瓶外观检验主要是通过目测或借助于仪器及检测工具,来检查瓶体外表面的制造缺陷和投入使用后所形成的各种缺陷。

图6-29是用百分表测量表面划伤深度的一种方法。

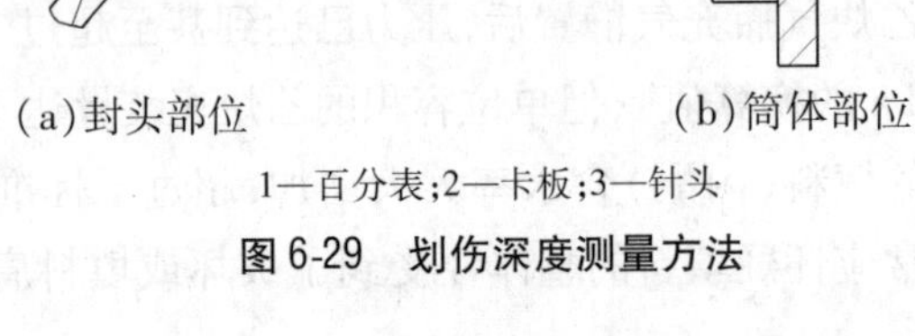

(a)封头部位　　(b)筒体部位

1—百分表;2—卡板;3—针头

图6-29　划伤深度测量方法

（一）表面缺陷的检测方法

（1）鼓包、底座拼接焊缝开裂，瓶体烧损、变形，瓶阀或易熔合金塞上易熔合金熔化等均可用目测判断。

（2）裂纹可用目测或表面无损探伤方法检查。

（3）腐蚀可用超声波测厚仪测定或用简单的量具测定。

（4）划伤深度的测量方法：千分表下的针尖插入划伤中测量其深度，以最深处的测量结果作为划伤深度。量具要求如下：①按规定进行计量、检定；②卡板型面应与钢瓶理论外形相符；③针尖楔角应小于等于30°，半径应小于等于0.25 mm，测量过程中要定期校准千分表的零点，以消除由于针尖磨损造成的误差。

（5）凹陷深度的测量方法如图6-30所示，以最深处的测量结果为准，按下式计算凹陷深度：

$$h = M_{max} - \delta \qquad (6\text{-}5)$$

式中　h——凹陷深度，mm；

M_{max}——最深处游标卡尺示值，mm；

δ——钢直尺的厚度，mm。

量具要求：①游标卡尺0～125 mm，游标读数值0.10 mm；②钢直尺0～150 mm。

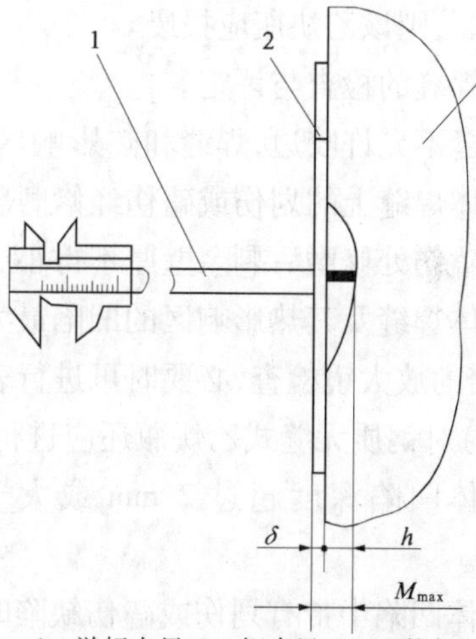

1—游标卡尺；2—钢直尺；3—乙炔气瓶

图6-30　凹陷深度测量方法

（二）表面缺陷检验后的评定

逐只对乙炔瓶外表面进行检查，查看瓶体及其焊缝（对钢质焊接式）是否存在凹陷、凹坑、鼓包、磕伤、划伤、裂纹、夹层、皱褶、腐蚀、热损伤及焊缝缺陷。

（1）金属机械损伤的检查与评定。

瓶体存在裂纹、鼓包、结疤、皱褶或夹杂等缺陷的乙炔瓶应报废。对瓶体存在磕伤、划伤、凹坑的乙炔瓶，应测量瓶体磕伤、划伤、凹坑的深度，测量方法见图6-27和图6-28。用超声波测厚仪等工具测量瓶体在该部位的实际壁厚，减去瓶体磕伤、划伤、凹坑处的深度，得到该处的剩余壁厚，剩余壁厚小于设计壁厚的乙炔瓶应报废。

对未达到报废条件的缺陷，特别是线性缺陷或尖锐的机械损伤应进行修磨，使其边缘圆滑过渡，但修磨后的剩余壁厚不得小于设计壁厚。

（2）热损伤的检查与评定。

瓶体存在弧痕或有明显火焰严重烧伤迹象，造成瓶阀和易熔合金塞的易熔合金熔化泄漏的乙炔瓶应报废。

（3）腐蚀的检查与评定。

瓶体上孤立的点腐蚀、线状腐蚀、局部腐蚀及普遍腐蚀处的剩余壁厚小于设计壁厚的乙炔瓶应报废。因腐蚀严重，无法判断腐蚀深度的乙炔瓶应报废。

(4)底座的检查与评定。

底座破裂、脱焊、严重变形,造成瓶体站立不稳或底座支撑面与瓶底最低点之间距离小于10 mm的乙炔瓶应报废。

(5)目测乙炔瓶整体有明显变形的应报废。

(6)对钢质焊接式乙炔瓶还应进行以下外观检查:

①凹陷的检查与评定。

瓶体凹陷深度超过6 mm或大于凹陷短径1/10的乙炔瓶应报废,测量方法见图6-28。

瓶体凹陷深度小于6 mm,凹陷中带有划伤或磕伤缺陷时,若其缺陷处剩余壁厚小于设计壁厚,则该乙炔瓶应报废。

②焊缝的检查与评定。

焊缝不允许咬边,焊缝和热影响区表面不得有裂纹、气孔、弧坑、凹陷和不规则的突变。主体焊缝上的划伤或磕伤经修磨后,焊缝高度不得低于母材。主体焊缝热影响区的划伤或磕伤处修磨后剩余壁厚不得小于设计壁厚。

主体焊缝及其热影响区的凹陷最大深度不得大于6 mm。检查中对有怀疑的部位使用10倍的放大镜检查,必要时可进行表面无损检测。

(7)对钢质无缝式乙炔瓶还应进行凹陷的检查与评定。

瓶体凹陷深度超过2 mm或大于凹陷短径1/30的乙炔瓶应报废,测量方法见图6-28。

瓶体凹陷中带有划伤或磕伤缺陷时,若其缺陷处剩余壁厚小于设计壁厚,或其缺陷处剩余壁厚虽大于设计壁厚,但其划伤或磕伤长度大于凹陷短径,且凹陷深度超过1.5 mm或凹陷深度大于凹陷短径的1/35,则该乙炔瓶应报废。

(三)缺陷评定的说明

(1)瓶壁裂纹是气瓶缺陷中最危险的一种缺陷,它是导致气瓶发生脆性破坏的主要因素,又会促使气瓶疲劳断裂和腐蚀断裂的发生,故要认真检查,严加控制,一经发现,则该气瓶报废。

(2)瓶壁划伤可不予处理,但划伤对瓶的爆破性能也有很大的影响,且以划伤深度的影响最甚,划伤长度次之,与划伤位置也有一定关系,划伤在焊缝上比在瓶壁上的危害要大。

(3)单纯的凹陷缺陷对乙炔气瓶的爆破性能并不产生很大的影响,但考虑到在产生凹陷的同时,其内部的填料也受到了损伤,凹陷的存在也相应减少了乙炔气瓶的实际容积。因此,从填料有效空间对乙炔气瓶安全性能的影响出发提出凹陷的控制指标,而不是从瓶体受压爆破的纯力学观点出发提出其控制指标。

(4)漆皮鼓泡的乙炔气瓶,并没有受到严重烧伤,经检验重新涂敷后可以继续使用。

(5)点状腐蚀对爆破性能影响不大,所以控制指标比较松。

(6)线状腐蚀和大面积均匀腐蚀对乙炔瓶爆破性能的影响大于划伤。考虑到乙炔瓶腐蚀较严重部位通常是在底座与下封头连接处的封头侧，呈线状腐蚀，其余部分则呈大面积均匀腐蚀状，而它们都处于瓶体的封头部分。考虑到乙炔气瓶在内压作用下，封头部分的应力水平通常都低于筒体部分的应力水平，据此对线状腐蚀和大面积均匀腐蚀做出判据。

五、卸瓶阀及阀座、塞座检查

（一）卸瓶阀

（1）将乙炔气瓶推放到瓶阀装卸机上，校正瓶阀与夹具中心后，上紧夹具以便夹牢乙炔气瓶，注意不得损伤瓶体。

（2）启动瓶阀后，注意观察瓶阀松动后有无气体泄漏。瓶阀应无倒角、肩嘴等机械损伤。

（3）发现有气体泄漏时，应立即停机，查明原因，重新处理后再卸瓶阀。

（4）在卸掉后的瓶阀上做好标记，标记应明显，以便于复原。

（二）阀座、塞座（易熔塞不卸）检查及评定

（1）目测或用低倍放大镜逐只检查阀座或塞座及其螺纹有无裂纹、变形、腐蚀或其他机械损伤。

（2）阀座或塞座有裂纹、倾斜、塌陷的乙炔瓶应报废。

（3）阀座或塞座螺纹不得有裂纹或裂纹性缺陷，但允许有轻微不影响使用的损伤，即允许有不超过 3 牙的缺口，缺口长度不超过圆周的 1/6，缺口深度不超过牙高的 1/3。

（4）螺纹的轻度腐蚀、磨损和其他损伤可用符合 GB/T 10878《气瓶锥螺纹丝锥》的丝锥修复，修复后使用符合 GB/T 8336《气瓶专用螺纹量规》的量规检验；螺纹量规中径轴向偏差大于 1.5 mm 的乙炔瓶应报废，上阀后余扣少于 2 扣的乙炔瓶应报废。

六、填料检查

卸下乙炔气瓶瓶阀后，采用合金铝或不锈钢钩针和勺小心地取出瓶口导流孔内的钢丝、毛毡及填充物后使之露出填料本体进行填料检查。

（1）填料溃散、有裂缝和火焰反击的检查。从乙炔气瓶瓶口处用 24 V 电压的防爆手电筒照射，观察瓶口导流孔周围及中心填料是否有溃散、裂缝现象和因回火造成填料表面烧焦。火焰反击还可以通过检查瓶阀底部有无炭黑来确定。若发现填料已溃散，有裂缝或因回火造成填料表面烧焦现象，则乙炔气瓶填料应予报废。

（2）用目测和手感方法，若发现填料表面溃散、疏松、柔软或变质（颜色呈深色）、粉化的，则该乙炔瓶填料应予报废。

（3）将乙炔气瓶颈部与填料接触处的填料粉尘除去，然后用不锈钢专用塞尺（见图 6-31）从小规格到大规格，轻轻地靠近乙炔气瓶颈部，在平面角互成 120°的三点上测量肩部轴向间隙，同一规格塞尺在同一位置上测量次数不得超过两次。最大间隙不应超过填料长度的 0.3% 且不超过 3 mm。

(4)填料径向间隙的测量方法详见图6-32。用弯钩推动填料使其紧贴瓶壁一侧后,再用弯钩反向推动填料,钢针移动距离即为填料径向间隙值。当径向间隙值超过填料直径的0.4%时,该乙炔瓶应报废。

(5)填料受到水、油等杂质污染的检查。乙炔气瓶长期使用后,由于乙炔气体干燥效果不好,使气体中含有的部分水分被带入——乙炔瓶填料中,或丙酮质量低,也有少量水分被带入填料中,使乙炔充装量逐渐减少,这不但会影响乙炔气的使用质量,而且水分还会占去乙炔气瓶内部分空间,使安全空间逐渐减小,从而导致不安全性。可以采用称重法或化学分析法来测定乙炔瓶内是否含水量高、油质污染。若油质污染,则此瓶填料必须报废。若含水率大于1%,则必须将填料进行处理,采用蒸汽加热或远红外线加热法除去填料中的水分。现以电加热法为例说明,填料干燥装置,包括丙酮回收装置见图6-33。

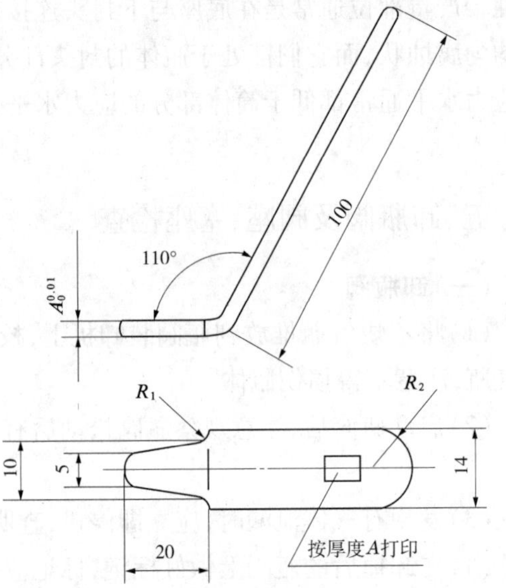

A	1.0	1.5	2.0	2.5	3.0	3.5

技术要求:锐边倒钝;材料:不锈钢

图6-31 塞尺 (单位:mm)

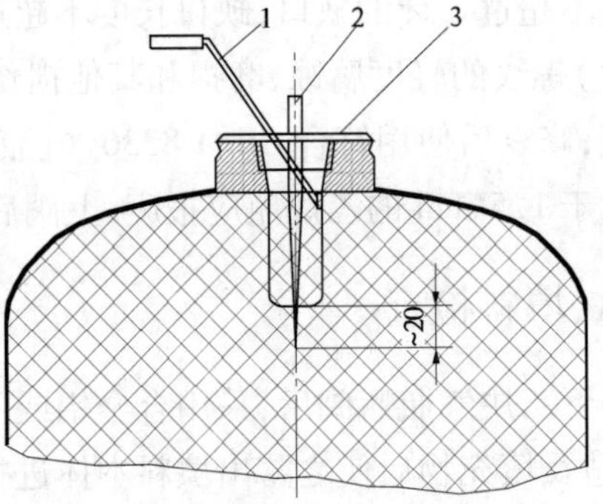

1—弯钩;2—三棱钢针;3—磁性刻度直尺

(0~150 mm,刻度值0.55 mm)

图6-32 填料径向间隙测量示意图 (单位:mm)

远红外线干燥炉采用圆筒形的,可单个或多个乙炔瓶同时干燥;冷却水箱7可根据冷却效果来确定其容积;蛇形管6采用导热性好的材料,并做水平方向弯曲,进口处高,出口处低,使凝结丙酮自然注入丙酮回收装置8中;丙酮回收装置装有液面计,其装置大小根据需要而定,一般以200 kg为宜。填料干燥处理操作方法如下:①将卸阀后的乙炔气瓶用专用小车推入烘干炉内,连接软管4;②通电,将电控柜1的自控旋钮转至低温恒温挡(70 ℃),使乙炔气瓶逐步加热,达到瓶内填料温度与炉温一致;③乙炔气瓶内丙酮和乙炔逐步挥发,通过软管4进入蛇形管6使蒸发气逐渐冷凝,丙酮冷凝为液体流入丙酮回收装置8,乙炔气通过排气管9排出室外;④冷却水箱7,先注满自来水,当蒸发气进入蛇形管使冷却水温度升高(水箱上装有液面计和温度表)时,将进水阀门5和排水阀10打开,使

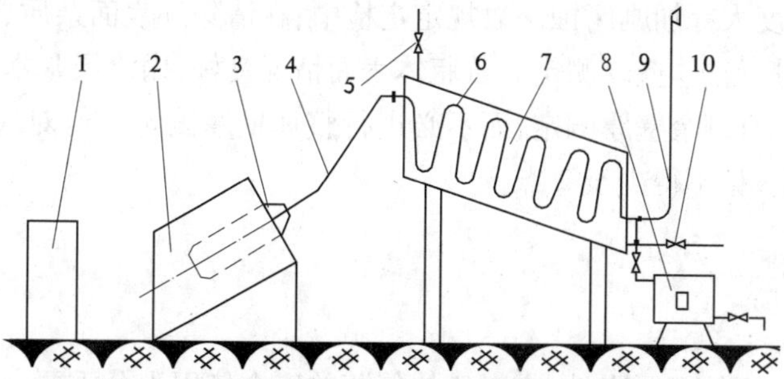

1—电控柜;2—远红外线干燥炉;3—乙炔瓶;4—连接软管;5—进水阀;
6—蛇形管;7—冷却水箱;8—丙酮回收装置;9—排气管;10—排水阀

图 6-33　填料干燥装置示意图

冷却水温降低到室外温度,关闭阀门 5 和 10,长期保持冷却效果;⑤丙酮回收装置中的丙酮计量,可采用容积法计算重量,当装置中的丙酮达到 200 kg 时,就装入丙酮桶内,并密封好,使填料中的水分得到蒸发;⑥将电控柜 1 的自控旋钮转至高温恒温挡(130 ~ 150 ℃),使填料中的水分得到充分蒸发,直至合格,然后切断电源。

(6)轴向间隙的特殊处理。考虑到国内生产整体硅酸钙填料乙炔瓶的历史尚短,各制造厂生产的乙炔气瓶填料质量存在一定的问题,部分制造厂早期生产的乙炔气瓶填料的整体性、均匀性、稳定性较差,使用中已或多或少地发现这类填料下沉。对于这些填料下沉较大的乙炔气瓶处理,还应进一步试验验证。

七、壁厚测定

乙炔气瓶在长期使用和搬运过程中,由于受到撞击、划伤、腐蚀等外界影响,瓶壁就会发生变化,能否达到安全使用的要求,就应进行气瓶最小壁厚测定。一般来说,最小壁厚测定后,再进行强度校核,但乙炔气瓶属于特殊的气瓶,按规定,凡测定的剩余壁厚小于设计壁厚的乙炔气瓶应报废。

(1)采用误差不超过 ±0. 1 mm 的超声波测厚仪进行测量。

(2)清除各测量点处的油漆和锈斑。打磨测厚点时,不得对瓶体造成新的损伤,对损伤部位打磨应过渡圆滑。

(3)定点测厚。对外表面腐蚀程度轻微的乙炔瓶,若为钢质焊接式,则至少在上封头、筒体和下封头 3 个部位上各测定 1 点;若为钢质无缝式,则在瓶体上测定 3 点。对腐蚀程度严重的乙炔瓶,若为钢质焊接式,则至少在上封头测定 2 点、筒体上测定 4 点、下封头测定 2 点;若为钢质无缝式,则在瓶体上测定 6 点。各测点应选于腐蚀深处。

(4)局部测厚。在气瓶外部检查时,对发现的划伤、凹陷、腐蚀等缺陷处进行壁厚测定,其评定按外部检查中的相应条文执行。

(5)对实际测得的剩余壁厚按瓶号逐只记录。

(6)壁厚测定有关问题的说明。乙炔气瓶使用中,底座内下封头腐蚀是较为严重的,这主要是因为底座因涂层制造质量差。特别是在定期检验时,有的甚至没有涂层。再有底座内通风差、温度大等加剧腐蚀。故规定定检中,在清除外表面杂质、污垢和疏松层后,视情况决定是否进行整体壁厚测定。若瓶体表面情况良好,内涂层基本未见损伤,则仅对腐蚀与划伤等处进行剩余壁厚测定,而不必进行整体壁厚测定。但对底座内下封头必须进行剩余壁厚测定,且不得少于2点。

八、附件检查

(一)瓶阀

瓶阀是乙炔气瓶的主要附件,它对乙炔气瓶的安全使用十分重要,必须逐只进行检查和维修,更换易损零件,并按 GB 10879《溶解乙炔气瓶阀》要求进行气密性试验,观察瓶阀开启和关闭及半开状态有无漏气。应逐只对瓶阀进行检验和清洗,保证开闭自如、不泄漏。合格后在阀体上打上检修标志。存在下列缺陷之一的瓶阀应予以更换:

(1)阀体有裂纹或影响使用的严重变形。

(2)螺纹有严重损伤。

当瓶阀损坏时,一般情况下应更换新的瓶阀,除非得到瓶阀制造厂的许可,方可代为更换阀内部件,但更换阀内部件后,必须按 GB 10879 中有关条款对阀门进行气密性试验。

(二)易熔合金塞(正常检验不卸)

易熔合金塞可不拆下检查,如发现有下列情况之一,应更换;

(1)气压试验时,塞体有泄漏情况。

(2)易熔合金表面有明显下陷。

(3)外六角严重磨损。

(三)瓶帽

瓶帽整体无碎裂缺陷,装卸方便,不影响充、放气接头的装、卡;否则应予以更换。

九、瓶口填充物及瓶阀的装配

(1)检查合格后的乙炔气瓶,首先向瓶口液孔中装入填充物(石棉、活性炭),并摇晃使之紧密。

(2)装好填充物的乙炔气瓶,再装按规定要求的毛毡垫和不锈钢丝网。丝网离瓶阀底部要留有一定间隙。

(3)将检查合格的乙炔气瓶阀螺纹处缠上聚四氟乙烯生料带,套上检验环,手工旋在相对应标记的气瓶上。

(4)推放气瓶在瓶阀机上,校正夹具与瓶阀中心后夹牢气瓶。

(5)启动瓶阀机,拧紧瓶阀至瓶阀机自动打滑为宜。有力矩控制装置的,其扭紧力矩不小于200 N·m,以保证瓶阀装置的牢固。但也不得过分紧固,以免损坏瓶阀。

(6)瓶阀应保证与瓶口连接的有效螺纹牙数和密封性,其外露螺纹数不得少于2牙。应使套入瓶阀上的检验标记环转动自如。

十、气压试验

气压试验是指检验乙炔气瓶瓶体的静压强度和致密性的试验,以纯净的氮气为加压介质进行的超工作压力试验。

由于乙炔瓶内有填料，乙炔又是易燃气体，因此不能像别的钢质气瓶一样，以 1.5 倍公称工作压力做水压试验，同时对试验用气体质量的氧含量与湿度有较高的要求。

经上述检验合格的乙炔瓶应逐只进行气压试验。

试验前，除胶圈和瓶帽外，所有附件应在完好状态下按要求装配在乙炔瓶上。

（一）试验压力与试验介质

（1）乙炔瓶的气压试验压力值为 3.5 MPa。

（2）气压试验所用的氮气，应符合 GB/T 3864《工业氮》中Ⅱ类二级的要求。

（3）用于气压试验的氮气，应先经过干燥，其露点应达到 -10 ℃以下。

（二）试验装置及其要求

（1）应备有对乙炔瓶集中气压试验的汇流装置。

（2）氮气瓶的出口处应装减压器，减压后氮气进入干燥器，在干燥器和出口管上应分别装安全阀、调节阀和排气阀。

（3）试验装置上必须使用两个量程相同且工作压力为试验压力的 1.5～3.0 倍、精度不低于 1.6 级、表盘直径不小于 100 mm 的压力表。

（4）压力表装设的位置应靠近调节阀，以便于操作人员观察，其校验期不得超过 3 个月。

（5）每只乙炔瓶的进气支管上应装设节流孔板，节流孔板上的节流孔径为 1 mm。

（6）试验水槽深度应能使受试乙炔瓶的任何部位离水面不小于 5 mm，槽内的水应保持清洁透明，水槽上方应设起重装置。

（三）试验程序及操作方法

（1）乙炔瓶的气压试验应在乙炔瓶的外观检查、阀座和塞座检查、填料检查、附件检查合格后进行。

（2）气压试验前，应更换瓶口集气孔内毛毡或其他充填物。

（3）将受试瓶固定在汇流装置上并与试验装置用高压软管连接好后，开启各乙炔瓶瓶阀。然后将氮气减压至 3.5 MPa 后，缓慢开启调节阀，同时观察压力表，以每分钟 0.05～0.10 MPa 的升压速度升到 0.5 MPa，采用涂液法检查无泄漏，然后将乙炔瓶及汇流装置浸入水槽内。

（4）按照第（3）条的升压速度，升至 3.5 MPa 时进行观察并保压 3 min，如各处无泄漏，压力表压力值无回降，应视为合格；如果有泄漏（包括试验装置连接处），应消除泄漏后继续试验，直至合格。

（四）评定标准

在 3.5 MPa 压力下无变形、无渗漏、无异常情况出现，气压试验为合格；若发现乙炔瓶瓶体渗漏或有明显变形时，则此瓶报废。

（五）安全技术要求

（1）操作人员在升压时必须离开水槽 5 m 以外或隔墙进行操作。

(2)气压试验过程中如果发现有异常响声、压力下降或试验装置发生故障等不正常现象,应立即停止试验并查明原因。

(3)在气压试验过程中需消除乙炔瓶阀门或易熔合金塞与瓶体连接处漏气时,必须在卸压后进行。

(4)在气压试验中及气压试验后的卸压速度均应缓慢。

(5)气压试验后乙炔瓶和管道内的氮气应排出室外。

(6)试验结束后,应对试验系统进行有效氮气吹扫。

十一、综合评定

(一)检验标志

定期检验合格的乙炔瓶应按规定打上检验钢印标志和涂检验色标。

(二)检验记录

逐瓶按项填写《溶解乙炔气瓶定期检验与评定综合记录表》,表格形式见表6-9。采用计算机管理的检验站,可直接输入计算机进行统一软件管理。

(三)废瓶处理

报废的乙炔瓶由检验单位负责销毁。按《气瓶安全监察规程》要求,出具《溶解乙炔气瓶报废通知书》,交乙炔瓶产权单位。

报废乙炔瓶销毁方式,应采用解体瓶体,取出填料,并采用符合国家环保规定的方法进行处理。

(四)涂敷

检验合格的乙炔瓶必须重新进行涂敷,乙炔瓶表面漆色、字样、字色和检验色标应符合 GB 7144 的规定。

第七节 汽车用压缩天然气钢瓶检验

汽车用压缩天然气钢瓶的定期检验与评定工作应按照 GB 19533—2004《汽车用压缩天然气钢瓶定期检验与评定》的规定进行。

按 GB 17258《汽车用压缩天然气钢瓶》设计制造的钢瓶,公称工作压力为 16 ~ 20 MPa、公称容积为 30 ~ 120 L、工作温度为 -50 ~ 60 ℃的钢瓶。

一、检验机构

进行钢瓶定期检验的检验机构,必须符合 GB 12135—2016 的要求,并经国家规定的锅炉压力容器安全监察机构批准。检验机构必须配备测试天然气钢瓶性能指标的专用试验仪器和设备。

二、检验周期

(1)钢瓶的首次检验和第二次检验为每 3 年进行一次,第二次检验后每 2 年进行一次;对出租车用钢瓶的检验每 2 年进行一次,第二次检验的有效期为 1 年。

(2)对到期需进行定期检验的钢瓶,或在使用过程中发现钢瓶有严重腐蚀、损伤以及其他可能影响安全使用的缺陷时,钢瓶业主应及时将钢瓶及该钢瓶对应的车牌号送交检验单位,由检验单位进行检验或确定未到期的钢瓶是否需要提前进行检验。钢瓶的拆卸工作须由从事车用钢瓶安装或改装的专业单位承担,业主不得自行拆卸钢瓶。在交通事故中受到损伤的汽车所用的钢瓶和附件,如需重新使用,应对钢瓶进行检验,检验合格后方可重新使用。

(3)库存或停用时间超过一个检验周期的钢瓶,启用前应进行检验。

三、检验项目

钢瓶定期检验项目包括外观检查、音响检查、瓶口螺纹检查、内部检查、无损检测、重量与容积测定、水压试验、内部干燥、瓶阀检验和气密性试验。

四、检验准备

(一)记录

(1)逐只检查记录钢瓶制造标志和检验标志。记录内容包括国别、制造单位许可证号或单位代码、钢瓶编号、制造年月、公称工作压力、水压试验压力、实际容积、实际重量、瓶体设计壁厚、上次检验日期、钢瓶所在车辆的车牌号。

(2)未经锅炉压力容器安全监察部门认可的厂商制造的钢瓶、制造标志不符合 GB 17258 或《气瓶安全监察规程》规定的钢瓶、制造标志模糊不清或项目不全导致无法评定的钢瓶、有关政府文件规定不准再用的钢瓶,登记后不予检验按报废处理。

(3)对使用期超过 5 年的出租车用钢瓶及使用期超过 10 年的其他车辆用钢瓶,登记后不予检验,按报废处理。

(二)瓶内介质处理

对瓶内的介质,在保证安全、卫生和不污染环境的条件下,采用适当的方法将气体排净,然后用氮气进行置换。

(三)瓶阀拆卸与表面清理

(1)确认瓶内压力与大气压力一致时,由检验机构负责拆下瓶阀。

(2)对于瓶阀无法开启或拆下的钢瓶,应与待检瓶分别存放以待另行妥善处理。

(3)用不损伤瓶体金属的适当方法,将钢瓶内外表面的污垢、腐蚀产物、沾污物等有碍表面检查的杂物以及外表面的疏松涂敷物清除干净。

五、外观检查

应逐只对钢瓶进行外观目测检查。检查其外表面是否存在凹坑、鼓包、磕伤、划伤、裂纹、夹层等机械性损伤及凹陷、热损伤、腐蚀等缺陷。应重点检查瓶体与瓶底过渡处、瓶肩、瓶颈及钢瓶固定装置与瓶体接触处。

(一)金属机械性损伤的检查与评定

(1)瓶体存在裂纹、鼓包、夹层等缺陷的钢瓶应报废。

(2)瓶体磕伤、划伤、凹坑处的剩余壁厚小于设计壁厚的钢瓶应报废。

(3)对未达到报废条件的缺陷,特别是线性缺陷或尖锐的机械损伤应进行修磨,使其边缘圆滑过渡,但修磨后的剩余壁厚不得小于设计壁厚。

(二)凹陷的检查与评定

(1)瓶体凹陷深度超过1.5 mm或大于凹陷短径1/35的钢瓶应报废。

(2)瓶体凹陷中带有划伤或磕伤时,若其缺陷深度大于上述规定,或其缺陷深度虽小于上述规定,但其磕伤或划伤长度等于或大于凹陷短径,且凹陷深度超过1.0 mm或凹陷深度大于凹陷短径的1/40,则该钢瓶应报废。

(三)热损伤的检查与评定

瓶体存在弧疤、焊迹或明火烧烤等热损伤而使金属受损的钢瓶应报废。

(四)腐蚀的检查与评定

(1)对瓶体上孤立的点腐蚀、线状腐蚀、局部腐蚀及普遍腐蚀处的剩余壁厚小于设计壁厚的钢瓶应报废。

(2)因腐蚀严重,无法判断腐蚀程度的钢瓶应报废。

(五)筒体变形的检查与评定

测量筒体,有下列情况之一的钢瓶应报废:

(1)筒体的圆度,在同一截面上测量其最大与最小外径之差,超过该截面平均外径的2.0%。

(2)筒体的直线度超过瓶体直线段长度的4‰,且弯曲深度大于5 mm。

六、音响检查

(一)检查要求

(1)外观检查合格的钢瓶,应逐只进行音响检查。

(2)钢瓶在没有附加物或其他妨碍瓶体震动的情况下,用重约250 g的铜锤轻击瓶壁,如发出的音响清脆有力,余韵轻而长且有旋律感,则此项检验合格。

(二)评定

音响十分混浊低沉,余韵重而短,并伴有破壳音响的钢瓶应报废。

七、瓶口螺纹检查

(一)检查内容与评定方法

(1)用直接目测或借助低倍放大镜目测,逐只检查螺纹有无裂纹、变形、磨损、腐蚀或其他机械损伤。

(2)瓶口螺纹不得有裂纹性缺陷,但允许瓶口螺纹有不影响使用的轻微损伤,允许有不超过1牙的缺口,且缺口长度不超过圆周的1/6,缺口深度不超过牙高的1/3。

(二)螺纹修复

瓶口螺纹的轻度腐蚀、磨损、变形或其他机械损伤,可用符合GB 10878规定的丝锥修复。修复后用符合GB/T 8336的量规检验,检验结果应符合GB 8335的要求,不合格的钢瓶应报废。

八、内部检查

(一)工具

应用电压不超过 24 V、具有足够亮度的安全光源逐只对钢瓶进行内部目测检查。必要时可使用光学内窥镜或其他辅助设备进行检查。

(二)检查与评定

(1)要注意内表面产生应力腐蚀裂纹的可能性。

(2)内表面的裂纹、皱折、夹层、凹坑、凸瘤及瓶肩内有明显沟痕或皱折的钢瓶应报废。

(3)内表面存在任何腐蚀缺陷的钢瓶,参照外观检查中腐蚀的检查与评定。

九、无损检测

(一)磁粉探伤

对筒体与瓶底过渡处、瓶肩、瓶颈及钢瓶固定装置与瓶体接触处应优先采用非手动的荧光磁粉探伤(A 型高灵敏度试片)方法进行检查,不得有裂纹或裂纹性缺陷。

(二)超声波探伤

对瓶壁外观检查后有怀疑的部位应采用超声波探伤方法(有自动记录)进行无损检测,不得有裂纹或裂纹性缺陷。按 NB/T 47013 执行,合格标准为Ⅰ级。

十、重量与容积测定

(一)数值处理

必须逐只对钢瓶进行重量(不含可拆附件)与容积测定。容积、瓶重应以三位有效数字表示。第四位数值,对于容积一律舍去,对于瓶重一律进位。

(二)衡器要求

重量与容积测定用的衡器应保持准确,其最大称量值应为常用称量值的 1.5～3.0 倍。衡器的校验周期不得超过 3 个月。

(三)测量与评定

(1)对实测重量小于制造钢印标记重量的钢瓶,若实测重量与制造钢印标记重量的差值大于制造钢印标记重量的 3%,应测定瓶壁最小壁厚,最小壁厚小于设计壁厚的钢瓶应报废;若实测重量与制造钢印标记重量的差值大于制造钢印标记重量的 5% 应报废。

(2)对重量测定合格的钢瓶,采用规定的方法进行容积测定。

(3)实测容积值小于制造钢印标记容积值的钢瓶,必须根据容积测定记录将原制造钢印标记容积值改打为测定的容积值;实测容积值与制造钢印标记容积的差值大于制造钢印标记容积的 10% 时钢瓶应报废。

十一、水压试验

(一)试验要求

(1)必须逐只对钢瓶进行水压试验,试验装置、方法和安全措施应符合 GB /T 9251 的要求。应优先选用外测法测定容积残余变形率。

(2)水压试验压力应为公称工作压力的5/3,钢瓶在试验压力下的保压时间不少于2 min。

(3)水压试验时,瓶体出现渗漏、明显变形或保压期间压力有回降现象(非因试验装置或瓶口泄漏)的钢瓶应报废。

(4)在水压试验时,应同时测定容积残余变形率。容积残余变形率超过6%时,应测定瓶体的最小壁厚,其值小于设计壁厚者应报废。容积残余变形率超过10%的钢瓶应报废。

(二)无效试验的处理

在钢瓶进行水压试验过程中,当压力升至试验压力的90%或90%以上时,如因故无法继续进行试验,应按GB/T 9251的规定采取提高试验压力的方法对试验无效的受试瓶再次进行试验。

十二、内部干燥

(一)干燥方法与要求

(1)经水压试验合格的钢瓶,必须逐只进行内部干燥。

(2)钢瓶经水压试验合格后,将瓶口朝下倒立一段时间,待瓶内残留的水沥净,然后采用干燥空气吹扫、内加温、外加温或其他适当的方法进行内部干燥。

(3)用加温方法进行内部干燥时,通常控制温度不超过200 ℃;时间应足够长,以保证瓶内安全干燥。

(二)干燥状况检查

借助内窥镜或小灯泡观察瓶内干燥状况,如内壁已全面呈干燥状态,便可安装瓶阀。

十三、瓶阀检验与装配

(一)瓶阀检验

(1)应逐只对瓶阀进行检验和清洗,保证开闭自如、不泄漏。

(2)阀体和其他部件不得有严重变形,螺纹不得有严重损伤,其要求可参照瓶口螺纹检查的规定。

(3)当瓶阀损坏时,一般情况下应更换新的瓶阀,除非得到瓶阀制造厂的许可,方可代为更换阀内部件。更换瓶阀或密封材料时,应根据盛装介质的性质选用合适的瓶阀或材料。在装配瓶阀之前,应按GB 15382的要求对瓶阀进行气密性试验。

(二)瓶阀装配

(1)瓶阀应装配牢固,并应保证其与瓶口连接的有效螺纹牙数和密封性能,其外露螺纹数不得少于1~2牙。

(2)瓶阀检验后应更换新的安全泄放装置,新更换的瓶阀上也必须有安全泄放装置,型式应为爆破片-易熔塞组合式,并符合GB 17258及GB 17926的要求。

十四、气密性试验

(一)试验要求

(1)钢瓶水压试验合格后,必须逐只进行气密性试验。试验装置和方法应符合GB/T

12137 的要求,试验压力应等于钢瓶公称工作压力。

(2)钢瓶采用浸水法进行气密性试验。浸水时间不少于 2 min,其间不得有泄漏现象。

(3)充气过程中若充气装置发生故障或试验过程中瓶阀产生泄漏时,应立即停止试验,待维修或重新装配后再试验。

(二)试验结果

对在试验压力下瓶体泄漏的钢瓶应报废。

十五、检验后的工作

(一)检验标记

定期检验合格的钢瓶,应按《气瓶安全技术监察规程》附录 B 的规定打上或压印检验标志、喷涂检验色标。

(二)钢瓶检验记录与报废处理

(1)钢瓶检验员必须将钢瓶检验结果逐项填入《汽车用压缩天然气钢瓶定期检验记录》,并填写检验报告,由检验单位和钢瓶产权单位各自存档。钢瓶检验单位应在钢瓶重新安装后,将对应的车牌号记入档案,以保证钢瓶的可追溯性。

(2)废瓶销毁。报废钢瓶由检验单位负责销毁,应采用压扁或锯切方式销毁钢瓶,并按《气瓶安全技术监察规程》附录 D 的规定填写《气瓶定期检验报告》。

(三)涂敷

检验合格的钢瓶,必须重新涂敷,钢瓶表面漆色、字样、字色应符合 GB 7144 及 GB 17258 的有关规定。

(四)钢瓶安装

由从事车用钢瓶安装或改装的专业单位负责将检验合格的钢瓶安装于汽车上,并保证管路接头处没有泄漏。钢瓶业主应及时将钢瓶重新安装后所对应的车牌号反馈给检验单位。

第八节　汽车用压缩天然气金属内胆纤维环缠绕气瓶检验

汽车用压缩天然气金属内胆纤维环缠绕气瓶(以下简称 CNG 缠绕瓶)是近年来为适应 CNG 汽车发展而开发的一种新型气瓶,由于其具有重量容积比较小等特点,在 CNG 产业中得到广泛应用。CNG 缠绕气瓶随汽车流动,如发生爆炸,将极易导致群死群伤的恶性事故,影响社会稳定。据报道,近年来,我国已发生了多起 CNG 气瓶爆炸事故,造成了重大经济损失和人员伤亡。为保障 CNG 缠绕气瓶安全使用,按照国家有关法规,必须对 CNG 气瓶进行强制性的、法定的定期检验,定期检验与评定工作应符合 GB 24162《汽车用压缩天然气金属内胆纤维环缠绕气瓶定期检验与评定》的规定。

一、本节术语和定义

磨损 因摩擦使材料磨损或擦伤而引起气瓶或附件的损坏。

冲击伤 强烈地撞击气瓶表面,可能会导致表面划伤、凿伤和凹痕等冲击伤。冲击也可能导致缠绕层出现分层损伤,这种损伤在外观检查时很难被发现。

龟裂 树脂部分出现不透明的"霜状"细裂纹。

划伤 由尖锐器物进入气瓶表层而引起的损伤。

分层 在缠绕层之间发生分离的损伤。分层通常是由于过大的载荷垂直冲击缠绕层材料表面而引起的损伤。

外涂层 气瓶表面透明的或有颜色的用于防护瓶体或改善外观的涂层。

螺旋缠绕 与气瓶轴向有一定夹角的圆周方向的缠绕。

环向缠绕 在气瓶圆柱部分进行环向缠绕。增强纤维束的缠绕方向与气瓶的纵向约成90°。

一级损伤 在正常使用中发生的微小损伤。这种损伤对气瓶的安全没有构成有害的影响,可继续使用。在金属表面的涂层划伤或划痕没有明显深度,或缠绕层表面涂层和树脂有较小损伤,但没有明显纤维破损的现象均可判定为这类损伤。

二级损伤 损伤程度比一级损伤严重,但可以进行修复。

三级损伤 三级损伤的气瓶不能再继续使用,也不能进行修复。

增强纤维 在复合材料中的连续纤维束,如碳纤维、芳纶纤维及玻璃纤维,在压力作用下起承载作用。

修复 修理气瓶使其复原或达到一级损伤的程度。

树脂 用于黏结和固定纤维在指定位置的材料。树脂通常是热塑性或热固性树脂。

应力腐蚀裂纹 由载荷和恶劣环境共同作用造成材料开裂。缠绕层会出现垂直于纤维的裂纹或裂纹群。

二、检验机构、检验周期与检验项目

(一)检验机构及设备

从事气瓶定期检验的单位必须符合 GB 12135《气瓶检验机构技术条件》的要求,并按 TSG Z7001《特种设备检验检测机构核准规则》经国家特种设备安全监督管理部门核准。

场地、检验检测仪器和设备以及检测工具如内窥镜、灯、测厚仪、低倍放大镜、直角尺、卡尺、螺纹塞规和环规等应能满足所从事的检验检测工作的要求。

(二)检验周期

(1)气瓶的定期检验周期不得超过3年。

(2)在使用过程中,如遇到下列情况应提前进行检验:①气瓶遇明火;②气瓶长期暴露在高于65 ℃的环境温度下;③气瓶受到冲击;④天然气汽车遭受碰撞;⑤气瓶接触化学物质;⑥发生异常的声响;⑦确信气瓶已受到某种方式的损伤;⑧对气瓶的安全可靠性产生怀疑。

(3)库存或停用时间超过一个检验周期的气瓶,启用前应进行检验。

(三)检验项目

气瓶定期检验项目包括外观检查、瓶口螺纹检查、水压试验、瓶阀检验、气密性试验。

三、检验准备

(一)气瓶拆卸

气瓶的拆卸应由检验机构或有资质的安装单位负责。

(二)记录

(1)逐只检查记录气瓶制造标志和检验标志。记录内容包括国别、制造单位许可证号或单位代码、气瓶编号、制造年月、公称工作压力、水压试验压力、公称水容积、上次检验日期。

(2)对未取得特种设备安全监督管理部门制造许可的制造企业生产的气瓶、制造标志不符合相应规程或制造标准规定的气瓶、制造标志模糊不清或项目不全导致无法评定的气瓶、有关政府文件规定不准再用的气瓶,登记后不予检验,按报废处理。

(3)自气瓶制造之日起,超过设计使用寿命的气瓶,登记后不予检验,按报废处理。对于按照规定办理使用登记的新投用气瓶,可以按其使用登记日期作为气瓶设计使用寿命的起始日期。

(三)瓶内介质处理

对瓶内的介质,在保证安全、卫生和不污染环境的条件下,采用适当的方法(如抽真空或氮气置换等)将气体排净。

(四)瓶阀拆卸与表面清理

(1)确认瓶内压力与大气压力一致时,由检验机构负责拆下瓶阀。

(2)对于瓶阀无法开启或拆下的气瓶,应与待检瓶分别存放,以待另行妥善处理。

(3)用不损伤瓶体金属以及缠绕层树脂和纤维的适当方法,将气瓶内外表面的污垢、腐蚀产物、沾染物等有碍外观检查的杂物以及外表面的疏松涂敷物清除干净。

四、外观检查与评定

(一)检查与评定

表6-10列出了气瓶缠绕层外观检查与评定要求。表6-11列出了气瓶金属部分外观检查与评定要求。

表6-10 气瓶缠绕层外观检查与评定要求

损伤类型	定义	评定			说明
		一级,合格	二级	三级,不合格	
划伤、擦伤、凿伤	由尖锐物体导致的材料损伤	深度小于0.25 mm,无纤维暴露、割断和分离的现象	深度≥0.25 mm且小于1.25 mm的损伤,但可根据制造厂的要求进行修复	深度大于1.25 mm	如果缠绕气瓶的纤维没有割断或分离,是可以修复的
磨损	由于摩擦导致的区域磨薄	深度小于0.25 mm,没有纤维暴露、割断和分离	深度≥0.25 mm且小于1.25 mm的损伤,但可根据制造厂的要求进行修复	深度≥1.25 mm或纤维外露	如果缠绕气瓶的纤维没有割断或分离,是可以修复的
热、火损伤	区域发黑或呈褐色	没有或能清洗掉	气瓶只被烟熏、气瓶缠绕层没有燃烧,缠绕气瓶被确认完好无损后,可继续使用;少量的褪色,可按制造厂的建议判定	确认气瓶承受了过热和火烧。缠绕层已永久碳化、褪色,并出现如下现象之一: (1)缠绕层变色、变黑、积碳和烧焦; (2)树脂材料缺损或是缠绕层纤维松动; (3)表面涂层和标识因被火烧而变色、变黑; (4)阀座扭曲变形	
气体泄漏	从缺陷处泄漏	无泄漏现象		试验确认有泄漏现象	
化学品浸蚀	气瓶受到能引起材料分解或破坏的化学品的作用	能清洗掉、没有残留物或影响,并且能够确认该化学品对瓶体材料没有损害	如果不能判别所接触化学品,对瓶体材料的影响也不清楚,应判定为三级损伤	材料永久变色;材料断裂或损伤;确认化学品对气瓶材料有影响;或不能确定材料是否已受影响	

续表 6-10

损伤类型	定义	评定			说明
		一级，合格	二级	三级，不合格	
自然老化	太阳紫外光线的影响	失去少量的光泽或者粉化	只涂层受影响而对纤维及树脂材料无影响，可以修复	纤维及树脂材料受影响	按制造厂的指导，重新涂敷后可复原或判定为一级损伤
发生碰撞、事故或着火；气瓶经受高热或不明热的作用	汽车发生事故、处于着火环境或在着火环境和高热源附近（汽车出现事故痕迹或热损伤）	在气瓶上没有可见的痕迹；车主知道未发生事故、着火或热源辐射	车主已知道并报告了碰撞、事故、着火或可能的热损伤；气瓶需要测试	汽车出现严重的损伤痕迹，或气瓶出现冲击和热损伤痕迹	气瓶在事故或暴露于火或热环境之后应立刻进行全面检查
冲击伤	缠绕气瓶材料受到冲击；在树脂上出现“霜状”状态和“击碎”状态	损伤区小于 1 cm^2，并且没有其他的损伤	损伤不明显，需要制造厂的建议	气瓶或内胆永久变形，或者“霜状”（损伤）区域大于 1 cm^2	
应力腐蚀裂纹	材料接触化学品发生浸蚀，在应力作用下，纤维可能发生开裂或断裂	材料与化学品接触，但外观检查没发现影响	已知气瓶与化学品有接触，若判断纤维可能发生开裂，应判定为三级损伤	鉴别出纤维有应力腐蚀裂纹	

表 6-11　气瓶金属部分外观检查与评定要求

损伤类型	定义	评定			说明
		一级，合格	二级	三级，不合格	
划伤、擦伤、凿伤	由尖锐物体导致瓶体材料损伤，也包括锈损斑点之间的间距小于锈损斑点宽度的线腐蚀	深度小于 0.25 mm	大于一级的损伤可以根据制造厂的要求打磨修复	深度大于 0.5 mm 或剩余壁厚小于设计壁厚	

续表 6-11

损伤类型	定义	评定			说明
		一级,合格	二级	三级,不合格	
凸起	出现可见的气瓶膨胀	没有	可能出现弓状变形,但不是凸起	可见或可检出的凸起	
点腐蚀	化学品、氧化或材料的锈蚀引起凹点	腐蚀处剩余壁厚大于等于设计壁厚	无法确定腐蚀处剩余壁厚	腐蚀处剩余壁厚小于设计壁厚	设计壁厚应由制造厂提供
线腐蚀	一系列的腐蚀点形成的一条窄线,腐蚀点间的距离比腐蚀点宽度更大	腐蚀处剩余壁厚大于等于设计壁厚且腐蚀长度小于 100 mm	无法确定腐蚀处剩余壁厚	腐蚀处剩余壁厚小于设计壁厚或腐蚀长度大于等于100 mm	
面腐蚀	化学品、氧化或材料的锈蚀而引起局部区域材料失去	腐蚀处剩余壁厚大于等于设计壁厚且腐蚀面积小于外表面的25%	无法确定腐蚀处剩余壁厚及腐蚀面积	腐蚀处剩余壁厚小于设计壁厚或腐蚀面积大于等于外表面的25%	
凹陷	在气瓶上出现的既没有穿透也没有材料损失的变形,其深度大于外径的1%	凹陷深度小于1.6 mm,且其直径或长度大于50 mm	无法确定凹陷尺寸	凹陷深度等于或大于 1.6 mm,或直径或长度小于50 mm(不论深度多少),或两个同时存在	小而浅的凹陷比大而浅的凹陷更需关注。有尖锐的凹陷会使材料产生应力,降低气瓶的安全性
缠绕层材料下的金属腐蚀	在靠近缠绕层材料边缘,或从缠绕层材料表面判断其下内胆表面有金属腐蚀	没有发现	有从缠绕层材料下面泛到表面的腐蚀产物或在缠绕层材料边缘上有腐蚀产物;发现有腐蚀迹象的气瓶应咨询制造厂	缠绕层材料边缘上的腐蚀,有三级损伤特征的线腐蚀	不要将气瓶腐蚀产物与来源于汽车部件的腐蚀沉积物混淆

（二）损伤的证据

外观检查气瓶表面是确定气瓶损伤的主要方式。可能引起损伤的证据有如下各点：腐蚀、划伤、擦伤、凿伤、纤维暴露、凹坑、凸起、破裂、材料损失、气瓶表面褪色（积碳、碳化、化学品浸伤等）、暴露于热环境的痕迹、冲击或事故、表面材料的损耗。

（三）损伤级别

无损伤或一级损伤不要求修复，可继续使用；二级损伤可修复或报废；三级损伤不能修复，三级损伤的气瓶必须报废。

（四）缠绕层

1. 划伤、擦伤和凿伤

不管其长度、数量或方向，深度小于 0.25 mm 的损伤都判定为一级损伤并可以验收；大于或等于 0.25 mm 深度的损伤判定为二级或三级损伤；当深度超过 1.25 mm 时，应判定为三级损伤。在一级和三级之间的损伤由检验人员判定合格或不合格。

损伤深度超过 0.25 mm 的划伤或凿伤的二级损伤可以在制造厂的指导下进行修复。

2. 磨损

深度大于 1.25 mm 的磨损应判定为三级损伤。二级损伤可以在制造厂的指导下进行修复。

3. 冲击损伤

冲击损伤可能引起断裂及缠绕层分层。与冲击载荷有关的表面损伤有凹痕、划伤、凿伤、刮伤、擦伤、剥落、刺穿、纤维断裂、纤维松动、树脂开裂、变色或外形改变等。有上述各种损伤迹象时应对气瓶表面进行仔细检查。

应对已知的受冲击区域及已检测到表面损伤的区域进行检查，以确定内壁是否受到损伤。内壁损伤的证据包含气瓶表面的永久变形，凹痕是严重内壁损伤的证据。出现这种类型损伤的气瓶要仔细检查，并判定是属于二级或三级损伤。气瓶壁的任何凸起都判定为三级损伤。

气瓶颜色出现局部变化。受到冲击的气瓶表面常常出现颜色局部变化。这种变化是由于缠绕层材料的分层、裂纹或开裂，或外部涂层的划伤所导致的颜色变化造成的。出现这类迹象的每个区域都应仔细检查，并判定是属于二级或三级损伤。

气瓶局部表面开裂。受到冲击的气瓶可能会在缠绕层材料表面出现圆形、椭圆形或线形的开裂。这种开裂也会导致颜色变化。出现这类损伤的每个区域都应仔细检查，并判定是属于二级或三级损伤。

可用硬币敲击来测试气瓶所受到的冲击损伤。使用一元硬币来测试可能受冲击损伤的部位，用手夹住硬币，用硬币边缘敲击缠绕层表面，仔细听所发出的声音。有冲击损伤的部位发出的声音与没有损伤的部位发出的声音会有明显的不同。

4. 烧损和严重热损伤

气瓶因火烧或过热引起的严重损伤会使其外表面显现出脱色、变黑、碳化或积碳，甚至会失去树脂，引起缠绕气瓶的纤维松散，也会造成阀座烧熔或变形。轻微的火烧和热作用可能使涂层和标签碳化、脱色。出现了火烧痕迹或过热现象的气瓶应判定为三级损伤。

5. 气体泄漏

出现气瓶壁气体泄漏的气瓶应判定为不合格。

6. 化学品的浸蚀

化学品浸蚀造成气瓶表面损伤。这种损伤包括腐蚀、脱色、蚀点、凹点、斑点、膨胀、软化、应力腐蚀裂纹和树脂脱落。严重时,缠绕气瓶会出现纤维断裂或者松散。

当确认气瓶所沾染的已知化学品不会对气瓶造成损害时,应判定为一级损伤。

由化学品浸蚀缠绕气瓶所引起的斑点、膨胀、软化、树脂脱落、纤维松散或断裂都属于三级损伤。气瓶的金属部分由于化学品浸蚀出现凹点、腐蚀及氧化应按表6-10进行评定。

7. 自然老化

气瓶长时间暴露在阳光、雨水和大气环境下,外部涂层会老化,其结果会引起外表面涂层变色退化。如果没有发生金属表面的腐蚀,或缠绕层纤维断裂、溃散,可以判定为一级或二级损伤。在完成了检验程序之后,属于二级损伤的表面应按规定的方法进行涂层修复。禁止使用电动刷子、喷砂或喷丸、电动抛光机、砂轮或化学脱层剂处理缠绕气瓶的表面。如果只是要消除松散和变质的表面涂层或只是打光表面,可用细砂纸打磨。

(五)金属部分

1. 腐蚀

金属表面的腐蚀是指由于强酸或碱性的化学作用而引起气瓶壁厚的减小。以下是不同类型腐蚀的描述。

(1)点腐蚀。点腐蚀是在很小的面积上减小壁厚。孤立的小尺寸的凹点不会对气瓶有很大损伤,应按如下标准评定:剩余壁厚大于等于设计壁厚的孤立的凹点属于一级损伤,剩余壁厚小于设计壁厚的凹点属于三级损伤。

(2)线腐蚀。当腐蚀形成连续的状态或者当凹点相连成一条窄条或一条线时,则称为线腐蚀。线腐蚀要比孤立的点腐蚀情况严重,并且可能发生在气瓶的任何位置上,应按如下标准评定:腐蚀处剩余壁厚小于设计壁厚或腐蚀长度大于等于100 mm,应判定为三级损伤。

(3)面腐蚀。面腐蚀是出现在气瓶比较大的表面区域上的腐蚀,它会减小气瓶的结构强度,应按如下标准评定:腐蚀处剩余壁厚小于设计壁厚或腐蚀面积大于等于外表面的25%时,则属于三级损伤。

(4)缠绕层下的金属腐蚀。在缠绕层材料与金属边界上形成的线状腐蚀,如有三级损伤特征应判定为三级损伤。

(5)电解腐蚀。当气瓶和阀座与其他的导电材料接触时(如碳纤维与钢接触),可能会引起电解腐蚀。表6-10所列的腐蚀检查与评定准则可用于判定这类腐蚀。

2. 凸起

凸起是一种严重损伤,所有出现这种情况的气瓶应判定为三级损伤。

3. 凹陷

大于或等于 1.6 mm 深的凹陷,或不管其深度为多少,其最大直径或长度小于 50 mm,或两种情况都存在,应判定为三级损伤。

4. 磨损

应仔细地检查出现磨损痕迹的金属部分来确认磨损处的剩余壁厚不小于设计壁厚,否则应判定为三级损伤。

以上所有被判定为三级损伤和不合格的气瓶应报废。

五、瓶口螺纹检查与评定

(1)用目测或低倍放大镜逐只检查螺纹有无裂纹、变形、腐蚀或其他机械损伤。

(2)瓶口螺纹不得有裂纹性缺陷,但允许瓶口螺纹有不影响使用的轻微损伤,即允许有不超过 2 牙的缺口,且缺口长度不超过圆周的 1/6,缺口深度不超过牙高的 1/3。

对于瓶口锥螺纹的轻度腐蚀、磨损或其他损伤,可用符合 GB/T 10878 规定的丝锥修复。修复后用符合 GB/T 8336 的量规检验,检验结果不符合 GB 8335 时,该气瓶应报废。

对于直螺纹的轻度腐蚀、磨损或其他损伤,可用符合其相应标准的丝锥进行修复。修复后用符合其相应标准的量规检验,检验结果不符合要求时,该气瓶应报废。

六、水压试验

(1)气瓶必须逐只进行水压试验,水压试验装置、方法和安全措施应符合 GB/T 9251 的要求(注:优选外测法)。

(2)试验压力为气瓶标记中气瓶的试验压力。

(3)气瓶在试验压力下的保压时间不少于 2 min。

(4)水压试验时,缠绕层缺陷扩展,瓶体出现渗漏、明显变形或保压期间压力有回降现象(非因试验装置或瓶口泄漏引起)的气瓶应报废。

(5)在水压试验时,应同时测定容积残余变形率。容积残余变形率超过 10% 的气瓶应报废。

(6)在气瓶进行水压试验过程中,当压力升至试验压力的 90% 或 90% 以上时,如因故无法继续进行试验,应将试验压力提高 0.7 MPa 对受试瓶重新进行试验,但只能重试一次。试验压力不得超过自紧压力。

七、内部干燥

(一)干燥方法与要求

(1)经水压试验合格的气瓶,必须逐只进行内部干燥。

(2)将瓶口朝下倒立一段时间,待瓶内残留的水沥净,然后采用干燥空气吹扫、内加温或其他适当的方法进行内部干燥。

(3)内部干燥时,温度应不超过 65 ℃,时间应足够长,以保证瓶内完全干燥。

(二)干燥状况检查

借助内窥镜或小灯泡观察瓶内干燥状况,如内壁已全面呈干燥状态,便可安装瓶阀。

八、瓶阀检验与装配

(1)应逐只对瓶阀进行检验、清洗,保证开闭自如、不得泄漏。

(2)阀体和其他部件(爆破片和易熔塞等)应完整,不得有严重变形,螺纹不得有严重损伤,其要求可参照本节“五、瓶口螺纹检查与评定”中第(2)条的规定。

(3)瓶阀应装配牢固并应保证其与瓶口连接的有效螺纹牙数和密封性能,其外露螺纹数不得少于1~2牙。扳紧扭矩为200~300 N·m。

(4)当瓶阀损坏时,应更换新的瓶阀。如需更换密封件等易损部件,必须得到瓶阀制造厂的书面授权且在其指导下进行。在装配瓶阀之前,应按GB 15382的要求对瓶阀进行气密性试验。更换的瓶阀,应选用与原瓶阀同一制造单位、同一型号的新瓶阀。或向气瓶制造厂咨询,选用已通过阀门型式试验以及该型号气瓶型式试验(火烧试验)的合格阀门。

九、气密性试验

(1)气瓶水压试验合格后,应逐只进行气密性试验。试验装置、方法和试验用水应符合GB/T 12137的要求,试验压力为气瓶公称工作压力。

(2)应用浸水法进行气密性试验。气瓶浸水保压时间2 min,保压期间不应有泄漏现象。

(3)气瓶气密性试验时,瓶体有泄漏现象的气瓶应报废。

(4)试验过程中若试验装置或瓶阀产生泄漏,应立即停止试验,待维修或重新装配后再试验。

(5)试验后,气瓶表面的水应立即擦干,并抽真空处理或用氮气置换瓶内空气。

十、检验后的工作

(1)定期检验合格的气瓶应按《气瓶安全技术监察规程》的规定打上检验标记或粘贴检验标签。

(2)检验人员应将气瓶检验与评定结果填入《气瓶定期检验与评定报告》(见表6-12)。

(3)报废气瓶由检验单位负责销毁,销毁方式为压扁或锯切,并填写《气瓶报废通知书》通知气瓶产权单位。

(4)对于检验合格的气瓶,外露金属部分应按有关标准的规定对气瓶重新喷涂颜色。

(5)检验合格的气瓶应由检验机构或有资质的安装单位负责安装。

表 6-12　气瓶定期检验与评定报告

________________________________：

根据《气瓶安全技术监察规程》和 GB 24162—2016《汽车用压缩天然气金属内胆纤维环缠绕气瓶定期检验与评定》的规定，对你单位汽车用压缩天然气金属内胆纤维环缠绕气瓶共______________只，进行了检验，其中______________只合格，______________只报废（对报废气瓶已做破坏性处理，其报废原因见《气瓶报废通知书》）。

检验员：（签字）　　　　　　　　　　　　　　检验单位：（盖章）

检验单位技术负责人：（签字）　　　　　　　　检验日期：

标记							装车信息			检验与评定结论						
										外观检查						
国别	气瓶编号	气瓶制造单位代码	制造年月	公称工作压力	公称水容积	上次检验日期	气瓶初始装车日期	车辆标记号码	气瓶安装单位	缠绕层	金属内衬	螺纹检查	水压试验	瓶阀检验	气密性试验	备注

第九节　低温绝热气瓶定期检验

低温绝热气瓶的定期检验与评定工作应按照 GB/T 34347—2017《低温绝热气瓶定期检验与评定》的规定进行。

低温绝热气瓶包括焊接绝热气瓶和汽车用液化天然气气瓶。焊接绝热气瓶正常工作温度为 -40 ~ 60 ℃，盛装介质为液氧、液氮、液氩、液态二氧化碳、液态氧化亚氮和液化天然气等低温液体，设计温度不高于 -196 ℃，公称工作压力为 0.2 ~ 3.5 MPa。车用液化天然气气瓶正常工作温度为 -40 ~ 60 ℃，设计温度不高于 -196 ℃，公称工作压力为 0.6 ~ 3.5 MPa。

一、检验机构

进行钢瓶定期检验的检验机构,必须符合 GB 12135 的要求,并按 TSG Z7001 经特种设备安全监督管理部门核准。

二、焊接绝热气瓶检验

(一)检验周期

(1)气瓶的定期检验周期不超过3年。

(2)存在以下情况的气瓶应提前送至检验机构进行检验,需要修理的气瓶应送到原制造单位或原制造单位委托的单位修理:

①使用过程中,发现有损伤或对其安全性能和可靠性能有怀疑的气瓶;

②使用过程中,外表面出现异常“结露”“结霜”现象的气瓶;

③安全阀频繁起跳,无法正常使用的气瓶;

④库存或停用时间超过一个检验周期重新启用的气瓶;

⑤瓶内介质不明、阀门无法开启或爆破片等安全附件失效的气瓶。

(二)检验项目

气瓶检验项目包括外观检查、安全附件检查、阀门及管路检查、气密性试验、静态蒸发率日常检查记录检测。

(三)检验准备

1.技术档案资料审查

(1)首次检验时,审查气瓶(包括产品合格证、质量证明书、气瓶制造监督检验证书等)使用说明书等。

(2)非首次检验的,审查历次检验报告和最后一个检验周期内的日常检查记录。

(3)对于修理过的气瓶,还应审查气瓶修理合格的证明文件。

2.记录

(1)逐只检查记录气瓶制造标志和检验标志。记录内容包括国别、制造单位许可证编号、制造单位名称、气瓶编号、产品标准号及标准名称、制造年月、公称工作压力、内胆试验压力、盛装介质、公称容积、最大充装量、气瓶净重、上次检验日期。

(2)对未取得特种设备制造许可的制造企业生产的气瓶、制造标志模糊不清或项目不全面又无据可查的气瓶、特种设备安全监督部门不准再使用的气瓶,登记后应判废。

(3)气瓶存在以下问题时,应送到原制造单位或原制造单位委托的单位处理:

①气瓶名牌上介质不具有唯一性的。

②气瓶安装的瓶阀出气口螺纹旋向不符合要求的。

③盛装液氧、液态氧化亚氮、液态天燃气介质的气瓶,其外壳上封头既未压制明显凸起的“O_2”“N_2O”“LNG”等介质符号,又未在明显位置粘贴介质标签的。

3.瓶内介质处理

应在保证安全、卫生和不污染环境的条件下,采用适当的方法将气体排出并妥当处理;对瓶内介质不明的阀门无法开启、安全附件失效的气瓶,另行存放,妥善处理。

4. 表面清理和附件拆卸

(1)用不损伤瓶体金属的适当方法,将钢瓶内外表面的污垢、腐蚀产物、沾污物等有碍表面检查的杂物以及外表面的疏松涂敷物清除干净。

(2)在确认瓶内介质排空后,卸下安全阀、压力表、液位计等可拆卸附件,拆卸过程中不应损失瓶体金属。

(四)外部检查

目测或用 5 ~ 10 倍放大镜逐只对钢瓶进行检查。发现以下缺陷应判定为不合格:

(1)焊接接头存在开裂等影响使用性能的缺陷。

(2)气瓶外壳有严重变形的机械损伤等可能影响夹层绝热性能的,外壳凹陷深度大于或等于 12 mm,凹陷长度大于或等于外壳周长 13% 的。

(3)气瓶保护圈、保护圈支撑、分配头有变形、开裂或其他机械性损伤而失去作用的。

(4)气瓶底座有变形,各组件有损坏,底座与瓶体有异常倾斜现象的。

(5)气瓶外壳在盛装低温液体时达到热平衡状态下有结霜、结露等异常现象的(在进行静态蒸发率测试时进行检查)。

(五)安全附件检查、阀门及管路检查

1. 安全附件检查

(1)气瓶安全附件包括安全阀、压力表、爆破片、液位计。安全附件应符合 TSG R F001、TSG ZF003、GB/T 16918 等国家标准或行业标准的相关要求,应按规定选用取得相应制造许可的制造企业生产的产品,其型号、规格及技术参数应明确、清晰。

(2)气瓶安全附件应按照相关规定进行定期检验或检定,爆破片每三年至少更换一次(制造单位明确延长或缩短使用寿命的除外)。

(3)逐只对安全阀进行检查,发现以下缺陷应判定为不合格:

①安全阀名牌上标注的整定压力与使用的气瓶压力等级不相适应。

②安全阀阀体和螺纹存在裂纹或裂纹性缺陷。

③安全阀与气瓶的连接螺纹存在裂纹或裂纹性缺陷。

(4)逐只对爆破片进行检查,发现以下缺陷应判定为不合格:

①爆破片标注的爆破压力与使用的气瓶压力等级不相适应。

②爆破片装置及其与气瓶连接处存在裂纹或裂纹性缺陷。

(5)逐只对液位计进行检查,发现以下缺陷应判定为不合格:

①液位计与盛装介质不相适应。

②液位计螺纹及其与气瓶的连接螺纹存在裂纹或裂纹性缺陷。

③液位计出现假液位、表盘模糊不清、泄漏等情况。

④液位计的浮杆变形,组件损坏,液面指示环(或表头)损坏。

(6)逐只对压力表进行检查,发现以下缺陷应判定为不合格:

①压力表量程与使用的气瓶压力等级不相适应。

②盛装液氧、氧化亚氮的气瓶,压力表未采用禁油压力表。

③压力表外壳损坏、表盘玻璃破裂、刻度指示值不清晰、指针扭曲断裂、泄压后指针不归零位、铅封损坏等情况。

④压力表螺纹及其与气瓶的连接螺纹存在裂纹或裂纹性缺陷。

2. 阀门及管路检查

(1)目测或用5~10倍放大镜逐只对气瓶阀门进行检查。发现以下缺陷应判定为不合格:

①阀体存在严重变形。

②阀门螺纹存在裂纹或裂纹性缺陷。

(2)当截止阀出现泄漏等异常情况时,允许更换由原阀门制造厂提供的阀芯总成;当调压阀出现泄漏或压力不稳等其他异常情况时,允许更换由原阀门制造厂提供的膜片总成。

(3)目测或用5~10倍放大镜逐只对气瓶进行范围内的管路检查,管路及管路接头、焊缝等处存在裂纹、损失等缺陷的气瓶应判定为不合格。

3. 安全附件与阀门的组装

(1)所有从瓶体上拆除的附件分别检查合格后,根据盛装介质的特殊要求对表面做相应的处理,并按使用说明书的要求进行组装,组装所用的密封件不得与所盛装的介质发生化学反应。

(2)用安全的光源检查立式气瓶的内部有无液位计固定环等异物,有异物时应将其取出,气瓶内部有污染物时应进行妥善处理,对盛装液氧、液态氧化亚氮的气瓶,应检查瓶内有无被油脂沾污,发现被油脂沾污时,应进行脱脂处理,对安全附件与阀门的拆卸接口均进行脱脂、去油处理,检查工作中应确保气瓶不被油脂沾污且符合 JB/T 6896 的有关规定,采用白色、清洁、干燥的滤纸擦抹脱脂表面,纸上应无脱脂和污物,确保合格后方可组装。

(六)气密性试验

(1)组装后的气瓶应逐只进行气密性试验。

(2)试验介质为符合 GB/T 3864 的氮气。

(3)试验方法和安全措施应符合 GB/T 12137 的规定。

(4)试验压力为气瓶公称工作压力,保压 1 min,压力表不允许有回降现象,用不含油脂的检查液检查安全附件、管路、阀门及密封面,无泄漏为合格。

(5)因附件和阀门的组装不当而产生泄漏现象,应重新组装后再对气瓶进行试验。

(七)静态蒸发率检测

气瓶应逐只进行静态蒸发率检测,检测方法应采用气体质量流量计法或称重法,试验方法应参照 GB/T 18443.5 的要求,试验介质为液氮,气瓶的静态蒸发率值应符合标准规定,否则判定为不合格。

三、车用气瓶检验

(一)检验周期

(1)气瓶的定期检验周期不超过3年。

(2)存在以下情况的气瓶应提前送至检验机构、原制造单位或原制造单位委托的单位进行检验或修理:

①气瓶在使用过程中，发现有损伤或对其安全性能和可靠性能有怀疑的气瓶；使用过程中，外表面出现异常“结露”“结霜”现象的气瓶；安全阀频繁起跳，无法正常使用的气瓶；库存或停用时间超过一个检验周期重新启用的气瓶。

②汽车遭受碰撞后，气瓶或气瓶附件有受损的情况。

③气瓶遭遇明火灼烧的。

（二）检验项目

气瓶检验项目包括外部检查、安全附件检查、阀门及管路检查（仅限于气瓶产品范围内的管路系统）、固定装置检查、气密性试验、静态蒸发率检测。

（三）检验准备

（1）技术档案资料审查见、记录同焊接绝热气瓶检验，还应记录气瓶所在车辆的车牌号。

（2）瓶内介质处理、气瓶表面清理和附件拆卸同焊接绝热气瓶检验。

（四）外部检查

目测或用 5 ~ 10 倍放大镜逐只对气瓶外表面进行检查。发现以下缺陷应判定为不合格：

（1）名牌的固定方式不是焊接方式的气瓶。

（2）无保护圈的气瓶。

（3）焊接接头存在开裂等影响使用性能的缺陷。

（4）气瓶外壳有严重变形的机械损伤等可能影响夹层绝热性能的，外壳凹陷深度大于或等于 12 mm，凹陷长度大于或等于外壳周长 13% 的。

（5）气瓶保护圈、保护圈支撑、分配头有变形、开裂或其他机械性损伤而失去作用的。

（6）气瓶外壳在盛装低温液体时达到热平衡状态下有结霜、结露等异常现象的（在进行静态蒸发率测试时进行检查）。

（五）安全附件检查、阀门及管路检查（仅限于气瓶产品范围内的管路系统）

1. 安全附件检查

（1）气瓶安全附件包括压力表、安全阀，安全附件应当符合 TSG RF001、国家标准或行业标准的相关要求，应按规定选用取得相应制造许可的制作企业生产的产品，气瓶型号、规格及技术参数应明确、清晰。

（2）气瓶安全附件应按照相关规定进行定期校验或检定，对安全阀和压力表的检查同焊接绝热气瓶检验。

2. 阀门及管路检查（仅限于气瓶产品范围内的管路系统）

阀门及管路检查同焊接绝热气瓶检验。

3. 安全附件与阀门的组装

所有从瓶体上拆除的附件分别检查合格后，应按使用说明书的要求进行组装，组装时所用的密封件不得与液化天然气发生化学反应。

（六）固定装置检查

对固定装置检查，发现以下缺陷应判定为不合格：

（1）气瓶鞍座或托架焊缝有开裂、变形、损伤等缺陷。

(2)气瓶绑带固定螺栓松动。

(3)气瓶鞍座或托架固定螺栓松动。

(4)气瓶鞍座橡胶垫片出现脱落、老化、碎裂等现象。

(七)气密性试验

(1)组装后的气瓶应逐只进行气密性试验。

(2)试验介质为符合 GB/T 3864 的氮气或天然气。试验方法和安全措施应符合 GB/T 12137 的规定。

(3)试验压力为气瓶公称工作压力,保压 1 min,用不含油脂的检查液检查安全附件、管路、阀门及密封面,无泄漏为合格。

(4)因附件和阀门的组装不当而产生泄漏现象,应重新组装后再对车用气瓶进行试验。

(八)静态蒸发率检测

气瓶应逐只进行静态蒸发率检测,检测方法应采用气体质量流量计法或称重法,试验方法应参照 GB/T 18443.5 的要求,试验介质为液氮或天然气。气瓶的静态蒸发率值应符合标准规定,否则判定为不合格。若采用其他检测方法检验气瓶的低温绝热性能,应按照 TSG R006—2014 中 1.6 的规定执行。

四、其他工作

(1)凡经检验合格的气瓶,应按照 TSG R006 的规定做好定期检验标记、喷涂检验色标。定期检验标记应采用金属检验标志牌,其内容至少包括机构代号、检验色标、定期检验日期和下次检验日期。检验标志牌应以牢固方式固定在气瓶保护圈支撑上。

(2)经检验判定为不合格需要修理的气瓶,应送到原制造单位或原制造单位委托的单位进行修理,修理后的气瓶还需由检验机构进行检验,合格后方可使用;仅静态蒸发率检验不合格的气瓶,应进行抽真空处理,抽真空处理后的气瓶应重新进行静态蒸发率检测,合格后方可使用;修理后或抽真空处理后经检验仍达不到合格标准的气瓶,应判废。

(3)检验人员应将气瓶检验与评定结果填入气瓶定期检报告。

(4)对于判废的气瓶应在气瓶醒目位置上打上“报废”标识。报废气瓶应由气瓶检验机构或地方负责特种设备安全监督管理的部门指定的机构或单位进行消除使用功能能处理。

习　题

一、名词解释

1. 名义壁厚　2. 容积残余变形　3. 气瓶宏观检查　4. 音响检验　5. 裂纹　6. 晶间腐蚀　7. 表面下腐蚀　8. 安全性能试验　9. 环向缠绕　10. 应力腐蚀裂纹

二、判断题

(　　)1. 钢质无缝气瓶容积残余变形率大于10%,该气瓶可以降压使用。

(　　)2. 乙炔瓶皮重是指气瓶、填料、附件的质量与丙酮实际充装量之和。

(　　)3. 液化石油气瓶每3年检验一次。

(　　)4. 水压试验的主要目的是检验气瓶的耐压强度。

(　　)5. 气瓶定期检验中,钢质无缝气瓶水压试验时,一律进行容积残余变形率的测定。

(　　)6. 钢质无缝气瓶在定期检验中,测得其容积残余变形率为10%,则该气瓶必须报废。

(　　)7. 液化石油气钢瓶进行壁厚检验时,筒体和封头的壁厚应分别测定,尤其应检验瓶底和严重腐蚀部位。

(　　)8. 液化石油气钢瓶在定期检验以前,应逐只测量瓶内可燃气体的浓度。

(　　)9. 汽车用压缩天然气金属内胆纤维环缠绕气瓶缠绕层二级损伤可修复或报废。

(　　)10. 鉴别出汽车用压缩天然气金属内胆纤维环缠绕气瓶缠绕层纤维有应力腐蚀裂纹可修复或报废。

三、选择题

1. 钢质无缝气瓶耐压试验压力取公称工作压力的(　　)倍。

A. 1.25　　B. 1.5　　C. 2　　D. 2.5

2. 下列不能用于气瓶气密性试验的气体是(　　)。

A. 空气　　B. 氧气　　C. 氮气　　D. 惰性气体

3. 内表面存在(　　)的气瓶,无论深度如何均应报废。

A. 点腐蚀缺陷　　B. 裂纹　　C. 面腐蚀缺陷　　D. 划伤

4. 溶解乙炔气瓶,每3年检验一次,使用年限超过(　　)年的应报废。

A. 10　　B. 15　　C. 20　　D. 30

5. 汽车用压缩天然气金属内胆纤维环缠绕气瓶的定期检验周期不得超过(　　)年。

A. 1年　　B. 2年　　C. 3年　　D. 4年

6. 汽车用压缩天然气金属内胆纤维环缠绕气瓶缠绕层磨损深度大于等于(　　)mm必须报废。

A. 0.25　　B. 0.75　　C. 1.0　　D. 1.25

四、填空题

1. 从事气瓶定期检验工作的检验人员,应符合国家监察机构颁发的《锅炉压力容器压力管道及特种设备检验人员资格考核规则》的要求,按规定________,取得________。

2. 容积残余变形测定,目的就是考核气瓶的________。

3. 水压试验是检验气瓶的________、________、________等综合安全性能。

4. 溶解乙炔气瓶的气密性试验的加压介质应使用______的氮气。

5. 气瓶的定期检验是指________________________,目的是________________________。

6. 钢质无缝气瓶、液化石油气瓶和溶解乙炔气瓶三种气瓶无论做水压试验或气压试验,均须安装____个量程相同、精度不低于______级的压力表。

7. 腐蚀是金属和合金由于外部介质的____________或____________而引起的破坏。

8. 气瓶检验站的设施、建筑必须符合有关的__________、__________、__________和__________的要求。

9. 汽车用压缩天然气金属内胆纤维环缠绕气瓶内的介质,在保证安全、卫生和不污染环境的条件下,可采用__________或__________的方法将气体排净。

10. 汽车用压缩天然气金属内胆纤维环缠绕气瓶水压试验后容积残余变形率超过__________应报废。

五、问答题

1. 钢质无缝气瓶、钢质焊接气瓶、液化石油气钢瓶的定期检验期限是怎样规定的?

2. 液化石油气钢瓶定期检验的项目有哪些?

3. 钢质焊接气瓶定期检验时,外表面检查的内容是什么?

4. 液化石油气钢瓶定期检验前的准备工作有哪些内容?

5. 溶解乙炔气瓶在外观检验过程中的判废条件有哪些?

6. 气瓶定期检验中,水压试验的合格标准是什么?

7. 汽车用压缩天然气金属内胆纤维环缠绕气瓶定期检验项目有哪些?

8. 汽车用压缩天然气金属内胆纤维环缠绕气瓶定期检验的水压试验中,在哪些情况下应报废?

六、计算题

已知YSP35.5型液化石油气瓶,气瓶容积为35.5 L,允许最大充装量为15 kg。试计算充装系数。

第七章　气瓶事故

特种设备事故,是指因特种设备自身原因损坏、失效或者作业人员违反特种设备相关规定的不安全行为造成的事故。特种设备事故在特种设备制造、安装、改造、维修、使用(含移动式压力容器、气瓶充装)、检验检测活动中通常会造成的人员死亡、财产损失、特种设备严重损坏或者中断运行、人员滞留、人员转移等突发事件。特种设备事故分为特别重大事故、重大事故、较大事故和一般事故。把瓶装气体在充装、储存、运输及使用过程中出现的火灾、爆炸,致使人员伤亡、设备或建筑破坏;有毒气体气瓶泄漏或破裂而造成的毒害等,称为气瓶事故。从事故案例的统计看,气瓶事故很大一部分原因是气瓶内进入了可燃性或油性物质、液化气体超装,压缩气体气瓶混装、错装等。

第一节　典型气瓶事故案例

一、无缝气瓶事故

(一)气瓶混装爆炸

1. 事故概况

2002 年 3 月 30 日 19 时左右,吉林市松江气体经销处送气工驾驶农用三轮车携带 10 个空气瓶,来吉林市东华制氧厂充装氧气。19 时 20 分左右,送气工与门卫闲聊后,离开门卫室走进充气间,此时,班长巡视设备后,发现送气工在充氧间,要求其离开。此时 19 时 25 分,充装压力达 9 MPa 时,突然有一气瓶爆炸。死亡 1 人,轻伤 2 人,直接经济损失 3 万元,间接经济损失 15 万元。

该气瓶重量 59.6 kg,壁厚 6.1 mm,容积 37.9 L,工作压力 15 MPa。

2. 事故原因分析

直接原因是该气瓶原为氢气瓶,因氢氧混装造成爆炸。

主要原因是经销单位系非法经营,将改装氧气瓶嘴的氢气瓶混入其他氧气瓶送入东华氧气厂充装氧气,检验人员未能区分开气瓶颜色,没有有效地防止气瓶错装,造成爆炸。

3. 预防同类事故的措施

(1)加强充装站的安全管理和监督检查,严禁外来人员进入充装间。

(2)认真执行充装前的检查制度,杜绝错装、超装,不合格气瓶和超期气瓶充装。

(3)尽快完成瓶装气体经销站的安全注册,规范管理。

(二)二氧化碳气瓶爆炸事故

1. 事故概况

发生时间:1990 年 5 月 13 日 13 时 20 分。

发生单位:徐州市某铸造厂。

伤亡与损失:因爆炸时现场无人,未造成人员伤亡,但建筑遭到严重破坏。

2. 事故经过

1999年5月13日13时20分,徐州市某铸造厂一露天仓库存放的二氧化碳气瓶中有一只发生了爆炸。爆炸后,气瓶飞出5.5 m远,落在一堵块石构筑的墙根下,瓶体自瓶颈以下撕裂成平板。爆炸产生的冲击波除推倒其他11只气瓶外,还使4个气瓶向不同方向飞出11.3 m、15 m、43 m、52 m。同时还将临近的2 m砖墙推倒,10 m以内的一栋二层楼房门窗全部震碎,破坏严重,但未造成人员伤亡。

3. 事故原因及分析

(1)这只爆炸的气瓶设计压力为12.5 MPa,用户违反标准使用(充装 CO_2 只能用15 MPa和20 MPa级气瓶)致使超装超压。

(2)露天存放,且在13时20分气温较高时,因 CO_2 受高温影响气化膨胀以致瓶内压力急增而发生爆炸。

(三)液氧气化充装发生钢瓶爆炸

1. 事故概况

发生时间:1999年1月6日下午。

发生单位:沈阳市苏家屯某制氧厂。

伤亡与损失:5人死亡,4人受伤,建筑受到破坏。

2. 事故经过

1999年1月6日下午,该厂正在进行液态氧气气化充装的6只氧气瓶发生爆炸,造成5人死亡(其中女性3人,死者中全尸仅1人,有2人被炸成碎尸),4人受伤,厂房炸毁,周围房屋门窗玻璃震碎,近旁玻璃制品厂一堵砖墙被炸坏。除6只气瓶外,另有2只气瓶被燃爆时熔化穿有2个孔洞,直径分别为80 mm、100 mm。

3. 原因分析

在充装的氧气中混入了氢或其他可燃性气体,氢与氧或别的可燃气体与氧混合引起化学性爆炸。

(四)氢气瓶混装发生爆炸事故

1. 事故概况

发生时间:2004年7月23日下午13时50分左右,连云港市东海县三家单位相继发生氢气瓶爆炸事故。

发生单位:连云港新力源石英制品有限公司、连云港东海县宏伟石英制品有限公司、连云港鑫安石英制品有限公司。

伤亡与损失:三起事故共造成4人死亡、2人受伤。

2. 事故经过

2004年7月23日13时50分左右,连云港新力源石英制品有限公司发生一起3只氢气瓶爆炸事故,事故造成2间平房倒塌,另有1间平房严重变形,墙体开裂,距爆炸地点60 m以上的房屋窗户的玻璃被震碎,事故中1人死亡;18时20分左右,连云港东海县宏伟石英制品有限公司又发生一起 2 只氢气瓶爆炸事故，死亡 1 人，瓶组间炸塌；18 时 35 分左右，连云港鑫安石英制品有限公司再次发生一起 3 只氢气瓶爆炸事故，爆炸导致瓶组间隔墙倒塌，死亡 2 人，受伤 2 人，距爆炸地点 60 多米远处的房屋窗户的玻璃被震碎。

调查组做了现场勘查和大量的调查工作。从现场勘查和调查中得到了如下信息：①瓶组间的建造均不规范：3 家单位的瓶组间均为混砖结构，房屋的泄压面积均很小，瓶组没有可靠接地，而且都没有另设重瓶库和空瓶库，而是将待用重瓶和换下的空瓶直接堆放在瓶组间；②发生爆炸的气瓶数量多，3 起事故共发生了 8 只气瓶爆炸；③爆炸均发生在换瓶（开瓶阀）过程中；④爆炸特征相似，8 只气瓶均被炸为数块，气瓶残片断口形状相似，大部分断口与瓶壁呈 45°，少部分呈 90°，气瓶残片均未发现腐蚀、机械划伤、裂纹等缺陷，气瓶残片壁厚未见明显减薄；⑤爆炸气瓶无必然联系，尚能辨别基本信息的 5 只气瓶分属 3 家制造厂制造，制造日期各不相同；⑥气瓶的充装为同一单位。

3. 原因分析

1）初步分析

由于物理爆炸和化学爆炸发生的机制不同，因而两者爆炸呈现不同的特征：①达到化学爆炸条件的气瓶，无论气瓶质量如何，均会发生爆炸，因此会表现出明显的共性特征，而物理爆炸通常会呈明显的个性特征。②气瓶发生物理爆炸一般不产生碎片或只产生少量碎片，而气瓶发生化学爆炸一般会产生碎片或碎片数量较多。③气瓶发生物理爆炸时，断口的撕裂方向一般和气瓶的轴向大体一致，而发生化学爆炸时，断口的撕裂方向一般呈无规则状态。④气瓶发生物理爆炸，气瓶残片一般有明显的塑性变形，而发生化学爆炸，气瓶残片一般塑性变形量较小。⑤物理爆炸的发生无特定阶段，而化学爆炸由于除混合气体外，还必须有能量的输入，因而会发生在特定阶段。对照事故的调查情况，爆炸事故主要特征均和化学爆炸一般特征相吻合，而和物理爆炸特征不相符。因而通过事故特征得到的初步结论是爆炸为化学性爆炸。

2）定性

为了更好地确定事故的性质，调查组对爆炸的 5 只气瓶（另 3 只气瓶是后来事故现场清理出来的）残片进行了测厚，对其中 3 只气瓶（每个单位各一只）残片做了力学性能和化学分析。

对照 GB 13447—1992《无缝气瓶用钢坯》，发现 3 只气瓶材料的化学成分和力学性能均符合 34Mn2V 的要求（其中含碳量虽略低于标准 0.30% ~0.37%，但在分析允许误差范围内），因此可以认定爆炸的气瓶所选用的材料不存在问题。从测厚情况看，只有 1 号及 5 号气瓶各有一测点测出的壁厚略低于气瓶设计厚度，调查组以实测的最小壁厚和实测的最低抗拉强度为依据，按照 GB 5099—1994《钢质无缝气瓶》做了强度校核，其理论爆破压力仍然超过了 36 MPa。8 只不同制造单位、不同制造日期生产的合格气瓶在正常使用情况下（充装单位压缩机压缩最大压力不超过 15 MPa，充装中不可能严重超压）同时发生物理爆炸，显然是不可能的，通过分析可以确定“7·23”事故的是化学性爆炸。

4. 混气环节确定

化学性爆炸的发生，说明氢气瓶混入了助燃气体，具体在哪个环节发生问题，需要进一步的取证和分析。

1)氢气生产流程

该公司用电解食盐水的方法生产氢气,其化学反应方程式为:

$$2NaCl + 2H_2O \rightarrow 2Na(OH) + H_2\uparrow + Cl_2\uparrow$$

该公司在电解槽出口和三合一合成炉入口设2个取样点,对氢气每班进行2次化验,另外每次开车前还有充装排前取样化验。

2)气体化验结果

9月15日,通过机械控制方式对剩余气瓶进行了取样,并做了气体成分分析,对第一个事故单位随机抽取的5只气瓶的气体化验结果是其中抽取的第二瓶中混有空气,其混入量超过50%,根据混入空气这一结果,我们认为混气不是发生在充装环节,越晚充装的气瓶存在问题的可能性越大,因此从第二个事故单位有针对性地抽取了5只气瓶,其化验结果是5瓶气均混入了空气。最后又有针对性地抽取了第三个事故单位的3只气瓶进行化验,其结果3只气瓶的气体均混入了大量空气。

3)混气环节

由于氢气中混入的是空气,这就排除了错充的可能。从调查情况看,事故发生前数日内,该公司制氢过程一直比较正常,氢气成分化验无异常情况。由于生产出的氢气还分别送至合成炉和氢气用户,而且其中1个用户也用于石英制品生产,在事故发生前后,合成炉和氢气用户均无异常,这就排除生产环节混气的可能性。结合化验结果和分析来看,基本可以断定混气发生在压缩环节。

5.事故原因

1)泄漏点的确定

根据上述推断,调查组做了大量细致的调查,发现:该公司在充装被查封后,为了平衡氢气柜(浮桶式)的气量,从安装b1、b2膜的2个缓冲罐之间的放空阀排气。8月1日左右,公司人员发现氢气柜下沉,关闭排空阀后,氢气柜仍然继续下沉,于是关闭这一管路上氢气柜出口二次分配台上的阀门,发现氢气柜开始上升。随后,公司对这一管路进行了检查,发现b1防爆膜已不见踪影,随即更换了防爆膜。根据这一情况,笔者推测事故发生前,防爆膜已经部分损坏,空气正是从此处进入系统,同时可以肯定当时防爆膜不会完全损坏,否则氢气柜早就会下沉。

2)负压形成

该公司氢气柜的压力为4 500 Pa,通过2次分配台分两路送至压缩机,其中上边一路(管路防爆膜损坏这一路连有1号、2号2台压缩机,另一路连接3号压缩机,3台压缩机出口均连在同一氢气总管上)2次分配台至压缩机的连接管为ϕ89 mm和ϕ108 mm混用,每台压缩机的额定压缩量为3.5 m^3/min。

根据上述参数,从理论和经验上看,在正常情况下,即使防爆膜损坏,整个系统也不会形成负压,氢气将从损坏处外漏,而不是空气被吸入。为了证实这一点,对系统进行了试验,发现在3台压缩机同时开启的情况下,压缩机进口处的压力几乎和氢气柜的压力相等。由于供气能力远远大于压缩机的压缩能力,证实了分析的准确性。在试验过程中还确定了系统不存在其他的泄漏点,同时发现 2 号压缩机 3、4 节压缩已不能正常进行。根据试验结果,可推断发生混气的时间,二次分配台上的阀门不可能是全开的,正是由于这一点,系统才形成了负压。根据上述推断而进行的深入调查表明,7 月 22 日晚,供电部门对该公司进行了限电,为了保证工艺用电,约 23 时 10 分时,值班长在确认压缩机停止工作后,下令关闭了二次分配台通往压缩机管道上的 2 个常开阀门,而该公司通常做法仅仅是下指令要求压缩机停机并确认。由于种种原因,从 23 日大夜班(22 日 23:45 至 23 日 07:45)开始至 23 日 19 时(此后压缩机未再运行过),通向 1、2 号压缩机的阀门没有被打开,而通向 3 号压缩机的阀门却被打开(24 日该公司主管单位主要领导对该处阀门检查情况证实了这一点)。通向 1、2 号压缩机的阀门非正常关闭,正是系统形成负压的根本原因。

3)防爆膜损坏原因

调查表明,防爆膜实际上是由该公司用 3 mm 普通石棉板制成的,公司对防爆膜的更换、检查、材料的领用等均无章可循,防爆膜使用情况长期不明,加之缺少可靠的防雨措施,石棉板制成的防爆膜经长期使用后,其可靠性不可能得到保证,防爆膜开裂的现象在该公司曾多次发生过。就本次事故而言,倾向于系统形成负压后,外压使防爆膜开裂,但也不排除防爆膜在负压形成前已开裂,负压加剧了防爆膜损坏的可能性。

4)事故原因

在经过上述的分析和调查基础上,得出了事故的最终原因:由于 23 日夜班压缩机工作时,二次分配台通向压缩机的管路上阀门被关闭,这一管路内形成了负压,防爆膜损坏后,大量空气从防爆膜处吸入,吸入的空气和 3 号机吸入的氢气在压缩机出口处的氢气总管内混合,并被充入氢气瓶,由于充装排有可靠接地,充装过程中没有发生爆炸。而使用单位在开瓶阀时,由于瓶组没有可靠接地,静电的聚集最终导致了爆炸事故的发生。

6. 经验教训

1)公司安全管理存在严重问题

(1)尽管规定经理层全面负责生产经营,但实际上董事长常常直接插手生产活动,导致生产管理混乱。

(2)公司存在重生产、轻安全现象,为了省线,2003 年没有进行一年一度的大修,而且 2003 年底大量减员重组后,对新到压缩工段的工人没有进行必要的安全知识培训(包括充装前检查和新上岗的充装操作人员均无证上岗)。

(3)公司的管理制度、操作规程不够全面,不能满足安全生产需要。

(4)由于管理制度的不合理,导致车间对压缩工段的管理权限和管理力度远小于其他工段。

2)设备及系统存在不足

(1)防爆膜的防雨措施不可靠,防爆膜定期检查、更换不及时。

(2)在压缩环节没有设置合理的取样点,也未在压缩环节对氢气进行定期化验。

(3)由于压缩机入口处 U 形压力计未使用,无法监控压缩机入口处压力。

3)事故发生单位存在隐患

事故发生单位的厂房没有正规设计,厂房的结构不够合理,没有足够的泄压面积,而且瓶组间的管道没有可靠接地,也没有单独设置实瓶库和空瓶库。

(五)充装管理失控引发的气瓶事故

1.事故概况

发生时间:2004年7月17日、7月18日。

事故单位:河北省保定市充装单位。

伤亡与损失:5人死亡,12人受伤,经济损失100万元。

2.事故经过

2004年7月17、18日两天,河北省保定市区由同一充装单位充装的4只在用氧气瓶连续爆炸,共造成5人死亡、12人受伤,直接经济损失100万元。

3.原因分析

充装单位操作人员16人中仅9人参加过培训,在对气瓶进行充装前检查时,因无气体检测设备、仪器,只是用鼻子嗅,未对气瓶内残留气体进行检测。由于充装质量管理严重失控,导致瓶内残存的可燃气体与充装的氧气形成爆炸性混合气体,在使用时由于流速等原因产生激发能引发化学爆炸。

(六)氧气瓶被油脂污染引发的事故

1.事故概况

发生时间:①2002年6月9日;②2004年5月25日。

事故单位:①鄂州市鹏缘气体有限责任公司;②杭州市气体厂。

伤亡与损失:①死亡1人,受伤7人;②死亡2人,重伤1人。

2.事故经过

(1)2002年6月9日,湖北省鄂州市鹏缘气体有限责任公司在充装氧气过程中发生气瓶爆炸,造成1人死亡、7人受伤。

(2)2004年5月25日,杭州市气体厂装卸工从车上卸氧气瓶时,气瓶突然爆炸,造成2人死亡、1人重伤。

3.原因分析

事故原因:

(1)气瓶充装单位和气体经销单位,在事故气瓶明显有油脂污染的情况下,未对气瓶进行脱脂、清洗、置换处理,直接充装氧气,致使气瓶内存有的油脂遇氧气发生氧化反应,引起气瓶爆炸。

(2)经对爆炸气瓶检查确认,氧气瓶内混入了油脂类有机物。该厂在充装氧气前,未对气瓶进行检查,也未对气瓶内存有的油脂类有机物进行确认、清洗、脱脂、置换、抽直空等处理,导致气瓶内有机物遇氧气在高压下产生化学反应,引起爆炸。

(七)氢气瓶错充氧气引发的事故

1.事故概况

发生时间:2002年3月31日。

事故单位:鞍山腾鳌特区福安工业气体厂。

伤亡与损失:死亡3人。

2. 事故经过

2002年3月31日,辽宁省鞍山腾鳌特区福安工业气体厂操作工在关闭正在充装氧气的气瓶瓶阀时,1只气瓶发生爆炸,同时将邻近1只气瓶击破、2只气瓶击穿,将在充装排防护墙内作业的2名充装人员和现场检查的厂长共3人当场炸死。正在防护墙外作业的其他人员却安装无恙。

3. 原因分析

操作工未经培训即匆忙上岗,缺乏起码的专业知识。气瓶充装前未进行检查,也未确认气瓶内气体种类,错将存有氢气的氢气瓶充装氧气,在气瓶内氢氧气体混合后,静电引发剧烈化学燃烧反应,导致气瓶爆炸。若无隔爆防护墙,伤亡人数将波及十余人。

二、焊接气瓶事故

(一)一起罕见的液氯钢瓶恶性爆炸事故

1. 事故概况

发生时间:1979年9月7日13时55分。

事故单位:温州某厂。

伤亡与损失:死亡59人,中毒数百人,经济损失63万元。

2. 事故经过

1979年9月7日13时55分,温州市某厂的液氯车间,在生产过程中发生一起罕见的液氯钢瓶恶性爆炸事故。破坏之大,波及面之宽,伤亡之惨重,损失之巨大,是国内外少见的。有关情况简介如下:

这次爆炸事故,首先是一只容量为0.5 t的液氯钢瓶(瓶号为30号),发生粉碎性爆炸,紧接着被击中的邻近1只0.5 t和3只1 t已充装的液氯钢瓶同时爆炸。当时,响声震天,气雾弥漫,大量的氯气和化学反应生成物形成巨大蘑菇状气团冲天而起,高达40 m;爆炸的钢瓶碎片飞向四面八方,有一块重为0.8 kg的碎片飞出830 m,另一块重为72.5 kg的气瓶下封头碎片飞越厂区后击断树干,打穿砖墙,落在离爆炸中心85 m远的居民住宅区,将地面砸出一个坑后又弹起来打死一位老大娘;强大的气浪将一个容量为1 t的液氯钢瓶抛起20余米高,飞离爆炸中心30余米远。爆炸事故造成建筑面积414 m^2的钢筋混凝土厂房全部倒塌,办公楼也受到不同程度的破坏。爆炸中心的水泥地面炸成一个深1.82 m、直径为6 m的大坑。

这次爆炸事故,有10.2 t液氯外溢扩散,波及范围达7.35 km^2。在2 km范围内花草树木都有程度不同的枯萎和中毒现象。

这次事故死亡59人,当班的8名操作工人当场死亡,其中有一个被炸成5段,血肉模糊,惨不忍睹;因中毒住院治疗的达数百人,中毒较严重的百余人。经济损失达63万余元,其中抢救医疗费、丧葬抚恤费及居民财物赔偿费等37万余元。同时造成停产和中断产品供应,直接影响温州地区几个企业的生产。

3. 原因分析

经调查分析和理化试验证实,这次事故是该厂30号0.5 t容量的液氯钢瓶,由于瓶内产生化学反应,内压急增,发生粉碎性爆炸所引起的,并击中邻近充装有液氯的4只钢瓶,同时发生爆炸。

首先引爆的30号钢瓶,材质为16MnR,壁厚为8 mm,1979年2月开始使用,共充氯使用16次,最后一次使用单位是温州某药物化工厂。9月2日用完瓶内液氯,9月3日运回事故单位,于9月7日上午充装,当日13时55分爆炸。

该药物化工厂是采用300号液体石蜡与氯气反应,生成氯化石蜡。由于生产工艺和设备简陋,氯气由钢瓶阀门通过紫铜管直接插入氯化反应釜,中间无缓冲、止回和控制装置。管理上无安全操作规程和岗位责任制,操作混乱,在使用30号钢瓶过程中,还违章采取抽真空操作,将钢瓶内氯气抽空用尽,故导致大量的氯化石蜡倒灌入30号钢瓶内。

温州市某厂是液氯生产和充装单位,对液氯钢瓶的充装、使用、检验及管理很不严格,又无安全操作规程及必要的管理制度。操作人员既没有经过技术考核,又没有经过专业技术培训。对液氯钢瓶充装前的检验很不认真,未按《气瓶安全监察规定》中的要求进行检查和处理。9月7日,在充装前,对倒灌有氯化石蜡的30号钢瓶,未作残液处理就进行充装,以致液氯与氯化石蜡产生化学反应,瓶内压力剧增而发生爆炸。

(二)野蛮作业造成瓶装液氯泄漏事故

1. 事故概况

发生时间:1998年3月26日。

事故单位:阿城市玉泉镇某漂白粉厂。

伤亡与损失:400名学生中毒。

2. 事故经过

1998年3月26日,一起全国罕见的毒气泄漏事故在黑龙江省阿城市玉泉镇发生,致使镇内600余人不同程度地受到毒害,而其中伤势最严重的是学生。中毒学生达400名之多,最大的18岁,最小的只有8岁,其中有88名重症学生。“一年多时间过去了,许多受害者的病情日益加重,部分器官发生明显病变,一批原来被有关部门宣布已经痊愈的学生又日益加重,不时倒地抽搐。一时间,家长心中充斥着无比的恐慌、疼痛、愤怒……”

事故经过是:1998年3月26日12时,漂白粉厂工人苏××、方××、舒××从哈尔滨市购置氯气钢瓶归来,在设于玉泉精细化工厂院内的漂白粉厂内卸钢瓶。按照操作规程,装卸各类危险的化学品必须以跳板作梯,用绳子拢下。可安全意识淡薄、怀有侥幸心理的苏××等3人却无视规范程序,使用铁杠蛮撬胡捅卸瓶。当卸到第三个钢瓶时,净重200 kg的钢瓶滚落在地,没有防护罩的阀门被撞裂,瓶内氯气急剧外泄,院内立即弥漫黄绿色的烟雾。3名工人见此情景立即逃离现场,既没有采取任何补救措施,更无人报警。

玉泉精细化工厂位于镇三中、镇中心小学 、河南小学形成的三角区正中,镇三中则与该厂仅一墙之隔,时值学生下午上学高峰期,厂门前的这条路是学生上学的必经之路。这样,悲剧便发生了,“猝不及防的学生纷纷吸入氯气,并被这种强烈刺激呼吸器官的黏性毒气毒倒在地”。

3. 原因分析

此次事故完全是操作者违反操作规程，野蛮装卸作业所致，且发现液氯泄漏后，也不采取应急处理措施，导致众多学生中毒事故的发生。

（三）液氯中毒事故

1. 事故概况

发生时间：1999 年 3 月 21 日 10～12 时。

事故单位：湘西自治州某制药厂。

伤亡与损失：死亡 2 人，中毒 119 人。

2. 事故经过

1999 年 3 月 21 日 10～12 时，湘西自治州吉首市大田湾发生一起氯气泄漏事故。湘西自治州某制药厂一只 0.5 t 装的液氯钢瓶因保管不善发生泄漏，致使周围 1 km^2 地区氯气弥漫。造成 119 名居民中毒，2 人死亡。

3. 原因分析

液氯钢瓶存放期不超过 3 个月，且应经常检查，出现微漏应及时处理，但事故单位未按规定处理，导致 0.5 t 液氯泄漏造成伤亡事故。

（四）环氧乙烷气瓶事故

1. 事故概况

发生时间：2002 年 4 月 12 日。

事故单位：江苏省常州市城南钢瓶检验站。

伤亡与损失：死亡 3 人，重伤 1 人，经济损失 340 万元。

2. 事故经过

2002 年 4 月 12 日，江苏省常州市城南钢瓶检验站在处理环氧乙烷气瓶内残液时，突然发生气瓶爆炸，死亡 3 人，重伤 1 人，经济损失 340 万元。

该站在处理气瓶残液过程中，先打开瓶阀，未见余气和残液流出，进而把气瓶底部易熔塞旋松，任其自然泄放 2 h。就在数名工人用铁锹清理场地时，突然发生爆炸。

3. 原因分析

环氧乙烷具有易分解、有毒的特性。

环氧乙烷气体比空气重，当气瓶内残液泄放出来后沉积于地面，与空气形成爆炸性混合气体，并与气瓶形成一个系统。当时气瓶内约有 200 kg 环氧乙烷。当工人用铁锹作业时，铁锹与地面摩擦、碰撞产生火花，引起环氧乙烷与空气混合气体爆炸，进而引爆气瓶内的环氧乙烷。

三、溶解乙炔气瓶事故及乙炔生产充装火灾爆炸事故

（一）乙炔气瓶爆炸事故

1. 事故概况

发生时间：1999 年 3 月 24 日 8 时 50 分。

事故单位：哈尔滨某厂。

伤亡与损失：死亡 4 人，伤 30 人，直接经济损失 1 500 万元。

2. 事故经过

1999年3月24日8时50分,哈尔滨某厂四车间数控工段,准备用来进行焊接作业的溶解乙炔气瓶发生爆炸,当场炸死1人,3人在送往医院的途中死亡。当时尚有13名被烧者住进医院,另有17人受轻伤。车间的南端被炸毁1/3,玻璃全部震碎。18台数控铣床中,有6台全部报废,另外12台的电脑控制系统也已损坏,直接经济损失1 500万元。

3. 原因分析

此次事故,伤亡人数多,损失巨大,因此黑龙江政府请求国务院有关部门牵头组织调查处理。国家质量技术监督局发了"质技监锅字〔2000〕14号《关于哈尔滨溶解乙炔气瓶爆炸事故的通报》"。此次恶性事故大致原因是违反了GB 13591《溶解乙炔气瓶充装规定》,如:乙炔充装单位充装管理混乱,乙炔瓶不加或少加丙酮,严重的达到一只瓶缺丙酮11.8 kg。在丙酮不足的情况下,又超量充装乙炔,最严重的超量达到4.8 kg。这是造成爆炸事故的主要原因。

(二)瓶装乙炔运输途中燃烧

1. 事故概况

发生时间:1997年5月7日。

事故单位:沈阳市某厂。

伤亡与损失:未造成伤亡与大的损失。

2. 事故经过

1997年5月7日,沈阳某厂一辆载有30余只瓶装乙炔的汽车,在行驶中与一辆客车相撞,致使车上直立放置的一只溶解乙炔气瓶的易熔合金塞着火,喷射出长长的火焰。由于消防部门抢救及时,未发生爆炸事故。

3. 原因分析

瓶内丙酮严重不足,致使瓶内气态乙炔过量,处于压缩状态,相撞时,剧烈震动能量作用而发生乙炔分解,从而导致事故。

(三)乙炔使用中"回火"爆炸事故

1. 事故概况

发生时间:1993年10月27日8时。

事故单位:旅顺某厂。

伤亡与损失:未造成严重后果。

2. 事故经过

1993年10月27日8时,辽宁旅顺某厂一名铆工,自行操作气焊工具,开始施焊。工作不到3 h,即发现减压阀与割嘴之间的软管着火,这名铆工即上前拔下软管,此时因瓶内尚有余压,乙炔与氧混合导致火焰加剧,火焰喷射长达3 m之远,燃烧持续约30 min,后经消防人员努力将火熄灭。经检查,乙炔软管烧毁约10 m,乙炔减压器全部烧毁,气瓶瓶口的密封填料部分烧化,并伴有白色泡沫状的物质,分析认为可能是乙炔瓶内的填料因受热而溢出。

3. 原因分析

(1)使用时间过长,割嘴温度升高,乙炔与氧的混合气体受热膨胀,阻碍了混合气体的流动,导致可燃的混合气体在割嘴甚至导管内自燃。

(2)施焊者不具备气焊(割)知识,有违章操作现象。

(3)焊工失职,擅离职守,将气割(焊)工具交与他人使用,不在现场监督,是导致这次事故的主要原因。

(四)综合原因引发的气瓶事故

1. 事故概况

发生时间:2001 年 4 月 11 日。

事故单位:湖南娄底市工业气体公司。

伤亡与损失:死亡 1 人,重伤 2 人,1 人轻伤。

2. 事故经过

2001 年 4 月 11 日,湖南娄底市工业气体公司乙炔厂 1 只乙炔气瓶和净化系统在充装结束时发生爆炸,造成 1 人(厂长)死亡、2 人重伤、1 人轻伤,全厂停产。

3. 原因分析

该起事故由多方面原因造成:

(1)未按工艺要求进行乙炔气体净化。

(2)8 个月未向干燥器加氯化钙干燥剂,使干燥器内干燥剂产生塌陷,出现高压乙炔气体积聚空间。

(3)气瓶充装前未按规定补加丙酮溶剂。

(4)在充装乙炔气体时,违章地"先关机后送瓶",造成系统压力过高。

(5)操作者为"提高效率"擅自违章地调高压缩机压力(规定不能超过 2.5 MPa),超压充装乙炔气瓶。

最终导致在丙酮溶剂严重不足的情况下,超量超压充装乙炔气体,乙炔气体在设备中积聚,在气瓶内大部分不能以溶解于溶剂的状态储存,造成极不稳定的乙炔气体分解爆炸。

(五)气瓶内丙酮不足引发的事故

1. 事故概况

发生时间:1999 年 3 月 24 日。

事故单位:哈尔滨汽轮机厂。

伤亡与损失:死亡 4 人,重伤 13 人,轻伤 17 人,经济损失 1 500 万元。

2. 事故经过

1999 年 3 月 24 日,哈尔滨气轮机厂十四车间数控Ⅰ段 1 只准备焊接作业的乙炔气瓶发生爆炸,造成 4 人死亡,13 人受重伤。17 人受轻伤。爆炸的乙炔气瓶被炸成三截,瓶底炸飞 5 m 多远,车间被炸毁 1/3,玻璃全部震碎,6 台数控铣床报废,12 台数控铣床的电脑控制系统损坏,直接经济损失 1 500 万元。

3. 原因分析

充装单位充装在乙炔气瓶充装前,未测定气瓶中的剩余乙炔量和丙酮量,未按规定补加丙酮。现场检查确认,气瓶内丙酮量最严重的缺少11.8 kg;在丙酮溶剂严重不足的情况下,超量充装乙炔气体(超装乙炔量4.8 kg),使乙炔气体在气瓶内大部分以气态储存,因其极不稳定,发生分解爆炸。

(六)乙炔发生器无安全装置引发的事故

1. 事故概况

发生时间:2003年9月。

事故单位:四川某乙炔厂。

伤亡与损失:死亡1人。

2. 事故经过

2003年9月,四川某乙炔厂中压乙炔发生器在加完电石和加水后发生爆炸。操作工被当场炸死。

3. 原因分析

该发生器上的爆破片被拆除后用钢板封堵,使发生器失去了防爆泄压装置,已不具备安全使用条件。加之在向发生器中加电石时,未按规定进行氮气置换,使空气进入系统内与乙炔气混合成爆炸性气体,遇静电等引发能量导致爆燃。

四、液化石油气钢瓶事故

(一)大瓶转充小瓶酿成火灾爆炸事故

1. 事故概况

发生时间:1996年1月13日8时30分。

事故单位:娄底市某液化气供应站。

伤亡与损失:1人受重伤,烧毁大小液化石油气瓶10只,损失4万元。

2. 事故经过

1996年1月13日8时30分,娄底市液化气供应站,店主之妻违章充装,用50 kg瓶转充15 kg小瓶,不小心将大瓶碰翻倒地,钢瓶与地面碰击产生火花,引燃了充气枪与钢瓶接头处泄出的液化石油气而发生爆炸,烧毁液化石油气瓶10只,其中50 kg的9只,15 kg的1只,1人受重伤 ,直接损失4万元。

3. 原因分析

已明令不准用大瓶向小瓶转充,该店违反规定而造成了此次事故。

(二)液化石油气瓶泄漏而引发爆炸事故

1. 事故概况

发生时间:1996年1月19日。

事故单位:湖南古丈县某交化公司。

伤亡与损失:炸死1人,重伤2人。

2. 事故经过

1996年1月19日,古丈县某交化公司液化石油气供应站钢瓶库,因角阀漏气,电气引发火花引爆,导致钢瓶爆炸,炸死1人,重伤2人。

3. 原因分析

存放可燃气体的库房应防爆，其电气设施（含照明）均必须是防爆型的，但事故单位违反储存安全规定而引起爆炸。

（三）两起违章倒残液而发生的伤亡事故

1. 事故概况

发生时间：1976 年 9 月 19 日；1977 年 2 月 1 日。

事故单位：沈阳某厂；山东省某钢铁厂。

伤亡与损失：两次事故共死亡 2 人，烧伤 3 人。

2. 事故经过

（1）1976 年 9 月 19 日，沈阳市某设备厂 3 名液化石油气管理人员，在库房倒液化石油气钢瓶内残液，因距库房 18 m 处有一锻造加热炉，突然引起大火，当场烧死 2 人，重伤 1 人，并烧毁了库房内的钢瓶，经济损失 2 万元。

（2）1997 年 2 月 1 日，山东省某钢铁厂液化石油气充装站 3 名充装工将几只钢瓶内的残液倒在地上，其中一人到房门口抽烟（距倒残液处 7 m），一划火柴当即起火，烧伤 2 人。

3. 原因分析

液化石油气充装工人与管理人员缺乏液化石油气有关知识，工作单位制度不健全，残液只能封闭回收，绝不允许随地乱倒。更为严重的是，倒了残液后，划火抽烟，造成火灾。

（四）运输中液化石油气钢瓶爆炸

1. 事故概况

发生时间：1981 年 2 月 12 日 7 时。

事故单位：沈阳市某厂。

2. 事故经过

1981 年 2 月 12 日 7 时，沈阳市某厂一台 130 汽车，装着 60 只充装完液化石油气的钢瓶，行至铁西区重工街时发生着火爆炸事故。先后爆炸 25 只钢瓶，烧毁 130 汽车一台。

3. 原因分析

液化石油气钢瓶充装结束后，在装车时，第一层按规定立放，但有 5 只钢瓶平放在第一层钢瓶上。由于瓶阀关闭不严，液化石油气从瓶阀漏出，行驶到铁西区重工街，130 汽车与拖拉机和无轨电车错车时，泄漏的液化石油气体被错车的火星点燃，导致车上的液化石油气钢瓶陆续爆炸。

（五）液化石油气瓶超装爆炸

1. 事故概况

发生时间：1982 年 1 月 21 日。

事故单位：沈阳市某机械公司技校。

伤亡与损失：死亡 2 人，烧伤 2 人。

2. 事故经过

1982 年 1 月 21 日，沈阳市某机械公司技校的吴某到市某大队液化石油气充装站充气。吴到达充装现场见充装工不在，便自己充装。吴将液化石油气瓶运回家中，次日凌晨

3时,吴的爱人拉电灯开关,整个房间爆炸起火,吴某和小女儿被当场烧死,吴的爱人和儿子全身烧伤。

3. 原因分析

沈阳市某大队液化石油气充装站管理不严。吴某缺乏液化石油气安全使用常识,乘充装人员不在,贪图便宜,私自满液充装。充装时,正值1月,气温较低,拿回家中,屋内温度较高,气瓶因为液压造成破裂,再加上液化石油气比重较大,使气体充满全屋,故当吴的爱人一拉电灯开关,产生火花,便引爆燃烧。

(六)液化石油气瓶修理爆炸事故

1. 事故概况

发生时间:1992年4月14日13时30分。

发生单位:广西安装工程公司液化石油气钢瓶分厂。

伤亡与损失:3人重伤,2人轻伤。

2. 事故经过

1992年4月14日13时30分,液化石油气钢瓶分厂副厂长要求工人对一只由用户退回的钢瓶进行修理。该钢瓶瓶体下部有一个深度不超过1 mm的凹坑,据用户反映瓶内没有充过液化石油气,工人检查后也认为瓶内无介质。于是即向瓶内充进1.57 MPa的压缩空气,之后,该厂长即用手中点燃的氧气割枪烘烤加热钢瓶瓶体下部的凹坑部位,目的是想通过加热使其局部强度降低,利用钢瓶里的气体压力把凹坑顶出来。当割枪火焰对着凹坑加热到第三圈还未结束时,钢瓶即发生爆炸。爆炸后的钢瓶分成5块,飞出最远的一块飞离爆炸地点13.5 m,爆炸时产生的冲击毁坏了车间南北侧的窗玻璃,爆炸烧坏了氧-乙炔割枪一氧气胶管,造成3人重伤、2人轻伤。

3. 原因分析

(1)事故的直接原因是当事人违反国家有关规定和厂内关于钢瓶返修制度及程序,轻信用户说钢瓶没有充过液化石油气,只用手感、耳听的方法去检测瓶内是否有气,误认为瓶内无液化石油气,导致违章对残存有液化石油气的钢瓶用压缩空气加压至1.57 MPa,使瓶内混合气体中可燃气体的浓度达到爆炸极限范围内,又违章用明火烘烤,产生爆炸。根据爆炸后的分析,钢瓶内液化石油气占空气的体积比为2%~9.6%。

(2)事故的间接原因是领导对安全工作重视不够,安全意识不强,因而有关的安全操作规程不齐全,有关规定也执行不力。检验员和安全人员对违章作业没有及时发现和坚决制止。

(七)违规检验引发的爆炸事故

1. 事故概况

发生时间:①1979年2月28日;②1982年4月22日。

事故单位:①湖南省岳阳市某柴油机厂;②辽宁省沈阳市某厂。

伤亡与损失:①重伤2人;②重伤1人,轻伤多人。

2. 事故经过

(1)1979年2月28日,湖南省岳阳市某柴油机厂接受外单位委托,在进行液化石油气钢瓶耐压试验时,因未彻底清除瓶内残液,使用压缩空气做试验介质,当压力增至2.8

MPa 时，钢瓶突然爆炸，2 名操作工当场炸成重伤。

(2)1982 年 4 月 22 日，辽宁省沈阳市某厂气压工崔某在进行液化石油气钢瓶气密性试验时，钢瓶突然爆炸，崔某左腿被炸掉，周围多人受轻伤。

3. 原因分析

以上两起事故的原因都是检验前未对钢瓶进行残液、残气回收和蒸汽吹扫，故瓶内存有残余可燃气体，当使用压缩空气做试验介质时，因流速快产生静电火花而引爆。

第二节　瓶装气体爆炸

一、压缩气体爆炸能量

气瓶破裂时，气体泄出，瞬间膨胀释放出大量的能量，这就是通常所说的物理爆炸现象。如果气瓶内充装的是可燃的液化气体，在气瓶破裂后，它立即蒸发并与周围的空气形成可爆性混合气体，遇到明火、气瓶碎片撞击设备产生的火花或高速气流所产生的静电作用，会立即发生化学爆炸，即通常所说的二次爆炸。因此，气瓶破裂时，其爆炸能量的大小不但与原有的压力和气瓶的容积有关，而且还会与介质的化学性质及在容器内的物性集态有关。

压缩气体在气瓶破裂时迅速降压膨胀，由于膨胀过程所经历的时间很短，因此可以压缩没有热量的传递，即气体的膨胀是在绝热状态下进行的。所以，永久气体气瓶的爆炸能量就是气体绝热膨胀所做的功。气体绝热膨胀功可用如下公式计算：

$$U_g = \frac{PV}{K-1}\left[1-\left(\frac{0.1013}{P}\right)^{\frac{K-1}{K}}\right]\times 10^3 \tag{7-1}$$

式中　U_g——气体膨胀功，即爆炸能量，kJ；

P——气瓶内气体的绝对压力，MPa；

V——气瓶的容积，m^3；

K——气体的绝热指数。

气体的绝热指数可以按它的分子组成近似地确定。如双原子气体，$K=1.4$；三原子和四原子气体，$K=1.2\sim1.3$。常见的永久气体绝热指数可从表 7-1 中查得。

表 7-1　常见的压缩气体的绝热指数

气体名称	空气	氮	氧	氢	甲烷	乙烷	一氧化碳	二氧化碳
K	1.4	1.4	1.397	1.412	1.315	1.18	1.395	1.295

从表 7-1 中可以看出，常用气体的绝热指数均为 1.4 或近似 1.4，将 $K=1.4$ 代入式(7-1)即可得这些气体气瓶的爆炸能量为

$$U_g = 2.5PV\left[1-\left(\frac{0.1013}{P}\right)^{0.2857}\right]\times 10^3 \tag{7-2}$$

令

$$C_g = 2.5P\left[1-\left(\frac{0.1013}{P}\right)^{0.2857}\right]\times 10^3$$

则式(7-2)可以简化成:

$$U_g = C_g V \tag{7-3}$$

式中 U_g——气体爆炸能量,kJ;

V——气体体积,m^3;

C_g——压缩气体爆炸能量系数,kJ/m^3。

压缩气体爆炸能量系数随它的绝对压力而定,即 C_g 是 P 的函数。各种常用压力(绝压)下压缩气体的爆炸能量系数列于表7-2中。

表7-2 常用压力下压缩气体爆炸能量系数($K=1.4$)

绝对压力(MPa)	0.3	0.5	0.7	0.9	1.1	1.7
爆炸能量系数(kJ/m^3)	2×10^2	4.6×10^2	7.5×10^2	1.1×10^3	1.4×10^3	2.4×10^3
绝对压力(MPa)	2.7	4.1	5.1	6.5	15.1	32.1
爆炸能量系数(kJ/m^3)	3.9×10^3	6.7×10^3	8.6×10^3	1.1×10^4	2.9×10^4	6.5×10^4

二、液化气体爆炸能量

介质为液化气体的气瓶,在破裂时,除气体迅速膨胀外,还有处于过热状态的液体急剧蒸发,所以这类气瓶在破裂时所释放出来的能量包括瓶内饱和蒸汽绝热膨胀产生的爆炸能量和饱和液体急剧蒸发产生的爆炸能量。一般情况下,这类气瓶内饱和液体占绝大部分,它的爆炸能量要比饱和蒸汽的爆炸能量大得多,所以计算时饱和蒸汽的爆炸能量可忽略不计。常用压力下干饱和蒸汽爆炸能量系数见表7-3。

表7-3 常用压力下干饱和蒸汽爆炸能量系数

绝对压力(MPa)	0.4	0.5	0.6	0.8	0.9
爆炸能量系数(kJ/m^3)	4.46×10^2	6.4×10^2	8.46×10^2	1.29×10^3	1.52×10^3
绝对压力(MPa)	1.1	1.4	1.7	2.6	3.1
爆炸能量系数(kJ/m^3)	2.01×10^3	2.78×10^3	3.58×10^3	6.16×10^3	7.67×10^3

饱和液体在大气压力下过热而急剧蒸发的过程是在极短的时间内完成的,所以它也是一个绝热过程。因此,饱和液体的爆炸能量即为处于过热状态的液体在绝热条件下膨胀所做的功,可以按下式计算:

$$U_L = [(i_p - i_1) - (S_P - S_1)T_b]W \tag{7-4}$$

式中 U_L——过热状态下液体的爆炸能量,kJ;

i_p——在容器破裂前的压力下饱和液的焓;kJ/kg;

i_1——在大气压力下饱和液的焓,kJ/kg;

S_P——在容器破裂前的压力下饱和液的熵,kJ/(kg·K);

S_1——在大气压下饱和液的熵,kJ/(kg·K);

T_b——介质在大气压力下的沸点,K;

W——饱和液的质量,kg。

三、可燃性气体气瓶外二次爆炸能量

介质为可燃气体的气瓶破裂时，除瓶内高压气体膨胀释放能量外，往往还会发生化学爆炸，即通常所说的二次爆炸。两次爆炸往往是相继发生的，间隔的时间很短，而且二次化学爆炸的能量常比第一次气体膨胀爆炸的能量大得多。

虽然气瓶内可燃气体是已知的，在气瓶破裂时又几乎全部流出，但由于这些可燃气体一般以球形或其他形状向四周扩散，因此只有外围的一部分可燃气体与大气中的氧混合形成爆炸性混合物，并不是全部可燃气体都参与爆炸反应。由于参加反应的可燃气体量的多少与许多因素有关，因此要准确计算化学爆炸的能量是比较困难的，一般只能是估算，即假定参与反应的气体所占的百分比，然后按照这些可燃气体的燃烧热计算其爆炸能量。即

$$L_H = VH \tag{7-5}$$

式中　L_H——化学爆炸时的爆炸能量，kJ；

V——参与化学反应的可燃气体体积，m^3；

H——可燃气体的高燃烧热值，kJ/m^3。

第三节　气瓶事故的报告、调查与处理

特种设备事故，是指因特种设备自身原因损坏、失效或者作业人员违反特种设备相关规定的不安全行为造成的事故。特种设备事故在特种设备制造、安装、改造、维修、使用（含移动式压力容器、气瓶充装）、检验检测活动中通常会造成的人员伤亡、财产损失、特种设备严重损坏或者中断运行、人员滞留、人员转移等突发事件。特种设备事故分为特别重大事故、重大事故、较大事故和一般事故。

一、事故报告

气瓶发生事故时，发生事故单位必须按照《特种设备事故报告和调查处理规定》（以下简称《规定》）、TSG 03—2015《特种设备报告和调查处理导则》的规定及时报告和处理。

（一）事故分类

按照《特种设备安全监察条例》的规定，特种设备事故分为特别重大事故、重大事故、较大事故和一般事故。

（1）特别重大事故。下列情形之一的为特别重大事故：

①特种设备事故造成 30 人以上死亡，或者 100 人以上重伤（包括急性工业中毒，下同），或者 1 亿元以上直接经济损失的。

②600 MW 以上锅炉爆炸的。

③压力容器、压力管道有毒介质泄漏，造成 15 万人以上转移的。

④客运索道、大型游乐设施高空滞留 100 人以上并且时间在 48 h 以上的。

（2）重大事故。下列情形之一的为重大事故：

①特种设备事故造成10人以上30人以下死亡,或者50人以上100人以下重伤,或者5 000万元以上1亿元以下直接经济损失的。

②600 MW以上锅炉因安全故障中断运行240 h以上的。

③压力容器、压力管道有毒介质泄漏,造成5万人以上15万人以下转移的。

④客运索道、大型游乐设施高空滞留100人以上并且时间在24 h以上48 h以下的。

(3)较大事故。下列情形之一的为较大事故:

①特种设备事故造成3人以上10人以下死亡,或者10人以上50人以下重伤,或者1 000万元以上5 000万元以下直接经济损失的。

②锅炉、压力容器、压力管道爆炸的。

③压力容器、压力管道有毒介质泄漏,造成1万人以上5万人以下转移的。

④起重机械整体倾覆的。

⑤客运索道、大型游乐设施高空滞留人员12 h以上的。

(4)一般事故。下列情形之一的为一般事故:

①特种设备事故造成3人以下死亡,或者10人以下重伤,或者1万元以上1 000万元以下直接经济损失的。

②压力容器、压力管道有毒介质泄漏,造成500人以上1万人以下转移的。

③电梯轿厢滞留人员2 h以上的。

④起重机械主要受力结构件折断或者起升机构坠落的。

⑤客运索道高空滞留人员3.5 h以上12 h以下的。

⑥大型游乐设施高空滞留人员1 h以上12 h以下的。

(二)事故报告的要求

发生特种设备事故后,事故现场有关人员应当立即向事故发生单位负责人报告;事故发生单位的负责人接到报告后,应当于1 h内向事故发生地的县以上市场监督管理部门和有关部门报告。

市场监督管理部门接到有关特种设备事故信息后,应当立即组织查证核实。地方市场监督管理部门接到事故报告后,应当向本级人民政府报告,同时通报同级应急管理部门,并逐级报告上级市场监督管理部门直至国家市场监督管理总局。每级上报的时间不得超过2小时。必要时,可以越级上报事故情况。

对于特别重大事故、重大事故,由国务院负责特种设备安全监督管理的部门报告国务院并通报应急管理部等有关部门。

对事故发生地与事故发生单位所在地不在同一行政区域的,事故发生地市场监督管理部门应当及时通知事故发生单位所在地市场监督管理部门。事故发生单位所在地市场监督管理部门应当做好事故调查处理的相关配合工作。

(三)事故报告的内容

事故信息报告应当包括以下内容:

(1)事故发生的时间、地点、单位概况以及特种设备种类。

(2)事故发生简要经过、现场破坏情况、已经造成或者可能造成的伤亡和涉险人数、初步估计的直接经济损失。

(3)已经采取的措施。

(4)报告人姓名、联系电话。

(5)其他有必要报告的情况。

事故信息报告后出现新情况的,以及对情况尚未报告清楚的,应当及时逐级续报。

自事故发生之日起30日内,事故伤亡人数发生变化的,应当在发生变化的24 h内及时续报。

续报内容应当包括事故发生单位详细情况、事故详细经过、设备失效形式和损坏程度、事故伤亡或者涉险人数变化情况,直接经济损失、防止发生次生灾害的应急处置措施和其他有必要报告的情况等。

发生特种设备事故后,事故发生单位及其人员应当妥善保护事故现场以及相关证据,及时收集、整理有关资料,为事故调查做好准备;必要时,应当对设备、场地、资料进行封存,由专人看管。事故调查期间,任何单位和个人不得擅自移动事故相关设备,不得毁灭相关资料、伪造或者故意破坏事故现场。

二、事故调查

事故调查是一项复杂的工作,必须具有严肃认真、实事求是的科学态度。只要我们掌握事故调查分析的步骤,实事求是,坚持真理,重证据,重调查分析,努力避免判断上的错误,力求从事故发生的本来面目去探索、认识事故,事故调查工作就一定会获得成功。

事故调查工作的程序一般包括:

(1)成立事故调查组。

(2)明确各工作小组及其分工,确定调查工作计划。

(3)查封与事故相关的设备、场地、财务等相关资料,提出监控事故责任人员、保护重要证人的建议。

(4)开展事故现场调查工作。

(5)分析事故发生的原因,认定事故性质。

(6)认定事故责任,提出对事故责任者的处理建议。

(7)提出事故预防措施和整改建议。

(8)汇总调查资料,形成事故调查报告。

(9)整理事故调查资料。

采取行政强制措施时,其程序应当符合《中华人民共和国行政强制法》。

(一)组成事故调查组

特种设备事故调查依据相关法律法规实行分级负责。市场监督管理部门接到事故信息报告后,经过现场初步判断,暂时无法确定是否为特种设备事故的,应当及时报告本级人民政府,并按照当地人民政府的意见开展相关工作。

特种设备事故得到控制,事故场地安全秩序恢复后,特种设备安全监管部门应当根据事故调查处权限,依法开展事故调查处理工作。

按照《中华人民共和国特种设备安全法》《特种设备安全监察条例》《特种设备事故报告和调查处理规定》,由国家市场监督管理总局负责组织事故调查的,商有关部门组成调查组,并且报告国务院;由地方特种设备安全监管部门负责组织事故调查的,商有关部门组成调查组,并且报告本级人民政府。

根据事故调查处理工作需要,组织事故调查的特种设备安全监管部门,依法提请事故发生地人民政府及有关部门派员参加事故调查。

根据事故类型,按照《中华人共和国特种设备安全法》、《特种设备安全监察条例》和《特种设备事故报告和调查处理规定》(质检总局第115号令)的要求,组成事故调查组。在开展工作时,事故调查组可以内设管理组、综合组、技术组,技术组可根据具体情况分成若干专业组,例如工艺、设备、电气仪表、分析化验、经营管理、模拟试验等小组,进行专业性调查,以保证从技术上、经营管理上深入调查分析,得出正确的结论。

根据事故的具体情况,事故调查组一般应由市场监督管理部门、应急管理部门、负有安全生产监督管理职责的有关部门、公安机关以及工会派人组成,并应当邀请监察委员会派人参加。

事故调查组组长由负责事故调查的市场监督管理部门负责人担任。

(二)事故现场调查

事故调查组应当履行下列职责:

(1)查清事故发生前的特种设备状况。

(2)查明事故经过、人员伤亡、特种设备损坏、直接经济损失情况及其他后果。

(3)分析事故原因。

(4)认定事故性质和事故责任。

(5)提出对事故责任者的处理建议。

(6)总结事故教训,提出防范类似事故发生和整改措施的建议。

(7)提交事故调查报告。

(8)整理并移交有关事故调查资料。

现场调查工作应当包括现场情况了解、现场询问、现场勘查和资料查阅,必要时进行相关技术鉴定。调查时应当做好记录,调查人员应当不少于2人。

资料的查阅包括安全管理资料和生产、使用、充装、检验检测、采购、租赁、经营管理等事故相关档案资料。

按照事故的调查程序规定开展事故调查,在开展事故现场调查时,应当包括现场情况了解、现场询问、现场勘查和资料查阅,必要时进行相关技术鉴定。对事故现场调查应遵循以下原则。

1. 及时

事故发生以后,立即组织人员保护好事故现场,以获得第一手资料。调查组成员应及时赶到事故现场,对厂房、设备、装置、气瓶等破坏情况及人员伤亡情况进行调查。收集事故现场与事故有关的残存物。对有关物件、部件进行拍照。事故现场的调查是时间性很强的工作,若不及时进行,就会由于风雨等自然的或人为的原因而使事故现场遭到破坏,给取得物证材料和确定事故性质带来困难。

2. 全面

全面地对事故现场进行调查,包括以下几方面:

(1)对事故现场的设备、管路、电气仪表、建筑物进行检查和测量。

(2)对气瓶的破坏形状和破口的断面进行检查,这对气瓶破坏机制和破坏原因的分析具有非常重要的意义。为此,必须尽快保护破口断面,不应使其生锈或污损。通过宏观检查,记录其断口的晶粒、颜色、断裂面的角度。还要测量气瓶破口的宽度、长度、周长以及破口处的最小壁厚,并与原来的周长和厚度进行比较,计算出破断口的伸长率和壁厚减薄率。如果爆炸成碎片,可以收集在一起,按原来部位组装起来,进行测量和计算。

(3)反应物的检查和测定,残留物的分析化验(组成、含量、来源)。

(4)对燃烧爆炸现场目击者的座谈、访问,了解燃烧爆炸当时的声音、闪光、烟尘、气味及自身的感觉。

(5)有关生产管理和操作情况的调查,了解其指挥、调查、任务情况以及异常现象及其处理情况。

(6)了解燃烧爆炸或中毒、环境污染所涉及的区域以及人员死亡情况。

(7)调查气瓶以前的气体充装使用情况,包括气瓶的原始资料(制造厂、制造日期、公称工作压力、水压压力、容积、重量、设计壁厚、气瓶编号,如果是溶解乙炔气瓶,还含填料各项技术指标)和气瓶定检的资料(检验单位、检验日期、检验结果)。

(8)调查事故发生前设备(气瓶及其充装管路)运行情况,包括工艺条件、有无异常现象或其他可疑迹象,例如压力波动、漏气、响声等。

(9)安全附件(压力表、安全阀)的调查,有时会得到很有价值的线索。

3. 细致

在事故分析调查中,不但要注意较明显的破坏情况,还必须注意那些容易被人忽略的细节。例如:

(1)在对周围建筑物做调查时,近处被破坏建筑物的规格(结构、厚度等)与爆炸中心的距离,被破坏的程度(倒塌或开裂);远距离损坏的门窗(窗框与损坏的情况)以及爆炸坑的尺寸等。

(2)在对设备等设施进行调查时,设备裂开的宽度、长度、周长。若设备或气瓶炸碎飞离原地,则应详细测量各碎片的重量、飞离原地的距离,并最好能从现场情况判断碎片飞出的角度。还应检查设备或气瓶内外表面的情况,如光泽、颜色、残留物等。

(3)在对安全附件做调查时,阻火器、止回阀、水封等是否起作用;压力表是否有超压后的痕迹或长期失灵的现象;安全阀有无开启的痕迹或严重失灵的现象;安全附件的规格、数量以及最后一次的检验日期;测量仪表和安全附件日常维护情况等。

(4)在对伤亡人员做调查时,调查这些人员在事故发生时,所在位置、受伤程度(例如骨折、内脏受伤、耳膜破裂等)。

4. 客观

在事故现场调查中,一定要实事求是地进行调查分析,及时排除那些伪装的现场材料。

一般地说,爆炸事故发生以后,现场破坏比较严重,波及的范围也比较大,这时事故调查组要规定事故现场范围,并派人在指定范围内警戒。无关人员不得擅自进入现场,更不得随意移动事故现场内的任何物件。对一些重要的物件、痕迹,要设立标记,重点保护。

一定要变动的,应有两人以上记明现场原貌。例如,被救护人原来卧倒的地点和姿势。因主客观条件的限制,一次不能调查清楚的,可以保留事故现场,以供再次勘察。

(三)事故原因的分析

调查事故时,可以采用技术鉴定、分析、论证等方法,通过对事故发生的征兆、时刻、位置、状态、痕迹、音像、询问笔录、生产过程记录等事实证据资料进行分析和确认,找出与事故有关的各种因素之间的因果关系和逻辑关系,确定事故的直接原因、间接原因以及主要原因、次要原因。

气瓶事故一般有以下几种原因。

1.组织管理方面的原因

(1)安全管理机构和人员配置不符合要求,工作中规章制度不合理,工作时间过长,人员分工不当等。

(2)工作地点、工作通道不合理。

(3)教育培训较差,操作人员素质不适合现行的工作,安全意识差,技能不足。

(4)设备、管路、装置、贮气柜、电气仪表等平面布置不合理。

(5)违反工艺技术操作规程。

(6)采用了错误的(危险的)操作方法。

(7)个人防护用具质量不好,安全投入不足。

(8)没有警示和信号标志。

2.技术方面的原因

(1)工艺流程不完善,没有掌握工艺流程中有关的安全技术问题。

(2)设备有缺陷或设计不合理。

(3)没有防护和保险装置。

(4)使用了不恰当的工具等。

3.工业卫生方面的原因

(1)生产厂房的容积和面积不够。

(2)气象条件:温度、湿度、采暖、通风、热辐射等不符合规定。

(3)照明不合理。

(4)噪声和震动。

(5)预防尘、毒危害的设施不完善。

在未进行分析以前,这些原因的可能性应该同时并列,然后逐一解剖分析,逐一核实各自产生的条件是否存在,从而做出初步结论。

4.技术方面的原因

(1)专业小组负责找出造成事故发生的原因在工艺上存在的可能性。例如,操作规程制定的依据、科学性如何;执行情况如何;引起燃烧介质的危险性及构成燃烧爆炸条件的可能性;异常现象分析判断;参与化学反应的数量及燃烧爆炸的有关计算等。从工艺技术方面,提出事故原因的意见。

(2)设备小组负责对设备(气瓶)损坏及爆炸碎片的收集、称重、外观鉴定、理化测量和金相分析、破坏形式的鉴定分析;有关强度计算;设备(气瓶)制造质量和结构型式分析。然后从设备(气瓶)技术方面提出分析意见。

(3)电气仪表小组负责电气仪表性能鉴定,提出电气仪表火花产生可能性的分析;仪表显示、连锁、自动控制和调节系统的灵敏度、准确性的鉴定,并提出分析意见。

(4)生产管理小组负责生产调节系统的灵敏度、准确性的鉴定;管理制度的执行情况调查;操作人员技术熟练程度及事故处理能力的调查,并提出分析意见。

(5)分析化验、模拟试验小组负责各专业组提出的分析化验项目,得出分析数据,进行验证性的模拟试验。

(四)事故性质、责任认定、追究

事故性质分自然事故、技术事故和责任事故。

依据《特种设备安全监察条例》和《特种设备事故报告和调查处理规定》,根据事故调查的情况,认定事故性质。

属于责任事故的,对责任进行认定,并按照《中华人民共和国特种设备安全法》《特种设备安全监察条例》《特种设备事故报告和调查处理规定》,根据责任者应当承担的全部责任、主要责任、次要责任,提出事故责任追究建议。

(五)事故调查报告

事故结束后,事故调查组应当向组织事故调查的市场监督管理部门提交事故调查报告。事故调查报告应当包括下列内容:

(1)事故发生单位和发生事故设备的情况。

(2)事故发生经过和事故救援情况。

(3)事故造成的人员伤亡、设备损坏程度和直接经济损失。

(4)事故发生的原因和事故性质。

(5)事故责任的认定以及对事故责任者的处理建议。

(6)防范事故发生和整改措施。

(7)有关证据材料。

组织事故调查的市场监督管理部门应当按照规定程序对事故调查报告以及资料进行完整性审核。必要时,可以向事故调查组提出追加调查的要求。

三、事故处理

依照相关规定,由地方市场监督管理部门组织的事故调查,其事故调查报告应当报本级人民政府批复,并报上级市场监督管理部门备案。

国家市场监督管理总局组织的事故调查,其事故调查报告的批复按照国务院有关规定执行。

组织事故调查的市场监督管理部门应当在接到批复之日起10日内,将事故调查报告及批复意见主送有关地方人民政府及有关部门,送达事故发生单位、责任单位和责任人员。

市场监督管理部门及有关部门应当按照相关人民政府的批复,依照法律、行政法规规定的权限和程序,对事故责任单位和责任人员实施行政处罚,对负有事故责任的国家工作人员进行处分。涉嫌犯罪的,移送司法机关依法追究刑事责任。

事故发生单位及事故责任相关单位应当按照相关人民政府的批复,对本单位负有事故责任的人员依照内部规章制度予以处理。应当落实事故防范和整改措施,同时应当接受工会和职工的监督。

事故责任单位应当及时将落实防范和整改措施的情况报当地市场监督管理部门。

事故发生地政府或者负责组织事故调查的特种设备安全监管部门,应当根据政府信息公开的有关规定,适时向社会公布事故调查处理情况(依法应当保密的除外)。

特别重大事故的调查处理情况由国务院或者国务院授权组织事故调查的部门向社会公布,重大事故、较大事故和一般事故的调查处理情况由组织事故调查的市场监督管理部门向社会公布;依法应当保密的除外。

事故调查的有关资料应当由组织事故调查的市场监督管理部门归档永久保存。

负责组织事故调查的市场监督管理部门应当在接到事故调查报告批复之日起30日内将事故调查报告和批复意见逐级上报至国家市场监督管理总局。

负责组织事故调查的市场监督管理部门应当认真总结事故原因教训;对事故调查发现有漏洞、缺陷的有关法律法规、安全技术规范和标准,提出修订建议。

四、事故统计分析

各级市场监督管理部门应当定期对本行政区域特种设备事故的情况、特点、原因进行统计分析,根据特种设备的管理和技术特点、事故情况,研究制定有针对性的工作措施,防止和减少类似事故的发生。

五、法律责任

发生特种设备特别重大事故,依照有关规定实施行政处罚和处分;涉嫌犯罪的,移送司法机关依法追究刑事责任。

发生特种设备重大事故及其以下等级事故的,依照《特种设备安全法》的有关规定实施行政处罚和处分;涉嫌犯罪的,移送司法机关依法追究刑事责任。

习 题

一、名词解释

特种设备事故

二、判断题

(　　)1. 发生特种设备事故情况紧急时,事故现场有关人员可以直接向事故发生地的县级以上质量技术监督部门报告。

(　　)2. 接到事故报告的市场监督部门,应当尽快核实有关情况,依照《特种设备安全监察条例》的规定,立即向本级人民政府报告,并逐级报告上级市场监督部门直至国家市场监督管理总局,不可以越级上报事故情况。

三、填空题

1. 气瓶事故很大一部分是由于__________、__________、__________等原因引发的。

2. 气瓶发生事故时，发生事故单位必须按照________________的规定及时报告和处理。

3. 按照《特种设备安全监察条例》的规定，特种设备事故分__________、__________、__________、__________。

四、问答题

1. 事故调查分析的步骤是什么？

2. 事故报告的内容有哪些？

各章习题参考答案

第一章　气体基础知识

一、名词解释

1. 构成物质且保持这种物质性质的最小微粒叫分子。

2. 组成分子的更小的微粒称为原子。

3. 在化学中,把性质相同的同一种类原子叫作元素。元素就是同种原子的总称。

4. 当气体的温度降低到某一数值以下才能被等温压缩成液体,在这个温度以上的温度无论施加多大的压力都不能使之液化。这个温度值就叫作气体的临界温度。

5. 气体在临界温度下,使其液化所需要的最小压力。

6. 严格遵从玻-马定律、查理定律和盖·吕萨克定律的气体,称为理想气体。

7. 物质从液态变成气态的过程叫气化。

二、判断题

1. √　2. ×　3. √　4. √　5. ×　6. √

三、选择题

1. A　2. B　3. C　4. B　5. B

四、填空题

1. 撞击器壁　2. 气态　液态　固态　3. 最小压力　4. 华氏温标　摄氏温标　热力学温标

五、问答题

1. 答:决定气体压强大小的因素有两个:

(1)压强跟气体压缩程度有关,也就是说,跟单位体积内的分子数或气体的密度有关。

(2)气体压强跟它的温度有关,因温度的升高标志着气体分子运动速度的增加,速度大了,分子撞击器壁的次数也随着增加,所产生的作用力也随之增大。

2. 答:(1)标准大气压:标准大气压又称物理大气压。单位符号为“atm”。

(2)工程大气压:工程大气压又称公制大气压。单位符号为“at”。

3. 答:物质三态是气态、液态和固态。同一种物质的三态的化学性质是相同的,只是物理状态不同。主要区别在于分子间的距离不一样:气体分子间的距离最大,液体分子间距离次之,固体分子互相排在一起,距离最小。

4. 答:气化、液化、凝固、升华、熔化。

六、计算题:

1. 解:换算关系:

1 lbf/in^2 = 6 894.76 Pa = 0.006 894 76 MPa

1 bar ≈ 1 at = 0.1 MPa

1 mmH_2O = 9.806 65 Pa

1 mmHg = 133.322 Pa = 0.133 322 kPa

则：

$$29.4\ \text{MPa} = \frac{29.4}{0.006\ 894\ 76}\ \text{lbf/in}^2 = 426\ 411\ \text{lbf/in}^2$$

29.4 MPa = 29.4/0.1 bar = 294 bar

$$29.4\ \text{MPa} = \frac{29.4}{9.806\ 65 \times 10^{-6}}\ \text{mmH}_2\text{O} = 2.998 \times 10^{-6}\ \text{mmH}_2\text{O}$$

$$29.4\ \text{MPa} = \frac{29.4}{133.322 \times 10^{-6}}\ \text{mmHg} = 2.22 \times 10^{5}\ \text{mmHg}$$

2. 解：一定质量的理想气体状态为 $p_1V_1/T_1 = p_2V_2/T_2$

$p_1 = 15 + 0.1 = 15.1(\text{MPa})$　$V_1 = 40\ \text{L} = 0.04\ \text{m}^3$，假设充装过程中氮气温度不变，即 $T_1 = T_2$，常压下氮气，$p_2 = 0.1$ MPa，可充装常压下氮气的体积

$V_2 = (p_1/p_2) \cdot V_1 = (15.1/0.1) \times 0.04 = 6.04(\text{m}^3)$

答：40 L 气瓶在 15 MPa 下可充装 6.04 m^3 常压氮气。

3. 解：已知：$T = 0 + 273.15 = 273.15(\text{K})$

$V = 40\ \text{L} = 0.04\ \text{m}^3$

$n = 17.648$ mol

根据 $PV = nRT$，得

$$P = \frac{nRT}{V} = \frac{17.648 \times 8.314 \times 273.15}{0.04} = 1.002(\text{MPa})$$

$P'_{表压} = 1.002 - 0.101\ 3 = 0.900\ 7(\text{MPa})$

所以，瓶内 CO_2 气体压力为 0.900 7 MPa 表压。

第二章　瓶装气体

一、名词解释

1. 以压缩、液化、溶解、吸附形式装瓶储运的气体。
2. 临界温度等于或大于 −10 ℃的气体，是高压液化气体和低压液化气体的统称。
3. 临界温度小于 −50 ℃的气体。
4. 凡遇火、受热或与氧化性气体接触能燃烧或爆炸的气体，统称为可燃性气体。
5. 临界温度等于或大于 −10 ℃，且等于或小于 70 ℃的气体。
6. 在压力下溶解于瓶内溶剂中的气体。

二、判断题

1. √　2. ×　3. √　4. √　5. ×　6. ×　7. √　8. ×　9. √
10. ×　11. √　12. ×

三、选择题

1. C　2. A　3. C　4. D　5. A　6. B　7. D　8. B　9. A　10. A　11. C　12. D　13. B　14. A

四、填空题

1. 压缩气体　液化气体　溶解气体　2. 压缩　液化　溶解　吸附　3. 人体正常功能　4. 无腐蚀　酸性腐蚀　碱性腐蚀　5. 在一定压力下　气瓶内溶剂中　6. 自燃气体　可燃气体　易燃气体　7. 高　8. 极度危害　高度危害　中度危害　轻度危害　9. 氩　10. 燃烧性　毒性　腐蚀性　11. 70

五、问答题

1. 答:能侵蚀金属或组织,或在有水的情况下能发生侵蚀的气体。如氯化氢、硫化氢、氨等。

2. 答:(1)燃烧与爆炸的区别在于氧化速度的不同。

(2)决定氧化速度的因素是在点火前可燃物质与助燃剂的混合均匀程度。

(3)同一种物质,在一种条件下可以燃烧,在另一种条件下可以爆炸。

3. 答:瓶装气体的腐蚀性,主要是指装瓶后的气体在一定的条件下,对气瓶内壁的侵蚀作用,使气瓶的瓶壁减薄或产生裂纹,造成气瓶的强度下降以致发生气瓶的爆炸事故。

4. 答:当氧化过程迅速进行时,产生的热量使物质和周围空气的温度急剧升高,并且产生光亮和火焰,这种剧烈的氧化现象便是燃烧。

第三章　气瓶基础知识

一、名词解释

1. 指气瓶瓶体由两种或两种以上材料制成的气瓶。

2. 金属材料对焊接加工的适应性。主要指在一定的焊接工艺条件下获得优质焊接接头的难易程度。包括:①接合性能;②使用性能。

3. 焊接过程中的一整套技术规定,其中包括焊前准备、焊接材料、焊接设备、焊接方法、焊接顺序、焊接操作的最佳选择以及焊后热处理等。

4. 将钢中合金元素(包括碳)的含量按其作用换算成碳的相当含量,称为碳当量。

5. 熔焊时,由焊接能源输入给单位长度焊缝上的能量。

6. 极限强度是指金属材料抵抗外力破坏作用的能力,单位:MPa(或 N/mm^2)。

7. 指金属材料抵抗各种介质(如大气,水蒸气,其他有害气体及酸、碱、盐等)侵蚀的能力。

8. 指金属材料在高温条件下抵抗氧化作用的能力。

二、判断题

1. √　2. ×　3. ×　4. √　5. ×　6. ×　7. ×　8. √　9. √　10. √　11. √　12. √　13. √　14. ×

三、选择题

1. A　2. C　3. C　4. C　5. A　6. C

四、填空题

1. 瓶帽　瓶阀　防震圈　易熔合金塞　2. 上封头　筒体　下封头　3. GB 5100《钢质焊接气瓶》　4. 阻燃性能　5. 8 MPa　6. 压缩气体　高压液化气体　7. 电弧热能　8. 手工操纵焊条　9. 相互连接　焊缝　热影响区　母材　10. 焊前准备　焊接材料　焊接设备　焊接方法　焊接顺序　焊接操作　11. 金相组织　机械性能　12. 气孔　夹渣　裂纹　咬边　未熔合　未焊透

五、问答题

1. 答:(1)抗拉强度:代号 R_m。指外力是拉力时的极限强度。

(2)抗压强度:代号 R_{mc}。指外力是压力时的极限强度。

(3)抗弯强度:指外力与材料轴线垂直,并在作用后使材料呈弯曲时的极限强度。

(4)抗扭强度:代号 τ_m。指试样在屈服阶段之后所能抵抗的最大扭矩下的切应力。

2. 答:用拟定焊接工艺,按标准的规定来焊接试件,检验试样,测定焊接接头性能是否满足设计要求。若能满足设计要求,则以此写出焊接工艺评定报告,并制定焊接工艺规程,作为焊接生产的依据。

3. 答:从结构上分类分为无缝气瓶、焊接气瓶;

从材质上分类分为钢质气瓶、铝合金气瓶、复合气瓶及其他材料气瓶;

从用途上分类分为压缩气体气瓶、液化气体气瓶、溶解乙炔气瓶;

从制造方法上分类分为冲拔拉伸气瓶、管子收口气瓶、冲压拉伸气瓶、焊接气瓶、绕丝气瓶;

从承受压力上分类分为高压气瓶和低压气瓶;

从使用要求上分类分为一般气瓶、特殊气瓶;

从形状上分类分为瓶形气瓶、桶形气瓶、球形气瓶、葫芦形气瓶。

4. 答:无缝气瓶由瓶口、瓶颈、瓶肩、筒体、瓶根、瓶底组成。无缝气瓶的附件包括瓶阀、瓶帽和防震圈。

5. 答:气瓶附件是指瓶帽、瓶阀、易熔合金塞和防震圈。

瓶帽的作用是避免气瓶在搬运和使用过程中,由于碰撞而损伤瓶阀,甚至造成瓶阀飞出、气瓶爆炸等严重事故。

瓶阀的作用是控制气体进出。

易熔合金塞的作用是当气瓶受到外界热源的影响,使瓶内气体压力骤然升高时,由于温度的影响,易熔合金被熔化,瓶内气体即可从泄放装置的小孔排出瓶外,从而防止因超压而爆炸。

防震圈的主要作用是使气瓶免受直接冲撞。

6. 答:(1)瓶阀材料应不与瓶内盛装气体发生化学反应,也不允许影响气体的品质。

(2)瓶阀上与气瓶连接的螺纹,必须与瓶口内螺纹相匹配,并应符合相应标准的规定。瓶阀出气口的结构,应能有效地防止气体错装、错用。

(3)氧气和强氧化性气体气瓶的瓶阀,密封材料必须采用无油脂的阻燃材料。

(4)液化石油气瓶阀的手轮材料,应具有阻燃性能。

(5)瓶阀阀体上如装有爆破片,其爆破压力应略高于瓶内气体的最高温升压力。

(6)同一规格、型号的瓶阀,其重量允差不应超过5%。

(7)瓶阀出厂时,应逐只出具合格证。

7. 答:气瓶的颜色标志是指气瓶外表面的颜色、字样、字色和色环,其作用有二:一是气瓶种类识别根据;二是防止气瓶锈蚀。

8. 答:焊接气瓶的常见焊接缺陷,主要有:

(1)表面缺陷:咬边、错边、焊瘤、凹瘤(凹坑)、表面气孔、表面裂纹。

(2)内部缺陷:裂纹、未熔合、未焊透、夹渣、气孔。

第四章　气瓶安全监督

一、判断题

1. √　2. √　3. √　4. √　5. ×　6. ×　7. √

二、选择题

1. A　2. B　3. A　4. B

三、填空题

1. 检验后　2. 登记证　3. 安全附件　4. 防爆、防静电　5. 抽真空

四、问答题

1. 答:(1)建立气瓶登记台账和档案,办理气瓶使用登记证,对气瓶实行计算机管理。

(2)气瓶颜色符合规定,安全附件齐全。

(3)气瓶体上有充装标志和钢印(永久)。

(4)改装气瓶或者不符合安全技术规范要求的气瓶不得充装使用。

2. 答:(1)有判明瓶内残液、残气性质的仪器装置。

(2)有处理易燃、有毒介质残液、残气的设施且记录齐全。

第五章　气体充装、运输、储存和使用

一、名词解释

1. 由气体产品标准规定的基准充装标准温度。基准温度的确定与水压试验压力和公称工作压力之间的比值有关,即和气瓶筒体强度计算公式有关。

2. 气瓶在充装、使用、储运过程中允许承受的最高压力。

3. 气瓶充装终了时瓶内气体的温度。

4. 气瓶内腔的实际容积。

5. 标准规定的气瓶单位水容积允许充装的最大气体质量。

6. 对盛装压缩气体的气瓶,是指在基准温度时(一般为20 ℃)所盛装气体的限定充装压力,对于盛装液化气体的气瓶,是指温度为60 ℃时瓶内气体压力的上限值(液化气体压力的上限值除和温度有关,还与充装系数有关)。

7. 在允许的最高工作温度时瓶内介质达到的压力。

8. 液化石油气在使用温度下,不易气化而残留于气瓶内的那部分。

二、判断题

1. × 2. √ 3. √ 4. × 5. √ 6. × 7. √

三、选择题

1. B 2. C 3. D 4. C

四、填空题

1. 60 20 2. 公称工作压力 0.8 3. 外观检查 剩余压力检查 4. 压缩气体 液化气体 溶解气体 5. 充装 使用 储运 6. 充装压力 上限值 7. 充装系数 8. 单瓶供气 瓶组供气 加热蒸发供气

五、问答题

1. 答:气体充装前必须对气瓶逐只进行认真检查,这是为了防止气瓶在充装过程中或在运输、储存、使用中,由于混装、错装、换装、误用报废瓶或超期服役瓶等原因而发生各种事故。

检查的基本内容与项目如下:

(1)瓶内压力(充装量)和质量是否符合安全技术规范及相关标准的要求。

(2)瓶阀及其与瓶口连接的密封是否良好。

(3)气瓶充装后是否出现鼓包变形或泄漏等严重缺陷。

(4)瓶体的温度是否有异常升高的迹象。

(5)气瓶的瓶帽、防震圈、充装标签和警示标签是否完整。

(6)产品合格证是否填写正确、清晰和规范。

2. 答:压缩气体液态输送和气态充瓶输送比较,有如下优点:

(1)不需要数量较多的钢质无缝气瓶。

(2)不需要压缩机之类价格昂贵的设备。

(3)降低运输气体的成本。

(4)气体的质量提高。

(5)大幅度节约能源。

(6)储存、充装、运输和使用方便、经济。

(7)扩大了压缩气体的使用范围。

压缩气体的液态输送,不但有很大的经济效益,而且有着很大的社会效益。

3. 答:若充液过量,气瓶内气相容积不够,甚至消失,气瓶达到“满液”,这时如果温度升高,致使液体无法膨胀,瓶内压力就会骤然增高,超过液化气体正常温度下的饱和蒸气压,直至气瓶爆破。

4. 答:乙炔是一种极不稳定的气体,为便于安全充装、运输、储存和使用,将乙炔气体在加压的条件下充装到浸渍有溶剂的多孔填料的钢瓶内。利用钢瓶内多孔填料的微孔结构去分散溶解于溶剂的乙炔,以避免产生分解爆炸。加压的作用在于增加乙炔的充装量。

5. 答:乙炔在充装过程中对气瓶喷淋冷却水的目的除了冷却乙炔瓶,防止充气超温引起乙炔分解,还可以防止静电产生,提高最小点火能量,加快乙炔在丙酮中的溶解速度。

第六章　气瓶的定期检验

一、名词解释

1. 需考虑腐蚀裕度、工艺减薄量或选用钢板、钢管时,设计图样标注的壁厚值。

2. 瓶体在水压试验压力卸除后不能恢复的容积变形。

3. 泛指内外表面宏观形状、形位公差及其他表面可见缺陷的检查。

4. 按照有关标准规定敲击气瓶,以音响特征判别瓶体品质的检验。

5. 瓶体材料因金属原子结合遭到破坏,形成新界面而产生的裂缝。

6. 沿金属晶粒间的边缘向深处推进而使金属的机械性质(强度和塑性)剧烈降低,且不引起金属外形变化的腐蚀缺陷。

7. 从金属表面开始,向金属面下蔓延的穴状腐蚀缺陷。表面下腐蚀常使金属鼓起和脱层。

8. 为检验气瓶安全性能所进行的各项试验的统称。

9. 在气瓶圆柱部分进行环向缠绕。增强纤维束的缠绕方向与气瓶的纵向约成90°。

10. 由载荷和恶劣环境共同作用造成材料开裂。缠绕层会出现垂直于纤维的裂纹或裂纹群。

二、判断题

1. ×　2. √　3. ×　4. √　5. ×　6. ×　7. √　8. √　9. √　10. ×

三、选择题

1. B　2. B　3. B　4. B　5. C　6. D

四、填空题

1. 进行考核　检验员证书　2. 强度　3. 耐压强度　容积残余变形　局部缺陷　4. 干燥　5. 气瓶在使用过程中,每隔一定时间对气瓶进行必要检查和试验的一种手段借以早期发现气瓶存在的缺陷,以防止气瓶在运输和使用中发生事故　6. 2　1.6　7. 化学作用　电化学作用　8. 防火　防爆　环境保护　劳动保护　9. 抽真空　置换　10. 10%

五、问答题

1. 答:(1)钢质无缝气瓶。钢质无缝气瓶定期检验的周期定为:盛装惰性气体的气瓶,每5年检验一次;盛装腐蚀性气体的气瓶、潜水气瓶以及常与海水接触的气瓶,每2年检验一次;盛装一般性气体的气瓶,每3年检验一次。

(2)钢质焊接气瓶。钢质焊接气瓶定期检验的周期定为:盛装一般气体的气瓶,每3年检验一次;盛装腐蚀性气体的气瓶,每2年检验一次。

(3)液化石油气钢瓶。液化石油气钢瓶定期检验周期:对在用的YSP4.7、YSP12、YSP26.2、YSP35.5型钢瓶,自制造日期起,第一次至第三次检验的周期均为4年,第四次检验有效期为3年;对在用的YSP118、YSP118-Ⅱ型钢瓶,每3年检验一次。

2. 答:液化石油气钢瓶定期检验的项目包括外观检查、壁厚测定、容积测定、水压试验、瓶阀检验、气密性试验。

3. 答:应检查外表面及其焊缝是否存在凹陷、凹坑、鼓包、划伤、磕伤、裂纹、夹层、皱折、腐蚀、热损伤及焊缝缺陷。

4. 答:液化石油气钢瓶定期检验前的准备工作有:接收受检瓶、残液残气回收、卸瓶阀、蒸汽吹扫、瓶内残气浓度测定。

5. 答:(1)金属机械损伤的检查与评定。

瓶体存在裂纹、鼓包、结疤、皱折或夹杂等缺陷的乙炔瓶应报废。对瓶体存在磕伤、划伤、凹坑的乙炔瓶,应测量瓶体磕伤、划伤、凹坑的深度。用超声波测厚仪等工具测量瓶体在该部位的实际壁厚,减去瓶体磕伤、划伤、凹坑处的深度,得到该处的剩余壁厚,剩余壁厚小于设计壁厚的乙炔瓶应报废。

对未达到报废条件的缺陷,特别是线性缺陷或尖锐的机械损伤应进行修磨,使其边缘圆滑过渡,但修磨后的剩余壁厚不得小于设计壁厚。

(2)热损伤的检查与评定。

瓶体存在弧痕或有明显火焰严重烧伤迹象,造成瓶阀和易熔合金塞的易熔合金熔化泄漏的乙炔瓶应报废。

(3)腐蚀的检查与评定。

瓶体上孤立的点腐蚀、线状腐蚀、局部腐蚀及普遍腐蚀处的剩余壁厚小于设计壁厚的乙炔瓶应报废。因腐蚀严重,无法判断腐蚀深度的乙炔瓶应报废。

(4)底座的检查与评定。

底座破裂、脱焊、严重变形,造成瓶体站立不稳或底座支撑面与瓶底最低点之间距离小于10 mm的乙炔瓶应报废。

(5)目测乙炔瓶整体有明显变形的应报废。

(6)对钢质焊接式乙炔瓶还应进行以下外观检查:

①凹陷的检查与评定。

瓶体凹陷深度超过6 mm或大于凹陷短径1/10的乙炔瓶应报废。

瓶体凹陷深度小于6 mm,凹陷中带有划伤或磕伤缺陷时,若其缺陷处剩余壁厚小于设计壁厚,则该乙炔瓶应报废。

②焊缝的检查与评定。

焊缝不允许咬边,焊缝和热影响区表面不得有裂纹、气孔、弧坑、凹陷和不规则的突变。主体焊缝上的划伤或磕伤经修磨后,焊缝高度不得低于母材。主体焊缝热影响区的划伤或磕伤处修磨后剩余壁厚不得小于设计壁厚。

主体焊缝及其热影响区的凹陷最大深度不得大于6 mm。检查中对有怀疑的部位使用10倍的放大镜检查,必要时可进行表面无损检测。

(7)对钢质无缝式乙炔瓶还应进行凹陷的检查与评定。

瓶体凹陷深度超过2 mm或大于凹陷短径1/30的乙炔瓶应报废。

瓶体凹陷中带有划伤或磕伤缺陷时,若其缺陷处剩余壁厚小于设计壁厚,或其缺陷处剩余壁厚虽大于设计壁厚,但其划伤或磕伤长度大于凹陷短径,且凹陷深度超过1.5 mm或凹陷深度大于凹陷短径的1/35,则该乙炔瓶应报废。

6. 答:气瓶定期检验中,水压试验的合格标准是:

(1)气瓶在试验压力下,瓶体不得有宏观变形、渗漏。

(2)压力表无回降现象。

(3)高压气瓶的容积残余变形率不得超过10%。

7. 答:汽车用压缩天然气金属内胆纤维环缠绕气瓶定期检验项目有外观检查、瓶口螺纹检查、水压试验、瓶阀检查、气密性试验。

8. 答:(1)水压试验时,缠绕层缺陷扩展,瓶体出现渗漏、明显变形或保压期间压力有回降现象的气瓶应报废。

(2)水压试验时测得的容积残余变形率超过10%的气瓶应报废。

六、计算题

解:计算充装系数公式为

$$F=\frac{G}{V}$$

已知:$G=15$ kg,$V=35.5$ L,代入上式得

$$F=\frac{15}{35.5}=0.42(\text{kg/L})$$

因此,充装系数为0.42 kg/L。

第七章　气瓶事故

一、名词解释

特种设备事故是指因特种设备的不安全状态或者相关人员的不安全行为,在特种设备制造、安装、改造、维修、使用(含移动式压力容器、气瓶充装)、检验检测活动中造成的人员伤亡、财产损失、特种设备严重损坏或者中断运行、人员滞留、人员转移等突发事件。

二、判断题

1. √　2. ×

三、填空题

1. 液化气体超装　永久气体气瓶混装　错装　2.《特种设备事故报告和调查处理规定》　3. 特别重大事故　重大事故　较大事故　一般事故

四、问答题

1. 答:事故调查分析大体要经过以下步骤:

(1)组成事故调查组。

(2)事故现场调查。

(3)事故原因的初步判断。

(4)各专业组的调查分析。

(5)分析结论。

2. 答:事故报告应当包括以下内容:

(1)事故发生的时间、地点、单位概况以及特种设备种类。

(2)事故发生的初步情况,包括事故简要经过、现场破坏情况、已经造成或者可能造成的伤亡和涉险人数、初步估计的直接经济损失、初步确定的事故等级、初步判断的事故原因。

(3)已经采取的措施。

(4)报告人姓名、联系电话。

(5)其他有必要报告的情况。

参考文献

[1] 张新建,张兆杰.气体充装安全技术[M].郑州:黄河水利出版社,2003.
[2] 中华人民共和国特种设备安全法[S].
[3] 国务院令第549号 国务院关于修改《特种设备安全监察条例》的决定.特种设备安全监察条例[S].
[4] 工业金属管道设计规范:GB 50316—2008[S].
[5] 工业金属管道工程施工规范:GB 50235—2010[S].
[6] 现场设备、工业管道焊接工程施工规范:GB 50236—2011[S].
[7] 肖晖,刘贵东.压力容器安全技术[M].2版.郑州:黄河水利出版社,2012.
[8] 沈松泉,黄振仁,顾竞成.压力管道安全技术[M].南京:东南大学出版,2000.
[9] 钢质焊接气瓶:GB 5100—2011[S].
[10] 中国劳动保护科学技术学会.安全工程师专业——安全生产技术基础[M].北京:海洋出版社,2001.
[11] 徐烈,朱卫东,等.低温绝热与储运技术[M].北京:机械工业出版社,1999.
[12] 孙萍辉.气瓶检验[M].北京:中国劳动出版社,1994.
[13] 秋长均.无缝钢瓶国际标准解析[J].中国气瓶,1999,15(1):30-35.
[14] 辽宁省劳动局锅炉压力容器安全监察处.气体充装安全技术[M].沈阳:沈阳出版社,1994.
[15] 王俊,姜德春.气瓶检验安全技术[M].大连:大连理工大学出版社,1993.
[16] 李训仁,文树德.气体充装及气瓶检验使用安全技术[M].长沙:湖南大学出版社,2001.
[17] 王俊,刘金山.气瓶检验与充装人员考试习题集[M].大连:大连理工大学出版社,1995.
[18] 液化石油气钢瓶:GB 5842—2006[S].
[19] 液化气体气瓶充装规定:GB 14193—2009[S].
[20] 压缩气体气瓶充装规定:GB 14194—2017[S].
[21] 溶解乙炔气瓶充装规定:GB 13591—2009[S].
[22] 钢质无缝气瓶定期检验与评定:GB 13004—2016[S].
[23] 钢质焊接气瓶定期检验与评定:GB 13075—2016[S].
[24] 溶解乙炔气瓶定期检验与评定:GB 13076—2009[S].
[25] 铝合金无缝气瓶定期检验与评定:GB 13077—2004[S].
[26] 液化石油气钢瓶定期检验与评定:GB 8334—2011[S].
[27] 气瓶颜色标志:GB 7144—2016[S].
[28] 气瓶术语:GB/T 13005—2011[S].
[29] 气瓶水压试验方法:GB/T 9251—2011[S].
[30] 瓶装气体分类:GB 16163—2012[S].
[31] 气瓶警示标签:GB 16804—2011[S].
[32] 郝鸿臧,杜风邦.液化石油气职工培训教程[M].北京:航空工业出版社,1996.
[33] 冯幸福,吴同起.燃气汽车及加气站技术[M].北京:电子工业出版社,
[34] 城镇燃气设计规范:GB 50028—2006[S].
[35] 汽车用压缩天然气钢瓶定期检验与评定:GB 19533—2004[S].

[36] 特种设备生产和充装单位许可规则:TSG 07—2019[S].
[37] 气瓶充装人员考核大纲:TSG R6004—2006.
[38] 特种设备检验检测机构核准规则(含第1、2、3号修改单):TSG Z7001—2004[S].
[39] 特种设备检验检测机构鉴定评审细则:TSG Z7002—2004[S].
[40] 特种设备检验检测机构质量管理体系要求:TSG Z7003—2004[S].
[41] 汽车用压缩天然气金属内胆纤维环缠绕气瓶定期检验与评定:GB 24162—2009[S].
[42] 气瓶气密性试验方法:GB/T 12137—2015[S].
[43] 国家质量监督检验检疫总局第115号令.特种设备事故报告和调查处理规定[S].
[44] 混合气体气瓶充装规定:GB/T 34526—2017[S].
[45] 气瓶充装站安全技术条件:GB 27550—2011[S].
[46] 特种设备使用管理规则:TSG 08— 2017[S].
[47] 车用气瓶安全技术监察规程:TSG R0009—2009.
[48] 气瓶搬运、装卸、储存和使用安全规定:GB/T 34525—2017[S].
[49] 低温绝热气瓶定期检验与评定:GB/T 34347—2017[S].
[50] 2015年8月25日质检总局令第166号修订.气瓶安全监察规定[S].
[51] 气瓶安全技术监察规:TSG R 006—2014[S].
[52] 液化石油气瓶阀:GB/T 7512—2017[S].
[53] 焊接气瓶用钢板和钢带:GB 6653—2017[S].
[54] 特种设备事故报告和调查处理导则:TSG 03—2015[S].